Vordenker der »ethischen Revolution«

Archiv der sozialen Demokratie der Friedrich-Ebert-Stiftung
Reihe: Politik- und Gesellschaftsgeschichte, Band 95

Herausgegeben von Dieter Dowe, Anja Kruke und Michael Schneider

Ernesto Harder

Vordenker der »ethischen Revolution«

Willi Eichler und das Godesberger Programm der SPD

Bibliografische Information der Deutschen Nationalbibliothek

Die Deutsche Nationalbibliothek verzeichnet
diese Publikation in der Deutschen Nationalbibliografie;
detaillierte bibliografische Daten sind im Internet
über *http://dnb.d-nb.de* abrufbar.

ISBN 978-3-8012-4217-6
ISSN 0941-7621

© 2013 by
Verlag J. H. W. Dietz Nachf. GmbH
Dreizehnmorgenweg 24, 53175 Bonn
Reihengestaltung: Just in Print, Bonn · Kempken DTP-Service, Marburg
Umschlagfoto: © Fotoarchiv Jupp Darchinger im Archiv der sozialen Demokratie
der Friedrich-Ebert-Stiftung
Satz: Kempken DTP-Service | Satztechnik · Druckvorstufe · Layout, Marburg
Druck und Verarbeitung:
fgb – freiburger graphische betriebe GmbH & Co. KG, Freiburg i. Br.
Alle Rechte vorbehalten
Printed in Germany 2013

Besuchen Sie uns im Internet: *www.dietz-verlag.de*

Inhaltsverzeichnis

I   Einleitung 7

II   **Willi Eichler – Anführer eines sozialistischen Ordens:**
      Vom Kaiserreich bis zum Ende des Dritten Reiches – 1896 bis 1945 19
      1   Kindheit und Jugend Eichlers – Trauma des Ersten Weltkrieges 19
      2   Eichlers Politisierung im Internationalen Jugendbund (IJB)
          bis zum Unvereinbarkeitsbeschluss der SPD 1920–1925 23
          2.1   Nelsons Philosophie und die Gründung des IJB –
                Erarbeitung der richtigen Ideen 24
          2.2   Erziehungsarbeit auf der Grundlage Nelsons Philosophie 29
          2.3   Mitarbeit in den Organisationen der Arbeiterbewegung
                bis zum Unvereinbarkeitsbeschluss der SPD 36
      3   Aktivitäten des Internationalen Sozialistischen Kampf-Bundes (ISK)
          unter der Leitung Willi Eichlers: Vom Kulturkampf zum Widerstands-
          kampf 1926 bis 1933 42
          3.1   Die Gründung des Internationalen Sozialistischen Kampf-Bundes 42
          3.2   Willi Eichlers Entwicklung vom Schüler zum Nachfolger Nelsons 45
          3.3   Die Mitgliederstruktur des ISK 48
          3.4   Die praktische Arbeit des ISK 51
      4   Willi Eichler im Exil: Widerstand und Wiederannäherung
          zur SPD 1939 bis 1945 57
          4.1   Der Übergang in die Illegalität 58
          4.2   Widerstand innerhalb Deutschlands 63
          4.3   Widerstand im Ausland 67
          4.4   Die Zerschlagung des ISK-Widerstandes in Deutschland 69
          4.5   Eichlers Pariser Exil – Erste Annäherung an andere
                sozialistische Gruppen 72
          4.6   Eichlers Londoner Exil – Gründung der »Union deutscher
                sozialistischer Organisationen in Großbritannien« und Kooperation
                mit Sozialdemokraten 81
          4.7   Die Auflösung des ISK und die Aufnahme in die SPD 91

III Willi Eichler in der SPD – Der Weg zum Godesberger Programm:
   1945 bis 1971 99
   1 Die Rückkehr Eichlers und der Neuanfang in der SPD ab 1945 99

   2 Der Weg zum neuen Grundsatzprogramm – Wahlniederlagen
      und Neuorientierung 1953–1957 107
      2.1 Gründe für ein neues Grundsatzprogramm 107
      2.2 Erste Schritte zum Godesberger Programm: Die Wahlniederlage
           von 1953 und die Anfänge der Programmarbeit 112
           2.2.1 Die Erklärung der Sozialistischen Internationale (SI) von 1951 113
           2.2.2 Das Dortmunder Aktionsprogramm von 1952 116
           2.2.3 Das Berliner Aktionsprogramm von 1954 126
      2.3 Die Grundsatzprogramme der SPD: Programmatische Vorleistungen
           in der Geschichte der deutschen Sozialdemokratie 129
      2.4 Erste Entwürfe zum Grundsatzprogramm vom März 1955 bis zum
           Stuttgarter Parteitag im Mai 1958 136

   3 Entstehung und Verabschiedung des Godesberger Programms 1959 146
      3.1 Entstehen des Programmentwurfs für Bad Godesberg 1959 146
      3.2 Der Bundesparteitag vom 13. bis zum 15. November 1959
           in Bad Godesberg 153

   4 Das Godesberger Programm und Willi Eichlers Beitrag:
      Vom ISK-Programm zum Grundsatzprogramm der Volkspartei SPD –
      Von der »Gesinnungsethik« zur »Verantwortungsethik« 160
      4.1 Ethische Grundwerte als Grundlage des demokratischen Sozialismus:
           Demokratiekritik und Überwindung des Grabens zwischen Theorie
           und Praxis 161
      4.2 Mündige Bürgerinnen und Bürger in einer Sozialen Marktwirtschaft
           statt Vergesellschaftung der Produktionsmittel 169
      4.3 Vom Kulturkampf zur Öffnung gegenüber den Kirchen und zum
           Begründungspluralismus der Sozialdemokratie 176

   5 Das neue Grundsatzprogramm: Kritik und Wirkung nach 1959 184

IV Willi Eichlers Erbe – Die ethische Revolution des Godesberger Programms 191

Anhang
   Abkürzungsverzeichnis 208
   Interview mit Susanne Miller am 13. April 2006 (von Ernesto Harder) 209
   Quellen- und Literaturverzeichnis 216
   Danksagung 225
   Über den Autor 227

I Einleitung

Zum 20. Jahrestag der Verabschiedung des Godesberger Programms, 1979, bezeichnete Willy Brandt dieses als »das einschneidendste in der Geschichte der Sozialdemokratischen Partei Deutschlands«[1] (SPD). Besondere Reverenz erhielt in Brandts Rede Willi Eichler, als einer der zentralen Autoren des Programms. Willi Eichler war der Mann hinter dem Godesberger Programm, auch was die öffentliche Aufmerksamkeit angeht. Denn Eichler stand im Hintergrund und selten im Fokus des öffentlichen Interesses. Zu Unrecht, denn Eichler war in der Nachkriegszeit von Beginn an zentral an allen programmatischen Schriften der SPD bis zum Godesberger Programm federführend beteiligt und damit einer der bedeutendsten Theoretiker in der Geschichte der Sozialdemokratie. Er war Vorsitzender der Programmkommission, die das Godesberger Programm vorbereitete, und galt in der SPD der 1950er-Jahre als der »Cheftheoretiker« des Parteivorstands. Sicherlich war die Mitwirkung bei der Entwicklung des Godesberger Programms der wichtigste Punkt in Eichlers politischer Biografie, auch weil das Godesberger Programm von besonderer historischer Bedeutung für die SPD ist. Mit dem Nachkriegsparteiprogramm erklärte sich die SPD zur Volkspartei, es führte zu einem öffentlichen und positiven Imagewandel der SPD, sprach neue Wählerschichten an; die Wahlergebnisse wurden besser; auch die Mitgliederzahlen stiegen, nachdem es beschlossen war. Letztlich leitete das Godesberger Programm die Entwicklung zum Wandel und zur Regierungsübernahme 10 Jahre nach Verabschiedung des Programms 1959 ein. Als Vorsitzender der Programmkommission hatte Eichler nicht nur die umfassenden Vorarbeiten und Vorentwürfe zu verantworten. Er gestaltete maßgeblich die breite Debatte in der SPD mit, die insbesondere mit dem Programmentwurf vom Stuttgarter Parteitag von 1958 angestoßen wurde. Er engagierte sich auf Hunderten von Veranstaltungen der SPD auf allen Ebenen. Vor allem war Eichler derjenige, der die drei Grundwerte »Freiheit, Gerechtigkeit und Solidarität« im Grundsatzprogramm der SPD verankerte, auf die sich Sozialdemokratinnen und Sozialdemokraten bis heute beziehen, um ihre Ziele und Vorgehensweise theoretisch zu untermauern. Diese Untermauerung praktischer Politik mit ethischen Grundwerten hat für Eichler entscheidende Bedeutung; er bezeichnete sie als »Ethische Revolution.« Die Entwicklung von einem marxistisch geprägten Theoriefundament zu einem Grund-

---

1   Willy Brandt: Godesberg nicht verspielen – Rede anlässlich des 20. Jahrestages der Verabschiedung des SPD-Grundsatzprogramms am 14.11.1979, erschienen bei SPD-Parteivorstand (Hg.): Theorie und Grundwerte, S. 3 u. 10.

satzprogramm, das auf allgemein gültigen ethischen Normen basierte, die für die breite Bevölkerung akzeptabel sein sollten, veränderte die politische Programmatik der Sozialdemokratie nachhaltig.

Die drei ethischen Normen, die in ihrem Zusammenspiel sicherlich latent seit den Anfängen der SPD im 19. Jahrhundert eine wichtige Rolle in der deutschen Sozialdemokratie spielten, richteten die Grundsatzprogramme der SPD bis heute neu aus. Eichler verband damit die Entwicklung von der Klassenpartei zur Volkspartei, die Überwindung des Grabens zwischen Theorie und Praxis in der SPD sowie die Annäherung an die (christlichen) Kirchen, zu denen die SPD bis zum Ende der 1950er-Jahre ein schwieriges Verhältnis hatte.

All diese Leistungen Eichlers in Bezug auf die sozialdemokratische Theorie spielen in der Literatur zum Godesberger Programm kaum eine Rolle, da zwar der programmatische Wandel der SPD mit dem Godesberger Programm genauestens analysiert wurde, der dafür verantwortliche »Cheftheoretiker« Willi Eichler aber nicht.

Die vorliegende Arbeit befasst sich mit Willi Eichlers Vita als Theoretiker. Dabei wird sich der erhebliche inhaltliche Einfluss Eichlers zeigen, der sich aus seinem Wirken und seinen Wurzeln im Internationalen Jugendbund (IJB) sowie im Internationalen Sozialistischen Kampf-Bund (ISK) ableiten lässt. Dabei werden auch die Entwicklungen der sozialdemokratischen Grundsatzprogrammatik nachgezeichnet bis hin zum Godesberger Programm von 1959. Zu analysieren ist hierbei insbesondere, welchen Einfluss genau Eichler als Vorsitzender der Programmkommission auf den Wandel der sozialdemokratischen Programmatik hatte. Auch sollen Umstände in Eichlers Biografie untersucht werden, die zu einer Kontinuität oder zu einem Wandel und wohl auch zu Widersprüchen innerhalb seiner eigenen programmatischen Entwicklung vom ISK zur SPD führten.

Die scheinbaren Widersprüche in Eichlers politischer Biografie und in seiner programmatischen Entwicklung treten zutage, wenn man sich vor dem Hintergrund der Bedeutung des Godesberger Programms näher mit dem politischen Werdegang Willi Eichlers befasst. Eichler entwickelte sich vom Führer einer kleinen sozialistischen Splittergruppe, der Mitte der 1920er-Jahre durch die SPD noch die Unvereinbarkeit erklärt wurde, zum Vordenker des Parteiprogramms, das die SPD zur Volkspartei machte. Vom Vorsitz einer Kleinstorganisation zum Cheftheoretiker der Volkspartei – das erscheint per se widersprüchlich, erst recht wenn man die inhaltlichen Positionen und Ansichten des IJB und des ISK neben das Godesberger Grundsatzprogramm der SPD stellt: Dem antiklerikalen Kulturkampf beim IJB/ISK stehen die Anerkennung der Kirchen und die Überwindung des Grabens zwischen Kirchen und SPD gegenüber; Ablehnung der Demokratie und das Führerschaftsprinzip bei IJB/ISK wurden zum demokratischen Bekenntnis im Godesberger Programm:

»Sozialismus wird nur durch die Demokratie verwirklicht, die Demokratie durch den Sozialismus erfüllt«[2]; und aus den Zielen der sozialistischen Marktwirtschaft sowie der Verstaatlichung der zentralen Produktionsmittel beim IJB/ISK wurden die Anerkennung der Sozialen Marktwirtschaft und die Tilgung jeglicher Vergesellschaftungspolitik aus sozialdemokratischer Programmatik im Godesberger Programm.

IJB und ISK vertraten in den 1920er-Jahren Positionen, die mit der SPD-Mitgliedschaft zum Teil gar nicht oder nur schwer vereinbar waren. Vor allem hielten die Mitglieder des IJB innerhalb der SPD eine eigenständige Organisationsform aufrecht und versuchten SPD-Mitglieder für die eigene Gesinnung zu gewinnen, was mit den Statuten der SPD unvereinbar war. So kam es nicht von ungefähr, dass die SPD 1925 einen Unvereinbarkeitsbeschluss gegenüber dem IJB fällte. Der IJB und der ISK wurden wegen der hohen und strengen Anforderungen an ihre Mitglieder als »Orden« bezeichnet. Die Bezeichnung »Orden« wurde von Willi Eichler, der 1927 Vorsitzender des ISK wurde, selbst gewählt, um ein höheres Maß an Disziplin und Identifikation mit dem Bund und seinen Funktionären zu fördern. Wie bei der Ordensregel der Benediktiner »ora et labora« waren auch die Mitglieder des IJB/ISK verpflichtet, sich körperlich und geistig den Aufgaben der Organisation voll und ganz zu widmen. Auf der geistigen Ebene musste man sich mit der Philosophie des Gründers Leonard Nelson beschäftigen. Auf der körperlichen Ebene mussten die zumeist jungen Männer und Frauen auf Tabak, Alkohol und Fleischgenuss verzichten. Sie unterstanden der vom Anführer dominierten Hierarchie des Bundes. Im engeren Führungskreis galt zeitweise sogar ein strenges Zölibatsgebot. Es gab weitere Bedingungen an die Mitgliedschaft: von der Aufgabe persönlichen Vermögens bis zum Anspruch, dass sich alle Mitglieder in einer Organisation der Arbeiterbewegung, zum Beispiel in einer Gewerkschaft und/oder einer Partei, engagieren mussten, um die Philosophie Nelsons quasi »missionarisch« in der Arbeiterbewegung zu verbreiten. Alle Mitglieder mussten aktiv sein – eine passive Mitgliedschaft war nicht vorgesehen. Ebenso war man zum Kirchenaustritt verpflichtet. Es ist nicht verwunderlich, dass IJB und ISK nie viele Mitglieder hatten: Optimistische Schätzungen gehen Mitte der 1920er-Jahre von 200 bis 300 Personen aus. Doch die geringe Mitgliederzahl wurde nicht als Problem betrachtet, sie war intendiert. IJB und ISK waren bewusst keine Massenorganisationen. Das Ziel der Nelsonianer war eine strenge Auslese, das Finden und Ausbilden einer exklusiven politischen Elite, die nach der Revolution einer sozialistisch motivierten Massenbewegung die »Herrschaft der Weisen« zu installieren vermag.

Dies erinnert nicht zufällig an Platons Idee der »Herrschaft der Weisen«. Leonard Nelson begründete sein Werk der kritischen Philosophie auf den Lehren Platons, Im-

---

2 Vorstand der SPD (Hg.): Grundsatzprogramm der Sozialdemokratischen Partei Deutschlands, beschlossen vom Außerordentlichen Parteitag der Sozialdemokratischen Partei Deutschlands in Bad Godesberg vom 13. bis 15. November 1959, Bonn 1959, S. 8.

manuel Kants und vor allem Jakob Friedrich Fries'. Daraus resultierte die Annahme eines über allem stehenden Rechts- und Wahrheitsbegriffes, einer Ethik, die tief in der Natur des Menschen verankert sei, aber erst durch kritische Reflexion und Ausbildung zutage gebracht werden müsse. Auf dieser Grundlage bildete Nelson seine sozialistische und politische Weltanschauung sowie seine Pädagogik und Organisationsstruktur. Er erlangte die Erkenntnis, dass jeder Mensch unabhängig von seiner Herkunft bei entsprechender Schulung in der Lage sei, die Wahrheit aus seinem Inneren herauszuarbeiten und darauf aufbauend Führungsqualitäten und politisch grundsätzlich richtige Maximen zu entwickeln. Die pädagogische Förderung insbesondere sozial benachteiligter Arbeiter und ihrer Kinder war somit ein bedeutendes Anliegen für Leonard Nelson und seine Anhänger. Allerdings war in Nelsons Philosophie auch eine antidemokratische Haltung begründet, da die Wahrheit nicht durch Mehrheitsentscheidungen beeinflussbar sei, sondern immer »wahr« bleibe, unabhängig davon, wie viele Menschen dafür oder dagegen stimmten.

Nelsons Philosophie, die ihn zur Gründung des IJB und später des ISK veranlasste, beinhaltete drei zentrale Aussagen, die offensiv propagiert wurden:
1. das Führerschaftsprinzip und die Demokratiekritik;
2. eine aggressive Kirchenfeindlichkeit, die auf der Kritik eines nach Meinung der Nelsonianer irrationalen kirchlichen Dogmatismus beruhte sowie
3. eine Marxismuskritik, die vor allem auf der Überzeugung basierte, der Mensch unterliege keinem historischen Materialismus, sondern bestimme selbst sein Schicksal.

Vor allem mit ihrer Marxismuskritik standen Nelson und der IJB großen Teilen der Arbeiterorganisationen distanziert bzw. kritisch gegenüber. Genauer: Mit diesen Positionen isolierten sich IJB und ISK innerhalb der Arbeiterbewegung. Die Massenorganisationen der Arbeiterbewegung, insbesondere die SPD, kritisierten ihrerseits die Demokratie- und Marxismusfeindlichkeit des IJB. Der IJB wurde in der SPD sogar mit einer Sekte verglichen.

Wie ist aber nun diese Philosophie des IJB/ISK und damit auch Eichlers Gesinnung mit dem Godesberger Programm vereinbar, das die SPD von der Klassenpartei zur Volkspartei entwickelte? Obwohl sich diese Frage angesichts der Programme von ISK und SPD aufdrängt, wurde dies in der bestehenden Literatur noch nicht geklärt. Die vorliegende Arbeit wird diese offene Frage beantworten und erklären, wie sich Eichler in seiner Kritik an Marktwirtschaft, Demokratie und Kirchen entwickelt hat und inwiefern dadurch das Godesberger Programm beeinflusst wurde. Die bestehende Literatur schildert den programmatischen Wandel der SPD in der Regel vor dem Hintergrund der Konflikte zwischen den Flügeln innerhalb der SPD: den Reformern und den Traditionalisten. Dabei wird nicht berücksichtigt, dass der Theoretiker, der die programmatische Vorarbeit leitete, keinem der beiden Flügel zuzurechnen ist. Eichler stand als Ethischer Sozialist zwischen den Lagern innerhalb der SPD – eine Tatsache, die seine Arbeit in der SPD insbesondere bei der Erarbeitung und Verabschiedung des Godesberger Programms sicherlich zum Teil erleichterte, aber auch erschwerte. Womöglich führte dies auch dazu, dass seine Rolle und sein Einfluss auf die programmatische Entwicklung der SPD bisher nicht ausreichend gewürdigt wurden. Thomas Meyer beklagte zum 20. Todestag von Willi Eichler, 1991, dass er einerseits als Exponent der Minderheit der Ethischen Sozialisten in der SPD zwar den programmatischen Prozess gestalten konnte und damit Einfluss auf die Grundsatzprogrammatik der Gesamtpartei erlangte, er aber andererseits nie die Aufmerksamkeit erhielt, die er verdiente.[3] So stellen sich folgende Fragen: Welche Rolle spielte Eichler, welchen Einfluss hatte er auf die zentralen Inhalte und wie viel von seinen eigenen Vorstellungen ist in das historisch bedeutende Godesberger Programm eingeflossen?

Um Eichlers Wirken in der SPD und bei der Vorbereitung des Godesberger Programms nachvollziehen und verdeutlichen zu können, müssen die Erfahrungen und Erkenntnisse aus seiner gesamten politischen Vita kenntlich gemacht werden, die für die Beantwortung der Fragestellung von Bedeutung sind.

Es gibt Ereignisse in Willi Eichlers Leben, der am 7. Januar 1896 in Berlin geboren wurde und am 17. Oktober 1971 in Bonn im Alter von 75 Jahren verstarb, die seine gesamte Generation geprägt haben: Fronteinsätze als Soldat im Ersten Weltkrieg; das Auf und Ab in der Weimarer Republik; die nationalsozialistische Diktatur; der Zweite Weltkrieg; Neubeginn im zerstörten Deutschland nach dem Krieg, der Aufbau der Demokratie in Westdeutschland und die Gründung der Bundesrepublik. Prägend für Eichlers Politisierung waren zudem seine individuellen Erfahrungen: Kindheit und Jugend in einfachen materiellen Verhältnissen; das Suchen nach geistiger Unabhängigkeit, intellektueller Orientierung und einer politischen Heimat; das Finden von politischen und persönlichen Freunden und Weggefährten im IJB und in dessen Nachfolgeorganisation, dem ISK, zuerst als Sekretär und dann als Nachfolger des geistigen und philosophischen Vorbildes Leonard Nelson, der beide Bünde führte; der Unvereinbarkeitsbeschluss der SPD gegenüber den Nelsonianern; Widerstand gegen den Nationalsozialismus, Verfolgung und Exil; die Rückkehr ins zerstörte Deutschland und dann vor allem die Etablierung Eichlers als einen der bedeutendsten Theoretiker der SPD der Nachkriegszeit, was die verbleibenden Jahre seines Lebens bis zu seinem Tod maßgeblich bestimmte.

Nur wenn man die Erfahrungen aus Eichlers Kindheit und Jugend, aus zwei Weltkriegen, aus der Weimarer Republik, der Widerstandsarbeit gegen die nationalsozialistische Diktatur und dem Exil zusammen betrachtet, ist es möglich, die Widersprüche zwischen ISK-Programmatik und Godesberger Programm aufzulösen. Die vorliegende Arbeit zeichnet daher die Entwicklung Eichlers von seinen frühen Kindertagen über die Adoleszenz und seine politischen Anfänge bis zu einem der Protagonisten des Wiederaufbaus der SPD nach dem Zweiten Weltkrieg nach. Der

---

3   Vgl. Thomas Meyer: Willi Eichler – Vater des Godesberger Programms. Eine Erinnerung zum 20. Todestag, in: Die Neue Gesellschaft. Frankfurter Hefte, November 1991, S. 1048-1049.

besondere Lebensweg Eichlers liefert wichtige Einblicke in die Verfasstheit seiner Generation, die die Programmatik der SPD bis heute prägt.

Um diese Entwicklung zu erläutern, wird in einem ersten Schritt Eichlers politische Biografie im IJB und ISK dargestellt. In einem zweiten Teil steht dann Eichlers Wirken in der SPD ab 1945 im Mittelpunkt mit einem besonderen Fokus auf die programmatische Arbeit Eichlers und der SPD sowie die Entwicklung hin zum Godesberger Programm. Es wird deutlich, dass Eichler zwei Grundmotive von Beginn seiner Politisierung bis zum Ende seines Lebens begleiteten:

Erstens wollte er einen Beitrag dazu zu leisten, eine Wiederholung der erlebten Katastrophen zu verhindern: zunächst die des Ersten Weltkrieges, weswegen er in den IJB eintrat und später nach dem Zweiten Weltkrieg den ISK in die SPD führte, um die Machtübernahme von menschenverachtenden Regimen wie die des Nationalsozialismus mit einer starken sozialistischen Partei der Arbeiterbewegung für die Zukunft zu vermeiden, anstatt die Arbeiterbewegung mit einer eigenen ISK-Partei erneut zu spalten und zu schwächen. Damit schloss Eichler Konsequenzen aus dem Scheitern bei der Schaffung einer Einheitsfront in der Arbeiterbewegung gegen den Nationalsozialismus. In den 1930er-Jahren war die Schaffung einer Einheitsfront eines der zentralen Anliegen des ISK und Willi Eichlers. Allerdings wären die Versuche, eine Einheitsfront zu errichten, wahrscheinlich letztendlich zum Scheitern verurteilt, auch wenn der Graben zwischen den Führungsebenen der großen Arbeiterparteien in der Gegnerschaft gegen den Nationalsozialismus nicht unüberwindlich gewesen wäre.[4] Selbst wenn SPD und KPD sich zu einer Einheitsfront gegen die Nationalsozialisten vereint hätten, wäre wegen der großen Differenzen ein gemeinsames Programm der beiden Parteien für die zukünftige Gestaltung Deutschlands schwer erreichbar gewesen. Unabhängig davon war es Willi Eichlers Motivation, Krieg und Verfolgung für die Zukunft zu verhindern, um politisch aktiv zu sein und nach dem Zweiten Weltkrieg Teil einer vereinten Sozialdemokratie zu werden.

Die *zweite Motivation*, die Eichler zeit seines Lebens antrieb, war der Wunsch soziale Ungerechtigkeit in der Gesellschaft zu überwinden, was ihn dazu motivierte, Sozialist zu werden. Sicherlich war diese Motivation auch verantwortlich für sein Engagement zunächst im IJB und später als Vorsitzender im ISK, aber auch nach dem Zweiten Weltkrieg in der SPD aktiv zu sein. Eichler war allerdings darüber hinaus der Meinung, dass es von zentraler Bedeutung war, möglichst breite Bündnisse über die Sozialdemokratie hinaus zu schließen, um die großen sozialen und gesellschaftlichen Herausforderungen seiner Zeit und der Zukunft zu bewältigen. Dies war denn auch Eichlers Motivation bei der Formulierung des Godesberger Programms, das es einem möglichst breiten Teil der Gesellschaft ermöglichen sollte, sich der Sozialdemokratie zugehörig zu fühlen und auch den Graben mit einer bedeutenden gesellschaftlichen Gruppe, nämlich den Kirchen, zu überwinden. Mit einem solchen breiten Bündnis

---

4 Vgl. Michael Schneider: Unterm Hakenkreuz, S. 1030.

gesellschaftlicher Gruppen sollten soziale Ungerechtigkeiten und Probleme aufgelöst werden oder zumindest leichter bewältigt werden.

In der vorliegenden Arbeit wird die Entwicklung Eichlers als Theoretiker im Mittelpunkt stehen. Allerdings wird dabei auch die programmatisch-theoretische Entwicklung der SPD geschildert. Ein Rückblick auf die Grundsatzprogramme vor dem Godesberger Programm von 1959 wird die programmatische Entwicklung in der SPD aufzeigen, um die Bedeutung des Godesberger Programms einzuordnen. Der Rückblick macht deutlich, dass nicht nur Eichler mit seinen Ansätzen eine Entwicklung erfahren hat, sondern auch die SPD-Programmatik. Historisch und programmatisch stellt das Godesberger Programm einen Bruch zu seinen Vorgängerprogrammen dar. Auch in der Programmatik der SPD kann man eine Entwicklung feststellen – parallel zu Willi Eichlers persönlicher Entwicklung vom IJB/ISK zur SPD – von den Programmen aus der Zeit vor dem Zweiten Weltkrieg zum Godesberger Programm.

Seit ihren Anfängen gab sich die deutsche Sozialdemokratie Grundsatzprogramme, in denen grundsätzliche Vorstellungen festgehalten wurden. Willi Eichler verglich das Grundsatzprogramm einer Partei mit dem Grundgesetz.[5] Ein gelungener Vergleich, bilden doch die Grundsatzprogramme die inhaltliche Basis der Sozialdemokratie, sowohl mit kurzfristigen Forderungen zur Verbesserung der alltäglichen Lebensumstände als auch mit mittel- und langfristigen politischen und gesellschaftlichen Zielen. Die Prozesse zur Beschlussfassung eines Grundsatzprogramms waren in der Regel von internen Diskussionen und Konflikten geprägt. Aber diese Prozesse dienten auch zur politischen Selbstbestimmung und zur eigenen Orientierung. Dabei wurden unter dem Dach der Sozialdemokratie Ansichten von Revolutionsorientierung bis hin zur systemimmanenten Reformvorstellung vereint. Die Kernaussage des deutschen Sozialismus war allerdings übergreifend, hatte eine integrierende Wirkung: die Selbstbestimmung des Menschen und die Einführung wirklicher Demokratie und Freiheit. Dass nach Einführung der Demokratie die Privilegien der herrschenden Klasse abgebaut und die Forderung nach Gleichheit bestärkt werden müssten, darin waren sich alle in der Sozialdemokratie einig. Nur auf welche Weise und mit welchen gesellschaftlichen Zielvorstellungen dies konkret passieren sollte oder geschehen würde, da gab es deutliche Unterschiede. Spätestens seit dem Erfurter Programm von 1891 war die Grundsatzprogrammatik marxistisch geprägt. Der marxistische Ansatz machte deutlich, dass die ökonomische Entwicklung durch die Monopolisierung der Produktionsmittel in der Hand immer weniger Kapitaleigner »mit Naturnotwendigkeit« zu einer Massenverelendung des besitzlosen Proletariats führen würde.[6]

---

5   Interview mit Willi Eichler, veröffentlicht in »Sozialdemokratischer Pressedienst«, 4.9.1958.
6   Hier u. i. F. Erfurter Programm. Dieter Dowe/Kurt Klotzbach: Programmatische Dokumente, S. 172 ff.

> »Das Privateigentum an Produktionsmitteln, welches ehedem das Mittel war, dem Produzenten das Eigentum an seinem Produkt zu sichern, ist heute zum Mittel geworden, Bauern, Handwerker und Kleinhändler zu expropriieren und die Nichtarbeiter – Kapitalisten, Großgrundbesitzer – in den Besitz des Produkts der Arbeiter zu setzen.«[7]

Als Konsequenz müssten die Produktionsmittel vergesellschaftet werden.

> »Nur die Verwandlung des kapitalistischen Privateigentums an Produktionsmitteln in gesellschaftliches Eigentum und die Umwandlung der kapitalistischen Warenproduktion in eine sozialistische könne es bewirken, dass […] die ausgebeuteten Klassen aus dem Elend der Unterdrückung zur höchsten Wohlfahrt und allseitiger harmonischer Vervollkommnung«[8]

geführt würden. Im Erfurter Programm wurde das Erreichen dieser Ziele mit der Übernahme der politischen Macht in Verbindung gebracht. Die Arbeiterklasse könne »ihre ökonomischen Kämpfe nicht führen und ihre ökonomische Organisation nicht entwickeln ohne politische Rechte;« sie wäre nicht in der Lage, »den Übergang der Produktionsmittel in den Besitz der Gesamtheit zu bewirken, ohne in den Besitz der politischen Macht gekommen zu sein.«[9]

Mit dem späteren Godesberger Programm war das ebenso wenig zu vereinbaren, wie mit den Positionen des IJB. Das Godesberger Programm distanzierte sich von dem Klassenbegriff und wollte die SPD programmatisch zur Volkspartei entwickeln. Es beschrieb in einfachen Worten die Volkspartei SPD als eine Werte- und Gesinnungsgemeinschaft, die auf den Grundwerten »Freiheit, Gerechtigkeit und Solidarität« basiert.[10] Zu begründen seien diese Grundwerte des demokratischen Sozialismus sowohl mit christlicher, ethischer, humanistischer als auch marxistischer Einstellung. Damit öffnete sich die SPD und versuchte, weiten Teilen der Bevölkerung eine politische Heimat zu bieten. Die SPD überwand mit dem Programm die Hürde zu den Kirchen und zum kapitalistischen Wirtschaftssystem hin zur Akzeptanz der Sozialen Marktwirtschaft. Die Vorgängerprogramme der SPD beinhalteten durch ihre marxistische Prägung sowohl Kritik an Kirchen als auch eine breite Kapitalismuskritik. Auch versuchte das Godesberger Programm, den Graben zwischen revolutionärer Theorie und reformerischer Praxis zu überwinden. Anders als in der programmatischen Theorie war die SPD in der Praxis schon vor dem Godesberger Programm keine systemumwälzende, sondern eine systemreformierende Partei. Auch als sie Regie-

---

7 Ebd., S. 172.
8 Ebd., S. 173.
9 Ebd.
10 Vgl. Susanne Miller: Kleine Geschichte der SPD, S. 204.

rungsverantwortung in der Weimarer Republik trug, schaffte sie weder das kapitalistische Wirtschaftssystem ab, noch vergesellschaftete sie Land und Produktionsstätten, noch wurde der Einfluss der Kirchen etwa im Bildungssystem stark eingeschränkt. Allerdings wurde auch nicht die Grundsatzprogrammatik weiterentwickelt, in der diese Forderungen nach wie vor als Konsequenz einer marxistischen Systemkritik aufgeführt wurden. Auch in der SPD lassen sich Spannungsbogen und Widersprüche zwischen den marxistischen Programmen vor 1933 und dem Godesberger Programm nach dem Zweiten Weltkrieg feststellen.

Die vorliegende Arbeit stellt sich die Aufgabe, die programmatische Entwicklung Eichlers darzustellen und damit auch die Entwicklung der SPD-Programmatik zu erläutern. Die Spannung der vermeintlichen Widersprüche zwischen den Ansätzen der SPD-Programmatik vor und nach Godesberg sowie zwischen Eichler als ISK-Vorsitzendem und SPD-Cheftheoretiker vor und nach 1945 wird dabei analysiert. In diesem Zusammenhang finden Eichlers theoretische Ansätze zu »Ethik und Demokratischer Sozialismus«, der »Rolle der Kirchen und der Religionen« sowie der »Überwindung marxistischer Kapitalismus-Kritik und der Akzeptanz der Sozialen Marktwirtschaft« eine besondere Beachtung. Dabei stehen Eichlers Ansätze eines ethisch begründeten demokratischen Sozialismus im Mittelpunkt. Denn die Ethik war durchgehend das zentrale politische Begründungselement in Eichlers politischer Biografie.

Max Weber differenzierte in seinem Vortrag »Politik als Beruf« zwischen zwei Maximen ethischen Handelns und beschrieb damit zwei Politikertypen, die grundverschieden und unvereinbar gegenüberstehen.[11] Ethisches Handeln könne »gesinnungsethisch« oder »verantwortungsethisch« orientiert sein. Dies bedeute nicht, dass »Gesinnungsethiker« grundsätzlich verantwortungslos seien und »Verantwortungsethiker« immer frei von jeder Gesinnung agierten. Viel mehr seien Handlungsprinzipien dieser beiden Politikertypen gegenüberzustellen: Der »Gesinnungsethiker« sei absolut überzeugt, immer das Richtige für seine Zielgruppe zu tun, und wenn die Folgen seiner Handlungen negative Konsequenzen mit sich brächten, so sei nicht der Handelnde, sondern die Welt, das System, die Dummheit der anderen Menschen oder der Wille Gottes, der die Menschen so gemacht habe, dafür verantwortlich. Verantwortlich fühle sich der »Gesinnungsethiker« nur dafür,

> »daß die Flamme der reinen Gesinnung, die Flamme zum Beispiel des Protestes gegen die Ungerechtigkeit der sozialen Ordnung, nicht erlischt. Sie stets neu anzufachen ist der Zweck seiner, vom möglichen Erfolg her beurteilt, ganz irrationalen Taten, die nur exemplarischen Wert haben können und sollen.«[12]

---

11 Hier u. i. F. Max Weber: Zweiter Vortrag: Politik als Beruf, 1919, S. 55 ff.
12 Ebd., S. 56.

Der »Verantwortungsethiker« hingegen rechne mit jenen durchschnittlichen Defekten der Menschen und könne daher die Folgen der eigenen Handlungen, soweit er sie voraussehen könne, nicht auf andere abwälzen. Er würde die Folgen – nicht nur, wenn sie positiv, sondern vor allem auch, wenn sie negativ seien – grundsätzlich seinem Tun zurechnen. Im Gegensatz zum »Gesinnungsethiker« sei der »Verantwortungsethiker« in der Lage und gewillt, zur Verwirklichung des möglichen Guten auch Kompromisse einzugehen. Willi Eichler verband diese beiden Typen ethischer Politiker in seinem politischen Werdegang: Der »Gesinnungsethiker«, der er in seiner Jugend beim IJB und ISK war, führte zum »Verantwortungsethiker«, zu dem Eichler in späteren Jahren wurde, insbesondere nach den Erfahrungen des Widerstands und des Zweiten Weltkrieges und nach dem Verlust von Freunden und Weggefährten im Krieg und im Kampf gegen den Nationalsozialismus.[13]

Die Quellenlage zu Willi Eichlers politischer Biografie ist gut. Insbesondere der IJB-/ISK-Bestand und der Personenbestand Willi Eichler im Archiv der sozialen Demokratie (AdsD) der Friedrich-Ebert-Stiftung (FES) bieten tiefe Einblicke in die politische Arbeit Eichlers ab 1920, als Eichler zum IJB stieß, bis zu seinem Tod 1971. Dokumente zu Eichler nehmen im IJB-Bestand des AdsD mit seiner Bedeutung innerhalb der Organisation zu. Für die erste Hälfte der 1920er-Jahre und erst recht für die Zeit davor liegen kaum Dokumente vor. Zur Kindheit und Jugend Willi Eichlers sind insgesamt nicht viele Informationen überliefert. Abgesehen von einem Lebenslauf, den Eichler dem Internationalen Jugendbund vorgelegt hatte[14], und Informationen, die seinem persönlichen Umfeld bekannt waren, gibt es kaum Quellen für diesen ersten Abschnitt in Eichlers Leben. Immerhin lässt sich Eichlers Herkunft bis zu seinen Großeltern zurückverfolgen. Die vorliegende Arbeit beruft sich bei der Darstellung Eichlers Kindheit und Jugend sowie seiner Kriegserlebnisse im Ersten Weltkrieg vor allem auf Gespräche und Interviews mit seiner Partnerin und Lebensgefährtin Susanne Miller, die 2006 geführt wurden, kurz bevor sie erkrankte und 2008 verstarb. Schriftliche Berichte Eichlers zu seinen Erlebnissen im Ersten Weltkrieg sind in der vorliegenden Aktenlage nicht auffindbar.

Für Eichlers Arbeit in der SPD bietet sein eigener Bestand im AdsD, der sein politisches und privates Wirken ab 1945 dokumentiert, eine gute Grundlage. Unterlagen zu Eichler vor 1945 sind lediglich im IJB-/ISK-Bestand zu finden.

Der Eichler-Bestand im AdsD beinhaltet Eichlers politische und zum Teil auch persönliche Korrespondenz insbesondere in Bezug auf seine breiten publizistischen

---

13 Vgl. Mary Saran, in: Gedenkstunde für Willi Eichler, Frankfurt am Main, Haus Riederwald am 6.11.1971, in: Eichler-Bestand im AdsD, Sign. 1/WEAA000262. Mary Saran sprach als diejenige, die ihn am längsten kannte; sie lernte Eichler Anfang der 1920er-Jahre in der Berliner Gruppe des Internationalen Jugendbundes (IJB) kennen und nahm ihn quasi in Empfang, lernte auch sein Elternhaus kennen und führte ihn an Leonard Nelson heran.

14 Lebenslauf und Lebensplan von Willi Eichler, 1.1.1925, Göttingen; Box 67, in: IJB-/ISK-Bestand im AdsD, FES.

Aktivitäten außerhalb der SPD als Chefredakteur der »Rheinischen Zeitung« 1946 bis 1951 und als Herausgeber und Chefredakteur der Zeitschrift »Geist und Tat«, die er nach dem Zweiten Weltkrieg 1946 bis zu seinem Tod publizierte. Zu Eichlers politischen Aktivitäten in der SPD, insbesondere als Mitglied des Parteivorstands 1946 bis 1968, (ab 1951 hauptamtlich), als Vorsitzender der Programmkommission sowie als hauptamtliches Vorstandsmitglied der Friedrich-Ebert-Stiftung von 1968 bis 1971 liegen ebenfalls Dokumente, Publikationen und Korrespondenz in seinem Bestand vor, ohne allerdings eine lückenlose Rekonstruktion seiner Aktivitäten zu ermöglichen. Um ein vollständiges Bild zu erhalten, sind die Bestände des SPD-Parteivorstands und die Hausakten der FES im AdsD hinzuzuziehen. Neben den Beständen zum IJB/ISK und zu Eichler sind für die vorliegende Arbeit und ihre Fragestellung vor allem die Bestände des Parteivorstands hier insb. der Programmkommission, der SPD-Bundestagsfraktion und bestimmter Einzelpersonen von Bedeutung vor allem von Erich Ollenhauer und Fritz Sänger soweit sie die programmatische Arbeit der 1950er-Jahre bis zur Verabschiedung des Godesberger Programms der SPD behandeln.

Bei der Bearbeitung und der Rekonstruktion der Anfangszeit Eichlers in der SPD nach dem Zweiten Weltkrieg insbesondere als Vorsitzender des SPD-Bezirks Mittelrhein 1948 bis 1953 ergab sich mit dem Einsturz des Stadtarchivs Köln ein unvorhersehbares Quellenproblem, da das Archiv der SPD Mittelrhein dort hinterlegt war. Das gesamte Archiv der SPD Mittelrhein ist zumindest bis Abgabe der vorliegenden Arbeit nicht zugänglich. Auch frühe Archivalien von Heinz Kühn, der in seiner Kölner Zeit häufigen Kontakt zu Eichler hatte, stehen bisher nicht wieder zur Verfügung, da sie ebenfalls im Kölner Stadtarchiv hinterlegt waren. Vorliegende Forschungsergebnisse basieren auf Recherchen, die Ende 2008 stattfanden und nicht vertieft werden konnten, nachdem das Gebäude des Stadtarchivs im März 2009 eingestürzt war.

In der Literatur liegen zahlreiche Publikationen zum Godesberger Programm vor, die für die Bearbeitung der vorliegenden Fragestellung ebenfalls einzubinden waren. Vorneweg ist dabei zu erwähnen von Kurt Klotzbach: »Der Weg zur Staatspartei, Programmatik, praktische Politik und Organisation der deutschen Sozialdemokratie 1945 bis 1965«, Bonn 1982. Auch zu Leonard Nelson als Einzelperson und zu seiner philosophischen Arbeit sind zahlreiche Publikationen vorhanden. Insbesondere von Eichler und den ehemaligen ISK-Mitgliedern selbst ist einiges getan worden, um das Andenken an Leonard Nelson lebendig zu halten. Auch wurden die Publikationen des ISK gut aufgearbeitet insbesondere von Heiner Lindner: »Um etwas zu erreichen, muss man sich etwas vornehmen, von dem man glaubt, dass es unmöglich sei«. Der Internationale Sozialistische Kampf-Bund (ISK) und seine Publikationen, Bonn 2006.

Eichlers vielseitiges publizistisches Engagement ist nur zum Teil aufgearbeitet in der Literatur: siehe zum Beispiel »Willi Eichlers Beiträge zum demokratischen Sozialismus«, Bonn 1979, mit einer Sammlung seiner Reden und Artikel zum genannten Thema von 1939 bis 1970. Oder: »Willi Eichler, Sozialdemokratische Programmatik und praktische Politik«, in: Die Neue Gesellschaft, Jg. 18 (1979) Nr. 11. Dieser Artikel wurde wenige Tage vor Willi Eichlers Tod am 17.10.1971 fertiggestellt. Oder: »Weltanschauung und Politik, Reden und Aufsätze von Willi Eichler«, Frankfurt a. M. 1967.

Zur Geschichte des Widerstands der Arbeiter und der Arbeiterbewegung von 1933 bis 1939 liegt ebenfalls viel Literatur vor, insbesondere die Arbeit von Michael Schneider: »Unterm Hakenkreuz – Arbeiter und Arbeiterbewegung 1933 bis 1939«, Bonn 1999.

In der Literatur sind darüber hinaus besonders zwei Arbeiten zu betonen: zur Organisationsgeschichte der Nelson-Bünde von Werner Link »Die Geschichte des IJB und des ISK«, Meisenheim am Glan 1964 sowie »last, but not least« biografisch zu Willi Eichler sehr detailliert bis 1945 von Sabine Lemke-Müller »Ethischer Sozialismus und soziale Demokratie«, Bonn 1988. Eine biografische Betrachtung Eichlers gesamter Vita liegt in der Literatur noch nicht vor. Hier versucht die vorliegende Arbeit ein vollständigeres Bild Willi Eichlers politischer Gesamtbiografie zu zeichnen mit einem Schwerpunkt auf seinem programmatischen Wirken in der SPD. Dabei werden vor allem die Ereignisse in Eichlers Biografie aufgegriffen, die von Bedeutung für seine inhaltlichen Positionen und seine programmatischen Vorstellungen waren.

II Willi Eichler – Anführer eines sozialistischen Ordens: Vom Kaiserreich bis zum Ende des Dritten Reiches – 1896 bis 1945

1 Kindheit und Jugend Eichlers – Trauma des Ersten Weltkrieges

Als drittes von sechs Kindern wurde Willi Eichler am 7. Januar 1896 in Berlin geboren.[1] Die Eltern kamen aus einfachen kleinbürgerlichen Verhältnissen: Die Mutter arbeitete als Dienstmädchen und der Vater war Postbeamter, stammte aber aus einer Familie von Kleinbauern. Der schlichte Alltag war von harter Arbeit geprägt. Der Großvater kam verfrüht durch einen Unfall ums Leben – die Großmutter starb ohne besondere Krankheitserscheinungen im hohen Alter. Der Vater entfloh den schwierigen Lebensumständen einer kinderreichen Bauernfamilie in die Hauptstadt Berlin. Eichlers Vater entging den Schattenseiten des Proletarierdaseins und konnte sich vor Arbeitslosigkeit und Unsicherheit für das Alter bewahren, indem er eine Stelle als Postbeamter annahm, allerdings ohne Aussichten, in höhere Dienststellen einzurücken.

Mütterlicherseits entstammte Eichler einer Fischerfamilie aus der Nähe Berlins. Die Großeltern erreichten ein für damalige Verhältnisse hohes Alter: Der Großvater starb mit 70 Jahren an einem Herzfehler, die Großmutter mit 80 an Altersschwäche. Die Mutter Willi Eichlers folgte dem Beispiel ihrer Schwestern und wurde Dienstmagd in Berlin. Dort lernte sie Willi Eichlers Vater kennen und sie heirateten.

Eichler selbst lernte bereits in seiner Kindheit Sorgen kennen aber litt niemals Hunger. Seine Kindheit war geprägt von materiell einfachen Verhältnissen und von familiären Schicksalsschlägen. Von den sechs Kindern erreichten zwei nicht das Erwachsenenalter: Ein älterer Bruder starb bereits als Säugling an Diphtherie. Eine jüngere Schwester litt an einer psychischen Behinderung, konnte nicht sprechen und starb mit 17 Jahren in einer Heilanstalt. In der Familie wurde vermutet, das Mädchen habe bei einer Operation mit Chloroformnarkose im Säuglingsalter einen Hirnschaden erfahren – sie blieb bis zum Lebensende behindert. Eichler umsorgte und pflegte die behinderte Schwester häufig, bis sie in eine Heilanstalt eingewiesen wurde, wo sie verstarb. Dies prägte Eichler: Er entwickelte ein gewisses Mitgefühl und Verständnis für die Schwäche von Menschen.[2] Willi Eichler machte der Heilanstalt noch Jahre

---

[1] Vgl. i. F. den Beitrag von Mary Saran, in: Gedenkstunde für Willi Eichler, Frankfurt am Main, Haus Riederwald am 6.11.1971, in: Eichler-Bestand im AdsD, Sign. 1/WEAA000262.

[2] Vgl. Interview Susanne Miller, April 2006 (☛ vgl. im Anhang, S. 209 ff.).

nach dem Tod seiner Schwester schwere Vorwürfe; sie sei durch allgemeine Vernachlässigung und Hunger gestorben. Es ist nicht möglich, die Vorwürfe bezüglich der erkrankten und verstorbenen Schwester zu überprüfen. Der frühe Tod zweier Geschwister war sicherlich prägend für Eichlers Entwicklung aber nicht unbedingt ein Indikator für die soziale und wirtschaftliche Situation der Familie Eichler im Berlin Ende des 19. und Anfang des 20. Jahrhunderts – immerhin starb in den 1890er-Jahren jedes fünfte Kind in Deutschland.[3] Mit dem Einkommen eines kleinen Postbeamten kam die Familie über die Runden, aber auch nicht mehr. Ein Leben im Überfluss gab es nicht. Willi Eichler kam mit sechs Jahren in die Volksschule, blieb dort bis zu seinem 14. Lebensjahr und arbeitete früh nebenher, um etwas Geld für die Familie dazu zu verdienen.

Eichler selbst klagte später nie über Hunger, sehr wohl aber über eine geistige Abhängigkeit und einen Wissensdurst, der weder durch den Schulbesuch noch durch Kurse unter anderem zu Geschichte, die zusätzlich zur Schule belegt wurden, gestillt wurde.[4] Seine ältere freidenkerische Schwester nahm mit ihrer republikanisch-freiheitlichen Gesinnung eine Vorbildfunktion ein. Er eiferte ihr nach und erwarb neben der Volksschule eine breite Allgemeinbildung. Die Schulzeit prägte ihn auch in politischer Hinsicht. Eichler berichtete später selbst von einem Erlebnis aus seiner Schulzeit, dass sein Lehrer Fritz Schmidt bei einem Klassenausflug zu Fuß in den Straßen Berlins bewusst einen Umweg in Kauf nahm, um der Parade des Kaisers aus dem Weg zu gehen, die sich durch Marschmusik von Weitem ankündigte. Dieser Lehrer Fritz Schmidt war auch der Brückenschlag von Eichler zu Leonard Nelson, war doch Schmidt im Lehrerkampfbund, einer Organisation von Nelson-Anhängern, die sich für ein Bildungssystem nach Nelsons Vorstellungen einsetzte. Willi Eichler wurde in seiner Kindheit nach eigener Ansicht kritisch-republikanisch gegenüber dem Wilhelminischen Kaiserreich erzogen. Eine religiöse Erziehung, wie zu dieser Zeit üblich, erfuhr Eichler dagegen in seiner Kindheit weder durch Familie noch Schule. Zwar war er evangelisch getauft, aber er verspürte auf Grundlage dieser Erziehung selbst nie das Bedürfnis, irgendeiner Religionsgemeinschaft oder Gemeinde aktiv anzugehören. Der Kirchenaustritt, später eine Bedingung Nelsons für die Mitgliedschaft in seinen Organisationen, war für Eichler unproblematisch.[5]

Nach dem Ende seiner Schulzeit begann Eichler zunächst eine Ausbildung als Kalkulator in einem Berliner Konfektionsgeschäft, also in der Finanzbuchhaltung. Zeit seines Lebens war Eichler seitdem in der Lage, die Qualität von Tuch und Tex-

---

[3] In den 1870er-Jahren starb in Deutschland jedes vierte Kind. Durch die Industrialisierung nahm die ärztliche Versorgung zu und die Sterblichkeit ab. In den 90er-Jahren des 19. Jahrhunderts starb jedes fünfte Kind. Deutsches Ärzteblatt, Jg. 104 (2007) H. 43.
[4] Vgl. hier u. i. F. Interview Susanne Miller, S. 239-240. Außerdem Sabine Lemke-Müller: Ethischer Sozialismus und soziale Demokratie, S. 41.
[5] Interview mit Susanne Miller, S. 242.

tilien zu erkennen.[6] Wichtiger für seinen weiteren Lebensweg war allerdings die Erkenntnis, dass »man mit dem Handel in einer Stunde mehr verdienen könne, als mit der Arbeit in zehn Stunden.«[7] Um sich vor wirtschaftlichem Elend zu schützen und um sich eine Grundlage für geistige Unabhängigkeit zu ermöglichen, strebte er die wirtschaftliche Selbstständigkeit an.

> »Ich hatte ausser meiner eigenen Abhängigkeit auch die meines Vaters und anderer Erwachsener beobachtet und es hassen gelernt, dass man seine eigene Überzeugung nicht aussprechen durfte. Ich wollte also unter allen Umständen wenigstens wirtschaftlich unabhängig sein.«[8]

Seine Pläne, sich selbstständig zu machen, beschrieb er als Ausdruck eher einer geistigen als einer wirtschaftlichen Not. Selbstständigkeit strebte er nicht nur an, um Geld zu verdienen, sondern auch um anderen Menschen zu helfen, denen es schlechter ging: »Mir schwebte als Plan immer die Errichtung eines Waisenhauses vor.«[9] Diese Pläne des damals 18-jährigen Willi Eichler machte der Beginn des Ersten Weltkrieges zunichte.

Wie für die gesamte Generation junger Menschen im Kaiserreich war der Beginn des Ersten Weltkrieges ein tiefer Einschnitt im Leben: Er gehörte nicht zu denen, die sich voller Enthusiasmus freiwillig für den Kriegsdienst meldeten. Eichler konnte die Begeisterung und die Freude, mit der so viele seiner Generation in den Krieg zogen, nicht nachvollziehen. Er wurde mit 19 Jahren gegen seinen Willen zum Kriegsdienst eingezogen und hat den Krieg nie glorifiziert.

Dennoch erhielt er das Eiserne Kreuz II. Klasse, weil er an der russischen Front in die vereiste Beresina eingebrochen war.[10] Doch dank einer hervorragenden Konstitution – Eichler behauptete gerne, er hätte nie auch nur eine Erkältung im Leben gehabt – blieben keine Schäden.[11] Eichler wurde in Russland und Frankreich eingesetzt, ohne bleibende Verletzungen davonzutragen. Bis zu seinem Tod hat Willi Eichler kaum ein Wort über seine Kriegserfahrungen verloren. Doch Hunger, Kälte, der Verlust von Freunden an der Front und die Angst um das eigene Leben prägten ihn. Es blieb zum Beispiel die Erinnerung an einen Freund, der direkt neben ihm getroffen und getötet wurde. Seiner Partnerin Susanne Miller berichtete er Jahre später davon, wie er und seine Kameraden an der Front aufgrund fehlenden Proviants auf

---

6   Ebd., S. 240.
7   Willi Eichler: Lebenslauf und Lebensplan von Willi Eichler, Box 67, in: IJB-/ISK-Bestand im AdsD, S. 2.
8   Ebd.
9   Ebd., S. 3.
10 Sabine Lemke-Müller: Ethischer Sozialismus und soziale Demokratie, S. 42.
11 Interview mit Susanne Miller, S. 241.

Raben schossen und dann sehr enttäuscht waren, dass diese, auch nachdem sie gekocht waren, zäh blieben.[12]

Nach Kriegsende kehrte er nach Berlin zurück und fing nach kurzer Arbeitslosigkeit in einer Berliner Elektrofirma wieder als Kalkulator an. Eichler hatte zwar unter dem Krieg gelitten, er verfiel jedoch nicht in Hoffnungslosigkeit oder Revanchevorstellungen wie viele andere seiner Generation. Er zog für sein Leben eine wichtige Lehre: Seine politischen Aktivitäten erklärten sich, ähnlich wie bei seinem späteren Vorbild Leonard Nelson, zu einem großen Teil aus dem dringenden Wunsch, die Wiederholung einer Katastrophe wie die des Ersten Weltkrieges zu verhindern. Eichler hatte sich zu Beginn des Weltkrieges nicht von der nationalistischen Euphorie anstecken lassen.

»Elternhaus, das Leben im Proletarierviertel, Lehre und Beruf, der Schützengraben – all dies hatte den Grund gelegt für eine realistische Betrachtung der Gesellschaft, für eine radikale Absage an das Unrecht, das sich in ihr manifestierte. Für Illusionen war kaum Platz geblieben.«[13]

Auch die Revolution von 1918/19 hatte nur in gewisser Hinsicht Einfluss auf Eichlers Politisierung. Einerseits konnten ihn das Ende des Kaiserreiches und die Revolution nicht animieren, sich ihr anzuschließen.[14] Das Ende der Monarchie ließ ihn eher kalt – sie hatte in seinem Leben keine Rolle gespielt. Auch beobachtete er in den Arbeiter- und Soldatenräten »Schiebung« und »Korruption«, die ihn abschreckten. Vor allem war für ihn nach seiner Ankunft in Berlin die Arbeitslosigkeit viel bedrückender als alles andere. Die Revolution selbst beeindruckte Eichler wenig. Andererseits machte ihm die Revolution klar, dass es möglich war, gesellschaftliche Verhältnisse zu verändern und möglicherweise sogar zu verbessern. Auch diese Erkenntnis war eine der Grundlagen seines politischen Engagements.

Zunächst schien ihm die SPD der geeignete Ort, um politische Verantwortung zu übernehmen. Die Spaltung der Arbeiterbewegung und die Unfähigkeit der SPD, die Erfolge der Revolution zu sichern, ließen Eichler allerdings an dieser Partei zweifeln. Er verurteilte Rosa Luxemburg und Karl Liebknecht, denen er die Schuld für die Spaltung der SPD gab und er kritisierte die »Haltlosigkeit der SPD und ihre Selbsttäuschungen.«[15] Darüber wuchsen in Eichler Zweifel über den richtigen politischen Weg.

---

12 Ebd., S. 240.
13 Mary Saran, in: Gedenkstunde für Willi Eichler, Frankfurt am Main, Haus Riederwald am 6.11.1971, in: Eichler-Bestand im AdsD, Sign. 1/WEAA000262.
14 Vgl. hier u. i. F. Interview mit Susanne Miller, S. 241 sowie Sabine Lemke-Müller: Ethischer Sozialismus und soziale Demokratie, S. 42.
15 Ebd.

Zu dieser Zeit stieß Willi Eichler auf die Schriften von Leonard Nelson.[16] Es war sein ehemaliger Schullehrer Fritz Schmidt, der ihm schon vor dem Krieg ein kritisches Gesellschaftsbild vermittelte und der Eichler nun nach dem Ersten Weltkrieg auf die Schriften von Leonard Nelson aufmerksam machte. Dieser erste Kontakt mit Nelsons Werk und Philosophie beeinflusste Eichler für den Rest seines Lebens, denn er fand im Internationalen Jugendbund von Leonard Nelson eine politische Heimat.

2 Eichlers Politisierung im Internationalen Jugendbund (IJB) bis zum Unvereinbarkeitsbeschluss der SPD 1920–1925

Durch die Lektüre von Nelsons Schriften erhielten Eichlers politische Vorstellungen zum ersten Mal eine klare Struktur. Insbesondere der von Nelson verfasste Aufsatz »Vom Staatenbund«[17] inspirierte Eichler. Dieser skizzierte für ihn einen Weg, wie zukünftig solche Katastrophen wie die des Ersten Weltkrieges zu verhindern seien.

Eichler begann im IJB in Berlin Anfang der 1920er-Jahre mitzuarbeiten, wo er einen schnellen Zugang zur Organisation erhielt und bald Verantwortungspositionen übernahm. 1922 wurde Eichler von Nelson zum stellvertretenden Ortsgruppenleiter in Berlin ernannt. Bald darauf wurde er zur Vertrauensperson im Bund und damit Mitglied in der Bundesleitung des IJB. Zu seinen Aufgaben gehörte, die Beantwortung von Mitgliederanfragen in Berlin. Dabei ging es teilweise auch um Lösungen für zwischenmenschliche Probleme, die sich aus dem Zusammenleben ergaben. Eichler passte seine eigene Lebensführung radikal an die Anforderungen des IJB an und gab sogar, obwohl starker Raucher, den Tabakkonsum auf.

Arbeitsweise und politische Ausrichtung des IJB und des ISK basierten auf den Vorstellungen des geistigen Vaters Leonard Nelson. Er bestimmte den Internationalen Jugendbund und später den ISK dazu, sein umfassendes philosophisches Werk in die Praxis umzusetzen.[18] Nelsons Werke waren auch für den Lebensweg Eichlers von einschneidender Bedeutung. Eichler folgte Nelson, wurde sein Sekretär und seine rechte Hand, nahm seine Philosophie und seine Grundsätze vollständig auf, verinnerlichte sie und setzte sie um. Nelsons Philosophie soll daher im Folgenden zunächst erläutert werden unter Berücksichtigung biografischer Elemente aus Nelsons Leben und der historischen Rahmenbedingungen seiner Zeit. Denn einerseits war die Selbsternennung zum Führer eine Schlussfolgerung seiner Philosophie. Aber andererseits

---

16 Hier u. i. F. Interview mit Susanne Miller, S. 240 sowie Mary Saran, in: Gedenkstunde für Willi Eichler, Frankfurt am Main, Haus Riederwald am 6.11.1971, in: Eichler-Bestand im AdsD, Sign. 1/WEAA000262.
17 Nelson forderte darin die Verwirklichung des Rechtszustands im internationalen Verhältnis der Staaten untereinander. Ein Ziel, für das zu kämpfen Pflicht aller hinreichend Gebildeten sei.
18 Vgl. Susanne Miller: Kritische Philosophie als Herausforderung zum Widerstand gegen den Nationalsozialismus, in: Sabine Lemke-Müller (Hg.): Ethik des Widerstandes, S. 32.

Kapitel II · Vom Kaiserreich bis zum Ende des Dritten Reiches – 1896 bis 1945

müssen diese Konsequenzen aus Nelsons Theorien für die Praxis aus der damaligen Zeit betrachtet werden und nicht vor dem Hintergrund der Erfahrungen des Dritten Reiches und des Machtmissbrauchs der Nationalsozialisten und Adolf Hitlers.[19]

Das vorliegende Kapitel ist in Anlehnung an die drei Stufen praktischen Handelns konzipiert, die Leonard Nelson entwickelt hat, nämlich
1. die Erarbeitung der richtigen Ideen,
2. die Erziehungsarbeit auf der Grundlage dieser Ideen und
3. die Umsetzung ins politische Leben.[20]

Es gilt also zunächst zu klären, welche politischen Ideen und Visionen Nelson entwickelte und welche philosophischen Wurzeln sie haben. Im Anschluss wird die Erziehungs- und Bildungsarbeit skizziert, wie sie sich im Rahmen des IJB vollzog und in welchem Verhältnis diese zur Philosophie Nelsons stand. Anschließend geht es um die Umsetzung dieser Ideen in die politische Praxis, die 1925 zum Unvereinbarkeitsbeschluss der SPD führte. Zuletzt werden die Gründung des ISK und die inhaltlichen Weichenstellungen bis zum Tod Leonard Nelsons beschrieben.

2.1 Nelsons Philosophie und die Gründung des IJB – Erarbeitung der richtigen Ideen

Leonard Nelson, geboren am 11. Juli 1882 in einem wohlhabenden und kultivierten Elternhaus in Berlin, zeigte bereits früh Interesse für die Philosophie, insbesondere für die Ideen von Jakob Friedrich Fries, dessen Theorien er aufnahm und weiter entwickelte.[21] Aufbauend auf Ideen von Fries wurden die Übernahme der Methode der kritischen Philosophie, der Ausbau ihrer Inhalte und die Anwendung der aus ihr resultierenden Konsequenzen auf die Praxis zentrale Anliegen in Nelsons Leben.

> »Ausschließlich die Philosophie und nur diese, hielt er für die Beschützerin der Geistesfreiheit und Hüterin der Autonomie der Vernunft. Sie solle dazu verhelfen, gegenüber allen falschen Lehren von der Ohnmacht der menschlichen Vernunft eine Lehre des Selbstvertrauens der Vernunft in ihre Rechte einzusetzen.«[22]

Nach dem Studium der Philosophie und der Mathematik in Heidelberg, Berlin und Göttingen promovierte Nelson 1904 mit der Dissertation »Jakob Friedrich Fries und seine jüngsten Kritiker.« Beruflich blieb er der Wissenschaft verbunden und wurde 1919 zum außerordentlichen Professor an der Universität Göttingen ernannt – dort

---
19 Vgl. Werner Link: Die Geschichte des IJB und des ISK, 1964, S. 39.
20 Vgl. Werner Link: Führungseliten im ISK, in: Herkunft und Mandat, Beiträge zur Führungsproblematik in der Arbeiterbewegung, 1976, S. 111.
21 Vgl. i. F. zum frühen Werdegang Nelsons insbes. Willi Eichler/Martin Hart (Hg.): Leonard Nelson – Ein Bild seines Lebens und Wirkens, 1938, S. XI ff.
22 Sabine Lemke-Müller: Ethik des Widerstands, 2. Aufl. 1997, S. 34.

schloss er sich der naturwissenschaftlichen Abteilung der Philosophischen Fakultät an.

Bereits 1903 gründete er mit einer Reihe von Freunden die Jakob-Friedrich-Fries-Gesellschaft. Ihre Mitglieder verpflichteten sich, die nahezu in Vergessenheit geratenen Schriften von Fries zu sammeln und durch Veröffentlichungen wieder bekannt zu machen. Vor allem aber ging es ihnen um die Weiterentwicklung der von Fries fortgeführten kritischen Philosophie.

Leonard Nelson schloss sich nicht auf direktem Weg der sozialistischen Arbeiterbewegung an, was wohl unter anderem auf seine bürgerliche Herkunft zurückzuführen ist. Er war in dem Zeitraum von 1908 bis 1914 Anhänger des politischen Linksliberalismus und betätigte sich aktiv im »Freisinnigen Verein« und ab 1910 in der »Fortschrittlichen Volkspartei.«

Sein eigenes philosophisch-politisches Gedankengebäude entwickelte Nelson in diesen Jahren. Es bestand aus mehreren Grundsätzen, die auf bereits bestehenden Theorien basierten, aber dann zu eigenen Schlussfolgerungen führten.[23] Zu den Grundsätzen der politischen Philosophie Nelsons gehörten an erster Stelle, dass für ihn Grundwerte wie Gleichheit, Freiheit und Gerechtigkeit in der Vernunft jedes Menschen verankert sind. Diese Werte können allerdings erst durch Reflexion, zum Beispiel in Form des sokratischen Gesprächs[24], zutage gebracht werden, um dann als allgemeingültige Gebote dienen zu können. Aufgrund seiner Vernunftbegabung hat der Mensch die Möglichkeit, bei hinreichender Charakter- und Willensbildung sich selbst ethische Maßstäbe zu setzen und sich daran zu halten. Diese Grundsätze sind die Grundlage für die praktische Umsetzung Nelsons Philosophie.

Die Realisierung des Sozialismus, definiert als ausbeutungsfreie Gesellschaft, war für Nelson später dann eine logische Folgerung aus diesem Anspruch, vernünftig, also ethisch korrekt zu handeln. Nelson bezeichnete eine Gesellschaft, in der niemand ausgebeutet wird, als Rechtsideal. Um das Rechtsideal zu erreichen, muss innerhalb einer Partei der Vernunft oder des Rechts eine Elite geschaffen werden. Die Mitglieder dieser Elite hätten durch Reflexion einen stabilen, ethisch fest verankerten Charakter zu bilden und zusätzliche organisatorische Fähigkeiten insbesondere politische Praxiserfahrung zu entwickeln. Wäre so eine Elite geschaffen, müssten die Fähigsten die

---

23 Vgl. i. F. Werner Link: Führungseliten im ISK, in: Herkunft und Mandat, Schriftenreihe der Otto Brenner Stiftung, Bd. 5, 1976, S. 111.

24 Das sokratische Gespräch oder die sokratische Methode übernahm Nelson vom antiken Philosophen Sokrates, mit dem Ziel, den Dogmatismus auszuschalten und selbstständig denkende und vernünftige Menschen auszubilden. Die Gesprächspartner helfen dabei, die eigenen Gedanken ans Tageslicht zu bringen, kritisch zu überprüfen und zu verwandeln. Nach dieser pädagogischen Theorie sind alle Menschen, eben auch Kinder, in der Lage, fundamentale Fragen der Ethik, der Lebens- und Weltauffassung, der Pädagogik und Politik kritisch nachzuvollziehen. Siehe auch Leonard Nelson: Die sokratische Methode. Mit einem Vorwort von Gisela Raupach-Strey, 2. Aufl. 1996.

Macht im Staat erobern, damit nach der Revolution eine Regierung des Rechts und der Vernunft herrschen kann – eine Herrschaft der Weisen, bei der der weise Führer aufgrund seiner Schulung fehlerfrei regiert. Diese philosophische Grundhaltung und Zielvorstellung sollten zeit seines Lebens Nelsons Denken und Handeln prägen.

Die Wende in Nelsons politischer Orientierung von der Theorie hin zur Praxis und folglich der Anstoß für sein pädagogisches Wirken wurden durch den Eindruck des Ersten Weltkrieges eingeleitet.[25] Die Schrecken des Krieges machten deutlich, dass das Aufstellen von Theorien nicht ausreiche, menschenwidrige Lebensverhältnisse umzugestalten. Aus Nelsons Perspektive war es nötig, die wissenschaftlichen Erkenntnisse und Theorien pädagogisch anzuwenden und in die Praxis umzusetzen. Der Krieg machte für Nelson die Notwendigkeit, aus den gewonnenen Erkenntnissen konkrete Handlungen oder Handlungsanleitungen abzuleiten, auf dramatische Weise deutlich. Dazu kam die Erkenntnis Nelsons, dass die Verantwortung für den Ersten Weltkrieg nicht allein der Adel zu tragen hatte, sondern ebenso Bürgertum und Intelligenz. Aus dem für ihn offensichtlichen Versagen des Bürgertums und der Intellektuellen zog Nelson zwei Konsequenzen: Zum einen kam ein Engagement nur noch im Rahmen der sozialistischen Arbeiterbewegung infrage[26] und zum anderen könne nur die unverdorbene Jugend, die frei von jeder Schuld am Ersten Weltkrieg war, die wilhelminische Gesellschaft verändern.

Während des Krieges vollzog sich in Nelsons politischer Haltung also eine deutliche Richtungsänderung: Unter Beibehaltung der Grundzüge seiner Philosophie entwickelte er sich vom Liberalen zum Sozialisten. Nelsons Übergang vom Liberalismus zum Sozialismus war in der Gewichtung der Gleichheit begründet – Gleichheit definiert als Gleichheit an Freiheit, Lebenschancen und vor allem im humanistischen Sinne in der Verwirklichung der gleichen Würde aller Menschen in einer Gesellschaft des Rechts. Hier im Sozialismus sah Nelson das politische Programm, in dem die Ethik am konsequentesten umgesetzt wurde.[27] »Nelson wandte sich im Einklang mit der Friesschen Kritischen Philosophie vom Liberalismus ab, indem er wie Fries den Grundwert Gleichheit der Freiheit voranstellte und danach die beiden miteinander verknüpfte.«[28] Einerseits begrenzte er also die Freiheit durch die Gleichheit, andererseits forderte er aber eine Gleichheit an Freiheit, also Gerechtigkeit.

---

25 Nelson war aufgrund seiner schwachen Gesundheit vom Fronteinsatz befreit, wurde aber 1917 in das sogenannte »Genesenenregiment« eingezogen, wo er bis zu seiner Entlassung 1918 Zeitungsausschnitte sammeln und sortieren musste.
26 Vgl. Susanne Miller: Ich wollte ein anständiger Mensch bleiben, in: »Frauen gegen die Diktatur – Widerstand und Verfolgung im nationalsozialistischen Deutschland«, in: Sabine Lemke-Müller (Hg.): Ethik des Widerstands – Der Kampf des Internationalen Sozialistischen Kampf-Bundes (ISK) gegen den Nationalsozialismus – Quellen und Texte zum Widerstand aus der Arbeiterbewegung 1933–1945, S. 143-158.
27 Vgl. Udo Vorholt: Die politische Theorie Leonard Nelsons, S. 40.
28 Ebd.

Ebenso aus dem Liberalismus abzuleiten ist die kritische Position Nelsons zum Marxismus in der Interpretation Karl Kautskys. »Der Klassenkampf ist gerechtfertigt als der Kampf ums Recht, und die Notwendigkeit des Klassenkampfes ist begründet durch die praktische Notwendigkeit des Rechts«.[29] Diese Sicht des Marxismus unterstützte Nelson nur zum Teil. Er stellte fest, dass die von Karl Marx und Friedrich Engels entwickelte materialistische Geschichtsauffassung ein bedeutender Fortschritt gegenüber dem Idealismus sei.[30] Marx und Engels hätten als Erste mit Nachdruck und Erfolg auf den entscheidenden Einfluss hingewiesen, »den die Klassengegensätze in der Gesellschaft für den geschichtlichen Verlauf und insbesondere auch für den Verlauf der Ideengeschichte spielen.«[31] Allerdings ging Nelson auf Distanz zur Marx-Deutung Kautskys, wenn es um die Anwendung der Hegel'schen Dialektik geht. Nach Marx werde die kapitalistische Gesellschaft in ihr Gegenteil, den Sozialismus, umschlagen. Und dieser Prozess ergebe sich nach den gängigen Interpretationen, die von Karl Kautsky geprägt wurde, mit historischer Notwendigkeit. Nelson hingegen appellierte an das Handeln und die Verantwortung des Menschen.

An dieser Stelle wird die Bedeutung der vorgestellten Grundsätze Nelson besonders deutlich. Geschichte war für Nelson ein offener Prozess und nicht durch ökonomische Verhältnisse vorbestimmt. Zum Bewusstsein des Proletariats um die Ungerechtigkeit seiner Lage müsse die Erkenntnis treten, dass das Recht nur im Kampf gegen die herrschende Klasse durchgesetzt werden könne. Handelnde Menschen gäben der sozialistischen Theorie eine größere Sicherheit als ökonomischer Notwendigkeitsglaube.[32] Der kategorische Imperativ im Kommunistischen Manifest, »Proletarier aller Länder, vereinigt euch«, mit seiner aufrüttelnden und identitätsstiftenden Kraft wurde für Nelson erst durch diese Annahmen auf eine solide Basis gestellt und begründet. Nelson

> »hielt die marxistische Geschichtsphilosophie nicht nur für wissenschaftlich falsch, sondern auch für politisch verhängnisvoll, weil das – durchaus unbegründete – Vertrauen in die geschichtliche Entwicklung den Willen zum Kampf lähme.«[33]

Nelson orientierte sich bis 1916 an der Freideutschen Jugendbewegung. Er musste aber feststellen, dass er dort mit seinen politischen Ansprüchen und insbesondere mit seiner Forderung nach einer geschlossenen hierarchischen Struktur weder Anerken-

---

29 Leonard Nelson: »Die bessere Sicherheit«. Broschüre, ersch. 1927, S. 8.
30 Thomas Meyer: Zur Aktualität Leonard Nelsons. Zum 100. Geburtstag, in: Die Neue Gesellschaft, Jg. 29 (1982) H. 1, S. 587.
31 Leonard Nelson: Gesammelte Schriften in neun Bänden, Bd. 7, S. 478, in: Heinz-J. Heydorn (Hg.): Ausgewählte Schriften – Studienausgabe.
32 Ebd., Bd. 9, S. 593.
33 Susanne Miller: Leonard Nelson und die sozialistische Arbeiterbewegung, in: Juden in der Weimarer Republik, 1986, S. 263-275, hier S. 269.

nung noch Anhänger fand. Die freideutsche Jugendbewegung war zwar als Gegenbewegung zur nationalistischen, kaisertreuen Gesellschaft entstanden aber Nelson musste bald feststellen, dass die Jugendbewegung eben nicht eine geschlossen agierende und feste Organisation war, die durch ein Programm oder Weltanschauung geeint war.[34] Vielmehr war die Jugendbewegung eine heterogene Bewegung mit einer Vielzahl an Gruppierungen, Lebensgefühlen und Anschauungen, von denen einige zwar den Anspruch hatten, die Gesellschaft zu verändern, andere jedoch nicht mehr als Zuflucht und Ablenkung für die junge Generation bieten wollten. Die Ansprüche Nelsons an eine geeinte und starke Organisation mit einem Programm, einer klaren Hierarchie und einem Anführer konnten hier keine Umsetzung finden. Der Jugendbewegung widerstrebte eine wirtschaftliche, konfessionelle und politische Parteinahme und vor allem akzeptierte sie nicht den strengen hierarchischen Anspruch Nelsons.[35]

Aus dieser Erfahrung folgerte Nelson, dass die »erforderliche Arbeit vielmehr von einem kleinen Kreise schon erprobter Charaktere ausgehen«[36] muss. In dieser Auffassung liegt die Organisationsform begründet, die Nelson im und durch den Internationalen Jugendbund (IJB) ab 1916 umsetzen wollte: »Es ist zwecklos in die Breite wirken zu wollen, bevor die Führer ausgebildet sind; denn erst dann wird man hoffen dürfen, endlich einmal mit Gottes Hilfe eine Jugendbewegung zustande zu bringen.«[37]

Auch hier wird wieder deutlich, dass die angeführten Grundsätze der Philosophie Nelsons weiterhin bestimmend für sein Denken waren, auch wenn sich der Rahmen, innerhalb dessen Nelson ihnen Ausdruck verlieh, gewandelt hat.

An dieser Auffassung über die Notwendigkeit einer herrschenden, überlegenen Elite – begründet auf ethischer Bildung und nicht auf Herkunft – lässt sich wiederum Nelsons Demokratiekritik erklären.

Nelsons Anspruch, das Sittengesetz gültig erkannt und begründet zu haben, hat in seinem eigenen Werk und in seiner politischen Praxis zwei widersprüchliche Konsequenzen: Einerseits vertraute er darauf, dass die anderen Menschen als vernünftige Wesen dieser Erkenntnis aus freien Stücken teilhaftig werden können. Andererseits wollte er diese Erkenntnis nicht wieder zur freien Disposition zufälliger Meinungen stellen, obwohl das Verständnis für die Erkenntnis nach Nelsons Lehre in der breiten Masse, wenn auch im Dunkeln, verankert sei. Aufgrund seiner Kritik am Demokratieprinzip befürwortete Nelson das Führerprinzip, um eine ausbeutungsfreie Gesellschaft zu erreichen:

---

34 Vgl. hier u. i. F. Werner Link: Die Geschichte des IJB und des ISK, S. 41.
35 Zur Diskussion innerhalb der Jugendbewegung vgl. ebd., S. 43 ff.
36 Leonard Nelson: Brief an Hodann, 1916, in: Reformation der Gesinnung durch Erziehung zum Selbstvertrauen, 1917, S: 23.
37 Ebd., S. 24.

> »Die Demokratie ist nicht die große Arena, aus der der Tüchtigste als Sieger hervorgeht. Sie ist der Jahrmarkt, auf dem der pfiffigste oder käuflichste Schwätzer dem rechtliebenden und nur auf seine gute Sache bauenden Charakter den Rang abläuft.«[38]

Demokratie und Rechtsstaat schlossen sich für Nelson gegenseitig aus, denn die Forderung, eine Entscheidung solle zugleich mehrheitsfähig sein und gleichzeitig seinen Vorstellungen vom Recht entsprechen, verlangte für ihn Unvereinbares. Das objektive Recht, das durch objektiv richtige Politik durchgesetzt werden könnte, dürfe nicht zur Disposition von Mehrheitsentscheidungen gestellt werden. Nach seiner Ansicht komme Legitimation zur Ausübung von Regierungsgewalt nur demjenigen zu, der das Recht durchsetzt. Daher plädierte Nelson für das platonische Ideal der Herrschaft der Weisen, also der hinreichend Gebildeten, die kraft vernunftgeleiteter Reflexion einsichtig und rechtsliebend seien.[39] Die Auswahl der Weisen sei Aufgabe der Wissenschaft. Einrichtungen müssten geschaffen werden, die jedem im Volk allein nach Maßgabe seiner Tüchtigkeit offen stünden, damit fähige Menschen planmäßig ausgebildet werden und den Aufstieg der Führer zur Regierung sicherten.

Um solche Menschen auszubilden, hat Nelson den IJB gegründet. Nachdem aus Nelsons Perspektive die Freideutsche Jugend versagt hatte, entstanden 1916 die ersten Umrisse eines neuen Jugendbundes, des Internationalen Jugendbundes, verbunden mit einem neuen »Ideal der Männlichkeit und Kraft, das nicht zu zart ist, um die Probe im wirklichen Leben zu bestehen.«[40] Nelson war es wichtiger, eine politische Elite auszubilden, als in die Breite zu wirken. Er suchte nicht nur intellektuell orientierte Menschen, sondern »starke Charaktere« gemäß seiner Setzung. Mit der Gründung des IJB distanzierte sich Nelson endgültig von Theoretikern, denen nicht an der praktischen Umsetzung und dem Erreichen von politischen Zielen gelegen war.

2.2 Erziehungsarbeit auf der Grundlage Nelsons Philosophie

> »Fort mit jeglicher Unklarheit über das, was wir wollen! Sie entspringt aus zielloser Begeisterung, aus der Phrase, aus Gemütsbewegungen. Dafür klare d. h. wissenschaftliche Einsicht in die vernünftigen Lebenswerke, die wahren Menschheitsideale, zu deren Erkenntnis uns die Kant-Friessche Philosophie in Wahrheit führt.

---

38 Leonard Nelson: Gesammelte Schriften in neun Bänden, Bd. 6, S. 242, in: Heinz-J. Heydorn (Hg.): Ausgewählte Schriften – Studienausgabe.
39 Ebd., S. 245.
40 Leonard Nelson: Brief an ein Freischar-Mitglied, September 1916, in: Werner Link: Der IJB und der ISK, S. 48. Der Brief ist im Nelson-Bestand nicht mehr zu finden und nur noch bei Link an mehreren Stellen zitiert.

Nur auf der Grundlage eines klar erkannten Zieles kann man eine stark organisierte Bewegung schaffen.«[41]

Mit dieser Maxime konzentrierte sich Nelson fortan auf den IJB, der mit seiner Gründung im April 1917 als eigenständige Organisation in Erscheinung trat.[42] Der IJB wurde nach Nelsons Vorstellung als eine Art Führerrat einer noch zu gründenden Partei der Vernunft konzipiert. Bereits 1918 existierten mehrere Jugendgruppen an unterschiedlichen Orten. Die größten Gruppen gab es in Göttingen, Berlin und Frankfurt am Main. Um in die Öffentlichkeit zu wirken, wurden mehrere Schriftenreihen herausgebracht, zum Beispiel »Öffentliches Leben«[43] und der Göttinger »Jugendkurs.«

Den internationalen Anspruch sah Nelson in der Erkenntnis begründet, dass ein dauerhafter Rechtszustand und Frieden zwischen den Staaten nicht allein durch Verträge, sondern durch einen Weltstaatenbund unter der Leitung einer Weltregierung erreicht werden. Auch dies gründete auf den Erfahrungen aus dem Ersten Weltkrieg. Bis auf den Namen der Organisation hatte dies auf die Praxis des IJB allerdings kaum Einfluss, abgesehen von der Reaktion auf einen konkurrierenden Aufruf einer Schweizer Studentengruppe, einen deutschen Jugendbund gründen zu wollen. Der IJB dagegen verlangte einen Führerrat als leitendes Gremium für die ganze Jugend, also über die akademische Jugend und die deutschen Grenzen hinaus in einem Internationalen Jugendbund in Form des IJB unter Nelson.

Ziel des IJB war die Verbreitung der maßgeblich von Nelson entwickelten politisch-philosophischen Ansichten. Dies sollte auf zwei Weisen geschehen: *Erstens* sollte sich nach Nelsons Wunsch ein kleiner elitärer Kader herausbilden, der sich seine Philosophie zu eigen machte und danach lebte. Aus diesem Kader, der den hohen Ansprüchen Nelsons an Charakter und Intellekt gerecht werden musste, sollten die zukünftigen Menschheitsführer herausgebildet werden. *Zweitens* sollten die geeigneten Persönlichkeiten als Funktionäre in den linken Gruppierungen und Parteien aktiv werden, ohne dass der IJB als Ganzes einer bestimmten Partei beitrat. Hierin verwirklicht sich der seit dem Ersten Weltkrieg bei Nelson besonders stark ausgeprägte Wunsch, die Philosophie in politische Praxis umzusetzen.

Bezüglich der Exklusivität und der hohen Ansprüche an die einzelnen Mitglieder vollzog der IJB in der Praxis jedoch nach einer kurzen Anfangsphase einen Rich-

---

41 Brief Julius Philippson an Minna Specht, 5.6.1916, in: IJB-/ISK-Bestand im AdsD, Sign. 4/IJB_ISK0001, Box 1.
42 Wegbegleiter Nelsons als Mitbegründer des IJB waren seit dem Sommer 1916 einige Vertraute aus der freideutschen Jugendbewegung und vertraute Studierende, wie Max Hodann und seine Frau Maria Hodann (geb. Saran), Minna Specht, Julius Philippson, Hans Mühlestein, Julie Pohlmann und Klara Deppe.
43 Die Schriftenreihe »Öffentliches Leben« wurde wegen ihres blauen Einbandes auch »Blaue Hefte« genannt.

tungswechsel. Zu klein blieb gegenüber den hohen ursprünglichen Ansprüchen die Anzahl der Eintritte. Dies verhinderte sowohl die Herausbildung eines geeigneten Kaders als auch die Breitenwirkung. Die Organisation habe von Anfang an versagt, kritisierte Nelson im März 1918 die verfrühte und überzogene Exklusivität des IJB.[44] Bemerkenswert ist dabei, dass Nelson sich nicht als Führer und Hauptverantwortlichen selbst kritisierte – er unterstellte der Organisation bzw. den Mitgliedern ein Versagen.

In seiner Organisationsform orientierte sich der IJB klar an Nelsons Philosophie. In der strengen Hierarchie wurde seine Ablehnung gegenüber dem Demokratieprinzip eindrücklich deutlich. In Bezug auf den Bundesvorsitzenden, verkörpert in der Person von Leonard Nelson, waren in der Satzung weder Einsetzungsmodus noch Kontrollmechanismen vorgesehen.[45] Zwar gab es ein Beschwerderecht des Vorstands, aber faktisch führte eine Beschwerde zu keinen Konsequenzen. Die Mitglieder des Bundesvorstands wurden vom Bundesvorsitzenden ausgewählt und berufen. Ebenso hierarchisch wurden die Ortsgruppenleiter nicht von den Mitgliedern vor Ort gewählt, sondern vom Bundesvorstand ernannt. Das beratende Gremium der Ortsgruppenleiterkonferenz hatte lediglich die organisatorische Aufgabe, jährliche Vorhaben mit dem Bundesvorstand abzusprechen. Die alljährliche Mitgliederversammlung, bei demokratischen Organisationen in der Regel das höchste beschlussfassende Gremium, hatte keinen bestimmenden Einfluss auf den Bundesvorstand oder irgendeine Kontrollmöglichkeit. »In der Hauptsache sollte die Zusammenkunft […] einer gemeinsamen Feier, gemeinsamem Spiel und Sport und einer gegenseitigen Aussprache gewidmet sein.«[46]

Konkreten Ausdruck fand der Erziehungsanspruch Nelsons in der Gründung der Philosophisch-Politischen Akademie durch Nelson im Juni 1922. Wie die Jakob-Friedrich-Fries-Gesellschaft sammelte und veröffentlichte sie die Schriften des Philosophen.[47] Die Akademie sollte die wissenschaftliche Grundlage der politischen Arbeit des IJB schaffen und bildete somit das pädagogische Zentrum der Organisation. Der Akademie wurde aber noch eine weitere Aufgabe zuteil. Nelsons Philosophie einer Herrschaft der Weisen findet ihre Entsprechung in dem Recht des Leiters der Akademie, den Vorsitzenden und seine Stellvertreter zu bestimmen und darüber hinaus im Recht, den Jugendbund aufzulösen. Als Leiter der Akademie hatte Nelson ebenfalls

---

44 Leonard Nelson, in: Udo Vorholt: Die politische Theorie Nelsons, 1998, S. 150.
45 Zum Organisationsaufbau im IJB vgl. Werner Link: Der IJB und der ISK, S. 53 ff.
46 § 30 der Satzung des Internationalen Jugend-Bundes, 20.2.1923, mit einer Nachschrift von L. Nelson, 22.2.1923, in: IJB-/ISK-Bestand im AdSD, Sign. 4/IJB_ISK0002. Vgl. auch: Werner Link: Der ISK und der IJB, S. 54.
47 Nach dem Zweiten Weltkrieg wurde die Philosophisch-Politische Akademie 1949 als Verein neu gegründet. Ziel war weiterhin, die Bedeutung der Philosophie Kants und Fries' zu unterstreichen. Vgl. Schriftenreihe der Philosophisch-Politischen Akademie: Vernunftbegriff und Menschenbild bei Leonard Nelson; Bd. II, 1996.

sich selbst an die Spitze des IJB gesetzt. Dass er damit den Vorsitz über Akademie und Jugendbund innehatte, widersprach offensichtlich nicht seiner Regel, dass die Wissenschaft den politischen Führer bestimmen müsse.[48]

Die zentrale Bedeutung von Bildung und Erziehung im IJB wird ab Anfang 1922 durch ein weiteres Projekt untermauert. Dem IJB wurde das Landerziehungsheim Walkemühle in der Nähe von Melsungen im Regierungsbezirk Kassel von Ludwig Wunder zur Verfügung gestellt.[49] Zur Unterstützung der Erziehungsarbeit mit Kindern und jungen Erwachsenen wurde dort eine Akademie unter Leitung von Minna Specht[50] gegründet, nach den Prinzipien und pädagogischen Ansätzen Nelsons. Diese basierten auf seiner Kritik am bestehenden Erziehungswesen. Die Schule solle nicht »abrichten«[51], sondern Menschen zum Bewusstsein ihrer Menschenwürde führen. Es dürfe keine »Menschenfurcht« notwendig sein, »um sich zum Rechten antreiben zu lassen«, und Menschenfurcht dürfe kein Grund sein, sich von der Erfüllung der Pflichten abschrecken zu lassen.

In der Walkemühle sollten junge Menschen unabhängig von Herkunft und Bildungshintergrund zu politischen Führungspersonen ausgebildet werden.[52] Die Vorbereitung auf politische Aufgaben verlief in intensiven bis zu drei Jahre andauernden Kursen. Die Schülerinnen und Schüler wurden sowohl organisatorisch als auch inhaltlich/theoretisch ausgebildet. Die Walkemühle wurde zur zentralen Funktionärsschule des IJB und danach des ISK.

Nach dem ersten Wahlerfolg der Nationalsozialisten 1930 wurde die Erwachsenenbildung eingestellt, um die Organisation mit ausgebildeten Funktionären auf den Kampf gegen den Nationalsozialismus vorzubereiten – es blieben nur noch die Kinder in der Schule. Nachdem die Nationalsozialisten 1933 die Schule geschlossen und das Gebäude konfisziert hatten, floh Minna Specht mit den verbleibenden Kindern nach Dänemark, wo die Schule bis 1938 fortbestand. Danach konnte sie in England noch kurz weiter betrieben werden, bis die Internierung deutscher Exilanten in England nach Beginn des Zweiten Weltkrieges zur Schließung der Schule führte.[53]

---

48 Zu diesem Ergebnis kommt auch Holger Franke, in: Leonard Nelson, S. 181.
49 Ludwig Wunder, selbst Reformpädagoge, hatte sich von Nelsons Philosophie überzeugen lassen. Vgl. Holger Franke: Leonard Nelson, S. 192.
50 Minna Specht, eine begabte Pädagogin, wie Susanne Miller sie beschrieb, war Lehrerin und lernte Nelson in Göttingen kennen. Sie wurde zu einer der führenden Persönlichkeiten im IJB und später des ISK. Sie leitete die ISK-Schule auch im dänischen und englischen Exil weiter. Auch übernahm sie nach Nelsons Tod die Leitung der Akademie, ohne Führerin des ISK werden zu wollen. Die Leitung der Akademie füllte sie aus und Eichler übernahm die politische Leitung des ISK.
51 Hier u. i. F. Leonard Nelson: Reformation der Gesinnung, S. 50.
52 Vgl. hier u. i. F. Susanne Miller: Leonard Nelson und die sozialistische Arbeiterbewegung, in: Walter Grab/Julius H. Schoeps (Hg.): Juden in der Weimarer Republik, S. 267.
53 Vgl. Sabine Lemke-Müller: Zur Organisationsgeschichte des ISK, in: Dies. (Hg.): Ethik des Widerstands, S. 15.

2 Eichlers Politisierung im Internationalen Jugendbund (IJB) 1920–1925

Im Sinne des Aufspürens und der Erziehung von Führerpersönlichkeiten wurde in der Walkemühle in den Jahren ihrer Tätigkeit ein Stamm von etwa 30 Funktionärinnen und Funktionären ausgebildet, der in organisatorischen und theoretischen Fragen bestens geschult war. Das Schulungswesen umfasste neben der Walkemühle auch einwöchige Kurse oder Wochenendseminare, die dezentral in den Ortsgruppen durchgeführt wurden, um Neumitglieder zu werben und Grundlagen zu schaffen, sich die Philosophie Nelsons anzueignen und, bei entsprechender Eignung, in den IJB einzutreten. Die Walkemühle bildete den zentralen Ausbildungsort und damit das wichtigste Organ bei der Elitenbildung innerhalb der beiden Nelson-Bünde. Die besondere Bedeutung der Walkemühle als Kaderschmiede wird auch dadurch deutlich, dass dort etwa 40 % der Funktionäre ausgebildet wurden, die 1936 im Exil zum Teil unter schwersten Bedingungen für den ISK aktiv waren. Und in der Tat: Die Absolventen der Walkemühle zeichneten sich vor allem durch Tatkraft, ausgeprägtes Verantwortungsgefühl und die Bereitschaft zur Selbstaufopferung aus.

In der Walkemühle hatte sich auch Willi Eichler früh erste Verdienste erworben. Dank seiner kaufmännischen Kenntnisse trug er stark zu den erforderlichen Vorbereitungen zum Bau der Akademie und zur Eröffnung der Schule bei. Diese Zeit nutzte er auch zum umfangreichen Studium philosophischer und sozialistischer Literatur. Nachdem seine Aufgabe in der Walkemühle beendet war, wurde Eichler im April 1924 zur Entlastung Nelsons nach Göttingen gerufen. Er unterstütze Nelson beim Verfassen der »Monatsantwort«, ein Mitgliederbrief, der dazu diente, die Mitglieder über Aktuelles, die Anforderungen an sie und weitere Weisungen des Vorsitzenden Nelson zu informieren. Diese Rundschreiben waren ein wichtiges Instrument seiner Führung. Bereits im September 1924 delegierte Nelson an Eichler, eine »Monatsantwort« selbstständig zu verfassen. Diese fiel mit ihrem lockeren und weniger disziplinierenden Stil positiv bei den Mitgliedern auf.

Eichler erhielt früh eine Schlüsselstellung im IJB. Er beeindruckte mit einer für sein Alter sehr reifen Persönlichkeit. Mary Saran stellte bei ihm einen gewissen »Negativismus« bzw. einen Hang zur Bitterkeit fest, wahrscheinlich ein Ergebnis seiner prägenden Erlebnisse in Kindheit und Jugend durch materielle Abhängigkeit und Weltkrieg. Diese Bitterkeit konnte auch umschlagen nicht nur in Härte gegen sich selbst, sondern auch in Kritik, »die beißend wirken konnte, nicht nur, wenn er Zustände geißelte, sondern auch, wenn er Menschen verurteilte.«[54] Eichler nahm ohne Abstriche die Philosophie Nelsons an und die damit verbundenen hohen Ansprüche an die IJB-Aktivisten.

---

54 Mary Saran, in: Gedenkstunde für Willi Eichler, Frankfurt am Main, Haus Riederwald am 6.11.1971, in: Eichler-Bestand im AdsD, Sign. 1/WEAA000262. Sie ergänzte: »Zum Glück wirkte sein unzerstörbarer Berliner Humor oft versöhnend.« Siehe auch Sabine Lemke-Müller: Ethischer Sozialismus, S. 45.

Es waren diese hohen Anforderungen an die Mitglieder des IJB, die vielen Kritikern überzogen vorkamen und die deshalb den Nelson-Bund als sektiererisch bezeichneten. Um Mitglied im IJB zu sein, reichte es nicht aus, von der Philosophie Nelsons überzeugt zu sein und sich dafür einzusetzen. Es wurden ein innerer und ein äußerer Kreis gebildet. Zum äußeren Kreis gehörten Sympathisanten, die »die Sache« unterstützten, ohne einzutreten, und Mitglieder, die den Anforderungen einer Mitgliedschaft im inneren Kreis nicht bzw. noch nicht gewachsen waren. Um in den IJB aufgenommen zu werden, musste man streng vegetarisch leben, was auf die philosophische Betrachtung Nelsons zurückging, dass auch Tiere Rechte haben und diese zu respektieren seien. Abstinenz war zudem Gebot, damit der Geist stets klar und nicht benebelt wird. Der Kirchenaustritt war Pflicht, was sich auf die liberalen Wurzeln Nelsons zurückführen lässt, der sich gegen die geistige Kontrolle durch die Kirche wandte. In der Praxis führte dies später zu einem regelrechten Kulturkampf gegen die Kirchen bzw. gegen Dogmatismus und kirchliche Kontrolle der Schulbildung. Eine weitere Bestimmung, die Nelson einer Mitgliedschaft im inneren Kreis auferlegte, führte intern zu heftigen Diskussionen und brachte dem IJB nach außen den Ruf einer Sekte ein: Es war dies die Forderung nach der Einhaltung des Zölibats.

Nelson begründete diese Forderung folgendermaßen: In einer Zeit, in der es keine sicheren Verhütungsmittel gab, galt es, Schwangerschaften zu verhindern, um sich nicht in die Abhängigkeit zu bringen, für eine Familie sorgen zu müssen, denn man sollte sich voll und ganz dem politischen Ziel widmen. Dies führte so weit, dass verheirateten IJBlern die Mitgliedschaft im engeren Kreis verwehrt wurde. Nelson stand ohnedies der Ehe kritisch gegenüber: »Im Falle einer unauflöslichen Ehe mute man sich nämlich gegenseitig zu, sich der freien Verfügung über sich selbst für alle Zeiten zu entäußern.«[55]

Aber nicht nur Zölibat und Ehelosigkeit waren für eine Mitgliedschaft im inneren Kreis notwendig. Mitglied wurde man erst nach einjähriger Probezeit, in der man sich an alle Vorschriften halten musste, nachdem man zuvor von einem Ortsgruppenvorsitzenden vorgeschlagen worden war. Auch dann allerdings bedurfte es der zusätzlichen Berufung durch den Bundesvorstand, um in den inneren Kreis aufgenommen werden zu können.

1924 schaffte Nelson im Rahmen einer internen Neuorganisation diese Aufteilung in inneren und äußeren Kreis ab.[56] Ebenso wurde die Unterscheidung zwischen Mitgliedschaft und Gaststatus aufgehoben. Viel mehr sollten sich alle Mitglieder immer wieder beweisen und in einer Art ständigen Probezeit die Fortführung der Mitgliedschaft neu verdienen. Prinzipiell wurde jedes ordentliche Mitglied verpflichtet, regelmäßig an allen Veranstaltungen der jeweiligen Ortsgruppe teilzunehmen. Die Arbeit in den Ortsgruppen war in zwei gleichwertige Unterbereiche aufgeteilt: *Erstens*, eine

---

55 Leonard Nelson, in: Gesammelte Schriften, Bd. 6, S. 284.
56 Vgl. hier u. i. F. Holger Franke: Leonard Nelson, S. 196 ff.

2 Eichlers Politisierung im Internationalen Jugendbund (IJB) 1920–1925

wöchentliche zweistündige intensive Arbeitsgemeinschaft mit dem Hintergrund, die Philosophie Nelsons zu erarbeiten und zu verinnerlichen; *zweitens*, die praktisch-politische Ausübung, bezogen auf die Charakterbildung und die Übung der Organisationskunst in Form von Veranstaltungsorganisation oder der Übernahme von Aufgaben gemäß den individuellen Fähigkeiten des Mitglieds. Zusätzlich wurde ein striktes Berichtswesen eingeführt. Alle Mitglieder mussten Berichte über ihre Aktivitäten verfassen und an den Ortsgruppen- beziehungsweise Bundesvorstand weiterleiten.[57]

Auffallend ist, dass der Jugendbund im Gegensatz zu den meisten politischen Organisationen der damaligen Zeit zu keinem Zeitpunkt männlich dominiert war. Dies hatte einerseits einen historisch-pragmatischen Grund, denn zum Zeitpunkt seiner Entstehung herrschte Krieg und viele insb. junge Männer waren und blieben an der Front. Andererseits kann der Umstand eines ausgewogenen Geschlechterverhältnisses im IJB auch philosophisch begründet werden, denn Nelsons Philosophie erkennt die Gleichheit der Geschlechter an, denen er sowohl geistig als auch moralisch gleichwertige Qualitäten zuschrieb.[58]

Angesichts der hohen Eintrittshürden und der strengen Anforderungen überrascht es nicht, dass die Mitgliederzahl im IJB und später im ISK, der die hohen Ansprüche aufrechterhielt, eher klein blieb. Die Zahlen schwanken zwischen 120 Mitgliedern im IJB und circa 300 Mitgliedern im ISK. Gegen Ende der Weimarer Republik kann zusätzlich von etwa 1.000 Sympathisanten ausgegangen werden. Den geringen Mitgliederzahlen zum Trotz wollte Nelson seine Philosophie in die Breite der Arbeiterbewegung transportieren. Dies entsprach der Idee Nelsons, eine kleine politische Elite zu formen, die dann allerdings in die Breite wirken sollte. Es war also kein Widerspruch, einerseits einen kleinen elitären Kreis zu schaffen, um die Führer der Zukunft zu finden sowie auszubilden, und andrerseits die Führerpersönlichkeiten anzuweisen, die Philosophie Nelsons durch Mitgliedschaften in anderen Parteien und Organisationen der Arbeiterbewegung in die politische Praxis umzusetzen und somit in die Breite zu wirken. Allerdings waren damit Konflikte mit den Massenorganisationen der Arbeiterbewegung vorprogrammiert, die es nicht zulassen konnten und wollten, dass eine eigenständige Organisation in der Mitgliedschaft agierte, um »fremde« Inhalte zu transportieren, die mit den Programmen und Inhalten der jeweiligen Massenorganisationen nicht vollständig übereinstimmten oder vereinbar waren.

---

57 Auch im ISK mussten solche Berichte verfasst werden. Zusätzlich waren sogenannte Lebensläufe verpflichtend, die eine Selbstorientierung ermöglichen sollten. Die Berichte, die während der NS-Herrschaft im Reich verfasst worden sind und ins Ausland geschmuggelt oder verschickt werden konnten, dienten den Mitgliedern im Exil als wertvolle Informationsquelle. Sie bildeten die Grundlage für die Auslandspropaganda des ISK gegen die Nationalsozialisten und beinhalteten häufig exklusive Informationen. Siehe auch Institut für Zeitgeschichte (Hg.): Deutschland im ersten Nachkriegsjahr. Berichte von Mitgliedern des Internationalen Sozialistischen Kampfbundes (ISK) aus dem besetzten Deutschland 1945/46.
58 Susanne Miller: Ich wollte ein anständiger Mensch bleiben, in: Ethik des Widerstands, S. 145.

2.3 Mitarbeit in den Organisationen der Arbeiterbewegung bis zum Unvereinbarkeitsbeschluss der SPD

Wie bereits erwähnt, war die Mitarbeit in Organisationen der Arbeiterbewegung, wie zum Beispiel dem Freidenkerbund oder dem Arbeiter-Abstinenten-Bund, eine Voraussetzung für die Mitgliedschaft im IJB. Vor allem innerhalb der KPD, USPD und SPD wurden IJB-Mitglieder zunächst gerne wegen ihrer organisatorischen Kompetenz und ihres Engagements aufgenommen.

Aufgrund der Marxismuskritik des IJB kam es zu Konflikten vor allem mit der KPD und 1922 zum Bruch. Die Bundesleitung des IJB untersagte allen Mitgliedern sogar persönlichen Kontakt mit der KPD und deren Mitgliedern. Die kommunistische Jugendbewegung wiederum, in der die IJBler hauptsächlich aktiv gewesen waren, beschloss ihrerseits die Unvereinbarkeit mit dem IJB. Welche Seite als erste die Unvereinbarkeit erklärte, ist heute unklar.

Besonderes Augenmerk verdienen auch die Aktivitäten des IJB im Lehrerkampfbund (LKB), der von IJB-Mitgliedern 1922/23 gegründet worden war, um den Einfluss der Kirchen auf die schulische Erziehung zu bekämpfen. Diese Aktivitäten beruhten auf Nelsons Kirchenkritik. Der LKB scheiterte allerdings bei dem Versuch, seine radikalen Forderungen beim bürgerlichen Deutschen Lehrerverein[59] zu verankern. Die meisten Lehrkräfte waren nicht bereit, ihre berufliche Existenz zu riskieren und den Einfluss der Kirchen auf das Schulsystem grundlegend zu ändern oder auch nur öffentlich zu kritisieren. Auch wenn das Engagement im Lehrerkampfbund kaum Früchte trug, so wurde doch die Aggressivität, mit der beide Nelson-Bünde den Kulturkampf gegen die Kirchen insbesondere gegen die katholische Kirche schon hier deutlich; die folgenden Parolen des LKB waren symptomatisch: »Sagt der Kirche entschlossen den Kampf an! Tretet sofort aus der Kirche aus! Legt den Religionsunterricht nieder! Organisiert euch in einer sozialistischen Partei!«[60]

Nach dem Zusammenschluss von USPD und SPD 1922 engagierten sich die IJB-Mitglieder hauptsächlich in der SPD. Nach Nelsons Eintritt in die SPD 1923, waren auch die IJB-Mitglieder dazu verpflichtet, das sozialdemokratische Parteibuch anzunehmen – in diesem Zusammenhang wurde auch Eichler SPD-Mitglied. Durch die verstärkte Mitarbeit in der SPD fiel das Engagement des IJB sogar der Parteileitung

---

59 Besonders prägnant werden die Aktivitäten des IJB im LKB dargestellt bei Werner Link: Die Geschichte des IJB und des ISK, S. 74-76.
Der Deutsche Lehrerverein (DLV) war mit seinen über 150.000 Mitgliedern der größte Lehrerverband der Welt.

60 Broschüre »Lehrer, wachet auf!«, S. 30 ff., ersch. i. Frühjahr 1925 als Heft 1 der vom Lehrerkampfbund herausgegebenen Schriftenreihe »Politik und Erziehung«. Siehe auch Werner Link: Die Geschichte des IJB und des ISK, S. 75.

auf. Vor allem in den Reihen der Jungsozialisten (Jusos)[61], wo sich der IJB mit der Linken verband, die bereits in Opposition zum Parteivorstand war, wuchs der personelle und inhaltliche Einfluss des Jugendbundes.

Innerhalb der Jusos hielten die IJB-Mitglieder zunächst nur verdeckt daran fest, eigene Positionen, wie zum Beispiel die Marxismuskritik und Nelsons ethisches Grundverständnis, offensiv innerhalb der SPD-Gliederung zu verankern. Die sonst übliche scharfe Kritik gegen den historischen Materialismus und den Marxismus wurde zurückgestellt.[62] Vielmehr wurden bestehende Gemeinsamkeiten in den Vordergrund gestellt, wie etwa die gemeinsame Positionierung im Klassenkampf und weitere Übereinstimmungen mit der marxistischen Gesellschaftskritik. Auch bei der Reichskonferenz der Jusos in Jena 1925, bei der die Jusos inhaltlich und personell eine Linkswendung vollzogen, hielt der IJB diese Taktik aufrecht. Die Hannoveraner Gruppe des IJB nannte sich dort »Marxistischer Arbeitskreis der Jungsozialisten«. Zusätzlich wurden alle IJB-Mitglieder, die an der Reichskonferenz teilnahmen, zuvor nach Göttingen in die Zentrale beordert, um unter der Leitung Nelsons ein einwöchiges Seminar zu durchlaufen. Bestens vorbereitet setzten sich die IJB-Mitglieder bei den Debatten auf der Juso-Reichskonferenz durch. Personell verbuchte der IJB mit der Wahl Maria Hodanns in den Reichsvorstand der Jusos einen Erfolg. Inhaltlich wurden Resolutionen zum Kampf gegen die Kirchen und zur Mitarbeit im Arbeiter-Abstinenten-Bund gegen den Alkoholismus durchgebracht. Die Hauptresolution, die auch vom IJB maßgeblich beeinflusst war, forderte eine Fortsetzung des Klassenkampfes und die Vorbereitung der Revolution. Zusätzlich begannen IJB-Mitglieder, Seminare bei den Jusos durchzuführen, die die Philosophie Nelsons wiedergaben. Es erscheint offensichtlich, dass der IJB hier eine Strategie der Unterwanderung vollzog, sich zunächst bei den Jusos engagierte, ohne die eigene Nelson-Inhalte offensiv zu vertreten, bis der Einfluss bei den Jusos größer wurde, um dann die eigenen IJB-Positionen zu verbreiten und durchzusetzen.

Der IJB erregte innerhalb der SPD insbesondere Aufsehen durch die Forderungen des Göttinger SPD-Ortsvereins, der stark vom Nelson-Bund dominiert wurde. Der Ortsverein hatte Anfang 1925 auf Antrag der Nelsonianer den Parteivorstand aufgefordert, Massenaustritte aus der Kirche zu organisieren. In der SPD regte sich Widerstand. Nelson stellte fest, dass die »oppositionelle Tätigkeit in der SPD in Ber-

---

61 Zur Geschichte der Jusos und des IJB siehe auch Martin Oberpriller: Jungsozialisten – Parteijugend zwischen Anpassung und Opposition, S. 35 ff. Die Jusos, 1918/19 gegründet, standen in Opposition zur Sozialistischen Arbeiterjugend (SAJ). Die Jusos hatten zu diesem Zeitpunkt nie mehr als 4.000 Mitglieder – die SAJ hatte in der Weimarer Republik zwischen 49.000 und 115.000 Mitglieder. Die Jusos selbst waren intern auch nochmal gespalten in zwei Flügel: Der IJB wiederum nahm in Opposition zum rechten Juso-Flügel, der völkische Positionen vertrat, gemeinsam mit den Marxisten bei den Jusos die Position des linken Flügels ein. Vgl. Martin Oberpriller: Jungsozialisten – Parteijugend zwischen Anpassung und Opposition, S. 31 u. 33.

62 Vgl. hier u. i. F. Werner Link: Die Geschichte des IJB und des ISK, S. 85.

lin, Göttingen, Magdeburg, Hamburg und Frankfurt Erregung und zum Teil auch Widerstand hervorgerufen« habe.[63]

Bei der Reichspräsidentenwahl 1925 kritisierte der IJB an der SPD, dass sie ihren eigenen Kandidaten Otto Braun beim zweiten Wahlgang im April zurückzog, um die Wahlchancen für den Zentrumskandidaten und -vorsitzenden Wilhelm Marx gegen Paul von Hindenburg zu vergrößern – ohne Erfolg: Hindenburg gewann die Wahl.[64] Der IJB warb bei den SPD-Mitgliedern für die Nichtwahl Marx', mit der Argumentation, dass man durch die Wahl eines Zentrumskandidaten die katholische Kirche unterstütze. Die Reaktion der SPD folgte sogleich: Im September 1925 auf dem Heidelberger Parteitag wurde der Ausschluss der IJBler vorbereitet. Im Bericht des Parteivorstands auf dem Parteitag heißt es: »Was die Sekte lehrt, ist das Gegenteil von Demokratie und Marxismus«.[65]

Die SPD-Führung wollte den Einfluss, den Nelsons Jugendbund insbesondere bei den Jusos hatte, nicht akzeptieren. Inhaltlich konnte die SPD auch mit der Demokratie- und Marxismuskritik sowie mit der Kirchenkritik Nelsons nicht einverstanden sein. Vor allem war es für die SPD-Führung inakzeptabel, in den eigenen Reihen eine eigenständige Organisation zu dulden, die ihre Inhalte und Positionen außerhalb der SPD erhielt und dabei auch daran arbeitete, einen eigenen elitären IJB-Kader auszubilden, der innerhalb der SPD politischen Einfluss in Form wichtiger Parteiämter übernehmen sollte. Schließlich hatte der IJB unter anderem das Ziel, eine eigene »Partei der Vernunft« auch gegen die SPD zu etablieren.

In der Literatur wird der Konflikt zwischen IJB und SPD-Parteivorstand unterschiedlich gedeutet: Werner Link sah Anlass, die damalige SPD-Leitung zu kritisieren. Er wirft ihr vor, dass der Parteivorstand »damit praktisch gegen die gleichen demokratischen Grundsätze verstieß, deren Missachtung er dem IJB vorwarf.«[66] Franz Walter interpretierte den Konflikt als Versuch des Parteivorstands, die parteiinterne Opposition bei den Jungsozialisten zu schwächen oder gar zu zerschlagen.[67] Karl-Heinz Klär stellte fest, dass der Bruch mit der SPD Nelson nicht ungelegen kam, da zum Sommer 1925 zu befürchten war, dass sich die dem Jugendalter entwachsenen Jugendbündler bald in der großen Partei verlieren würden und somit das Risiko wuchs, dass der Jugendbund von der SPD aufgesogen würde. Er zieht den Schluss, dass Nelson und die Jugendbündler es auf einen Ausschluss ankommen ließen, wenn sie ihn nicht gar provozierten und damit die Eigenständigkeit und Unabhängigkeit des IJB erhielten.[68] Udo

---

63 Leonard Nelson in seiner Monatsantwort vom 8.2.1924, in: IJB-/ISK-Bestand im AdsD, Sign. 4/ IJB_ISK0002. Siehe auch Udo Vorholt: Die politische Theorie Leonard Nelsons, S. 178.
64 Vgl. Miller, Susanne/Heinrich Potthoff: Die kleine Geschichte der SPD, S. 121.
65 Sozialdemokratischer Parteitag 1925 Heidelberg, Protokoll, S. 106. Siehe dazu auch Werner Link: Die Geschichte des IJB und des ISK, S. 92.
66 Werner Link: Die Geschichte des IJB und des ISK, S. 94.
67 Franz Walter: Jungsozialisten in der Weimarer Republik, S. 42 f.
68 Karl-Heinz Klär: Zwei Nelson-Bünde, S. 317.

2 Eichlers Politisierung im Internationalen Jugendbund (IJB) 1920–1925

Vorholt stellte die These auf, dass der Bruch von beiden Seiten inszeniert worden war. An mehreren Beispielen machte er deutlich, dass sowohl Parteivorstand als IJB-Leitung fadenscheinige Argumente benutzten.[69] Susanne Miller deutet eine weitere mögliche Lesart an[70]: Demnach suchte die SPD nach der verlorenen Stichwahl gegen Hindenburg die »Schuldigen« in der eigenen Partei, um sie zur Rechenschaft zu ziehen. Der Beschluss des Parteivorstands, den konservativen Kandidaten Marx zu unterstützen, war nicht unumstritten. Der IJB hatte sogar offen gegen den Parteivorstandsbeschluss rebelliert, als er in seiner Kampagne dazu aufrief, besser gar nicht wählen zu gehen, als Marx oder Hindenburg die Stimme zu geben. Aus Sicht des Parteivorstands hatte der IJB nicht nur gegen einen Beschluss verstoßen, sondern Hindenburg auch indirekt unterstützt, da ihm eine geringere Wahlbeteiligung zugutegekommen sei. Ähnliche Kritik wurde auch gegen die KPD formuliert, die den Kandidaten Marx ebenfalls nicht unterstützte.[71]

Über die genauen Gründe des Unvereinbarkeitsbeschlusses sind keine konkreten Aufzeichnungen erhalten. Sicherlich war es aber für die SPD-Führung eine prinzipielle Frage, keine eigenständige Organisation in den eigenen Reihen zu dulden, die sich unabhängig vom Rest der Partei einen personellen Kader und inhaltliche Forderungen aufbaute, die nicht konform mit den Positionen der Partei waren. Auch war und ist es innerhalb der SPD inakzeptabel, Mitglieder einer Organisation innerhalb der Partei zu dulden, die eine eigene Partei etablieren wollen. Die SPD-Führung reagierte lediglich auf die Versuche des IJB und seines Führers, die SPD und ihre Gliederungen zu unterwandern. So versuchte Nelson bis zum Schluss, den Konflikt mit dem SPD-Parteivorstand aufzufangen, indem er mit einer neuen Satzung dem IJB nach außen ein moderateres Bild gab. Sowohl per Brief als auch bei einem darauf folgendem Treffen mit dem SPD-Parteivorstand betonte Nelson, dass der IJB nach neuer Satzung nicht mehr die Gründung einer eigenen Partei der Vernunft anstrebe. Zusammenfassend erläutert Nelson:

> »Um jede Unklarheit über die Arbeit des IJB auszuschließen, sei hier nochmals erklärt, dass die politische Betätigung unserer Mitarbeiter in Solidarität mit der SPD und in Unterordnung unter das Parteiprogramm erfolgt, dass die besondere Arbeit des Bundes nur noch auf pädagogischem Gebiet liegt.«[72]

Auch das Demokratieprinzip wurde in der neuen Satzung eingefügt.

---

69 Udo Vorholt: Die politische Theorie Leonard Nelsons, S. 182.
70 Susanne Miller: Leonard Nelson und die sozialistische Arbeiterbewegung, in: Juden in der Weimarer Republik, S. 263-275, hier S. 269.
71 Vgl. Miller, Susanne/Heinrich Potthoff: Die kleine Geschichte der SPD, S. 121.
72 Stellungnahme Leonard Nelsons zu Vorwürfen des SPD-Parteivorstands gegen den IJB/Verhältnisse im SPD-Ortsverein Göttingen, Brief an den SPD-Parteivorstand, 2.10.1925, in: Nelson-Bestand im AdsD, Sign. 1/LNAA000201. Vgl. auch Holger Franke: Leonard Nelson, S. 201.

Allerdings liegt der Schluss nahe, dass diese Änderungen nur nach außen hin konstruiert worden sind. Intern gab Nelson ergänzende Angaben zur neuen Satzung. Nelson zufolge war aus ihr »[…] alles Innenleben des Bundes Betreffende entfernt worden, soweit es für die Öffentlichkeit nicht unbedingt bekannt zu werden braucht. […] Alles mehr Vertrauliche wird in besonderen, nicht für die Öffentlichkeit bestimmten Richtlinien enthalten sein.«[73] Willi Eichler schrieb als Stellvertreter Nelsons von der »heute neu zusammengestellte(n) Satzung des IJB, wie wir sie in der Besprechung mit dem Parteivorstand […] verwenden werden.«[74] Dass neben der Satzung noch weitere nicht öffentliche Richtlinien das Innenleben des IJB bestimmen sollten und die neue Satzung zum Parteivorstandstermin verfasst wurde, lässt die Vermutung zu, dass Nelson nur zum Schein eine neue Satzung verfassen ließ, in der jegliche für die SPD problematischen Teile weggelassen oder verändert wurden. Dies verstärkt auch den Verdacht, dass der Nelson-Bund die SPD unterwandern wollte, um eigene Positionen in die Breite der SPD zu tragen. Die neue Satzung spielte bei dem Treffen mit dem Parteivorstand allerdings keine Rolle mehr – die Parteivorstandsmitglieder gingen beim gemeinsamen Gespräch am 2. November 1925 nicht einmal auf sie ein. Das Treffen ging nicht so vonstatten, wie Nelson es sich erhofft hatte. Der Parteivorstand zeigte sich nicht im Geringsten kooperativ, die Unvereinbarkeit schien schon vor Sitzungsbeginn beschlossene Sache gewesen zu sein. Friedrich Stampfer kommentierte nach dem Zweiten Weltkrieg Nelsons Auftritt beim Parteivorstand wie folgt: »Er passte so gar nicht in die Landschaft.«[75] Der Konflikt eskalierte beim Treffen, nachdem Nelson seinen Werdegang in USPD und SPD geschildert hatte. Ein SPD-Vorstandsmitglied, das bis 1922 im USPD-Vorstand gewesen war, unterbrach ihn aufgeregt[76]: »Das ist nicht wahr – Sie waren nie in der USPD, dann würde ich das wissen.«[77] Die USPD hatte im Oktober 1920 eine Stärke von über 893.000 Mitgliedern, davon traten 300.000 nach dem Nürnberger Vereinigungsparteitag von USPD und SPD im September 1922 in die SPD ein. Die Behauptung, man würde wissen, wenn Nelson in der USPD gewesen wäre, ist bei der Mitgliederstärke nicht glaubwürdig. Wahrscheinlich sollte Nelson möglichst starken Gegenwind spüren und keine Plattform

---

73 Monatswort Nelsons vom 26.2.1925, in: IJB-/ISK-Bestand im AdsD, Sign. 4/IJB_ISK0002. Siehe auch Udo Vorholt: Die politische Theorie Leonard Nelsons, S. 181.
74 Brief Willi Eichlers an die Gruppenleiter des IJB vom 31.10.1925; zit. i. Udo Vorholt: Die politische Theorie Leonard Nelsons, S. 181. Der Brief befindet sich nicht im AdsD, sondern im Bundesarchiv in Potsdam.
75 Susanne Miller, mündlicher Bericht am 12.8.2004.
76 Hier finden sich in der Literatur verschiedene Angaben. Holger Franke behauptet, Wilhelm Dittmann hätte Nelson unterbrochen. Er bezieht sich auf das Protokoll, das auf Notizen von Max Hodann basiert. Vgl. Holger Franke: Leonard Nelson, S. 202. Mary Saran nennt Arthur Crispien in ihren Erinnerungen: Gib niemals auf, S. 72. Saran berichtet als Augenzeugin von ihren Erinnerungen. Anwesend waren wohl sowohl Dittmann als auch Crispien. Dieser Widerspruch lässt sich im Rahmen dieser Arbeit nicht klären.
77 Vgl. Mary Saran: Gib niemals auf, S. 72.

erhalten, auf der er seine Positionen und seine Zugehörigkeit zur SPD verdeutlichen konnte. Nelson bat den Vorsitzenden Otto Wels mehrmals, ihn vor Verleumdungen zu schützen. Wels reagierte nicht – Nelson nahm schweigend seinen Mantel und verließ den Sitzungssaal.[78] Anders Willi Eichler, der ebenfalls an dem Treffen teilnahm: Als Letzter der IJBler verließ er den Sitzungsraum und »knallte dann die Tür zu, daß es durch das ganze Gebäude schallte.«[79] Mit diesem lauten Knall von Eichler war die Zusammenarbeit zwischen Nelsonianern und SPD vorerst beendet – der SPD-Parteivorstand beschloss die Unvereinbarkeit.

Aufgrund der inneren Verbundenheit der Mitglieder zum Jugendbund führte der Unvereinbarkeitsbeschluss bei den meisten zum Austritt aus der SPD. Die Jusos verloren damit 137 Mitglieder, was 5,3 % ihrer Gesamtmitgliedschaft entsprach.[80] Aber den IJB traf diese Entwicklung wesentlich härter, denn durch den Unvereinbarkeitsbeschluss gingen nicht nur einige Mitglieder, sondern auch das bedeutendste politische Handlungsfeld verloren.

Der Parteiausschluss der IJB-Mitglieder wurde in der SPD nicht ohne Kritik wahrgenommen. So verabschiedete der Göttinger Ortsverein sogar eine Resolution, den Unvereinbarkeitsbeschluss des Parteivorstandes zu ignorieren.[81] Innerhalb der Jusos wurden Forderungen laut, eine sachliche und faire Auseinandersetzung mit dem IJB zu suchen. Der SPD-Parteivorstand wurde dabei vehement kritisiert, was allerdings keine Wirkung hatte.[82] Der Nelson-Bund wiederum musste sich neu orientieren und entschloss sich zum »Verzweiflungsschritt«.[83] Nachdem die Angliederung an eine der großen Parteien der Arbeiterbewegung misslungen war, beschloss der IJB, ein großes organisatorisches Wagnis einzugehen und eine eigene Partei zu gründen. Dass direkt nach dem Unvereinbarkeitsbeschluss eine eigene Partei gegründet wurde, bestätigt ebenfalls die Vermutung, dass das Ziel, eine eigene Partei zu gründen, nie aufgegeben worden war, auch nicht, als sich die IJB-Führung mit einer eigens formulierten Satzung auf dem Weg zum SPD-Parteivorstand gemacht hatte.

---

78 Ebd.
79 Mary Saran, in: Gedenkstunde für Willi Eichler, Frankfurt am Main, Haus Riederwald am 6.11.1971, in: Eichler-Bestand im AdsD, Sign. 1/WEAA000262, S. 4.
80 Westphal, auf der gemeinsamen Sitzung der Reichsleitung und des Reichsausschusses der Jungsozialisten am 31.1.1926 in Berlin, Jungsozialistische Blätter, Jg. 5 (1926), S. 60. Siehe auch Werner Link: Die Geschichte des IJB und des ISK, S. 96.
81 Vgl. Holger Franke: Leonard Nelson, S. 203.
82 Vgl. Werner Link: Die Geschichte des IJB und des ISK, S. 95.
83 Willi Eichler an Otto Krummschmidt am 17.1.1925, in: IJB-/ISK-Bestand, Sign. 22. Siehe auch Sabine Lemke-Müller: Ethischer Sozialismus und soziale Demokratie, S. 57.

3 Aktivitäten des Internationalen Sozialistischen Kampf-Bundes (ISK) unter der Leitung Willi Eichlers: Vom Kulturkampf zum Widerstandskampf 1926 bis 1933

3.1 Die Gründung des Internationalen Sozialistischen Kampf-Bundes

Für die SPD war der Bruch mit dem Nelson-Bund eine kurze Episode. Der IJB hingegen stürzte in eine Existenzkrise.[84] Nach dem Unvereinbarkeitsbeschluss reiste Nelson durch die größeren Ortsgruppen des IJB. Um den politischen Anspruch des IJB nicht versanden zu lassen, wurde im November 1925 die Gründung einer eigenen Partei in Erwägung gezogen. Am 28. und 29. November lud Nelson die führenden Funktionäre in die Walkemühle ein, um zwei Optionen zu diskutieren; entweder eine eigene Partei gründen oder sich lediglich auf Bildungsarbeit beschränken und sich darüber hinaus der SPD und ihrer Programmatik unterordnen.[85] Man entschloss sich für die Gründung einer eigenen Partei, nachdem Nelson bereits in seiner Eröffnungsrede diesen Kurs favorisiert hatte. Nelson forderte eine neue Partei des Rechts mit ähnlichen Strukturen, wie der IJB sie hatte. Die neue Partei sollte ebenso hierarchisch und elitär organisiert sein und inhaltlich an der Demokratie- und Marxismuskritik festhalten und sich damit von den anderen Parteien des linken Spektrums absetzen. Die Idee des »Internationalen Sozialistischen Kampf-Bundes« war geboren.

Im Rahmen dieses Treffens wurde auch zum ersten Mal von der Herausgabe einer eigenen Zeitschrift gesprochen.[86] Die neue Partei sollte auch ein neues Publikationsorgan in Form der monatlichen Zeitschrift »isk, Mitteilungsblatt des Internationalen Sozialistischen Kampf-Bundes« herausbringen. Damit wollte die neue Partei ihre Theorien und Positionen verbreiten.[87]

Nach der Versammlung und dem Gründungsbeschluss folgte noch ein Versuch, möglichst viele SPD-Mitglieder insbesondere Jusos mit in die neue Partei zu ziehen. Per Flugblatt veröffentlichten die Nelsonianer den Appell »Schluß mit der SPD, Solidarität mit den hinausgeworfenen Genossen des IJB.«[88]

Am 1. Januar 1926 wurde der ISK offiziell gegründet. Am Dreikönigstag fand das erste größere Treffen in Kassel statt, an dem etwa 1.000 Personen teilnahmen und das von Willi Eichler geleitet wurde. In seiner Rede machte Nelson erneut die Distanz zur SPD deutlich und betonte den Anspruch des ISK, die einzig wahre Arbeiterpartei

---

84 Vgl. Karl-Heinz Klär: Zwei Nelson-Bünde, S. 316.
85 Vgl. Werner Link: Die Geschichte des IJB und des ISK, S. 99.
86 Vgl. Holger Franke: Leonard Nelson, S. 203-204.
87 Vgl. Werner Link: Die Geschichte des IJB und des ISK, S. 145.
88 Flugblatt v. 25.11.1925: »Warum mußte der Internationale Jugend-Bund aus der S. P.D. ausgeschlossen werden?«, in: IJB-/ISK-Bestand im AdsD, Sign. 4/IJB_ISK0009. Siehe auch Udo Vorholt: Die politische Theorie Leonard Nelsons, S. 184.

zu sein. »Proletarier aller Parteien vereinigt euch« hätte schon im Programm des IJB gestanden und »wer noch den Wunsch hat, das Proletariat möge sich vereinigen, der gehört nicht mehr in die Sozialdemokratische Partei.«[89]

Bei der Gründung des ISK verkörperte Nelsons Philosophie die Programmatik der neuen Partei. Ein eigenes schriftliches Programm gab es jedoch nicht.[90] Es wurden wesentliche Positionen des IJB übernommen, unter anderem auch der Grundsatz der Gleichberechtigung der Geschlechter. Andere Merkmale, wie die Anforderungen an die Lebensführung der Mitglieder, wurden verschärft. Der ISK hatte einen dreiköpfigen Vorstand, vertreten zunächst durch den Nelson-Schüler Willi Eichler, den bulgarischen Rechtsanwalt Zeko Torboff und den chinesischen Mathematiker Si-luan Wei. Der internationale Anspruch, der mit der Benennung einer internationalen Führungstroika angestrebt wurde, spielte aber in der praktischen Arbeit des ISK genauso wenig eine Rolle wie im IJB. Versuche, in China und Bulgarien ISK-Strukturen zu schaffen, glückten nie. Nelson hatte nach wie vor die Leitung der Philosophisch-Politischen Akademie und damit auch die politische Führung des ISK. Dies war in einem Vertrag zwischen der Akademie und dem ISK festgelegt. In Anlehnung an die Struktur des IJB wurde der Bundesvorstand vom Akademieleiter benannt, und bei Uneinigkeit zwischen den Vorstandsmitgliedern konnte der Akademieleiter allein entscheiden.

Wie schon beim IJB ließ Nelson keine Diskussion und auch keine satzungsgemäßen Kontrollmechanismen zu seiner Führerschaft zu. In seiner Eröffnungsrede zur Gründung des ISK macht Nelson deutlich, dass man sich an die »kleinen Leiden gewöhnen« müsse, die mit seiner Führungsrolle verbunden seien:

»Wer sich unfrei fühlt, wer sich gedrückt fühlt, wer leidet unter wirklichen oder vermeintlichen Fehlern des Leiters […], der soll sich sagen, daß er noch ein wahrer König ist gegenüber dem Leiter; der soll daran denken, in welchem Gefängnis, in welchem Käfig […] der Leiter sitzt, und daß dieser nie aus dem Käfig heraus kann, er muß sein Leben darin beschließen.«[91]

Es lässt sich sogar eine Zunahme an Autorität im Führungsstil Nelsons belegen, der die Ansprüche an die ISK-Mitglieder noch verschärfte.[92] Er verbot den Briefverkehr

---

89 Leonard Nelson: »Das zerschnittene Tischtuch«. Rede Nelsons zur Gründung des ISK am 6.1.1926, in: IJB-/ISK-Bestand im AdsD, Sign. 4/IJB_ISK0011. Siehe auch Udo Vorholt: Die politische Theorie Leonard Nelsons, S. 184.
90 Der erste programmatische Text, der in einer Broschüre die gesamte ISK-Programmatik konzentrierte, wurde erst 1936 im Exil geschrieben und ein Jahr später publiziert: Die sozialistische Republik. Das Programm des Internationalen Sozialistischen Kampf-Bundes, London 1937.
91 Eröffnungsrede Nelsons zur Gründung des ISK, Gründungstagung des ISK am 28.11.1925, Berichtsprotokoll mit Rede Nelsons, in: IJB-/ISK-Bestand im AdsD, Sign. 4/IJB_ISK0011. Siehe auch Holger Franke: Leonard Nelson, S. 204.
92 Vgl. hier u. i. F. Holger Franke: Leonard Nelson, S. 205 f.

zwischen ISK-Mitgliedern und den erwachsenen Schülerinnen und Schülern in der Walkemühle, damit der Lernprozess nicht gestört werde. Die Privatangelegenheiten sollten in der Walkemühle ausgeklammert werden und der Besuch der Schüler musste von Nelson genehmigt werden. Ein Verstoß gegen die Anordnungen konnte zu einem Parteiausschluss führen. Sogar für den Verlust des Parteiausweises drohte den Mitgliedern der Parteiausschluss. Den IJB löste Nelson im April 1926 auf. Als Anlass reichte ihm, dass bei einer Seminarfahrt des IJB nicht darauf geachtet worden war, dass männliche und weibliche Teilnehmende getrennt übernachteten. Leonard Nelson sah darin eine Torpedierung seiner Bemühungen und löste im Wutausbruch den IJB ganz auf. Immer wieder, wenn Nelson eine kritische Situation bemerkte, stellte er fest, dass seine Bemühungen durch »stete passive Resistenz« unterlaufen würden.[93] Hierin zeigt sich nicht nur das Autoritäre, sondern auch etwas Tyrannisches in Nelsons Führungsweise, die keine Kritik zuließ.

Nelson forderte von den Mitgliedern des ISK das Zurückstellen privater Wünsche und Neigungen und sogar die Lockerung bis hin zur Auflösung aller privaten und familiären Kontakte. Die Mindestanforderungen an die Mitgliedschaft waren die gleichen wie bereits im IJB, also Kirchenaustritt, Vegetarismus, Alkoholabstinenz, Heiratsverbot und absolute Disziplin in der Ausführung der politischen Arbeit sowie das Zölibat zumindest bei den Leitungskadern.[94] Neu im ISK war, dass man zum Eintritt nun die Bürgschaft von zwei Mitgliedern anstatt nur von einem Mitglied wie im IJB brauchte. Außerdem wurde eine Parteisteuer eingeführt. Vom Nettoeinkommen der Mitglieder wurden die üblichen Lebenshaltungskosten abgezogen und vom Rest, je nach Höhe des Einkommens, wurde eine Parteisteuer von 30 bis 80 % erhoben.[95] Faktisch gaben damit die Mitglieder ihr erwirtschaftetes Privatvermögen an die Partei ab. Diese erhöhten Beitragszahlungen wurden auch im Widerstand sowohl in Deutschland als auch im Exil erhoben und bildeten, da alle Mitglieder neben der Politik beruflich tätig waren, die Hauptgeldeinnahmequelle des ISK.

Die Mitgliedschaft erhielt man nur für die Dauer eines Kalenderjahres, wodurch sich die Mitglieder in einer ständigen Probezeit befanden. Wie beim IJB sollten durch die jährliche Überprüfung eine ständige Disziplinierung erreicht und ein Gewohnheitsrecht verhindert werden.[96]

---

93 Vgl. Julius Philippson an Willi Eichler am 4.1.1927, in: IJB-/ISK-Bestand, Sign. 22: »Passive Resistenz scheint allmählich zum Hauptschlagwort des Bundesvorstandes zu werden.« Vgl. auch Sabine Lemke-Müller: Ethischer Sozialismus und soziale Demokratie, S. 57.
94 Vgl. Susanne Miller: Leonard Nelson und die sozialistische Arbeiterbewegung, S. 271.
95 Richtlinien (1926–1937), Gebrauch der ISK-Satzung, Steuerordnung (Festlegung der Beitragssätze für ISK-Mitglieder), in: IJB-/ISK-Bestand im AdsD, Box 66. Siehe auch Holger Franke: Leonard Nelson, S. 204.
96 Udo Vorholt: Die politische Theorie Leonard Nelsons, S. 188.

Die organisatorische Gliederung des ISK sah Ortsvereine mit der Vorstufe von Arbeitsgemeinschaften sowie Bezirks- und Landesverbände, einen Bundesvorstand, einen beratenden Ausschuss und den Bundestag vor.

Der Zweck des ISK war in der Satzung mit dem »Kampf für die Verwirklichung einer ausbeutungsfreien Gesellschaft« beschrieben[97], doch bei der praktischen Arbeit beschränkte man sich auf die im IJB bewährte Praxis, in den Bildungszentren Walkemühle und der Philosophisch-Politischen Akademie die Philosophie Nelsons zu lehren und in überparteilichen Organisationen der Arbeiterbewegung mitzuwirken, wie den Gewerkschaften, dem Freidenkerverband und dem Arbeiter-Abstinenten-Bund.

Nelson selbst steuerte jedoch nicht mehr lange die Geschicke des ISK. Sein Fanatismus schonte ihn selbst in keiner Form. Eine chronische Schlaflosigkeit seit der Jugend und die rastlosen arbeitsreichen Jahre hatten zu einem permanent geschwächten Gesundheitszustand geführt. »Ich lebe nur von der Anregung durch die Arbeit und die Menschen«, kommentiert Nelson selbst seinen Alltag.[98] In seinen Briefen beschreibt er, wie er häufig drei bis vier Nächte durcharbeitete. Anfang Oktober 1927 erkrankte er an einer Grippe, von der er sich – schon geschwächt durch eine Lungenentzündung – nicht mehr erholte.[99] Er verstarb am 28. Oktober 1927. Die Nachfolge Nelsons als neuer Führer des ISK wurde unumstritten von Willi Eichler angetreten.

3.2 Willi Eichlers Entwicklung vom Schüler zum Nachfolger Nelsons

Mit der Person Eichler war ein Schüler Nelsons an die Spitze des ISK gerückt, der Nelsons Philosophie und Prinzipien nicht infrage stellte und seine eigene Lebensweise kompromisslos angepasst hatte. Diese neue Phase im politischen Wirken Eichlers zeigt eindrücklich seine Ausstrahlungsfähigkeit und Durchsetzungsstärke, die ihn auch in späteren Stationen voranbringen sollten.

Dass Eichler unbestrittener Nachfolger Nelsons wurde, hatte sich bereits früh abgezeichnet: Nachdem er erste Lorbeeren beim Aufbau der Walkemühle erworben hatte, schlug ihn die Berliner Ortsgruppe des IJB als Sekretär von Nelson vor. Eichler sei, so berichtete man Nelson, »ein politischer Mensch, mit starkem Interesse am öffentlichen Leben, sehr belesen, mit guten Entwicklungsmöglichkeiten und […] philosophischer Begabung.«[100] Im April 1924 rief ihn Nelson zur Entlastung zu sich nach

---

97 ISK-Satzung, § 2, in: IJB-/ISK-Bestand im AdsD, Box 66. Eine vollständige ISK-Satzung findet sich auch bei Werner Link: Geschichte des IJB und des ISK, dort i. Anh., S. 339 ff.
98 Leonard Nelson in einem Brief an Willi Eichler, 30.4.1926, in: Nelson-Bestand im AdsD, Sign. 1/LNAA000197. Siehe auch Holger Franke: Leonard Nelson: S. 223.
99 Vgl. Grete Henry-Hermann: Erinnerungen an Leonard Nelson, S. 210. Holger Franke: Leonard Nelson, S. 223. Heinrich Nelson: »Notizen über das Leben von Leonard Nelson«, 18.4.1928, S. 4, in: Nelson-Bestand im AdsD, Sign. 1/LNAA000497.
100 Mary Saran, in: Gedenkstunde für Willi Eichler, Frankfurt am Main, Haus Riederwald am 6.11.1971, in: Eichler-Bestand im AdsD, Sign. 1/WEAA000262, S. 5.

Göttingen. Bald unterstütze er Nelson nicht nur als Assistent beim Verfassen der »Monatsantwort«, sondern durfte sie ab September 1924 sogar selbstständig formulieren und beeindruckte die Mitglieder mit dem neuen und lockeren Ton.

Willi Eichler wurde immer mehr zum persönlichen Sekretär und zur rechten Hand Nelsons. Gleichzeitig wuchs die Kritik an Nelsons Führungsstil in der Mitgliedschaft. Gründe dafür waren vor allem das Eheverbot und die Forderung nach dem Zölibat. Dies und seine gesundheitlichen Probleme führten dazu, dass Nelson begann, über einen Nachfolger für die Bundesleitung nachzudenken. In dieser Situation Nelsons Sekretär zu sein, bedeutete für Eichler, früh in die Führungsrolle zu wachsen und an vielen Stellen de facto bereits Verantwortung über die innere Führung des Bundes zu übernehmen.

Das erste offizielle Amt, das es Eichler ermöglichte, aus dem Schatten Nelsons zu treten, war es, Teil der ISK-Führungstroika zu sein. Nelson hatte drei Parteivorsitzende aus drei unterschiedlichen Ländern eingesetzt, um den internationalen Charakter des ISK zu verdeutlichen: Torboff aus Bulgarien, Wei aus China und Eichler in Deutschland. Allerdings spielten für das Innenleben und für den Alltag der Organisation lediglich die deutschen Strukturen und Eichler eine tragende Rolle – Vorsitzende aus anderen Ländern zu haben, hatte somit für den ISK eher eine symbolische Bedeutung. Eichler war in der Lage, sich innerhalb kurzer Zeit persönlich zu steigern und in Führungspositionen hineinzuwachsen.[101]

Im Zuge der weiteren Entwicklung des ISK nahm die Bedeutung Willi Eichlers immer mehr zu.[102] Nelson blieb zwar der unbestrittene Führer des ISK und bestimmte die philosophische Grundlage des Bundes, aber auf die innere Konsolidierung des ISK konzentrierte sich Eichler. Weite Teile der politischen Tagesarbeit – wie etwa die Redaktion der Zeitschrift und später der Zeitung, der Kontakt mit den Mitgliedern, die Werbung neuer Anhänger, die Organisation zentraler Veranstaltungen – wurde von Eichler geleistet, der aufgrund dieser weitgehenden Verantwortung der nahe liegende Nachfolger Nelsons nach seinem Tod war.[103]

Innerhalb kürzester Zeit gewann er an Statur und Profil, sodass der plötzliche Tod Nelsons nicht zu einem Ende der Partei führte. Der ISK wurde nicht nur erhalten, Eichler baute ihn sogar aus und wurde der neue unbestrittene Führer. Zwar war Nelsons Einfluss bei Gründung und Definition der neuen Partei entscheidend. Im Alltag wurde allerdings schnell klar, dass Eichlers Fleiß und Fähigkeiten für das Überleben der Partei verantwortlich waren.

---

101 Vgl. Karl-Heinz Klär: Zwei Nelson-Bünde, S. 318 sowie Mary Saran, in: Gedenkstunde für Willi Eichler, Frankfurt am Main, Haus Riederwald am 6.11.1971, in: Eichler-Bestand im AdsD, Sign. 1/WEAA000262, S. 5.
102 Vgl. Sabine Lemke-Müller: Ethischer Sozialismus und soziale Demokratie, S. 57.
103 Vgl. Susanne Miller: Leonard Nelson und die sozialistische Arbeiterbewegung, S. 271.

Eigentlich hätte Minna Specht die neue Führerin des ISK werden müssen, da sie den Vorsitz der Akademie übernahm. Nach der ISK-Satzung und -Überzeugung stand die Philosophie und Lehre über allem. Demnach stand die Philosophische Akademie auch über der Partei und die Leitung der Akademie sollte auch den Vorsitz über die Partei innehaben. Minna Specht verzichtete allerdings zugunsten von Eichler. Abgesehen von Eichlers Qualifikation gab sie an, mit der Leitung der Walkemühle und der Akademie ausgelastet zu sein.

Willi Eichler hatte sich aufgrund seiner autodidaktischen Fähigkeiten zu einem führenden Nelson-Schüler entwickelt. Allerdings verdankte er seinen Aufstieg nicht einer engen Beziehung zu Nelson, zu dem immer eine gewisse Distanz herrschte. Zwischen dem Philosophieprofessor und dem jungen Angestellten Eichler ohne Hochschulausbildung kam es gelegentlich zu Spannungen. »Die natürlichen persönlichen Berührungspunkte fehlten zunächst bei diesen sehr verschiedenen Menschen, besonders, da beide im Grunde scheu waren.«[104]

Dies bedeutete allerdings nicht, dass Eichler sich jemals unloyal gegenüber Nelson verhielt. Eichler hatte niemals die Führungsrolle Nelsons infrage gestellt – im Gegenteil. Der ausgesprochen souveräne und selbstbewusste Eichler sah zu dem 14 Jahre älteren Nelson auf, akzeptierte seine politische Führung, übernahm seine philosophischen Grundsätze ohne Abstriche und setzte sie auch nach Nelsons Tod weiter um. Dies verhinderte, dass es nach Nelsons Tod zu einem Einschnitt in der Organisation kam. Darüber hinaus sorgte das große Engagement Eichlers dafür, dass der ISK sich weiterentwickelte. Mit seiner ausgeprägten Persönlichkeit gewann er das Vertrauen der Bundesmitglieder. Er wurde umgehend als neuer Führer akzeptiert, der in der Lage war, die Organisation zusammenzuhalten. Weiterhin begünstigte die fest gefügte Kaderstruktur, die der ISK vom IJB übernommen hatte, die Kontinuität, sodass ein Bruch nach einem Führungswechsel ohnedies unwahrscheinlich war.[105]

Nach Nelsons Tod hielt man am Führerprinzip fest und seine Philosophie blieb auch unter dem neuen Führer Willi Eichler das theoretische Fundament des ISK. Die Schwerpunkte der Partei lagen weiterhin bei Erziehung und Bildung, wie sie bereits im IJB üblich war. Außerdem leitete Eichler eine personelle Konsolidierung ein, die allerdings nicht darin bestand, neue personelle Anforderungen oder Strukturen einzuführen, sondern lediglich die Anforderungen an die Mitglieder, die im IJB galten, auf den ISK zu übertragen und zu erhalten.

---

104 Mary Saran, in: Gedenkstunde für Willi Eichler, Frankfurt am Main, Haus Riederwald am 6.11.1971, in: Eichler-Bestand im AdsD, Sign. 1/WEAA000262. Siehe auch Sabine Lemke-Müller: Ethischer Sozialismus, S. 55.
105 Zur Kontinuität und bruchfreien Fortsetzung der Aktivitäten des ISK siehe auch Werner Link: Die Geschichte des IJB und des ISK, S. 140-141.

3.3 Die Mitgliederstruktur des ISK

Die außerordentlichen Leistungen und die überraschende Organisationskraft, die der ISK und seine Mitglieder unter der Leitung von Eichler entfalteten, können erst dann richtig eingeschätzt und beurteilt werden, wenn sie in Relation zur geringen Größe und Mitgliederstärke der Partei, zur dünnen lokalen Ausbreitung und zu ihrer sozialen Zusammensetzung gestellt werden.[106] Die relativ hohe Zahl an Austritten aus der Partei ist in direktem Zusammenhang mit den hohen Anforderungen an die Mitglieder zu sehen. Hatte im IJB vor dem Bruch mit der Sozialdemokratie ein Trend eingesetzt, die anspruchsvollen Anforderungen an den persönlichen Lebenswandel abzuschwächen, führte die Gründung des ISK wieder zu einer gegenläufigen Entwicklung. »Um die Organisation selber und die Zeitschrift zu stabilisieren, mußte von Anfang an darauf gesehen werden, gerade das herauszuarbeiten, was die Sonderexistenz der Gruppe und ihrer Zeitschrift rechtfertigte«, schrieb Eichler später in einem internen Rückblick.[107] Mit der Zeitschrift war der »isk« gemeint, die ab dem 1.1.1926 erschien. Zur Stabilisierung bedürfe es einer »inneren Konsolidierung«, bei der es permanent um die »Festigung des Funktionärskörpers« ging, sowie um »erhöhte Anforderungen an die moralische und rechtliche Haltung der Genossen und also insbesondere die Erhebung der Mindestforderungen an jeden einzelnen.«[108] Die erhöhten Ansprüche führten zu Mitgliederverlusten bis zum Herbst 1929, als die Phase »der inneren Konsolidierung« für beendet erklärt wurde.[109]

In dieser Zeit verlor der ISK, der im Gründungsjahr zwischen 200 und 300 Mitglieder gezählt haben dürfte, wohl mindestens 100 Mitglieder durch Ausschluss oder Austritt. In diesen Jahren wurden durch immer neue Anforderungen und Selbstverpflichtungen die Disziplin und der Druck auf die Mitglieder erhöht. Gerade dadurch erhielt der ISK, ebenso wie zuvor der IJB in mancherlei Beziehung eher den Charakter bzw. Ruf eines sozialistischen Ordens oder einer Sekte als den einer Partei. Genaue Mitgliederzahlen für die Jahre 1925/26 sind nicht dokumentiert. Werner Link geht von einer Zahl nicht höher als 200 aus. Diese Zahl beruht auf 137 Jungsozialisten, die sich 1925 dem ISK anschlossen und der vagen Annahme, dass sich im alten IJB-Stamm wesentlich weniger Mitglieder befanden als neu eingetretene Jusos.[110] Trotz der notwendigen inneren Konsolidierung sollten die neu eingetretenen Jusos übrigens erst langsam an die Mindestforderungen, wie Alkoholabstinenz, Vegetarismus und Kirchenaustritt herangeführt werden, um allen die Möglichkeit zu geben, sich anzupas-

---

106 Vgl. Werner Link: Die Geschichte des IJB und des ISK, S. 138.
107 Willi Eichler: Rückblick auf die Geschichte des ISK (identisch mit der in der Korrespondenz B mehrfach erwähnten »Denkschrift vom Mai 1940«), in: IJB-/ISK-Bestand im AdsD, Box 68. Siehe auch Karl-Heinz Klär: Zwei Nelson-Bünde, S. 317.
108 Ebd.
109 Ebd., S. 319.
110 Vgl. Werner Link: Die Geschichte des IJB und des ISK, S. 139.

sen und niemanden zu überfordern. Etwas höher schätzt Karl-Heinz Klär mit etwa 300 Mitgliedern die Größe des ISK im Gründungsjahr. Er begründet seine Annahme mit den Mitgliederzahlen aus den Jahren 1927, 1928 und 1929, in denen der ISK 264, 215 und schließlich nur noch 171 Mitglieder hatte.[111] Geht man davon aus, dass dieser Abwärtstrend wegen der hohen Mindestanforderungen auch zwischen 1925 und 1927 stattfand, erscheint die Schätzung von etwa 300 Mitgliedern realistischer.

Bei der Parteigründung trat fast der komplette innere Kreis vom IJB in den ISK ein.[112] Die Gründung einer neuen sozialistischen Partei war nicht unumstritten. Auch Eichler äußerte sich zunächst im Frühjahr 1925 unsicher – ihm war klar, dass die Macht der neuen Partei nicht ausreichen würde, um gesamtgesellschaftliche Veränderungen zu bewirken.[113] Dennoch stürzte sich Eichler voller Elan in die Gründung der neuen Partei und ging darin auf. Bereits im Herbst 1925 schrieb Eichler:

> »Wir sind keine Utopisten; wir wissen, daß es ein Verzweiflungsschritt ist, jetzt eine neue Partei gründen zu wollen. Aber immerhin, dieser Schritt hat Aussicht auf Erfolg […]. Man muß nur Mut haben und den Glauben, daß man, wenn man nur will, mehr erreichen kann als die ewig um ihre Existenz und Posten besorgten Sozialisten.«[114]

Dies vertrat Eichler knapp zwei Wochen nach der Sitzung beim SPD-Parteivorstand.[115] Der Glaube an Nelson bzw. an seine Philosophie und die Verpflichtung, eine Partei des Rechts aufzubauen, waren stärker als jeder Zweifel.

Zum inneren Kreis des ISK gehörten zunächst hauptsächlich Studierende, die Nelson bereits für den IJB als aktiv lehrender Professor hatte gewinnen können. Der ISK betonte jedoch für sich selbst die Zugehörigkeit zur Arbeiterbewegung.[116] Allerdings ergeben sich aus den Berichten von Mitgliedern, die im Widerstand waren, aus Akten der Gestapo, aus den Anklageschriften und Urteilen der »Volksgerichtshöfe« Angaben, die ein klareres Bild ISK-Mitgliederstruktur ermöglichen. Demnach befanden sich in den Reihen des ISK vor allem Angestellte. Die Akten lassen auf eine Zahl von 145 Personen schließen, die sich als ISK-Mitglieder im Widerstand engagier-

---

111 Vgl. Karl-Heinz Klär: Zwei Nelson-Bünde, S. 319.
112 Die einzige Ausnahme bildete Max Hodann, der die Gründung einer sozialistischen Partei zu diesem Zeitpunkt für einen Fehler hielt. Vgl. Werner Link: Die Geschichte des IJB und des ISK, S. 138.
113 Brief Willi Eichler an August Bolte, 21.3.1925, in: IJB-/ISK-Bestand im AdsD, Sign. 4/IJB_ISK0007.
114 Brief Willi Eichler an O. Krummschmidt, 17.11.1925, in: IJB-/ISK-Bestand im AdsD, Sign. 4/IJB_ISK0007.
115 Die gemeinsame Sitzung beim SPD-Parteivorstand fand am 2.11.1925 statt. Dieser Brief ist vom 17.11.1925.
116 Vgl. Werner Link: Führungseliten im ISK, S. 113.

ten.[117] Davon waren 29 % Arbeiter und Handwerker, 43,4 % Angestellte und 27,6, % waren Lehrer, Rechtsanwälte, Ärzte et cetera. Der neue Vorsitzende Eichler hatte als Nichtakademiker und mit der Herkunft aus dem Arbeitermilieu das passende Image, was sich auch auf die Zeitschrift »isk« auswirkte. So wurde sie als »Arbeiter-Zeitschrift« bezeichnet in Abgrenzung zu einer »Intellektuellen-Zeitschrift«.[118]

Wie auch im IJB waren Frauen im ISK gleichberechtigt und erfüllten wichtige Aufgaben. Ein Drittel der Mitglieder waren Frauen und sie fungierten als Vorsitzende einiger Ortsvereine, Verfasserinnen von Beiträgen zur Monatsschrift des ISK, Leiterinnen interner Aussprachen, Rednerinnen in öffentlichen Veranstaltungen und spielten damit eine wichtige Rolle.[119]

Durch intensive Werbung und auf Grundlage der bereits bestehenden Ortsgruppen aus dem IJB wurden nach der Gründung des ISK neue Mitglieder gefunden und neue Ortsvereine geschaffen – die Austritte konnten allerdings nicht kompensiert werden. Der ISK besaß am Ende der Weimarer Republik in 32 Städten Deutschlands ordentliche Ortsvereine und kleinere Mitgliedergruppen, die der Bundesleitung direkt unterstanden.[120] Im Durchschnitt kann man die Größe von ISK-Ortsvereinen auf 9 Mitglieder schätzen. Während die Gesamtzahl, wie angegeben, auf etwa 300 ordentliche Mitglieder im inneren Kreis zu schätzen ist, befanden sich im externen Kreis von Sympathisanten 600 bis 1.000 Personen.

1929 kam es durch die hohen Austrittszahlen zu einem Wandel im ISK. Ursachen für die Austritte waren wohl nicht nur die hohen Anforderungen, sondern auch die wirtschaftlich-gesellschaftliche Krise der Weimarer Republik. Man reagierte mit einer kritischen Überprüfung der Nelson'schen Personal- und Organisationsprinzipien. Dies ist ein Zeichen dafür, dass sich der ISK unter Eichler von den rigiden Vorstellungen Nelsons emanzipierte. In der Praxis bedeutete dies, dass der ISK eine größere Duldung und Einbindung von Sympathisanten gestattete, auch wenn sie nicht in die Organisation eintreten wollten – die hohen Anforderungen und das strikte Führerprinzip blieben erhalten.

Daher ist es nicht verwunderlich, dass der ISK, auch nachdem die »Phase der Konsolidierung« beendet war, keinen großen Zuwachs an Mitgliedern erhielt. Zwar war der Tiefpunkt mit dem Jahr 1929 überwunden. Aber auch 1930 wurden lediglich

---

117 Ebd., S. 114.
118 Vgl. Kurt Koszyk: Hellmut von Rauschenplats Mitarbeit, S. 277.
119 Vgl. Susanne Miller: Ich wollte ein anständiger Mensch bleiben, in: Ethik des Widerstandes, S. 147. Zum Vergleich: In der SPD lag der Frauenanteil 1926 bei etwa 20 %; 2010 waren etwa 31 % der SPD-Mitglieder weiblich. Quellen: SPD-Parteivorstand (Hg.): Jahrbuch der SPD 1926, Berlin 1927. SPD-Parteivorstand (Hg.): Gleichstellungsbericht der SPD 2011, Mitgliederstand 31.12.2010, Berlin, in: www.spd.de (letzter Zugriff 13.11.2012).
120 Vgl. hier u. i. F. Werner Link: Führungseliten im ISK, S. 113. Link gibt eine Schätzung für größere Ortsvereine von 10 bis 20 Mitglieder an, in den Städten: Berlin, Göttingen, Hamburg, Hannover, Bremen, Köln, Kassel, Frankfurt am Main, München, Augsburg, Magdeburg, Leipzig, Bochum und Braunschweig.

17 Mitglieder mehr, also 188 gezählt. 1931 gab es lediglich einen Zuwachs von zwei Mitgliedern. Vom Folgejahr liegen keine Zahlen vor – es gibt jedoch keine Anzeichen für einen erhöhten Mitgliederzustrom im Jahre 1932.[121] Der ISK blieb eine kleine Gruppe. Die vielen Sympathisanten erlaubten es der Organisation allerdings, größer und stärker zu erscheinen, als sie eigentlich war und aufwendigere öffentliche Unternehmungen umzusetzen. Im Folgenden werden diese Formen der praktischen Arbeit des ISK näher erläutert.

3.4 Die praktische Arbeit des ISK

Der ISK war keine Partei, die an Wahlen teilnahm, Kandidaten stellte oder an üblichen demokratischen Strukturen und Prozessen partizipierte. Das Demokratieprinzip wurde nicht anerkannt – eine Beteiligung an Wahlen wäre ein Widerspruch gewesen. Die praktische Arbeit des ISK orientierte sich, auch bevor die Bedrohung durch den Nationalsozialismus offensichtlich wurde, an den Prinzipien, die Leonard Nelson formuliert hatte und auf denen Eichler weiter baute: pädagogische Ausbildung auf Grundlage der Philosophie Nelsons, was hauptsächlich in der Walkemühle geschah; publizistische Tätigkeiten zum Beispiel durch die Monatszeitschrift »isk« und später durch die Tageszeitung »Der Funke«[122]; Kulturkampf gegen die Kirchen und gewerkschaftliche Aktivitäten in Zusammenarbeit mit anderen Organisationen der Arbeiterbewegung.

»Die Gründung einer eigenen Zeitschrift«, des »isk«, war in Eichlers Augen der »wichtigste Schritt«, um »mit eigenen Kräften vor die Öffentlichkeit zu treten.«[123] Von Januar 1926 bis März 1928 kam die Monatszeitschrift »isk« unter der Leitung von Hellmut von Rauschenplat heraus, der inhaltlich vor allem für Wirtschaftsfragen verantwortlich war.[124] Ab März 1928 leitete der Parteivorsitzende Eichler die Zei-

---

121 Vgl. Karl-Heinz Klär: Zwei Nelson-Bünde, S. 320.
122 In Anlehnung an das russische Wort für Funke »ISKRA« – Titel des Blattes, für das Lenin schrieb. Auch deshalb wurde in Anlehnung die Abkürzung ISK (als Wort und nicht als Abkürzung ausgesprochen) als übliche Bezeichnung für die Partei genutzt, nicht etwa Internationaler Sozialistischer Kampf-Bund. Mary Saran, eine der herausragenden Persönlichkeiten in beiden Nelson-Bünden, schreibt von einer damals bei linken Gruppen sehr üblichen »romantischen Sympathie für Sowjetrussland«. Vgl. Mary Saran: Gib niemals auf, S. 73-74.
123 Willi Eichler, in: Denkschrift vom Mai 1940, in: IJB-/ISK-Bestand, Sign. 11, S. 6. Siehe auch Sabine Lemke-Müller: Ethischer Sozialismus und soziale Demokratie, S. 59.
124 Rauschenplat, der ab 1933 den Decknamen Fritz Eberhard trug, den er auch nach 1945 behielt, war Schüler von Franz Oppenheimer, einem Freund Nelsons. Oppenheimer definierte den Sozialismus als den »Glauben an und das Streben auf eine von allem Mehrwert, d. h. von allem arbeitslosen Einkommen, erlöste, darum klassenlose und darum brüderliche geeinte Gesellschaft der Freien und Gleichen.« (Zit. i. Kurt Koszyk: Hellmut von Rauschenplats Mitarbeit am ISK, S. 277) Oppenheimer forderte, davon abgeleitet, die Aufteilung des Großgrundbesitzes an Kleinbauern, weil dadurch die Grundlage für den Kapitalismus beseitigt wäre. Vor diesem Hintergrund ist Rauschenplats Engagement, insbesondere seine publizistische Tätigkeit im ISK zu verstehen.

tungsredaktion. Die Artikel schrieben die Mitglieder zumeist selbst – auch Eichler selbst engagierte sich bei nahezu jeder Ausgabe als Autor. Die Auflage betrug immerhin circa 15.000 Stück – diese blieb ab September 1928 stabil bei gleich bleibenden Umsätzen. Die monatliche Herausgabe des »isk« war, besonders unter Berücksichtigung der geringen Mitgliederzahl, eine beachtliche Leistung. Alle Mitglieder wurden verpflichtet, Artikel zu schreiben. Ferner waren viele eingebunden beim Verkauf an Haustüren und in Gaststätten et cetera.[125]

Die Monatszeitschrift war das theoretische Organ der Partei. Gerade in Ermangelung eines ausformulierten Programms sollten anhand der einzelnen Ausgaben des »isk« die programmatischen Forderungen entwickelt werden. Neben der wissenschaftlichen und ethischen Begründung des Sozialismus wurde die kämpferische Haltung unterstrichen. Gerade im »isk« sollte die Zugehörigkeit zur Arbeiterbewegung deutlich gemacht werden. Faktisch gelang es jedoch nicht, viele Arbeiter dazu zu bringen, für den »isk« zu schreiben. Nahezu alle Autorinnen und Autoren hatten akademische Ausbildungen – die wenigen Arbeiter waren Schüler in der Walkemühle.

Im »isk« lag allerdings nicht die einzige publizistische Aktivität. Dank der hohen Mitgliedsbeiträge konnte der ISK ein für diese kleine Partei erstaunliche publizistische Aktivität an den Tag legen.[126] So wurde auch der Verlag »Öffentliches Leben«, der seine Wurzeln im IJB hatte, übernommen. Hier erschienen auch die wichtigsten Veröffentlichungen Nelsons.

Das publizistische Engagement wurde durch die Gründung der Tageszeitung »Der Funke«, die vom 1. Januar 1932 bis zum 17. Februar 1933 erschien, sogar noch intensiviert.

> »Es war ein tollkühnes Unternehmen einer so kleinen Organisation, ohne Geldreserven und journalistische Erfahrung eine Tageszeitung herauszubringen, und es bedurfte einer außerordentlichen Anstrengung aller ISK-Mitglieder, daß es zustandekam.«[127]

Zur gemeinsamen Arbeit gegen den Nationalsozialismus und insbesondere für die Herausgabe der Tageszeitung wurden alle Lehrkräfte, die in der Walkemühle für die Erwachsenenbildung eingesetzt waren, abgerufen. Im »Funke« appellierte der ISK an die Arbeiterbewegung, die Einheitsfront zu bilden, bis die Zeitung nach der »Machtergreifung« 1933 endgültig verboten wurde. Vor allem im »Dringenden Appell« vom Juni 1932 rief der ISK die Arbeiter zur Geschlossenheit auf. »Sorgen wir dafür, daß

---

125 Mündliche Information von Susanne Miller bei einem Gespräch am 12.8.2004 sowie Fritz Grob: Über die Funken-Zeit, in: Gedenkstunde für Willi Eichler, Frankfurt am Main, Haus Riederwald am 6.11.1971, in: Eichler-Bestand im AdsD, Sign. 1/WEAA000262.
126 Vgl. Werner Link: Die Geschichte des IJB und des ISK, S. 144.
127 Susanne Miller: Ich wollte ein anständiger Mensch bleiben, in: Ethik des Widerstands, S. 145.

nicht Trägheit der Natur und Feigheit des Herzens uns in die Barbarei versinken lassen!«[128] Am 21. November 1932 wurde der »Funke« zum ersten Mal verboten – zum zweiten und letzten Mal am 17. Februar 1933. Eichler kritisierte in der letzten Ausgabe Hitler und sein nationalistisches Regime. Die anstehenden Wahlen im März 1933 seien nur Scheinwahlen und würden die Nationalsozialisten auch im Falle einer Wahlniederlage nicht dazu bringen, abzutreten.[129] Die Lage spitzte sich immer mehr zu, auch angesichts des »passiven Verharrens der potentiellen Kräfte der Arbeiterbewegung.«[130]

Der Gedanke, eine Einheitsfront der Arbeiterbewegung zu errichten, lag aus Sicht des ISK nahe, waren doch viele Mitglieder in verschiedenen Arbeiterorganisationen engagiert. Wie bereits erwähnt, konzentrierten sich die ISK-Mitglieder nach dem Unvereinbarkeitsbeschluss der SPD auf die Mitarbeit im »Deutschen Arbeiter-Abstinenten-Bund« (DAAB), dem »Verband für Freidenkertum und Feuerbestattung e. V.« und vor allem in den freien Gewerkschaften. Inhaltlich legte der ISK sein Hauptaugenmerk, bevor der Kampf gegen den Nationalsozialismus in den Mittelpunkt rückte, auf den Kulturkampf gegen die Kirchen mit gezielten Kampagnen, die die Arbeiterschaft zum Kirchenaustritt führen sollten.

Den DAAB hatten schon IJB-Mitglieder beim Aufbau nach dem Ersten Weltkrieg zum Beispiel beim Aufbau einzelner Untergruppen unterstützt, wie in Melsungen, nahe der Walkemühle.[131] In einigen Städten übernahmen IJBler wichtige Positionen und Funktionen. Dadurch bestand die Möglichkeit, neue Mitglieder zu werben und mit anderen Arbeiterorganisationen in Kontakt zu treten. Im ISK spielte die Mitarbeit im DAAB jedoch eine immer geringere Rolle.[132]

Von größerer Bedeutung war die Mitarbeit bei den Freidenkern. Hatte der IJB hier ebenfalls schon großen Einfluss erlangt, so konnte der ISK seine Position sogar noch ausbauen. Es gelang, das »Kultursekretariat«, das für die Veröffentlichungen der Organisation verantwortlich war, unter Kontrolle zu bringen. Damit hatte der ISK

---

128 Abdruck des »Dringenden Appells«, in: Der Funke, 24.6.1932, S. 1. Der Appell wurde namentlich unterstützt von: Chi-yen Chen, Willi Eichler, Albert Einstein, Karl Emonts, Anton Erkelenz, Helmuth Falkenfeld, Kurt Großmann, E. J. Gumbel, Walter Hammer, Theodor Hartwig, Vitus Heller, Kurt Hiller, Maria Hodann, Hanns-Erich Kaminski, Erich Kästner, Karl Kollwitz, Käthe Kollwitz, Artur Kronfeld, E. Lauti, Otto Lehmann-Rußbühlt, Heinrich Mann, Pietro Nenni, Paul Oesterreich, Franz Oppenheimer, Theodor Plivier, Freiherr von Schoenaich, August Siemsen, Minna Specht, Helene Stöcker, Ernst Toller, Graf Emil Wedel, Erich Zeigner, Arnold Zweig. Siehe auch Werner Link: Die Geschichte des IJB und des ISK, S. 159.
129 Der Funke, 17. Februar 1933. Die Bibliothek der Friedrich-Ebert-Stiftung hat sämtliche Ausgaben vom 1. Januar 1932 bis zum 17. Februar 1933 digitalisiert auf ihrer Website www.fes.de zur Verfügung gestellt unter der Rubrik Bibliothek, Digitale Bibliothek, Zeitschriften/Digitalisierungen, Funke.
130 Fritz Grob: Zur Funken-Zeit, in: Gedenkstunde für Willi Eichler, Frankfurt am Main, Haus Riederwald am 6.11.1971, in: Eichler-Bestand im AdsD, Sign. 1/WEAA000262.
131 Vgl. Werner Link: Die Geschichte des IJB und des ISK, S. 130-131.
132 Vgl. Sabine Lemke-Müller: Ethischer Sozialismus und soziale Demokratie, S. 85.

eine zusätzliche publizistische Möglichkeit in einem 600.000 Personen starken Verband. Dies nutzte der ISK für seinen antiklerikalen Kulturkampf voll und ganz aus.[133]

Die Mitarbeit in einer Gewerkschaft war für alle ISK-Mitglieder eine der Mindestanforderungen.[134] Eichler kritisierte zwar die Gewerkschaftsbewegung wegen ihrer von ihm diagnostizierten Verbundenheit zur marxistischen Theorie und ihrer Unfähigkeit, ethische Forderungen und Ideale zu akzeptieren. Allerdings sah Eichler in der freien Gewerkschaftsbewegung auch die Chance, eine geschlossene Arbeiterbewegung zu schaffen. Für den ISK bestand die Möglichkeit, in direkten Kontakt mit der Arbeiterschaft zu treten, ohne die Verbindung zu einer der beiden großen Arbeiterparteien zu benötigen.[135] Inhaltlich verfolgte der ISK vor allem zwei Ziele in der freien Gewerkschaftsbewegung: *erstens* die Bekämpfung des »Reformismus«[136], der in den Gewerkschaften herrschte, und *zweitens* die Überwindung der Spaltung der Gewerkschaften in sozialdemokratische, kommunistische und christliche Flügel, um eine starke Einheitsfront der Arbeiterschaft zu schaffen.

Die offensive Suche nach Neumitgliedern in den Gewerkschaften verbot Eichler; nur wenn man gefragt werde, welcher Partei man beitreten solle, müsste man als einzig mögliche Partei den ISK angeben, um den SPD-Beitritt zu verhindern. Auch sollten nicht zu schnell Posten übernommen werden, um keinen Argwohn zu wecken und die Gewerkschaften nicht an eine Partei zu binden. Die Parteilichkeit der Gewerkschaften kritisierte Eichler, da er in ihr den Grund für die Spaltungstendenzen sah. Besonders scharf kritisierte Eichler die enge Verbindung zwischen dem Allgemeinen Deutschen Gewerkschaftsbund (ADGB) und der SPD. Die Arbeit in den Gewerkschaften sollte als Unterstützung der Arbeiterschaft selbstverständlich sein. Selbst von der Demokratiekritik distanzierte sich der ISK mit der Begründung, dass eine Einheitsfront der Arbeiterschaft in einer Demokratie mehr Chancen hätte. »Wenn der I. G. B. [Internationaler Gewerkschaftsbund; Anm. d. Verf.] mit seinen 25 Millionen Mitgliedern seine Macht einsetzt, die demokratischen Freiheiten zu sichern, wollen wir ihn unterstützen.«[137]

Eichler gab die Anweisung, den »Reformismus« in der freien Gewerkschaftsbewegung durch vorbildliche Arbeit zu bekämpfen. Der ISK solle zum Beispiel versuchen, gegen den Willen der Unternehmen Betriebsräte durchzusetzen. Tatsächlich blieb der

---

133 Werner Link: Die Geschichte des IJB und des ISK, S. 132.
134 Vgl. i. F. Sabine Lemke-Müller: Ethischer Sozialismus und soziale Demokratie, S. 86 ff.
135 Vgl. Werner Link: Die Geschichte des IJB und des ISK, S. 136.
136 Mit Reformismus war hier in durchaus kritischer Absicht die Position gemeint, die Anliegen der Arbeiterschaft mit politischen Reformen innerhalb der bestehenden staatlichen Organe, vor allen Dingen dem Parlament zu vertreten in Abgrenzung zum revolutionären Ansatz, der langfristig auf eine Zerschlagung der staatlichen Organe abzielt und das Voranbringen von politischen Reformen innerhalb der Staatsorgane als Unterstützung des Staates ansieht.
137 Protokoll des Osterkurses 1929, in: IJB-/ISK-Bestand, Sign. 6; Protokoll vom 30.3., vormittags, S. 6. Siehe auch Sabine Lemke-Müller: Ethischer Sozialismus und soziale Demokratie, S. 86.

Einfluss des ISK auf die Gewerkschaften sehr gering.[138] Dies zeigte sich darin, dass es dem ISK, bis auf wenige Ausnahmen, nicht gelang, die publizistischen Mittel der Gewerkschaften zu nutzen. Auf den reichsweiten Konferenzen des ADGB waren keine ISK-Vertreter anwesend. Lediglich auf Ortsgruppenebene gelangten ISK-Mitglieder zu Ämtern in den Gewerkschaften.

Dennoch investierte der ISK erhebliche Energie insbesondere in den Kampf für die Einheitsfront der Arbeiterschaft, und zwar bei den Teilen der Arbeiterbewegung, in denen Arbeiter unterschiedlicher politischen Richtungen vereint waren, wie in den Freien Gewerkschaften und im Deutschen Freidenkerverband.[139] Einerseits wollte der ISK die Einheitsfront durch strikte Einhaltung der Neutralität und Abwehr aller Spaltungsversuche erreichen. Andererseits strebte der ISK keine Einbeziehung der beiden großen Arbeiterparteien an, sondern die Vereinigung der Arbeiterbewegung unter dem Dach des ISK.[140] Vor allem in der Zeitschrift »Der Funke« appellierte man immer wieder an die Arbeiterschaft, sich endlich zu einer Einheitsfront zusammenzuschließen. Bei der Reichspräsidentenwahl im März/April 1932, bei der Hitler gegen Hindenburg kandidierte, versuchte Eichler mit entsprechenden Aufrufen in der täglich herausgebrachten Zeitschrift einen einheitlichen Arbeiterkandidaten aufzustellen. Der Appell zeigte keine Wirkung. Auch Listen mit den Unterschriften prominenter Zeitgenossen wie zum Beispiel Albert Einstein, die im Juli 1932 zur Schaffung einer Einheitsfront aufriefen, blieben ohne Erfolg.

Bei all dem Engagement, das der ISK an den Tag legte, ist dennoch klar, dass eine Einheitsfront ohne Zustimmung der beiden großen Arbeiterparteien zu keinem Zeitpunkt möglich gewesen wäre. Die Bemühungen des ISK hatten daher nie Aussicht auf Erfolg. Die Initiative hätte von SPD und/oder KPD ausgehen müssen. Das außergewöhnliche Engagement des ISK ist zudem differenziert zu bewerten. Werner Link begründet die Aktivitäten für die Einheitsfront mit dem mangelnden Erfolg des ISK, in die Führungsstrukturen der Gewerkschaften einzudringen. Der ISK hätte versucht, mit dem Streben nach einer Einheitsfront die Arbeiterschaft vorbei an ihren politischen Führern in KPD- und SPD-Vorstand anzusprechen und für sich zu gewinnen. Das Argument der Einheitsfront sei nur als Vorwand genutzt worden.[141]

Dagegen spricht allerdings das schon im IJB existente Bestreben, in der vollen Breite der Arbeiterorganisationen aktiv zu werden. Insbesondere gegen nationalsozialistische Gruppierungen lassen sich bereits ab 1926 Bemühungen des ISK erkennen, gemeinsame Aktionen von ISK zum Beispiel mit der KPD durchzuführen.[142]

---

138 Vgl. Werner Link: Die Geschichte des IJB und des ISK, S. 136.
139 Vgl. hier u. i. F. Sabine Lemke-Müller: Ethischer Sozialismus und soziale Demokratie, S. 89 f.
140 Ebd., S. 89.
141 Vgl. Werner Link: Die Geschichte des IJB und des ISK, S. 146-147.
142 Vgl. Sabine Lemke-Müller: Ethischer Sozialismus – soziale Demokratie, S. 88 f.

Schon in den 1920er-Jahren war eine Bedrohung von rechts festzustellen, gab es doch in der Zeit der Weimarer Republik von Anfang an Anschläge von rechts auf Politikerinnen und Politiker. An dieser Stelle seien nur die Ermordung von Karl Liebknecht und Rosa Luxemburg 1919, die Anschläge auf Philipp Scheidemann und Walter Rathenau 1922, der Kapp-Putsch und danach 1923 der Hitler-Putsch genannt. Die Art der Übergriffe zwischen linken und rechten Gruppen war zahlreich und vielfältig: Prügeleien, Überfälle, Sprengung von Veranstaltungen et cetera.

»In den letzten Jahren der Weimarer Republik konzentrierte der ISK alle seine Kräfte auf die Abwehr des Nationalsozialismus.«[143] Nach dem ersten Wahlerfolg der Nationalsozialistischen Deutschen Arbeiterpartei (NSDAP) bei der Reichstagswahl vom 14. September 1930, bei der die Nationalsozialisten um 15,7 Prozentpunkte zulegten und mit 18,3 % nach der SPD die zweitmeisten Stimmen erhielten[144], rückte die Bekämpfung des Nationalsozialismus ins Zentrum der ISK-Aktivitäten. Dass von Hitler und seinen Anhängern Gefahr ausging, wurde wohl von allen Organisationen der Arbeiterbewegung erkannt. Die ISK-Mitglieder bewerteten das Ausmaß der Bedrohung für die Arbeiterbewegung realistisch und bereiteten sich früher und intensiver als andere auf die Widerstandsarbeit im Untergrund vor. Der ISK teilte die Meinung anderer sozialistischer Splittergruppen, dass nach dem Nationalsozialismus die sozialistische Revolution käme, aber sie interpretierten eine nationalsozialistische Diktatur nicht als kurze Zwischenphase.[145] Mit welcher Brutalität und Schnelligkeit die Nationalsozialisten die Strukturen der Arbeiterbewegung zerschlagen würden, schätzte der ISK auch realistischer ein, als die meisten anderen Organisationen.

Der Preußenschlag am 20. Juli 1932 wurde vom ISK als Signal gesehen, das Engagement für eine Einheitsfront zu verstärken. Die Einheitsfront war einziges Thema und Ziel, das sich Willi Eichler von nun an widmete.[146] Eichlers Einfluss – bzw. der des ISK – war allerdings viel zu schwach, um letztlich zum Erfolg, das heißt, einer Verhinderung der Diktatur zu gelangen.[147] Dies erkannten auch Eichler und die ISK-Mitglieder und begannen daher früher als andere Organisationen der Arbeiterbewegung, sich auf den Widerstand und die Illegalität vorzubereiten.

---

143 Susanne Miller: Ich wollte ein anständiger Mensch bleiben, S. 147.
144 Zahlen und Wahlergebnisse der Weimarer Republik: »Wahlen in der Weimarer Republik«, Publikation des Deutschen Bundestages, Mai 2006.
145 Vgl. Antje Dertinger: Der treue Partisan, S. 40.
146 Vgl. dazu Sabine Lemke-Müller: Ethischer Sozialismus – soziale Demokratie, S. 89.
147 Die Versuche, eine Einheitsfront zu errichten, scheiterten letztendlich an den unüberwindlichen Gräben zwischen den Führungsebenen der großen Arbeiterparteien. Selbst wenn SPD und KPD sich zu einer Einheitsfront gegen die Nationalsozialisten vereint hätten, wäre wegen der großen Differenzen ein gemeinsames Programm der beiden Parteien für die zukünftige Gestaltung Deutschlands schwer erreichbar gewesen. Vgl. Michael Schneider: Unterm Hakenkreuz, S. 1030.

4 Willi Eichler im Exil: Widerstand und Wiederannäherung zur SPD 1939 bis 1945

Bezüglich des Widerstands gegen das nationalsozialistische Regime geht der Autor der vorliegenden Arbeit von Michael Schneiders Begriffsdefinition von Widerstandsleistungen aus, die

> »trotz des totalen Unterordnungs- und Strafanspruchs des nationalsozialistischen Staates [...] nicht alle Formen unangepassten Verhaltens – so mutig und opferreich sie auch waren – als Widerstand bezeichnet. [...] Widerstand, das war vielmehr praktisches Handeln zur Behinderung oder Zerstörung von Kernbereichen der nationalsozialistischen Diktatur, zum Beispiel durch Schaffung einer illegalen Gegenöffentlichkeit.«[148]

Der ISK leistete in dieser Hinsicht unter der Leitung von Willi Eichler nicht nur Widerstand im Deutschen Reich mit Aufsehen erregenden Aktionen, mit hoher Disziplin und selbstlosem Engagement. Auch im Exil arbeiteten ISK-Mitglieder aktiv im Widerstand, sei es durch das Verfassen von illegalen Schriften, die über geheime Kanäle nach Nazideutschland gebracht wurden, durch das Beschaffen von gefälschten Ausweispapieren oder durch die Propagierung eines »anderen Deutschland,« das trotz der nationalsozialistischen Gleichschaltung weiter existierte, an bestehenden Moralvorstellungen festhielt und dem Führer des Deutschen Reiches Adolf Hitler kritisch entgegenstand.

Die Machtergreifung Hitlers wurde zum Schlüsselereignis für Willi Eichler und den ISK. Eichler und einige andere ISK-Mitglieder mussten ins Exil fliehen. Für die Mitglieder, die im Deutschen Reich blieben, begann die innerdeutsche Widerstandsarbeit und, bei entsprechender Befähigung, die Arbeit im Untergrund. Eichler unterstützte bzw. leitete vom Exil aus die Widerstandtätigkeiten des ISK in Deutschland. Darüber hinaus beteiligte er sich an Vereinigungen und Versammlungen der Arbeiterorganisationen im Exil, wie die »Union deutscher sozialistischer Organisationen in Großbritannien.« Im Untergrund wurden Widerstandsaktionen organisiert und durchgeführt. »Der Anteil des ISK am Widerstand der Arbeiterbewegung war im Verhältnis zur geringen Zahl seiner Mitglieder hoch.«[149] Ein Ziel, das die Arbeit im Exil und im Untergrund verband, lautete: »Wir wollten zeigen: Es gibt noch ande-

---

148 Michael Schneider, in: Gewerkschaftlicher Widerstand 1933–1945, in: Peter Steinbach (Hg.): Widerstand gegen die nationalsozialistische Diktatur 1933–1945, S. 154.
149 Susanne Miller: Kritische Philosophie als Herausforderung zum Widerstand gegen den Nationalsozialismus, in: Sabine Lemke-Müller: Ethik des Widerstandes, S. 41.

re.«[150] Darüber hinaus halfen ISK-Widerstandskämpfer gefährdeten Sympathisanten bei der Flucht aus Deutschland.

Der homogene Kadercharakter des ISK aber auch die übliche Disziplin und das überdurchschnittliche Bildungsniveau der Mitglieder waren hervorragende Ausgangsbedingungen für den illegalen Widerstand, den der ISK vor allem zwischen 1933 und 1938 leistete.[151]

Diese Zeit lässt sich in drei Phasen unterteilen: 1933 bis 1934 die Vorbereitungsphase; 1935 bis 1936 die arbeitsintensive Hauptphase; 1937 bis Sommer 1938 die Endphase, in der der ISK-Widerstand von der Gestapo aufgerollt und weitestgehend zerschlagen wurde.[152] Nach der Zerschlagung des innerdeutschen ISK-Widerstands und nach Beginn des Weltkrieges setzten Eichler und seine ISK-Mitglieder vor allem im Exil ihre politische Arbeit fort. Dort begann der ISK, insbesondere in Person von Willi Eichler, mit anderen deutschen Exilorganisationen zusammenzuarbeiten. Bereits im Pariser Exil gelang es Eichler, engere Kontakte zu anderen sozialistischen Organisationen zu knüpfen. Dies entwickelte sich im Londoner Exil weiter und führte letztendlich sogar zur Annäherung an die SPD.

4.1 Der Übergang in die Illegalität

Nach der Regierungsübernahme von Hitler und den Nationalsozialisten 1933 ging die »Gleichschaltung« aller gesellschaftlichen und politischen Einrichtungen schnell vonstatten. Die Instrumente und Organisationen der Arbeiterbewegung wurden verboten, Parteivermögen wurden konfisziert, prominente Funktionäre, insbesondere Sozialdemokraten und Kommunisten aber auch Gewerkschafter wurden verfolgt, eingesperrt oder ins Exil getrieben.[153] Auch der ISK sah sich mit diversen Repressionen konfrontiert. Bereits im Februar 1933 wurde die Tageszeitung »Der Funke« verboten, im März 1933 folgte die Zeitschrift »isk«. Im selben Monat wurde ebenfalls die Walkemühle geschlossen. Bis zuletzt versuchte Eichler mit den ihm gegebenen Mitteln, die nationalsozialistische Herrschaft durch ein geschlossenes Aufbäumen der Arbeiterschaft zu verhindern. Im letzten Flugblatt, das der ISK legal drucken und veröffentlichen konnte, warb Eichler Anfang März 1933 für den Widerstand der Arbeiterschaft gegen die Nationalsozialisten.[154]

Der ISK reagierte auf die Bedrohung insbesondere nach der »Machtergreifung« zunächst mit einem Stillhalten. »Jetzt ruhig verhalten! Beobachten, wie es weiter-

---

150 Ludwig Gehm zit. i. Antje Dertinger: Der treue Partisan – Ein deutscher Lebenslauf: Ludwig Gehm, S. 45.
151 Vgl. Jan Foitzik: Zwischen den Fronten, S. 85.
152 Vgl. Werner Link: Die Geschichte des IJB und des ISK, S. 213.
153 Michael Schneider: Unterm Hakenkreuz, S. 33 ff.
154 Das Flugblatt trug den Titel »Worin unsere Stärke besteht!«, in: IJB-/ISK-Bestand im AdsD, o. O. u. o. D., Box 87. Siehe dazu auch: Werner Link: Die Geschichte des IJB und des ISK, S. 174.

geht! Wichtig ist das Überleben überhaupt! Organisatorische Bindungen durchhalten! Nicht die Hoffnung auf Veränderung aufgeben!«[155] In dieser Phase der Vorbereitung des Widerstandes kamen den ISK-Mitgliedern die hohen Anforderungen und die jahrelang eingeübte Disziplin zugute. Es wurde die weitere Entwicklung beobachtet und mit wichtigen Vorbereitungen zur illegalen Widerstandsarbeit im Untergrund begonnen.[156] Eichler selbst ging im Januar 1933 in Berlin in den Untergrund, kam bei Freunden unter und floh erst im November 1933 ins Ausland.[157] Auf drei geheimen Versammlungen im Jahre 1933 – Ostern in Berlin, im August in Saarbrücken und Weihnachten in Amsterdam – stellte sich der ISK auf die Illegalität ein und beschloss allgemeine Richtlinien für den Widerstand.[158] Auf die Verbotswelle wurde mit einem geschickten Manöver reagiert; Ostern 1933 wurde der ISK offiziell aufgelöst, um einem Verbot durch die Nationalsozialisten zuvor zu kommen und so die Parteimitglieder aus der Schusslinie der Nationalsozialisten zu nehmen.[159]

Der ISK existierte fortan unter dem Namen ABC. Alle Parteiabzeichen und Mitgliedsbücher wurden vernichtet oder versteckt.[160] Zur Kontrolle wurden gegenseitig Hausdurchsuchungen durchgeführt, »was nicht selten zu Irritationen in den Elternhäusern der überwiegend jungen ISK-Mitglieder führte.«[161] Zur »Abhärtung« wurden Gerichtsverhandlungen und Verhöre simuliert und jene Mitglieder, die sich auf den Untergrund vorbereiteten, nahmen fiktive Biografien an. Ebenfalls konstruierte man Geschichten für politische Bekanntschaften, um diese als plausible unpolitische Erklärungen des Kennenlernens erzählen zu können. Es wurden konspirative Techniken eingeübt und verdeckte Kommunikationsmittel eingeführt, wie die Nutzung von »toten Briefkästen«, Geheimschrift und Codewörtern. Versteckte Lagermöglichkeiten zum Beispiel in Tischbeinen und ausgehöhlten Holzscheiten wurden für Flugblätter und kleine Gegenstände eingerichtet. Zeichen wurden abgesprochen, wie der Zustand der Gardinen oder Blumentöpfe im Fenster, die darüber informierten, ob »die Luft rein war«.

Die Forderung an die Funktionäre, sich nicht persönlich zu binden, wurde verstärkt. Die persönliche Unabhängigkeit wurde als besonders wichtig eingeschätzt, waren doch erfasste Personen im Verhör ohne die Bedrohung von Familie und Part-

---

155 Fritz Eberhard: Illegal in Deutschland, in: Die Reihen fast geschlossen, S. 317.
156 Susanne Miller: Ich wollte ein anständiger Mensch bleiben, S. 148.
157 Vgl. Eichlers Schreiben an den Haftentschädigungsausschuss Stadtkreis Köln v. 7.3.1953 und die Antwort v. 30.9.1953, in dem Eichler für die Zeit in Verfolgung in Deutschland eine Entschädigung in Höhe von 1.350 DM zugeschrieben wurden. In: Eichler-Bestand im AdsD, Sign. 1/WEAA000211.
158 Vgl. Jan Foitzik: Zwischen den Fronten, S. 85.
159 Sabine Lemke-Müller: Ethischer Sozialismus – soziale Demokratie, S. 100 ff.
160 Nach den Aussagen von Fritz Körber begann der ISK-OV Göttingen bereits im Herbst 1932, Parteibücher zu verbrennen und Schriften zu verstecken. Vgl. Werner Link: Die Geschichte des IJB und des ISK, S. 173.
161 Antje Dertinger: Der treue Partisan, S. 40 ff.

nern schwerer unter Druck zu setzen. Außerdem waren Alleinstehende leichter in der Lage, unterzutauchen. Funktionäre, die sich nicht an die Weisung hielten, enthob Eichler im Dezember 1933 ihrer Ämter.[162] Darüber hinaus wurde das finanzielle Privateigentum der Mitglieder bis auf das, was für einen schlichten Lebensunterhalt notwendig war, der Partei überschrieben. Mit diesen Anforderungen, an die zumindest der innere Funktionärskreis gebunden war, glich man sich der inneren Struktur eines Ordens an: Die Identifikation mit dem Bund wurde damit noch erhöht.[163]

All dies lässt deutlich erkennen, dass der ISK früher als andere eine sehr zutreffende Einschätzung der veränderten politischen Lage in Deutschland getroffen hatte und daher rechtzeitig beschloss in den (illegalen) Widerstand einzutreten und sich auf den Untergrund vorzubereiten, bevor die Gleichschaltung und das Überwachungssystem der Nationalsozialisten die Vorbereitung solcher Maßnahmen erschwert hätten.

Die Vorsichtsmaßnahmen und der Alltag im Widerstand erforderten ein hohes Maß an Disziplin; Disziplin gehörte auch im ISK zum Alltag und sicherlich war die enge Gruppenstruktur von Vorteil für den Eintritt in die illegale Arbeit und die Bildung von Widerstandszellen. Trotzdem wurde deutlich, dass der ISK nicht geschlossen in den illegalen Widerstand gehen konnte. Es entsprach zwar den ethischen Grundsätzen der Partei, ein verbrecherisches Regime mit »illegalen« Mitteln zu bekämpfen und in einen wahrnehmbaren Widerstand zu treten. Doch sollte niemand in die Illegalität gezwungen werden. Die Entscheidung, im Widerstand aktiv zu werden, wurde von jedem Mitglied individuell getroffen.

> »So erklärte Julie Pohlmann, die schon dem IJB angehört hatte und Lehrerin in [...] der Walkemühle war, sie sei ungeeignet für eine solche Arbeit, denn wenn sie eine Lüge aussprechen müßte, würde sie rot werden und damit sich und vielleicht auch andere verraten.«[164]

Die Entscheidung wurde respektiert.

Hellmut von Rauschenplat gelang es zu dieser Zeit, Teile des ISK-Vermögens ins Ausland zu transferieren. Rauschenplat übernahm die Inlandsleitung des ISK und damit die Leitung über die Widerstandsarbeit in Deutschland. Seine wichtigsten Aufgaben bestanden aus der Koordination der innerdeutschen Organisationsteile sowie der Aufrechterhaltung der Verbindungen zum Ausland. Nachdem ein Haftbefehl gegen

---

162 Vgl. hier u. i. F. Sabine Lemke-Müller: Ethischer Sozialismus – soziale Demokratie, S. 101.
163 Vgl. die von Willi Eichler vorgelegten Materialien »über die Aufgabe der Erziehung in unserer Organisation« sowie Eichlers Bericht über die »Bundes-Arbeit« auf dem sogenannten Ersatzbundestag von 1942, Juli 1939; Erziehungsplan Eichlers, verfasst »im Anschluss an die entsprechende Aussprache in London. Ausbildungskurs in London. Näheren Aufschluss zu diesem Ausbildungskurs in: Mary Saran an Willi Eichler, 7.12. u. 17.12.1941, 22.–30.11.1941, in: IJB-/ISK-Bestand im AdsD, Sign. 4/IJB_ISK0016.
164 Susanne Miller: Ich wollte ein anständiger Mensch bleiben, S. 149.

ihn im Frühjahr 1933 erlassen worden war, lebte er unter mehreren Decknamen – hauptsächlich nannte er sich fortan Fritz Eberhard.[165] Eichler, der als herausragender Führer der Partei und Verfasser vieler Schriften vor allen anderen Mitgliedern ins Fadenkreuz nationalsozialistischer Verfolgungsbehörden geraten war, musste das Land im November 1933 verlassen und übernahm die Auslandsleitung.

In der Zeit des Nationalsozialismus war der ISK in eine Reihe von Auslandsortsvereinen und illegalen Zellen in Deutschland zersplittert. Im Folgenden sollen die Widerstandsaktivitäten der illegalen Zellen und im Exil um Willi Eichler, der trotz der Kommunikationsschwierigkeiten der bestimmende Führer blieb, im Mittelpunkt stehen.

Der ISK agierte seit der Machtergreifung in unterschiedlichen Formen als illegale Widerstandsgruppe. Erst im Sommer 1938 zerbrachen die reichsweiten Netzwerke und es kam zur Zerschlagung des ISK-Widerstands. Die Tatsache, dass der ISK so lange unerkannt blieb, spricht für die Disziplin der ISK-Widerstandskämpferinnen und -kämpfer und für die Regeln zur illegalen Arbeit, die eingeführt und eingehalten wurden.

Parallel zur Überführung der Organisation in den Untergrund, beschloss der ISK für die Illegalität, einen Teil des strengen theoretischen Regelwerkes nicht mehr anzuwenden, insbesondere in Bezug auf die Kooperation mit anderen Organisationen der Arbeiterbewegung und auf den Umgang mit Nichtmitgliedern. Der ISK trug somit der Kritik Rechnung, er sei zu theorielastig, um in der antifaschistischen Arbeit mehr Kooperationsbereitschaft zu zeigen und mehr Einfluss und Hilfe zu erhalten. Das bedeutete jedoch nicht, dass Nelsons Philosophie fallen gelassen wurde – im Gegenteil: Gerade weil der Nationalsozialismus im krassen Widerspruch zu den Lehren Nelsons stand, sollte der aktive Widerstand ausgerufen werden. Und damit der Widerstand auf eine möglichst breite Basis innerhalb der Arbeiterschaft gestellt werden konnte, durften auch Antifaschisten eingebunden werden, die nicht Mitglieder im ISK waren. Eine breite Basis bzw. die Zusammenarbeit mit Aktivisten, die nicht dem ISK-Kader angehörten, erforderte allerdings auch besondere Vorsichtsmaßnahmen. Zur praktischen Widerstandsarbeit wurden die bestehenden ISK-Gruppen in Widerstandszellen umgewandelt. Auf dem Bundestreffen im August 1933 in Saarbrücken

---

165 Nachdem Rauschenplat im Frühjahr 1945 nach Deutschland aus seinem Exil zurückkehrte, behielt er seinen Decknamen Fritz Eberhard und ließ seinen Namen ein bis zwei Jahre später vom Innenministerium offiziell ändern. Vgl. Irene Stuiber: Fritz Eberhard vormals Hellmut von Rauschenplat – Eine biographische Skizze, S. 3. Sein Bestand im Archiv der sozialen Demokratie in der Friedrich-Ebert-Stiftung steht ebenfalls unter dem Namen Fritz Eberhard. Da hier aber vor allen Dingen Aktivitäten vor seiner offiziellen Namensänderung 1946/47 behandelt werden, bleibt der Verfasser der Arbeit bei dem Geburtsnamen Hellmut von Rauschenplat. In der Literatur steht als Autor in der Regel der Name Fritz Eberhard. Dies wird in den Fußnoten entsprechend berücksichtigt.

wurde beschlossen, sich reichsweit in Fünfergruppen aufzuteilen[166], die wiederum in sechs Bezirke im ganzen Deutschen Reich aufgeteilt waren[167]:

- Bezirk »Ost« (Berlin, Brandenburg, Sachsen und Thüringen), unter der Leitung von Julius Philippson und ab Anfang 1936 mit Gruppen in Berlin, Jena, Weimar, Magdeburg, Eisenach, Leipzig, Dresden, Erfurt und Breslau.
- Bezirk »Nord« (Hamburg und Bremen) unter der Leitung von Erna Mros bzw. Walter Brandt und sein Stellvertreter Alexander Dehms, der 1936/37 die Führung übernahm.
- Bezirk »Mitte« mit Ortsgruppen in Hannover, Braunschweig, Kassel, Göttingen und Eschwege unter der Gesamtleitung von Willy Rieloff und seinem Stellvertreter E. Albrecht.
- Bezirk »West« (Köln und Rheinland) mit Gruppen in Köln, Essen und Bochum. Die Bezirksleitung befand sich in den Händen von Wilhelm Heidorn und Hans Dohrenbusch.
- Bezirk Frankfurt/Main und Rhein-Main-Gebiet mit Gruppen in Frankfurt, Offenbach, Mainz und Worms unter der Leitung von Ludwig Gehm.
- Bezirk »Süd« unter Hans Lehnert und Ludwig Koch mit Gruppen in München, Stuttgart, Augsburg und Bobingen. Mit Ausnahme der Münchner Gruppe wurde die Tätigkeit in Süddeutschland erst 1936 intensiviert.

Die Fünfergruppen sollten, gemäß der Konzeption der breiten Basis, nicht nur aus ISK-Leuten bestehen, sondern gemischt werden – im Idealfall drei ISK-Genossen und zwei Aktivisten aus dem Arbeitermilieu.[168] Die Zusammensetzung anderer Gruppen bzw. die Namen der Mitglieder einer anderen Gruppe blieben unbekannt. Es konnten höchstens Vermutungen über diese angestellt werden. Auch dies sollte verhindern helfen, dass bei einer möglichen Entdeckung gleich die ganze Organisation in Gefahr geriet: Bei der Verhaftung einer Zelle konnten Mitglieder anderer Zellen nicht verraten werden. Zu Kommunikations- und Verständigungszwecken war aber jeweils einem Mitglied der Gruppe ein Mitglied einer anderen Gruppe bekannt.[169] Nur die Bezirksleitungen kannten alle Gruppen und ihre Mitglieder. Kontakte mit Personen außerhalb der Organisation wurden zunächst abgebrochen. Neue Bekannte wurden sorgfältig auf ihre Hintergründe, Kontakte sowie ihre Befähigung überprüft. Erst wenn sich gezeigt hatte, dass die Betreffenden zur illegalen Arbeit bereit waren und

---

166 Nach Gestapoakten bestanden solche Fünfergruppen in Berlin, Magdeburg, Weimar, Jena, Eisenach, Hamburg, Bremen, Hannover, Göttingen, Hannoversch-Münden, Köln, Bochum, Essen, Frankfurt am Main, Offenbach, Mainz, Worms, Stuttgart, Augsburg, München. Vgl. Fritz Eberhard: Illegal in Deutschland, in: Die Reihen fast geschlossen, S. 318.
167 Folgende präzise Bezirksauflistung stammt aus Jan Foitzik: Zwischen den Fronten, S. 87.
168 Vgl. Werner Link: Die Geschichte des IJB und des ISK, S. 177.
169 Michael Schneider: Unterm Hakenkreuz, S. 833.

Vertrauen verdienten, wurde der Kontakt intensiviert. »Wichtigtuer und solche, die mit ihrer Tätigkeit prahlten, wurden sofort abgeschrieben.«[170]

4.2 Widerstand innerhalb Deutschlands

Im Gegensatz zu anderen Widerstandsgruppen hatte der ISK nicht nur das Ziel, die nationalsozialistische Herrschaft zu beenden. Vielmehr wurden kleinteiligere Ziele festgelegt, die unter anderem dem Überleben der Organisation und der Sicherheit ihrer Mitglieder einen hohen Stellenwert einräumten. Hellmut von Rauschenplat fasste rückblickend diese Ziele des ISK folgendermaßen zusammen[171]:

1. Information in mündlicher oder schriftlicher Form beschaffen, sammeln und weitergeben, mit dem Ziel, die Informationskontrolle der Nationalsozialisten zu durchbrechen.
2. Propaganda betreiben, die den Regimegegnern Mut machte. Der ISK wollte zeigen, »es gibt auch andere.«[172] Außerdem sollte die Gefahr, die von Hitler ausging, veröffentlicht werden. »Hitler bedeutet Krieg«[173] war die Parole, die auch die SPD in den letzten Tagen der Weimarer Republik ausgerufen hatte und die ebenfalls vom ISK propagiert wurde.
3. Störung und Verunsicherung der Nationalsozialisten durch Aktionen, die beweisen sollten, dass Parolen, wie »ein Volk, ein Führer« widerlegbar waren.
4. Selbstabsicherung vor Verfolgung – es galt in jedem Fall, einer Verhaftung zu entgehen. Dafür wurden gefährdete Widerstandskämpfer ins Ausland in Sicherheit gebracht.

Willi Eichler fasste dies 1934 im »kategorischen Imperativ der illegalen Arbeit« zusammen:

>»Führe den antifaschistischen Kampf so, daß du eine möglichst große Schwächung des faschistischen Staates (seiner Autorität, seiner Massenbasis) mit möglichst geringen Opfern an moralischen, organisatorischen und finanziellen Kräften erreichst!«[174]

Die vielen illegalen Aktionen, die finanzielle Unterstützung von Arbeitslosen und Emigranten, Druck- und Reisekosten und ab 1936 die Unterstützung der Internatio-

---

170 Ludwig Gehm zit. i. Antje Dertinger: Der treue Partisan, S. 46.
171 Vgl. Fritz Eberhard: Illegal in Deutschland, in: Die Reihen fast geschlossen, S. 317 f.
172 Antje Dertinger: Der treue Partisan, S. 45.
173 Vgl. Fritz Eberhard: Illegal in Deutschland, in: Die Reihen fast geschlossen, S. 318 f.
174 Willi Eichler in der »Sozialistischen Einheitsfront«, Reinhart-Brief v. November 1934, in: IJB-/ISK-Bestand im AdsD, Box 79. Siehe auch Werner Link: Die Geschichte des IJB und des ISK, S. 212.

nalen Brigade, die im Spanischen Bürgerkrieg[175] kämpfte, verlangten eine wirtschaftliche Absicherung.[176] Die Finanzierung lief über mehrere vegetarische Restaurants in mehreren Großstädten im In- und Ausland[177] und eine Brotgroßhandlung in Hannover. Neben finanziellen Einnahmen brachte dies auch die Möglichkeit mit sich, bei den notwendigen Einkäufen und Lieferfahrten unauffällig Stadt und Land zu bereisen und Propagandamaterial zu verteilen. Die Restaurants boten zudem unverfängliche Versammlungsorte für die Widerstandskämpfer.

»Die illegale Arbeit ist sichtbar, der illegal Arbeitende unsichtbar!«[178] In diesem Sinne setzten die ISK-Mitglieder vor allem in der Hauptphase 1935 bis 1936 eine Vielzahl von Aktionen um. Besonders viel Aufsehen erregte die Störung der Eröffnung der Autobahnstrecke von Frankfurt nach Darmstadt am 19. Mai 1935, bei der auch Adolf Hitler zugegen war.[179] Am Anfang des Streckenabschnitts wurde in der Nacht vor der Eröffnung mit einer Chemikalie, die erst bei Sonnenaufgang sichtbar wurde, »Nieder mit Hitler« geschrieben. Die großen Schriftzeichen konnten nicht mehr rechtzeitig entfernt werden. Zusätzlich wurden Lautsprecherkabel durchschnitten. Weitere Parolen wurden auf Brücken mit Hakenkreuzfahnen bedeckt und auf der Fahrbahn mit Sand überstreut, der allerdings von einem Regen kurz vor der feierlichen Eröffnung weggeschwemmt wurde. Verantwortlich für diese Aktion war der ISK in Frankfurt unter der Leitung von dem damals 28-jährigen Ludwig Gehm. Hätte man ihn und seine Genossen wegen dieser Tat überführt, hätte das mit hoher Wahrscheinlichkeit das Todesurteil bedeutet.[180]

Mit derselben lichtempfindlichen Chemikalie, die bei der Autobahnaktion verwendet wurde, begaben sich als Liebespaare getarnte ISK-Widerständler an Bahn-

---

175 Diese Geldsammlung für den Spanischen Bürgerkrieg wurde in Betrieben durchgeführt. Es wurde eine Summe von 10.000 Franc gesammelt und nach Spanien transferiert (vgl. Willi Eichler: Bundesarbeit, in: Ethik des Widerstands, S. 55). Man erhoffte sich davon eine »Ermunterung von illegalen Kämpfern in Deutschland« (vgl. Fritz Eberhard, in: Erfahrungsbericht, in: Ethik des Widerstandes, S. 74). ISK-Mitglieder nahmen am Bürgerkrieg in Spanien allerdings nicht aktiv teil.
176 Vgl. Fritz Eberhard: Illegal in Deutschland, S. 318 f.
177 Vor 1933 wurden bereits Restaurants in Berlin und Köln gegründet. Nach der Machtergreifung wurden in schneller Folge weitere »Vegas« in Hamburg, Amsterdam, Paris, London, Frankfurt am Main und ein zweites in Köln geöffnet. Vgl. Karl-Heinz Klär: Zwei Nelson-Bünde, S. 327.
178 Ernst Fraenkel zit. i. Susanne Miller: Ich wollte ein anständiger Mensch bleiben, S. 149. Fraenkel war selbst nicht im ISK, hatte aber gelegentlich Kontakt zu Hellmut von Rauschenplat. Insbesondere war Fraenkel der Verfasser eines Artikels, mit dem Titel »Der Sinn illegaler Arbeit,« der illegal gedruckt und verteilt wurde. Darin erklärt er, dass sichtbarer Widerstand notwendig sei, dass also der innere unsichtbare Widerstand nicht ausreiche. Diese Position wurde vom ISK geteilt.
179 Vgl. hier u. i. F. Wolfgang Benz: Geschichte des Dritten Reiches, S. 120-121 oder Antje Dertinger: Der treue Partisan, S. 55 f.
180 Vgl. Fritz Eberhard: Illegal in Deutschland, S. 328. Eberhard berichtet zudem, dass zwei SS-Leute zur Verantwortung gezogen und erschossen worden seien, weil sie nicht genug aufgepasst hätten und kein Schuldiger gefunden werden konnte.

höfe. Sie trugen Koffer, die an der Unterseite mit Gummistempeln Parolen auf den Boden druckten.[181] In Berlin wurde mit Dünger auf einem Grünstreifen neben den Stadtbahngleisen »Nieder mit Hitler« geschrieben, was nach einiger Zeit in Grün zu lesen war. Ein weiteres Zeichen bildete das Hakenkreuz am Galgen. Dabei wurde zunächst ein Hakenkreuz an Wände gemalt. Später, wenn die Situation sicher war und es zuließ, wurde mit zwei einfachen Strichen ein Galgen ergänzt.[182]

Neben solchen Aktionen lag die Hauptarbeit in der Erstellung illegaler Flugblätter und Schriften und in deren Verteilung. In der Regel wurden mit dem Schriftmaterial Regimegegner zum Widerstand aufgerufen und Nachrichten aus dem Ausland verbreitet, die von der nationalsozialistischen Propaganda unterdrückt wurden. In einzelnen Fällen wurde illegales Informationsmaterial auch an lokale Größen der Nationalsozialisten geschickt. Anschließend wurden diese von den Widerstandskämpfern bei der Gestapo denunziert, die dann die Wohnungen der eigenen Anhänger durchsuchte.[183] Aufgrund der vielen Möglichkeiten entdeckt zu werden, zum Beispiel beim Abschicken des illegalen Informationsmaterials oder bei der Denunziation bei der Gestapo, war dies eine überaus gefährliche – wenn nicht gar tollkühne – Form des Widerstands, die viel Risikobereitschaft, Mut und gute Nerven voraussetzte.

Enge Kooperation betrieb der ISK bei der Erstellung solcher Flugblätter mit der Internationalen Transportarbeiterföderation (ITF) sowie mit Exil- und Widerstandsgruppen, die ihrerseits mit der ITF kooperierten.

Eichler hatte bereits am Ende der Weimarer Republik die Idee entwickelt, dass der Faschismus am besten von parteipolitisch neutralen, gewerkschaftlichen Organisationen durchgeführt werden würde. Der parteipolitische Kadergedanke des ISK trat dabei in den Hintergrund.[184] Dies mündete in der Gründung der illegalen »Unabhängigen Sozialistischen Gewerkschaft« (USG) in enger Zusammenarbeit mit der »Internationalen Transportarbeiterföderation« (ITF) unter der Leitung von Edo Fimmen. Vor allem für die Herstellung und den Transport von illegalen Flugblättern aus dem Ausland nach Deutschland war diese Zusammenarbeit von großer Bedeutung. Bereits im August 1933 kam es zu einem Treffen von Eichler und Edo Fimmen, der an führender Stelle der holländischen und – als Generalsekretär der ITF – der internationalen Gewerkschaftsbewegung stand.[185] Das gute Verhältnis zwischen Eichler und

---

181 Vgl. hier u. i. F. Fritz Eberhard: Illegal in Deutschland, S. 329.
182 Weitere Aktionen sind in den biografischen Berichten Ludwig Gehms dargestellt bei: Antje Dertinger: Der treue Partisan, S. 45 ff. Gehm war als Bezirksleiter in Frankfurt am Main auch verantwortlich für die Aktion bei der Autobahneröffnung.
183 Vgl. Antje Dertinger: Der treue Partisan, S. 50.
184 Willi Eichler: Sozialistische Wiedergeburt. Gedanken und Vorschläge zur Erneuerung der sozialistischen Arbeit, o. O. o. J. (Amsterdam 1934), S. 103 ff. Die gleiche Schrift erschien getarnt als: I. Kant, Ausgewählte kleine Schriften, Nr. 24; ISK (Hg.), Ein Jahr im Dritten Reich, o. O. o. J. (1934), in: IJB-/ISK-Bestand im AdsD, Box 87.
185 Zu Edo Fimmen siehe Willi Eichler: Sozialisten, S. 107-113.

Fimmen führte zu einer produktiven Zusammenarbeit. Im Herbst 1933 zum Beispiel wurde ein Flugblatt vom ITF unter der Überschrift »Deutschland erwache« hergestellt, das zum Neuaufbau der sozialistischen freien Gewerkschaftsbewegung aufrief. Eichler sorgte für den Transport von etwa 100 Exemplaren nach Deutschland.[186]

ITF-Chef Fimmen hatte die Leitung über das größte internationale gewerkschaftliche Kontaktnetz, das sich darauf spezialisierte, antifaschistisches Material nach oder aus Deutschland zu transportieren. Er hatte Kontakt zu mehreren linken Widerstandsgruppen. Nachdem Fimmen längere Zeit vergeblich nach Kooperationspartnern zur Erstellung eines gemeinsamen Flugblattes suchte, das Ratschläge und Vorsichtsmaßnahmen für die illegale Arbeit geben sollte, traf er auf das ISK-Widerstandsnetz. Die ISK-Mitglieder setzten Fimmens Idee um: Den Text schrieb Hellmut von Rauschenplat, den Druck übernahm Fimmen.[187] Dieses Flugblatt mit dem Titel »Willst du gesund bleiben?«[188] erlangte eine Auflage von etwa 10.000 Stück – ein Zehntel davon kam nach Deutschland. Es enthielt neben einer Reihe von Anweisungen, wie man sich in der Illegalität zu verhalten habe, die Aufforderung, Versprechen der Nationalsozialisten mit anschließend getroffenen Maßnahmen zu vergleichen. Die Richtigkeit oder eher die Falschheit der Versprechen sollte diskutiert werden, um sich einen Kreis von Interessierten zu schaffen. Außerdem sollte man das Regime mit passivem Widerstand bekämpfen, zum Beispiel sich bei Aufrufen zu freiwilligen Spenden auf die Freiwilligkeit berufen und bei nationalsozialistischen Demonstrationen und Versammlungen Krankheiten vorschützen, um der Festnahme zu entgehen.

Außerdem wurde die regelmäßige Veröffentlichung der »Neuen Politischen Briefe« angekündigt.[189] Von November 1933 bis September 1939 konnten ein- bis zweimal im Monat sonst in Deutschland nicht erhältliche Nachrichten verbreitet werden. Auf Bibelpapier gedruckt, wurden sie später »Reinhart-Briefe« genannt, nach dem Pseudonym ihres Verfassers Willi Eichler.[190] Darin gab es auch eine Rubrik »Tatsachen für die Flüstertüte.«[191] Die Herstellung und Verteilung der »Reinhart-Briefe« wurde zwar unabhängig von der ITF durchgeführt, doch sorgte Fimmen teilweise für den Transport über die Grenze nach Deutschland, nahm auch selbst für den ITF 150 bis 200 Exemplare ab und organisierte deren Verteilung.

---

186 Berichtsprotokoll Funktionärstreffen in Amsterdam, 24.–31.12.1933, S. 13, in: IJB-/ISK-Bestand im AdsD, Sign. 4/IJB_ISK0014.
187 Fritz Eberhard: Erfahrungsbericht, in: Ethik des Widerstandes, S. 72 f.
188 Abgedr. i. Sabine Lemke-Müller: Ethik des Widerstandes, S. 80 ff. Im IJB-/ISK-Bestand des AdsD war dieses Flugblatt nicht im Original aufzufinden.
189 Auszüge ausgewählter Briefe sind abgedr. i. Sabine Lemke-Müller: Ethik des Widerstandes, S. 85 ff.
190 Vgl. Sabine Lemke-Müller: Ethischer Sozialismus – soziale Demokratie, S. 103.
191 Vgl. Fritz Eberhard: Erfahrungsbericht, in: Ethik des Widerstands, S. 73.

In Einzelfällen tauschte der ISK in Deutschland auch Flugblätter mit anderen Widerstandskreisen wie der Sozialistischen Arbeiterpartei (SAP), SPD und KPD.[192] Auch beim Verteilen der illegalen Flugblätter hatte der ISK viel Phantasie entwickelt, um unerkannt zu bleiben. Zum Beispiel wurden sie an Badeseen per Flaschenpost verschickt und in selbst hergestellten oder billig eingekauften Geldbörsen gesteckt und fallen gelassen.[193]

Vorsichtsmaßnahmen wie diese sorgten dafür, dass der ISK bis 1936/37 nahezu unerkannt blieb als reichsweit, koordiniert agierende Organisation. Die Fähigkeit, im Untergrund nicht aufzufallen, beruhte auch auf der seelischen wie körperlichen Belastbarkeit der ISK-Mitglieder. So gelang es Hellmut von Rauschenplat zum Beispiel von 1933 bis 1937, illegal in Berlin zu leben, ohne aufzufallen, geschweige denn, verhaftet zu werden.

4.3 Widerstand im Ausland

Auch wenn es Kooperationen mit anderen Organisationen gab, wurde die publizistische Tätigkeit des ISK im Widerstand weitestgehend von den Mitgliedern selbst getragen. Insbesondere Willi Eichler verfasste im Ausland zahlreiche Schriften, die gedruckt und heimlich nach Deutschland gebracht wurden, um dort verteilt zu werden. In Deutschland wurden ebenfalls Flugblätter hergestellt, in Berlin zum Beispiel bis zu einer Auflage von 5.000 Stück.[194] Zusätzlich wurden von den ISK-Mitgliedern Berichte an den Gesamtleiter Willi Eichler übermittelt – gemäß dem im IJB und ISK üblichen Berichtswesen, um über die Verhältnisse und Entwicklungen in Deutschland zu informieren. Voraussetzung war hier ein in beide Richtungen funktionierender Informationsfluss zwischen ISK-Mitgliedern in Deutschland und im Exil. Der Transport per Post war riskant – teilweise wurden illegale Schriften in Bibeln versteckt und verschickt. Berichte ins Ausland und Anweisungen nach Deutschland wurden zumeist mit unsichtbarer Tinte auf bereits bedrucktes Papier geschrieben und vom Adressaten anschließend entschlüsselt.[195] Oft reisten Aktivisten über die Grenzen, um den illegalen Transport zu gewährleisten, manchmal mit dem Zug aber auch mit

---

192 Vgl. Antje Dertinger: Der treue Partisan, S. 49 f.
  Solche Kooperationen mit sozialistischen und kommunistischen Organisationen wurden lediglich in Einzelfällen auf lokaler Ebene vollzogen und war von der Parteileitung nicht vorgegeben. Vonseiten der Parteileitung gab es z. B. die Bestimmung, beschlossen im Dezember 1933, mit den KPD-Gruppen keine Zusammenarbeit zu betreiben. Vgl. Sabine Lemke-Müller: Ethischer Sozialismus – soziale Demokratie, S. 104 sowie Werner Link: Die Geschichte des IJB und des ISK, S. 226 f.
193 Vgl. Fritz Eberhard: Erfahrungsbericht, in: Ethik des Widerstands, S. 73.
194 Ebd.
195 Ebd., S. 72.

dem Motorrad über die »grüne Grenze.« Auch Geld wurde illegal über die Grenze nach Deutschland gebracht, zum Beispiel versteckt in Schuhsohlen.[196]

Grundlage für diese Kooperation zwischen den Widerständlern in Deutschland und jenen im Exil war der persönliche Kontakt zwischen Eichler und Rauschenplat, der regelmäßig zu Eichler nach Paris fuhr. Rauschenplat fuhr regelmäßig alle drei Monate ins Ausland, mindestens dreimal traf er Eichler. Bei diesen Treffen stand zumeist Organisatorisches für die Widerstandsarbeit im Vordergrund. Die Unterstützung aus dem Ausland hatte jedoch auch eine psychologische Funktion: Die Inlandsgruppen spürten so, sie waren nicht allein.[197] Zudem ist die Rolle der Auslandsleitung in Paris unter Eichler nicht zu unterschätzen, denn an der hierarchischen Struktur des ISK hatte sich auch in der Illegalität nichts geändert. Das bedeutete, dass Willi Eichler bei allen wesentlichen Fragen zum innerdeutschen Widerstand mitentschied.[198]

Im Exil hatte der ISK mehrere Stützpunkte. Bereits 1933 flohen etwa 15 Mitglieder aus Deutschland – insgesamt emigrierten 40 bis 50 ISK-Mitglieder.[199] Die Auslandsleitung gruppierte sich um Eichler zunächst in Paris im Redaktionsstab der »Sozialistischen Warte«, die als Exilzeitung die Rolle der alten »isk«-Zeitung als zentrales Publikationsmittel des ISK übernahm. Hier wurden regelmäßig Texte verfasst und gedruckt, auch um sie nach Deutschland zu schmuggeln. Zum einen sollten Interessierte über die Zustände und Entwicklungen in Deutschland und im Ausland informiert werden; zum anderen kam die Zeitschrift den ISK-Mitgliedern zu, was den Gruppenzusammenhalt fördern sollte. Die meisten Leitartikel wurden von Eichler verfasst und beinhalteten in erster Linie außenpolitische Analysen und Stellungnahmen zur Situation in Deutschland. Aber es wurden auch Berichte von den ISK-Mitgliedern aus Deutschland gedruckt, sodass exklusive Informationen aus Deutschland ins Ausland gebracht wurden.[200]

Als Treffpunkt und Geldquelle gab es auch in Paris eine vegetarische Gaststätte. Ähnliche Stützpunkte gab es in Amsterdam und London.[201] Darüber hinaus wurde die Arbeit der Walkemühle, was die Kindererziehung betrifft, zunächst in Dänemark und dann in England weiter geführt. Die Walkemühle hielt sich allerdings unter der Leitung von Minna Specht politisch eher zurück, um die Erziehungsarbeit nicht zu gefährden. Die Schule in Dänemark spielte keine organisatorische Rolle im Wider-

---

196 Vgl. weitere Berichte Ludwigs Gehms in Antje Dertinger: Der treue Partisan, S. 45-63 und Berichte Fritz Eberhards, in: Erfahrungsberichte, in: Ethik des Widerstandes, S. 68-79, in: Fritz Eberhard – Rückblicke auf Biographie und Werk, S. 30-72, in: Illegal in Deutschland, in: die Reihen fast geschlossen, S. 315-332.
197 Vgl. Jan Foitzik: Zwischen den Fronten, S. 156.
198 Karl-Heinz Klär: Zwei Nelson-Bünde, S. 325.
199 Vgl. hier u. i. F. Jan Foitzik: Zwischen den Fronten, S. 155 ff.
200 Vgl. Sabine Lemke-Müller: Ethischer Sozialismus – soziale Demokratie; S. 106.
201 Einzelne Mitglieder lebten in der Tschechoslowakei, Österreich und in Holland. Dies hatte aber für den Widerstand keine größere Bedeutung. Vgl. ebd., S. 156 sowie Karl-Heinz Klär: Zwei Nelson-Bünde, S. 325.

stand gegen den Nationalsozialismus – sie diente aber als Fluchtpunkt für die Widerstandskämpfer, um Kräfte zu regenerieren.

Trotz aller Vorsichtsmaßnahmen blieben Verhaftungen nicht aus, wie zum Beispiel 1935 in Berlin. Betroffen war eine kleine Gruppe in Berlin. Die Gestapo konnte jedoch weder überregionale Zusammenhänge feststellen noch Strukturen für eine kleine aber reichsweit agierende Widerstandsorganisation. Die Schutzmaßnahmen des ISK wirkten: Wenn jemand inhaftiert wurde, so war abgesprochen worden, das Recht wahrzunehmen, aus der Untersuchungshaft an die Familie zu schreiben. Auf diese Weise wurden warnende Briefe an die Bezirksleiter oder direkt an den Inlandsleiter mit entsprechenden versteckten Hinweisen geschickt.[202]

Rückblickend hatte der ISK trotz seiner geringen Mitgliederstärke eine beachtliche Menge an Widerstandsaktionen und -publikationen zustande gebracht. Zielvorstellungen, wie sie von Rauschenplat oder von Eichler im »kategorischen Imperativ der illegalen Arbeit« formuliert wurden, zeigen aber auch eine realistische Selbsteinschätzung. Nicht der Sturz des Regimes stand im Vordergrund, sondern mit steter Aktivität die Präsenz von Widerstand gegen das nationalsozialistische Reich zu offenbaren und andere dazu zu bringen, ebenfalls aktiven oder passiven Widerstand zu leisten. Der Versuch allerdings, den Widerstand auf eine breitere Basis zu stellen, wurde durch die Zerschlagung des ISK-Widerstandes im Jahr 1938 vereitelt, wenn dieses Ziel nicht ohnehin angesichts der geringen Zahl von ISK-Mitgliedern und -Sympathisanten unrealistisch war.

4.4 Die Zerschlagung des ISK-Widerstandes in Deutschland

Mitte der 1930er-Jahre führten mehrere Zufälle zur Zerschlagung der ISK-Inlandsorganisation. Bereits die Verhaftung von zwölf ISK-Mitgliedern in Berlin im Juni 1935 hatte zu einer Schwächung des Widerstandes, jedoch weder zum Ende des Berliner Bezirks geführt, noch die überregionalen Strukturen aufgedeckt.[203] Ein »Missgeschick« jedoch war Auslöser für eine lange Verhaftungswelle, die die ersten ISK-Bezirke aufrollte und letztendlich die Zerschlagung des ISK-/USG-Widerstandes zur Folge hatte.[204] Im August 1935 hatte der 21-jährige Hamburger Hans Prawitt ein Paket mit Reinhart-Briefen verloren, das sich bis zu seiner Person hätte zurückverfolgen lassen.[205] Der ISK-Genosse wurde sofort ins Ausland geschafft, allerdings, nachdem sich keine Gestaporeaktionen zeigten, im November 1935 wieder nach

---

202 Fritz Eberhard: Illegal in Deutschland, S. 322.
203 Jan Foitzik: Zwischen den Fronten, S. 87 f.
204 Vgl. i. F. z. B. Antje Dertinger: Der treue Partisan, S. 64 ff.
205 Vgl. Fritz Eberhard: Erfahrungsbericht, in: Ethik des Widerstands, S. 75. Das Paket befand sich in einem Brotbeutel, auf dem der Name von Hans Prawitts Schwester gestickt war. Vgl. Willi Eichler: Bundesbericht, in: Ethik des Widerstands, S. 56.

Hamburg gebracht.[206] Zufällig wurden zu dieser Zeit in Hamburg Widerstandskämpfer einer Trotzkistengruppe verhaftet, zu denen Prawitt Kontakt gehabt hatte. In den Verhören wurde auch sein Name genannt. Prawitt, der sich in einem angegriffenen Geisteszustand befand, wurde nach Hannover geschickt, um unterzutauchen und dort beim Widerstand zu helfen. In Hannover befand sich unter der Leitung von Erna Blencke die Brotgroßhandlung des ISK. Blencke erkannte, dass Prawitt nicht mehr in der Lage war, dem Druck im Widerstand psychisch standzuhalten und organisierte die endgültige Emigration für ihn. Am 7. März 1936 wurde Prawitt vom Bezirksleiter der Frankfurter ISK-/USG-Stelle Ludwig Gehm über die »grüne Grenze« ins Elsass gebracht.[207] Allerdings wurde er von französischen Grenzposten festgenommen – die französischen Truppen befanden sich wegen der Besetzung des entmilitarisierten Rheinlandes durch Hitler im Alarmzustand. Prawitt wurde an die deutschen Behörden ausgeliefert, wegen Passvergehens zu fünf Wochen Gefängnis verurteilt und anschließend am 7. Mai 1936 der Hamburger Gestapo übergeben. Die konnte ihm nichts nachweisen, überwies ihn aber dennoch in das Konzentrationslager Fuhlsbüttel. Dort, Prawitt war psychisch nicht mehr belastbar, brach er zusammen. Als er einen ISK-Genossen im Konzentrationslager von Weitem erkannte, ging er fälschlicherweise davon aus, der gesamte ISK-Widerstand sei aufgedeckt worden. Ohne in der Lage zu sein, mit dem ISK-Genossen ein klärendes Gespräch zu führen, geriet Prawitt in Panik und gestand. In mehreren Briefen deckte er seine Aktivitäten als Mitglied der reichsweiten ISK-Organisation auf und gab ihm bekannte Namen an, was zu Verhaftungen in Hamburg, Hannover und Frankfurt führte. Vor allem wurden der Gestapo dadurch überregionale Querverbindungen aufgezeigt, was auf ein reichsweites Widerstandsnetz hinwies.[208] Prawitt war im Folgenden wegen eines Nervenzusammenbruchs vernehmungsunfähig und wurde in eine Nervenheilanstalt überwiesen.[209]

In der Nacht vom 16./17. Dezember 1936 wurden insgesamt 33 Verhaftungen durchgeführt.[210] Die Folge war die Lahmlegung des organisierten ISK-Widerstandes in Hamburg und Frankfurt am Main. Der anschließende Prozess führte zu einer Reihe von Verurteilungen, die allerdings noch nicht den Zusammenbruch des Gesamtwiderstandes nach sich zogen.[211] Die Gestapo hatte aber durch diese Verhaftungen

---

206 Vgl. hier u. i. F. Werner Link: Die Geschichte des IJB und des ISK, S. 213 ff.
207 Vgl. Antje Dertinger: Der treue Partisan, S. 67 ff. Der »Chauffeur« Ludwig Gehm brachte Prawitt auf dem Motorrad bis zur Grenze.
208 Fritz Eberhard: Illegal in Deutschland, in: Die Reihen fast geschlossen, S. 323.
209 Hans Prawitt wurde nach seiner Zeit in der Anstalt am 7. Dezember 1937 zu sechs Jahren Zuchthaus verurteilt. Vor Kriegsende kam er im Konzentrationslager um.
210 Vgl. Werner Link: Die Geschichte des IJB und des ISK, S. 215.
211 Zum Teil wurden die inhaftierten Personen wieder freigelassen. Alfred Schär jedoch beging in Fuhlsbüttel Selbstmord. Die Verhandlung vor dem Hanseatischen Oberlandesgericht führte zu folgenden Urteilen: Bogula, Schirmer, Thoms und Hähnel wurden freigesprochen, Gehm, dessen Funktion als Bezirksleiter in Frankfurt am Main nicht aufgedeckt wurde, da er den Verhören und

offensichtlich genug Informationen erhalten, um eine reichsweite Fahndung auszurufen und im Sommer 1937 eine große Verhaftungswelle einzuleiten, die das Ende des ISK-/USG-Widerstandes bewirkte.

Zudem entdeckten im Sommer 1937 Zollbeamte bei einer gemeinsamen Schmuggelaktion des ISK-Bezirks Rheinland-Köln und der ITF zufällig ein weiteres Paket Reinhart-Briefe.[212] Die Ausbreitung des Widerstandsnetzes wurde deutlicher und den Verhaftungen folgten hohe Haftstrafen.[213] Der ISK-Bezirk Rheinland-Köln wurde aufgerollt, womit die Zusammenarbeit mit der verbotenen ITF endete. Fortan konnte der ISK-Widerstand die Reinhart-Briefe nicht mehr regelmäßig erhalten, die zuvor über Köln nach Deutschland kamen, und er war damit auf eigene Produktionen angewiesen.

Seit Januar/Februar 1937 wurde Julius Philippson, als Bezirksleiter von Berlin einer der wichtigsten Widerstandskämpfer im ISK, beschattet und am 5. August 1937 auf Anweisung der Hamburger Gestapo in Berlin verhaftet.[214] Philippson ertrug die Folterungen vier Monate, bevor er Informationen preisgab.[215] Der ISK-Widerstand in Berlin wurde daraufhin enttarnt, was zu weiteren Verhaftungen außerhalb Berlins führte: Schritt für Schritt wurden zwischen dem 9. Dezember 1937 und dem 15. Februar 1938 die Widerstandsgruppen in Magdeburg, Hamburg, Bremen, Hannover und Köln aufgerieben.[216]

Die wegen der harten Foltermethoden berüchtigte Dienststelle der Geheimen Staatspolizei B 2, die in ganz Deutschland nach den Mitgliedern des ISK fahndete, beschränkte sich zunächst auf die Gebiete nördlich des Mains, wodurch die süddeutschen ISK-Bezirke für vier Monate verschont blieben. Danach wurden zwischen dem 25. Juli und dem 26. August 1938 die ISK-Zellen in München, Augsburg und Stuttgart ebenfalls zerschlagen.

Insgesamt führte die Gestapo im Zusammenhang mit dem ISK-/USG-Widerstand 91 Verhaftungen durch, weitere elf Personen wurden steckbrieflich gesucht. Einer von ihnen war auch der Inlandsleiter Hellmut von Rauschenplat.[217] Rauschenplat

---

Folterungen standhielt, spielte im Hamburger Prozess nur eine Nebenrolle und wurde zu zwei Jahren Zuchthaus verurteilt. Ferner wurden Kalbitzer zu zwei Jahren, Schreiber zu 1½ Jahren und Bayer zu 15 Monaten Gefängnis verurteilt. Vgl. Werner Link: Die Geschichte des IJB und des ISK, S. 215 und Antje Dertinger: Der treue Partisan, S. 72.
212 Werner Link: Die Geschichte des IJB und des ISK, S. 217.
213 Funger erhielt 15 Jahre Zuchthaus und die übrigen sieben Hauptangeklagten zu insgesamt 45½ Jahren Zuchthaus verurteilt.
214 Werner Link: Die Geschichte des IJB und des ISK, S. 215.
215 Erst als die Gestapo damit drohte, seine Eltern festzunehmen, gab er Namen an. Er hatte allerdings zuvor die Berliner Genossen durch verschlüsselte Nachrichten in Briefen an seine Mutter warnen können. Dies rettete allerdings nicht den ISK-Bezirk Ost. Vgl. hier u. i. F. Werner Link: Die Geschichte des IJB und des ISK, S. 223.
216 Ebd., S. 224.
217 Vgl. Fritz Eberhard: Erfahrungsbericht, in: Ethik des Widerstands, S. 76.

wurde Ende 1937 durch einen Brief aus dem Untersuchungsgefängnis in München gewarnt, dass sein Deckname, den er zu der Zeit benutzte, bekannt geworden sei. Seine sofortige Flucht bewahrte ihn vor seiner Verhaftung.[218] Seine Nachfolge als Inlandsleiterin übernahm Erna Blencke, als Leiterin der Bäckerei in Hannover. Allerdings war die Arbeit des ISK in Deutschland schwer getroffen worden und der Versuch, auf breiter Basis Widerstand im Deutschen Reich gegen die Nationalsozialisten aufzubauen, vereitelt. Der Widerstand konzentrierte sich fortan auf das Ausland: Eichler arbeitete im Exil weiter an dem Anliegen, eine breite Front gegen den Nationalsozialismus aufzubauen.

4.5 Eichlers Pariser Exil – Erste Annäherung an andere sozialistische Gruppen

Die Auslandszentrale des ISK befand sich zunächst in Paris, wo seit Februar 1934 unter der Leitung von Willi Eichler eine ISK-Gruppe den schwierigen Umständen zum Trotz sehr aktiv war. Eine schwere Behinderung der Arbeit bedeutete das Berufsverbot für Emigranten in Frankreich – auch war eine politische Betätigung von deutschen Exilanten in Frankreich nicht gern gesehen. Paris hatte sich seit der Machtergreifung der Nationalsozialisten zu einem Zentrum der deutschen Emigranten und Oppositionellen entwickelt. In den Jahren 1935/36 wird die Zahl der deutschen politischen Emigranten in Paris auf circa 5.000 Kommunisten und circa 3.000 Sozialdemokraten, deren Auslandsleitung »Sopade«[219] in Prag saß, geschätzt. Neben der Auslandsleitung des ISK befand sich in Paris zum Beispiel auch die Auslandsleitung der SAP und der Kommunistischen Partei Opposition (KPO).[220]

Die Hauptarbeit des ISK in Paris, soweit es Willi Eichler betraf, bezog sich auf die Herausgabe der »Reinhart-Briefe« und ab Juni 1934 der Zeitschrift »Sozialistische Warte.«[221] Die »Sozialistische Warte« wurde ab März 1936 alle 14 Tage und seit Oktober 1937 sogar alle acht Tage veröffentlicht, bis der Druck nach der Besetzung der Beneluxstaaten und Frankreichs 1940 durch deutsche Truppen eingestellt wurde.[222] Neben den bereits beschriebenen Aufgaben in Zusammenarbeit mit dem Widerstand

---

218 Fritz Eberhard: Illegal in Deutschland, S. 322.
219 Sopade war die gängige Abkürzung für SPD im Exil zurzeit des Nationalsozialismus.
220 Vgl. Sabine Lemke-Müller: Ethischer Sozialismus, S. 104. Genauere Angaben über die Emigranten nach 1933 und die politische Stimmung in Paris sind nachzulesen in: Ruth Fabian/Corinna Coulmas: Die Deutsche Emigration in Frankreich nach 1933, S. 15-20.
221 »Die Sozialistische Warte« wurde zunächst »Leuchtturm« genannt. Wegen der Ähnlichkeit zur Zeitung der deutschen Zuchthäuser wurde dieser Name fallen gelassen. Vgl. Willi Eichler: Bundesbericht, in: Ethik des Widerstands, S. 59.
222 Der Vollständigkeit halber sei hier noch die Herausgabe der ironischer Weise »Esperanto-isk« genanten Zeitung erwähnt. Bereits ab Herbst 1933 wurde die »Kritika Observanto«, für die sich Eichler nie erwärmen konnte, in Paris herausgegeben. Sie spielte keine große Rolle. Vgl. Karl-Heinz Klär: Zwei Nelson-Bünde, S. 328.

4 Willi Eichler im Exil: Widerstand und Wiederannäherung zur SPD 1939 bis 1945

in Deutschland bereiteten die ISK-Mitglieder im Exil die Flucht von gefährdeten Personen aus Deutschland vor. So wurden Unterkunft und Transport, aber auch illegale Papiere für Freunde und Genossen häufig in Paris legal oder illegal beschafft. Die Unterstützung des Widerstands und die Führung der vegetarischen Gaststätte nahmen die Kräfte der Gruppe um Eichler stark in Anspruch.

Ein weiteres Anliegen der Pariser Gruppe war es, den ISK in der französischen Arbeiterschaft zu verankern und dort Bildungsarbeit zu betreiben. Dies hatte jedoch keinen großen Erfolg, nicht nur weil die Pariser Gruppe wegen der vielseitigen anderen Tätigkeiten kaum Energie dafür einsetzen konnte. Die ISK-Mitglieder wurden in Frankreich auch als »Kriegstreiber« geschmäht, da sie immer wieder vor Hitler und seinen Kriegsabsichten warnten. Dies passte nicht zur Friedenssehnsucht, die in Frankreich nach dem Ersten Weltkrieg herrschte.[223]

Besonders erwähnenswert sind die Bemühungen Eichlers und der Pariser ISK-Gruppe, auf andere deutsche Exilgruppen der Arbeiterbewegung zuzugehen. Allerdings verzichtete der ISK nie auf die eigene Philosophie und Identität als selbstständige Partei. Wie bereits beim Inlandswiderstand wurde auch im Exil eine Öffnung gegenüber anderen Organisationen erst in Erwägung gezogen, nachdem festgestellt wurde, dass der ISK alleine nicht in der Lage war, erfolgreich gegen Hitler zu agieren. In Willi Eichlers programmatischer Broschüre »Sozialistische Wiedergeburt« vom November 1934 wurden »Gedanken und Vorschläge zur Erneuerung der sozialistischen Arbeit«[224] vorgelegt, was letztendlich in die Gründung der USG mündete. Es sollte eine unabhängige Gewerkschaft gegründet werden, die allen politischen Organisationen der Linken offen stand, aber der politische Führungsanspruch einer Partei nach Vorbild des ISK musste gewährleistet bleiben. Das Ziel einer eigenen Partei wurde also zu keinem Zeitpunkt fallen gelassen. Trotz der Notwendigkeit, mit anderen Organisationen zusammenzuarbeiten, wurde im Exil sogar das erste eigene ISK-Parteiprogramm zwischen 1934 und Ende 1936 verfasst und 1937 gedruckt und publiziert. Hier präsentierte der ISK zum ersten Mal seine Prinzipien und Leitgedanken in einem zusammenhängenden Programm.[225]

Einem grundsätzlichen Teil folgen vier Kapitel über den politischen, den ökonomischen, den kulturellen Aufbau sowie die Sozialpolitik der sozialistischen Republik nach Vorstellungen des ISK. Demnach bringt eine sozialistische Revolution das kapitalistische System zum Einsturz. Der ISK forderte eine sozialistische Republik, die – geprägt von Nelsons Philosophie – von einem Regenten geführt würde, der selbst seinen Nachfolger bestimmen und nicht einem demokratischen Kontrollgremium unterliegen, sondern aufgrund seiner philosophischen und ethischen Schu-

---

223 Vgl. Willi Eichler: Bundesbericht, in: Ethik des Widerstands, S. 60.
224 Sozialistische Wiedergeburt, S. 27-29, S. 90 f., insbes. S. 108. Siehe auch Karl-Heinz Klär: Zwei Nelson-Bünde, S. 328.
225 Vgl. hier u. i. F. Die sozialistische Republik – Das Programm des ISK, London 1937.

lung weitgehend fehlerfrei und verantwortlich für das gesamte politische Handeln regieren würde.[226] Der kapitalistischen Marktwirtschaft müsse, so verlangte der ISK, eine sozialistische Marktwirtschaft folgen. Die Notwendigkeit der Umformung vom einen zum anderen ökonomischen System legitimiere dabei breit angelegte Enteignungen.[227] Kultur und Bildung würden der staatlichen Kontrolle unterstehen, und zwar ausschließlich dieser und würden damit dem Einfluss der Kirchen entzogen. Bezüglich der gesellschaftlichen Rolle der Religionen hielt der ISK fest, dass »Ansprüche aller dogmatischen Lehren als Anmaßungen des Aberglaubens« abgelehnt werden.[228]

Die sozialistische Republik nach Vorstellungen des ISK wurde als einzige Garantin von Wahrheit und Gerechtigkeit als Ziel allen politischen Handelns festgelegt, als Alternative zu kapitalistischen und demokratischen Staaten und erst recht als Gegenmodell zu despotischen Regimen wie faschistischen Diktaturen. In seinem Programm betonte der ISK zwar die Bedeutung einer »Einheitsfront«, um gegen Faschismus und Kapitalismus geschlossen vorzugehen, und erkannte die Zersplitterung der Arbeiterbewegung als grundlegendes Problem in diesem Kampf. Allerdings sah es der ISK als genauso bedeutend an, dass sich die sozialistischen Organisationen der »Einheitsfront« rechtzeitig auf die Suche nach den richtigen Antworten auf Grundlage der vorliegenden sozialistischen Programme machten. Der ISK vertrat die Ansicht, mit einem eigenen Programm die Arbeiterbewegung nicht weiter zu zersplittern, sondern die Irrtümer innerhalb der Bewegung zu korrigieren. Damit richtete sich das Programm an alle,

> »die unter verstärktem Druck des zum grossen Teil nur illegal noch möglichen Kampfes die Genossen der anderen Parteien achten gelernt und den Mut erworben haben, Fehlern ins Gesicht zu sehen und gegen sie anzugehen, weil sie von der unerschütterlichen Gewissheit beseelt sind, dass die Sache des Sozialismus die Sache der Wahrheit und Gerechtigkeit ist, und dass der Angriff auf Irrtümer nichts anderes bedeutet, als den Wiederaufstieg vorzubereiten.«[229]

Dies ist nicht als Öffnung gegenüber anderen Organisationen zu verstehen. Dies war als Einladung an alle Sozialistinnen und Sozialisten gedacht, die ihre Fehler eingesehen haben und bereit waren, die richtigen Ideen beim ISK zu suchen und zu finden, nachdem sie ihre Organisationen verlassen hatten. Damit grenzte sich der ISK auch im Exil zunächst bewusst von anderen Organisationen und Parteien der Arbeiterbewegung ab und verschloss sich ihnen gegenüber. Auch die Zusammenarbeit mit Edo

---

226 Ebd., S. 17.
227 Ebd., S. 26 ff.
228 Ebd., S. 49-50. – Eine vertiefte Darstellung und Erläuterung des ISK-Programms erfolgt in Kap. III.4 (☛ vgl. S. 160 ff.) im Vergleich zur späteren programmatischen Arbeit Willi Eichlers im Rahmen der Entstehung des Godesberger Programms.
229 Ebd., S. 4-5.

4 Willi Eichler im Exil: Widerstand und Wiederannäherung zur SPD 1939 bis 1945

Fimmen und dem ITF war in diesem Zusammenhang die sprichwörtliche Ausnahme, die die Regel bestätigte, basierte die Kooperation doch lediglich auf der guten persönlichen Beziehung zwischen Fimmen und Eichler und nicht auf inhaltlicher Nähe zwischen den beiden Organisationen.[230]

Befördert durch die Abgrenzungsstrategie, drohte der ISK, in der Bedeutungslosigkeit zu versinken. Im Jahr 1936 führte dies zu einem Richtungswechsel. Man kam zu dem Schluss, dass der ISK alleine gegen den Nationalsozialismus nicht genug ausrichten konnte. Die Enttäuschungen in der Endphase des illegalen Widerstands und vor allem die Zerschlagung des ISK-Netzes in Deutschland bestärkten diese Erkenntnis. Die Taktik der Zurückhaltung gegenüber konkurrierenden Parteien und Gruppen des sozialistischen Exils wurde aufgegeben zugunsten einer engeren Zusammenarbeit. Dafür rückte auch das Parteiprogramm des ISK in den Hintergrund. Die Zusammenarbeit mit anderen Organisationen wurde zur politischen Notwendigkeit erklärt.[231]

Der ISK beteiligte sich vor allem durch Willi Eichler an den Bemühungen, auf breiter Basis die Hitler-Gegner in Paris zu vereinigen. Zunächst engagierte er sich im Rahmen des Pariser »Volksfront-Ausschusses«, für den die Annäherung zwischen einzelnen Sozialdemokraten und der KPD die Grundlage war.[232] Im Ausschuss zur Schaffung der deutschen Volksfront trafen sich erstmals im August 1935 Sozialdemokraten, offizielle Vertreter der KPD, Mitglieder der SAP sowie der kirchlichen und bürgerlichen Opposition unter der Leitung des Autors Heinrich Mann im Hotel Lutetia, weshalb der Ausschuss fortan als »Lutetia-Kreis« bezeichnet wurde. Auch Eichler nahm an diesem Treffen teil. Zwar gelang es bei weiteren Zusammenkünften 1935 und 1936, mehrere Organisationen im »Lutetia-Kreis« an einen Tisch zu bringen und gemeinsame Appelle zur Schaffung einer Volksfront zu formulieren. Darüber hinaus konnte allerdings keine Grundlage für eine engere Zusammenarbeit gelegt werden, ganz zu schweigen von einem gemeinsamen Programm. Zu unterschiedlich waren die Ansätze und politischen Absichten der Gruppen.[233] Schwierigkeiten bestanden

---

230 Fimmen versuchte auch später in London immer wieder, den ISK mit anderen Organisationen in engere Verbindung zu bringen. Kontakte zu anderen Exilvertretungen, wie sie in Paris z. B. mit »Neu Beginnen« oder der SAP noch zustande gekommen waren, lebten in London nicht auf, obwohl Fimmen mehrmals Verknüpfungen anregte. Erst durch die Gründung der »Union deutscher sozialistischer Organisationen in Großbritannien« kam der ISK aus der politischen Isolation im Exil.
231 Vgl. Karl-Heinz Klär: Zwei Nelson-Bünde, S. 331.
232 Vgl. Michael Schneider: Unterm Hakenkreuz, S. 1035 ff.
233 Ein Grund für die Schwierigkeiten des »Lutetia-Kreises« zeigte sich z. B. darin, dass die KPD-Taktik nicht vorsah, mit Sozialdemokraten und Bürgerlichen gleichzeitig eine gemeinsam Front aufzubauen, sondern nacheinander und dadurch die eigene Position zu stärken und in den Vordergrund zu stellen. Die kritische Haltung gegenüber den bürgerlichen und kirchlichen Vertretern im Ausschuss teilte Eichler, was allerdings keine engere Zusammenarbeit zwischen KPD und ISK ermöglichte. Auch die Sopade-Leitung in Prag beteiligte sich nicht aktiv an den Bemühungen des »Lutetia-Kreises«. Die Sopade-Leitung grenzte sich ab. Vgl. Michael Schneider: Unterm Hakenkreuz, S. 1042.

für den ISK vor allem in der Zusammenarbeit mit den Kommunisten und anderen Vertretern der KPD, die – so Eichler – verhindern wollte, dass kleine Organisationen ohne Massenhintergrund im »Lutetia-Kreis« eine zu große Rolle spielten.[234] Die KPD ginge davon aus, dass eine Einigung umso schwerer zu erreichen wäre, je mehr organisierte Interessen vertreten waren.[235]

Eichler, aber auch Sozialdemokraten und andere sozialistische Zwischengruppen, sahen aufgrund der ideologischen Unterschiede, die die Kommunisten in den Vordergrund stellten, große Schwierigkeiten bei der Schaffung einer geeinten Volksfront gegen den Nationalsozialismus.[236] Anstatt ideologische Unterschiede in den Hintergrund zu rücken zugunsten einer gemeinsamen Linie, gingen die Kommunisten immer wieder auf Konfrontationskurs. Eichler kritisierte den Ausschuss vor allem wegen seiner Unfähigkeit, ein Programm zur Schaffung einer Volksfront vorzulegen, die Einigung der Linken voranzubringen und dem Nationalsozialismus etwas Konkretes entgegenzustellen.[237] Auch war es sein Anliegen, dass die Volksfront auf dem Boden sozialistischer Grundsätze stand.[238] Den bürgerlichen und insbesondere den kirchlichen Vertretern im »Lutetia-Kreis« stand Eichler daher skeptisch gegenüber.[239] Dennoch wollte Eichler im Ausschuss aktiv bleiben, um Einfluss auf den »Lutetia-Kreis« zu nehmen, obwohl dieser, wie Eichler sich ausdrückte, »nie etwas Sozialistisches tun wird.«[240] Faktisch wurde jedoch der ISK vom »Lutetia-Kreis« ausgegrenzt. Einerseits aufgrund der Vorbehalte gegenüber kleinen Organisationen, deren gleichberechtigtes Mitspracherecht im Kreis als hemmend interpretiert wurde, insbesondere im Verhältnis zu ihrer geringen Mitgliederzahl, andererseits da der ISK darauf beharrte, die Volksfrontbewegung mit sozialistischen Zielen zu verbinden. So erfuhr Eichler mehrmals nur aus Zufall von stattfindenden Treffen, was er als Sabotageakt beurteilte.[241]

---

234 Willi Eichler in der Monatsantwort (MA 8) vom 12.5.1936, in der er auch große Zweifel an der Tätigkeit des »Lutetia-Kreises« insgesamt formuliert. In: IJB-/ISK-Bestand im AdsD, Sign. 4/IJB_ISK0052.
235 Vgl. Karl-Heinz Klär: Zwei Nelson-Bünde, S. 332.
236 Vgl. Michael Schneider: Unterm Hakenkreuz, S. 1044.
237 Vgl. Sabine Lemke-Müller: Ethischer Sozialismus, S. 116.
238 Eichler versuchte zusammen mit der SAP die Mitglieder und potenziellen Neumitglieder des »Lutetia-Kreises« mit einer Unterschriftenkampagne »Für die sozialistische Revolution« die Grundlage für die Volksfrontbewegung zu setzten. Ohne Erfolg. Der Aufruf verschwand in der Schublade. Vgl. Ursula Langkau-Alex: Volksfront für Deutschland, S. 89.
239 In diesem Zusammenhang spielte die »Sozialistische Wiedergeburt« eine wichtige Rolle, wurden doch in ihr die Grundsätze für diese kritische Haltung gegenüber den Bürgerlichen und Kirchenvertretern und die Haltung für die sozialistische Revolution dokumentiert. Vgl. Ursula Langkau-Alex: Volksfront für Deutschland, S. 89. ISK (Hg.): Sozialistische Wiedergeburt – Gedanken und Vorschläge zur Erneuerung der sozialistischen Arbeit, Paris 1934.
240 Willi Eichler in der Monatsantwort (MA 8) vom 12.5.1936, in: IJB-/ISK-Bestand im AdsD, Sign. 4/IJB_ISK0052. Siehe auch Karl-Heinz Klär: Zwei Nelson-Bünde, S. 330.
241 Sabine Lemke-Müller: Ethischer Sozialismus, S. 115.

Letztlich scheiterte der »Lutetia-Kreis« durch das Ende der Zusammenarbeit zwischen Kommunisten und Nichtkommunisten. Die Nachrichten über die Stalin'schen Säuberungen, von denen sich die deutschen Kommunisten nicht distanzierten, führten zu ihrer Ausgrenzung. Weitere Bemühungen vor allem Heinrich Manns, durch den Ausschuss eine breite Front gegen Hitler zu schaffen, führten nicht zum Erfolg.[242]

Die Ausgrenzung des ISK aus dem »Lutetia-Kreis« ist exemplarisch für die Schwierigkeiten, die der ISK in Paris hatte. Eichler gelang es nicht, dem ISK ausreichend Beachtung in der deutschen Emigration zu verschaffen. So erlebte der ISK Ausgrenzungen bei weiteren Vereinigungen von antifaschistischen Organisationen in Paris wie der »Deutschen Freiheitsbibliothek« oder dem »Aktionsausschuss für Freiheit in Deutschland.« Der ISK fand als kleine Randgruppe keine Beachtung.[243]

Auf Initiative Eichlers erfolgte daher die Öffnung gegenüber der deutschen Emigration: Der ISK intensivierte seine publizistischen Aktivitäten und stellte die eigenen Printmedien auch Nichtmitgliedern zur Verfügung. Dies war wohl eine der letzten Möglichkeiten, überhaupt noch Aktivität innerhalb der deutschen Emigration unter Beweis zu stellen. Eichler sah in der intensiven publizistischen Tätigkeit allerdings auch die Möglichkeit, die eigenen Ideen zu verbreiten. Der ISK-Verlag »Editions Nouvelles Internationales« (ENI) gewann einige Anerkennung durch die Veröffentlichung der Werke verschiedener Autoren, die in Deutschland nicht publizieren durften.[244] Nicht-ISK-Mitglieder durften ab März 1936 auch in der »Sozialistischen Warte« in einer eigens geschaffenen Beilage unter dem Namen »Freie sozialistische Tribüne« eigene Artikel unverändert veröffentlichen. Dieses Angebot wurde von den Emigrantengruppen zwar kaum wahrgenommen, allerdings schrieben einige bekannte Einzelpersonen regelmäßig, was den Bekanntheitsgrad der »Sozialistischen Warte« und des ISK erhöhte.[245]

Herausragend war die Leistung des ISK durch die ENI-Veröffentlichung »Das Buch – Zeitschrift für die unabhängige deutsche Literatur«, mit acht Ausgaben zwischen April 1938 und März 1940.[246] Bis in die ersten beiden Kriegsjahre hinein bibliografierte und rezensierte der ISK in dieser Vierteljahresschrift Emigrationsliteratur. Durch das gesteigerte publizistische Engagement wurde man in der Emigration auf den ISK und Willi Eichler aufmerksam und der ISK trat allmählich aus der Isolation heraus. Es ergab sich eine Vielzahl von privaten Kontakten zwischen Eichler und Vertretern verschiedener Organisationen, was dazu führte, dass der ISK in laufende Aktionen integriert wurde. So lud die Gruppe »Internationale« Anfang 1937 den

---

242 Michael Schneider: Unterm Hakenkreuz, S. 1045.
243 Vgl. Sabine Lemke-Müller: Ethischer Sozialismus, S. 116.
244 Klär zählt u. a. Alfred Kerr, Otto Lehmann-Russbueldt, Anna Siemsen und Paul Fröhlich auf. Vgl. Karl-Heinz Klär: Zwei Nelson-Bünde, S. 332.
245 Einzige Ausnahmen bildete die Gruppe der »Volkssozialisten.« Vgl. Karl-Heinz Klär: Zwei Nelson-Bünde, S. 330.
246 Ebd., S. 332 f.

ISK zu einer Veranstaltung im Rahmen ihrer marxistischen Arbeitsgemeinschaft ein. Ebenso nahm Eichler an Diskussionen innerhalb der Gruppe »Revolutionäre Sozialisten« teil.[247]

Vor allem gelang es dem ISK, im Rahmen der »Sozialistischen Konzentration« als gleichberechtigtes Mitglied zu agieren. Bereits Anfang 1936 hatten sich verschiedene sozialistische Zwischengruppen für eine Vereinigung aller sozialdemokratischen und sozialistischen Gruppen ausgesprochen, insbesondere von »Neu Beginnen« und der Gruppe »Revolutionäre Sozialisten.« Damit sollten Sozialisten und Sozialdemokraten zusammengeführt werden, um gegen den geschlossenen Block der Kommunisten stärker in Erscheinung zu treten.[248] Den Fehlschlägen bei der Bildung der Volksfront zum Trotz verstärkte sich dieses Bestreben, nachdem der illegale Widerstand in Deutschland 1937/38 herbe Rückschläge erleiden musste und das Ausland der Expansionspolitik Hitlers zunächst nachgab, zum Beispiel im Rahmen der britischen Appeasementpolitik.[249] Einerseits wurde offensichtlich, dass man die Kräfte der einzelnen Gruppen bündeln musste. Andererseits kamen durch die Expansion Deutschlands zusätzliche Emigranten nach Paris, die der Konzentrationsbewegung nahe standen, wie zum Beispiel die »Revolutionären Sozialisten Österreichs« (RSÖ).

Jedoch verebbten auch diese Bemühungen innerhalb der »Sozialistischen Konzentration« bald wieder, obwohl es im Frühling 1938 noch recht viel versprechend aussah. Im Februar 1938 wurde eine gemeinsame Erklärung von der SPD-Landesgruppe Frankreich, der Auslandsleitung der SAP und des ISK verabschiedet, die zur organisierten Einheitsaktion gegen die faschistische Kriegsdrohung aufrief.[250] Daraus erwuchs die »Sozialistische Arbeitsgemeinschaft.« Die Sopade-Führung in Prag verhinderte jedoch eine weitere Zusammenarbeit mit diesen kleinen sozialistischen Zwischengruppen, da eine zu starke Annäherung an das linke Lager befürchtet wurde.[251] Weitere Initiativen, die im Rahmen der »Sozialistischen Konzentration« gestartet wurden, wie die »Arbeitsgemeinschaft für Inlandsarbeit« oder der »Arbeitsausschuss deutscher Sozialisten,« wurden von den Sozialdemokraten nicht mehr unterstützt, womit die Sopade ihrerseits nun in Gefahr geriet, isoliert zu werden. Denn im »Arbeitsausschuss deutscher Sozialisten« hatte sich im Herbst 1938 ein weiteres

---

247 Vgl. Sabine Lemke-Müller: Ethischer Sozialismus, S. 120.
248 Vgl. Michael Schneider: Unterm Hakenkreuz, S. 1045.
249 Vgl. Werner Link: Die Geschichte des IJB und des ISK, S. 255.
250 Vgl. hierzu Michael Schneider: Unterm Hakenkreuz, S. 1046 f.
251 Die Sopade-Führung handelte damit streng nach der »Mandatsregelung«, die vor der Auslagerung des Parteivorstandes ins Ausland beschlossen worden war. Die »Mandatsregelung« legte fest, dass die Sopade den ideologischen und organisatorischen Status quo der Gesamtpartei zu erhalten habe, sich bei wichtigen Fragen mit den Genossen im Innland zu beraten und jede Entscheidung vor der zukünftigen Partei zu rechtfertigen habe. Damit sollte der Handlungsspielraum der Exilleitung begrenzt werden. Eine Annäherung oder gar ein Bündnis mit Organisationen, die zuvor aus der Partei verdrängt worden waren, widersprach der Mandatsregelung. Zur Mandatsregelung genauer Werner Röder: Die deutschen sozialistischen Exilgruppen, S. 29 f.

Bündnis gebildet, bestehend aus folgenden Gruppen: RSÖ, SAP, »Neu Beginnen«, der zur Sopade oppositionelle Teil der französischen Landesgruppe der SPD, die Freunde der sozialistischen Einheit um Willi Münzenberg und nicht zuletzt auch der ISK. Die Sopade war ausgeschlossen, was den offenen Konflikt zwischen Sopade und französischer Landesgruppe der SPD zeigt. Vereinendes Element im »Arbeitsausschuss deutscher Sozialisten« war die Erwartung einer sozialistischen Volksrevolution in Deutschland, die nach dem Nationalsozialismus eintreten sollte.

Nach dem Angriff Deutschlands auf Frankreich konnte die Zusammenarbeit, obwohl alle Organisationen in England Vertretungen hatten, während der Zeit der Internierung deutscher Emigranten nicht fortgesetzt werden. Nach der Internierung wurde das Bündnis unter dem Namen »Sozialistische Arbeitsgemeinschaft« (SAG) weitergeführt bis zur Gründung der »Union deutscher sozialistischer Organisationen in Großbritannien« im Jahre 1941.[252]

Für den ISK und Willi Eichler sind diese ersten Versuche der Kooperation als eine Öffnung gegenüber anderen sozialistischen Organisationen und insbesondere eine erste Annäherung an andere sozialistische Zwischengruppen und die Sozialdemokratie zu sehen. Da der innerdeutsche Widerstand des ISK zerschlagen war und die Bemühungen einzelner Gruppierungen offenkundig nicht ausreichten, einen erfolgreichen Widerstand gegen das Regime der Nationalsozialisten (NS) zu organisieren, sind diese Versuche der Kooperation und der Öffnung gegenüber anderen sozialistischen und sozialdemokratischen Strukturen besonders interessant. Sie deuten auf den Weg hin, den der ISK und Willi Eichler in London fortsetzten, und antizipieren die Aussöhnung mit der Sozialdemokratie. Diese Annäherung an die Sozialdemokratie war bereits in der Pariser Zeit in Verbindung zu sehen mit einer wachsenden Kritik an der Sowjetunion und der Kommunistischen Partei, ausgelöst durch die Moskauer Schauprozesse und die Verfolgung der Trotzkisten.[253]

Die Arbeit des ISK im Pariser Exil endete jedoch mit dem Beginn des Zweiten Weltkrieges zumindest für den von den Deutschen besetzten Teil Frankreichs. Allerdings war schon vor Kriegsbeginn eine mangelnde Unterstützung der französischen Behörden für die Exilanten festzustellen, unter der auch der ISK litt. Dies gipfelte in der Ausweisung Eichlers. Für die Ausweisung, unterzeichnet vom sozialistischen Innenminister der Daladier-Regierung, gab keine offizielle Begründung. Eichler wurde zugetragen, er hätte durch seine Aktivitäten die Beziehungen zweier Staaten gestört. Er selbst vermutete eine Intrige der Kommunisten, die ihn als Trotzkisten denunziert hätten.[254] Es ist durchaus möglich, dass eine Denunziation die Spitze kommunisti-

---

252 Ebd., S. 91.
253 Vgl. Wolfgang Wippermann: Fritz Eberhard und der ISK, S. 118.
254 Eichlers langjähriger Wegbegleiter Wilhelm Heidorn alias Werner Hansen vertrat die gleiche Meinung: »Auf Grund kommunistischer Denunziationen wurde Willi im April 1938, unter einer Volksfrontregierung, von einem sozialistischen Innenminister, aus Frankreich ausgewiesen.«

scher Aversionen gegen Eichler war – zuvor sei Eichler von Kommunisten als »Feind der Einheitsfront« und gar als »Agent von Goebbels« bezeichnet worden«, um ihn zu diffamieren und den ISK zu isolieren.[255]

Die Ausweisung Eichlers bedeutete für den ISK einen herben Rückschlag zu einem ungünstigen Zeitpunkt, war doch Paris nach dem Anschluss Tschechiens und dem damit verbundenen Verlust von Prag zum Zentrum des deutschen Widerstands im Exil geworden, vor allem durch den Zuzug der Sopade. Eichler gab seinen Führungsanspruch im ISK nach seiner Ausweisung nicht auf. Nicht zuletzt wegen der führerschaftlichen Organisationsstruktur, aber auch wegen der herausragenden Rolle, die Eichler bei der publizistischen Arbeit und den Kooperationsbemühungen mit anderen Organisationen gespielt hatte, verlor der ISK in Paris mit ihm mehr als nur einen wichtigen Widerstandskämpfer.[256]

Eichler hatte eine befristete Aufenthaltsgenehmigung für Luxemburg erhalten, wo er blieb, bis er ein Visum für England erhielt und am 8. Januar 1939 nach London reisen konnte.[257] Dank eines prominenten Fürsprechers – Lord Robert Cecil – erhielt Eichler eine Aufenthaltserlaubnis für Großbritannien und wurde 1940 von der Internierung deutscher Emigranten in England verschont.[258] Die Übersiedlung nach London sollte sich im Laufe der weiteren Entwicklung als sehr günstig erweisen. Nach Kriegsbeginn im Herbst 1939 und dem Einmarsch deutscher Truppen in Frankreich endete die bedeutende Rolle von Paris als Zentrum der deutschen Emigration. Diese Rolle wurde von London übernommen, wo sich nach und nach die Auslandsleitungen von SAP, »Neu Beginnen« sowie die Sopade einfanden.

Die in Paris verbliebenen ISK-Mitglieder konnten nur zum kleinen Teil Visa für Großbritannien erhalten. Aus Südfrankreich aber gelang es 15 Mitgliedern mithilfe amerikanischer Hilfsorganisationen in die USA zu fliehen und sich vor der Verfolgung zu retten. Andere konnten in die neutrale Schweiz fliehen.

Rede Werner Hansen, in: Gedenkstunde für Willi Eichler, Frankfurt am Main, Haus Riederwald am 6.11.1971, in: Eichler-Bestand im AdsD, Sign. 1/WEAA000262.

255 Vgl. Werner Hansen, in: Gedenkstunde für Willi Eichler, Frankfurt am Main, Haus Riederwald am 6.11.1971, in: Eichler-Bestand im AdsD, Sign. 1/WEAA000262.

256 Vgl. Karl-Heinz Klär: Zwei Nelson-Bünde, S. 335.

257 Vgl. Werner Hansen, in: Gedenkstunde für Willi Eichler, Frankfurt am Main, Haus Riederwald am 6.11.1971, in: Eichler-Bestand im AdsD, Sign. 1/WEAA000262.

258 Laut Werner Link erhielt Eichler durch Fürsprache des berühmten britischen Politikers Lord Robert Cecil eine Einreisegenehmigung. Diese Auskunft erhielt Link wahrscheinlich von Eichler selbst. Vgl. Werner Link: Zwei Nelson-Bünde, S. 233. Lord Cecil war Mitbegründer und von 1923 bis 1946 erster und einziger Präsident des Völkerbunds. Als Gründer und Präsident der internationalen Friedenskampagne erhielt er 1937 den Friedensnobelpreis. Zur Internierung vgl. auch Karl-Heinz Klär: Zwei Nelson-Bünde, S. 335 ff.

4.6 Eichlers Londoner Exil – Gründung der »Union deutscher sozialistischer Organisationen in Großbritannien« und Kooperation mit Sozialdemokraten

In England fand Eichler bereits ISK-Strukturen vor – im Gegensatz zum Pariser Exil mussten hier keine Aufbauarbeiten geleistet werden. Einige Monate vor Eichlers Ankunft in England war Minna Specht aus Dänemark mit den verbliebenen Schülerinnen und Schülern der Walkemühle eingetroffen. Auch Grete Henry-Hermann, eine führende ISK-Genossin der ersten Stunde, hielt sich bereits in England auf und war wohl im Übrigen für den Kontakt zu Lord Cecil verantwortlich, der Eichler die Einreise ermöglicht hatte.[259]

Bei Beginn des Krieges führten zwei Faktoren zu organisatorischen Schwierigkeiten bei der Arbeit des ISK. Erstens führte der Austritt von Hellmut von Rauschenplat und zweier weiterer bedeutender ISK-Funktionäre, Hilde Monte und Hans Lehnert, zu einer personellen Schwächung des Bundes.[260] Im Gegensatz zu Eichler hatten sich Rauschenplat, Monte und Lehnert für einen radikaleren Kampf gegen den Nationalsozialismus in Form eines Attentats auf Hitler ausgesprochen und hätten dabei auch ein Selbstmordkommando in Erwägung gezogen. Davon hielt Eichlers nichts. Er bezweifelte, dass ein Attentat auf Hitler die NS-Herrschaft hätte beenden können. Eichler und die meisten ISK-Mitglieder im Londoner Exil vertraten die Position, dass es nicht ausgereicht hätte, Hitler zu töten – nicht nur der Diktator allein, sondern das System und die Wirtschaft, die ihn stützten, seien das Problem gewesen. Der Tod Hitlers hätte nicht ausgereicht, um das Ende des nationalsozialistischen Regimes herbeizuführen.[261] Statt dessen hätten die Vergeltungsmaßnahmen des Regimes, so Eichlers Meinung, die Zustände für Oppositionelle – seien sie nun bereits eingesperrt oder nicht – drastisch verschlechtert. Eichler befürchtete durch solche Aktionen eine Bedrohung für die Gesamtorganisation des ISK und andere oppositionelle Strukturen und Einzelpersonen. Zweitens führte der Beginn des Krieges zur bereits erwähnten Internierungswelle deutscher, österreichischer, tschechischer und italienischer Emigranten in Großbritannien im Frühjahr 1940 unabhängig von ihrem politischen Hintergrund. Viele ISK-Freunde Eichlers wurden interniert und zum Teil bis nach Australien und Kanada geschickt. Dies machte eine Fortsetzung der Aktivitäten des ISK zeitweise unmöglich. Auch die Schule von Minna Specht musste geschlossen werden. Die »Sozialistische Warte« konnte nicht weiter veröffentlicht werden. Eichler war zur

---

259 Mary Saran: Erinnerungen, S. 153.
260 Vgl. Werner Link: Die Geschichte des IJB und des ISK, S. 274.
261 Vgl. Interview mit Susanne Miller, S. 242-243.

Handlungsunfähigkeit und zum Nichtstun verdammt – Eichler fiel vorübergehend in einen pessimistischen Zustand äußerster psychischer Anspannung.[262]

Ab Juli 1940 wurden 25.000 Migranten in Internierungslagern in England festgehalten. Als sich Proteste in der britischen Öffentlichkeit über unwürdige Zustände in den Lagern häuften, wurde die Internierung unter zivile Kontrolle des Home Office gestellt, was zu einer Verbesserung der Lebensumstände in den Lagern führte. Die zivile Leitung der Internierungslager führte auch zu einer genaueren Überprüfung der politischen Hintergründe der Betroffenen. Bei der Bewertung der Flüchtlinge – das heißt bei der Einschätzung der Personen, was ihre Position zu Hitlerdeutschland anging – wurden von da an auch Exilanten einbezogen, die als politisch unbedenklich eingeschätzt wurden, zu denen auch Willi Eichler gehörte. Ausschlaggebend für die Anerkennung Eichlers als einen politisch unbedenklichen Exilanten war sein Kontakt zur »Sozialistischen Arbeitsgemeinschaft« (SAG).

Nachdem die »Sozialistische Arbeitsgemeinschaft« nach London gezogen war, schloss sie sich dem »International Solidarity Fund« (ISF) an, einer Organisation der Labour Party zur Unterstützung linker Emigranten. Mit diesem Zusammenschluss hatte die Labour Party die SAG praktisch anerkannt, und Willi Eichler hatte dadurch die Möglichkeit, auf das Beratungsgremium zur Freilassung der Internierten einzuwirken.[263]

Nach der Internierungszeit umfasste die Londoner ISK-Gruppe etwa 20 Mitglieder, weiterhin unter der Führung von Eichler.[264] Die Londoner Gruppe war zu diesem Zeitpunkt das Zentrum des weltweit zerstreuten ISK.

Der Beginn des Zweiten Weltkrieges bedeutete allerdings wesentlich mehr als nur organisatorische Schwierigkeiten. Für Eichler und den ISK kam der Kriegsbeginn nicht überraschend – sie sahen sich in ihren Ansichten über Hitler und die Nationalsozialisten bestätigt. In zahlreichen Artikeln hatte Eichler bereits zuvor gewarnt, dass Hitler Krieg bedeute, dass Hitlers Ziel die Weltherrschaft sei. Im September 1938 stellte Eichler zum Beispiel fest:

»Auch der Plan der Eroberung der Welt, der Unterjochung aller nicht ›nordischer‹ Rassen, der Ausrottung der Juden, der Militarisierung allen Lebens und der end-

---

262 Vgl. Werner Hansen, in: Gedenkstunde für Willi Eichler, Frankfurt am Main, Haus Riederwald am 6.11.1971, in: Eichler-Bestand im AdsD, Sign. 1/WEAA000262. Hansen zitiert aus einem Brief Eichlers, um seinen pessimistischen Geisteszustand zu beschreiben: »Vielleicht ist dies der letzte Brief, der Dich erreicht. In diesen unsicheren Zeiten ist alles möglich. Laß Dir alles Gute sagen für die Zukunft; grüß' die Kameraden und halte sie Dir tapfer. Es geht nichts über ein schönes und würdiges Leben.« Ausführlicher zur Internierungszeit in Großbritannien Werner Röder: Die deutschen sozialistischen Exilgruppen in Großbritannien, S. 115 ff.
263 Vgl. Karl-Heinz Klär: Zwei Nelson-Bünde, S. 340.
264 Weitere ISK-Mitglieder, die Eichler in London unterstützten waren: Minna Specht, Wilhelm Heidorn alias Werner Hansen, Grete Henry-Hermann und Erich Irmer. Vgl. Werner Röder: Die deutschen sozialistischen Exilgruppen in Großbritannien, S. 45.

gültigen Zerstörung aller Humanität – dieser Plan ist in der Tat gefaßt worden, und das Dritte Reich ist auf dem Weg, ihn zu verwirklichen.«[265]

Auch im Inland hatten die ISK-Widerständler immer wieder die Parole »Hitler bedeutet Krieg« verbreitet.

Willi Eichler und der ISK setzten ihren Kampf gegen Hitler in London unter erschwerten Bedingungen fort. Da der Kontakt nach Deutschland zusammengebrochen war – vor Kriegsbeginn war eine Kommunikation zum Rest des ISK-Widerstandes in Deutschland noch über die ISK-Gruppe in der Schweiz sporadisch möglich – konzentrierten sich Eichler und seine Genossen auf publizistische Aktivitäten. Allerdings stellten ständiger Geld- und Papiermangel zeitweise unüberwindliche Probleme dar. Zwischen Juli und Oktober 1941 erschienen aber immerhin vier Nummern der ISK-Zeitschrift »Renaissance – For Right, Freedom and Progress.« Ab Dezember 1941 gab Eichler den hektografierten Informationsdienst »Europe Speaks« gewöhnlich alle vierzehn Tage heraus, der eingehende Berichte aus dem europäischen Widerstand brachte.[266] Die Informationen erhielt Eichler meistens von einem ISK-Kontaktmann – René Bertholet, der in der Schweiz und im unbesetzten Frankreich ein Unterstützungsnetzwerk für den Widerstand aufgebaut hatte und so auch in der Lage war, exklusive Informationen über den Widerstand gegen Hitler und die Kriegshandlungen der Nationalsozialisten zu sammeln und an Eichler weiterzugeben.[267] Eichler bediente mit diesen Informationen vom Festland öffentliche Organe wie Rundfunk und Presse sowie einen ausgesuchten Leserkreis. Bertholets Informationsfluss, der wegen der kriegsbedingten Ausfälle der Postzustellung zeitweise aussetzte aber, prinzipiell bis zum Kriegsende dennoch anhielt, verschaffte Eichler in London durch die Exklusivität seiner Informationen eine privilegierte Position, die er geschickt nutzte. Damit gewann er großen Einfluss und erlangte Bekanntheit.[268]

---

265 Willi Eichler (alias Martin Hart): Vor dem Abgrund, in: »Sozialistische Warte«, Jg. 13 (1938), in: IJB-/ISK-Bestand im AdsD, Box 81-85. Siehe auch Sabine Lemke-Müller: Ethischer Sozialismus, S. 153.

266 Vgl. Werner Hansen, in: Gedenkstunde für Willi Eichler, Frankfurt am Main, Haus Riederwald am 6.11.1971, in: Eichler-Bestand im AdsD, Sign. 1/WEAA000262. Werner Röder: Die deutschen sozialistischen Exilgruppen in Großbritannien, S. 46.
Zu den Publikationen des ISK »Germany Speaks« und »Europe Speaks« siehe auch Heiner Lindner: »Um etwas zu erreichen, muss man sich etwas vornehmen, von dem man glaubt, dass es unmöglich sei – Der Internationale Sozialistische Kampf-Bund und seine Publikationen«, Bonn 2006.

267 Vgl. hier u. i. F. auch Ernesto Harder: »Willi Eichler und der SPD-Bezirk Mittelrhein in der frühen Nachkriegszeit«, in: Archiv der sozialen Demokratie der Friedrich-Ebert-Stiftung, Februar 2007.

268 Vgl. Heiner Lindner: Um etwas zu erreichen, muss man sich etwas vornehmen, von dem man glaubt, es sei unmöglich – Publikation des ISK, S. 65 ff. und Karl-Heinz Klär: Zwei Nelson-Bünde, S. 347.

Neben den selbst herausgebrachten Zeitschriften und später auch Broschüren, in denen der ISK immer wieder die Hegemoniebestrebungen und Kriegspläne der Nationalsozialisten offenlegte und kritisierte, war Eichler auch an der britischen Propaganda gegen die Nationalsozialisten beteiligt. Mit der BBC, die Propagandaradiosendungen produzierte, hatte Eichler schon im Sommer 1940 Kontakt aufgenommen und war zunächst zuständig für die Sendungen für deutsche Arbeiter und wurde schließlich ständiger Mitarbeiter der Deutschlandabteilung bzw. der Arbeiter- und Kriegsgefangenensendungen.[269] Ein weiteres Publikationsmittel, das Eichler zur Verfügung stand, war der »Socialist Commentary«, das Blatt der englischen ISK-Gruppe, das während der schwierigen Zeit der Invasionsgefahr und der Luftangriffe auf England immerhin monatlich ab 1941 erschien, wenn auch nur vervielfältigt und dann ab Frühjahr 1942 wieder gedruckt wurde, auch dann allerdings unter Papiermangel leidend, sodass nur eine relativ geringe Zahl an Exemplaren produziert werden konnte. Insgesamt aber hatte der ISK in England wesentlich bessere publizistische Möglichkeiten als andere mitgliederstärkere Exilorganisationen.[270]

Inhaltlich bestand die Arbeit von Eichler und dem ISK in dieser Zeit aus drei Elementen: *Erstens* setzten die ISK-Mitglieder im Exil ihren Kampf gegen den Nationalsozialismus fort, indem sie die Informationen vom Kontinent von René Bertholet aus der Schweiz nutzten, um das Hitlerregime und seine Hegemonialbestrebungen mit den gegebenen publizistischen Möglichkeiten und Fähigkeiten zu entlarven. Dank der weitreichenden Kontakte, die der ISK weltweit pflegte, zum Beispiel auch zu den Genossen in den USA, war er in der Lage, exklusive Informationen über den Widerstand und den Kampf der Antifaschisten auf der ganzen Welt zu verbreiten.

Zweitens bestritt der ISK vehement die These der Kollektivschuld der Deutschen, wie sie in Großbritannien von Lord Vansittart formuliert wurde. Der ISK war der Überzeugung, es gäbe noch ein »anderes Deutschland«, verkörpert durch die Menschen, die unbeirrt an ihren Werten festhielten und Widerstand leisteten. Für den ISK waren die Opfer, die der Widerstand gefordert hatte, das beste Argument der deutschen Exilgruppen, die sich gegen die Kollektivschuld aussprachen.[271]

Drittens begann der ISK, Pläne für die politische Zukunft Deutschlands nach dem Sieg über den Nationalsozialismus zu formulieren.

In diesem Zusammenhang sind die Bestrebungen, mit anderen deutschen Exilorganisationen von Sozialisten und Sozialdemokraten ein Bündnis zu bilden, von Bedeutung, die letztlich zur Gründung der »Union deutscher sozialistischer Organisationen in Großbritannien« oder kurz »Union« führten.

Nach dem Überfall auf Polen, der als Konsequenz des Hitler-Stalin-Paktes interpretiert wurde, war an eine Zusammenarbeit mit den Kommunisten vonseiten des

---

269 Vgl. Sabine Lemke-Müller: Ethischer Sozialismus, S. 148.
270 Vgl. Werner Röder: Die deutschen sozialistischen Exilgruppen in Großbritannien, S. 46.
271 Vgl. Susanne Miller: Kritische Philosophie, in: Dialektik 7, S. 64.

ISK, aber auch anderer Sozialisten und Sozialdemokraten, nicht mehr zu denken, da die Exilkommunisten auch nach der Teilung Polens Moskau politisch treu blieben. Die Distanzierung zu den Kommunisten schuf ein Zusammengehörigkeitsgefühl zwischen sozialistischen Kleingruppen wie dem ISK und der SPD-Gruppe in England. Zu der SPD-Ländergruppe in England hatte Eichler schon recht früh engen Kontakt hergestellt. Als Vertreter der SAG wurde er von der Labour Party zusammen mit dem SPD-Vertreter Wilhelm Sander und anderen Sozialisten zu einem Treffen im September 1940 eingeladen, aus dem die deutsche Kommission hervorging, die sich für die Freilassung der Internierten einsetzte und in der Eichler und Sander als Gleichberechtigte zusammensaßen.[272]

Der sozialdemokratische Parteivorstand blieb jedoch, wie in Paris, gegenüber einer Kooperation mit der SAG zunächst verschlossen und drohte in eine politische Isolation zu geraten.[273] Zusammen mit Sozialdemokraten aus dem Sudetenland und der Tschechoslowakei wurde zwar in London die »Sozialdemokratische Union« geschaffen, die auf der internationalen Solidarität der sozialdemokratischen Parteien beruhte und darauf abzielte, ein internationales sozialdemokratisches Bündnis gegen Hitler aufzubauen. Mit der zahlenmäßigen Überlegenheit der SAG konnte diese »Sozialdemokratische Union« allerdings nicht mithalten.[274]

Zu Beginn des Jahres 1941 kam der Richtungswechsel in der SPD mit Erich Ollenhauer und Hans Vogel, der nach dem Tod von Otto Wels den Vorsitz der Sopade übernommen hatte. Sie waren aus Frankreich nach London geflohen, womit sich die Sopade-Leitung nun ebenfalls in London befand. Ollenhauer und Vogel nahmen Gespräche mit Vertretern von »Neu Beginnen«, SAP und ISK auf, um die Möglichkeiten der Bildung eines Kartells der sozialistischen und sozialdemokratischen Exilgruppierungen zu ergründen und damit die vorhandene Zersplitterung zu beenden.[275] Der Strategiewechsel der Sozialdemokraten war zum Teil von der Labour Party erzwungen. Diese zeigte wenig Verständnis für die Streitigkeiten zwischen den sozialistischen und sozialdemokratischen Exilgruppen und machte entsprechend Druck auf den SPD-Vorstand, sich den Gruppen in der SAG anzunähern.[276]

Auch führte der Beginn des Krieges zu einem Zusammenwachsen der sozialistischen und sozialdemokratischen Organisationen. Die raschen militärischen »Blitzkrieg«-Siege Hitlers hatten zur Folge, dass seine Popularität in Deutschland so stark anwuchs, dass ein innerdeutscher Widerstand stark erschwert wurde. Hinzu kamen die Schwierigkeiten, vom Exil über die Fronten Kontakt mit den verbliebenen Genossen im Inland zu halten. Die gemeinsame Zielvorstellung der SAG-Gruppen einer

---

272 Vgl. Sabine Lemke-Müller: Ethischer Sozialismus, S. 148.
273 Vgl. hier u. i. F. Werner Röder: Die deutschen sozialistischen Exilgruppen in Großbritannien, S. 91 ff.
274 Ebd., S. 92.
275 Vgl. Karl-Heinz Klär: Zwei Nelson-Bünde, S. 344.
276 Vgl. Werner Röder: Die deutschen sozialistischen Exilgruppen in Großbritannien, S. 93.

sozialistischen Revolution in Deutschland war damit in weite Ferne gerückt. Auch die These der Sozialdemokraten, die internationale Solidarität der sozialdemokratischen Parteien würde ausreichen, um ein internationales sozialdemokratisches Bündnis zu schaffen, musste nach dem Kriegsbeginn fallen gelassen werden. Die sozialdemokratischen Parteien orientierten sich national und verloren das Interesse an einer internationalen Zusammenarbeit über Kriegsfronten hinweg. Zudem wurde deutlich, dass die Alliierten an der innerdeutschen Opposition nicht mehr interessiert waren.[277] Der Konflikt mit Deutschland sollte militärisch gelöst werden durch einen Sieg über Hitler, nicht durch das Stärken der innerdeutschen Opposition gegen Hitler.

Die deutschen Exilsozialisten und -sozialdemokraten kamen zu dem Schluss, dass dem Wunsch, gegen Hitler etwas auszurichten und Pläne für die Zukunft Deutschlands zu entwickeln, nur durch eine geschlossene Vorgehensweise in einem Bündnis von sozialistischen und sozialdemokratischen Organisationen Rechnung getragen werden konnte. Einen ersten Anlass für das Überwinden alter Grabenkämpfe bot die bereits erwähnte Internierung, die alle deutschen Exilgruppen in Großbritannien betraf. Hier lernten sich zum Beispiel auch Willi Eichler und Wilhelm Sander, der Vorsitzende der SPD-Landesgruppe in England kennen und schätzen. Solche persönlichen Kontakte bildeten die Basis für die Gründung der Union. Nach einer Reihe von Gesprächen im Frühjahr 1941, die allesamt von Kompromissbereitschaft geprägt waren, wurde am 8. März Hans Vogel als Chairman der »Union deutscher sozialistischer Organisationen in Großbritannien« gewählt.[278] Darüber hinaus wurde ein Exekutivkomitee bestimmt, zu dem alle beteiligten Organisationen einen Vertreter entsendeten und in dem Beschlüsse nur einstimmig fallen durften.[279] Der ISK wurde natürlich von Willi Eichler vertreten.[280]

Eichler sah in der Bildung der Union eine gute Gelegenheit, die Spaltung der deutschen sozialistischen Bewegung zu überwinden: Gerade die individuellen Organisationsführungen, die bis dahin nicht miteinander kooperieren wollten, sollten nun zusammenarbeiten.[281] Eichler verfolgte jedoch auch eigene Ziele bei der Entsendung von ISK-Mitgliedern in die neuen Kooperationsstrukturen: *Erstens* sollten sich die eigenen Leute vertraut machen mit den unterschiedlichen Organisationen, um *zweitens* die

---

277 Ebd., S. 93.
278 Vgl. Karl-Heinz Klär: Zwei Nelson-Bünde, S. 344.
279 Betonenswert ist hier, dass die Sopade zusätzlich zu Vogel als Chairman noch einen weiteren Vertreter schicken durfte. Vgl. Sabine Lemke-Müller: Ethischer Sozialismus, S. 171.
280 Die Konstellation des Komitees änderte sich während des vierjährigen Bestehens kaum: Hans Vogel (SPD) als Vorsitzender, Erich Ollenhauer (SPD), Erwin Schoettle (»Neu Beginnen«), Schuricht (SAP, ab Juni 1941 Paul Walter, später Gustav Spreewitz), Eichler (ISK – er ließ sich manchmal von Grete Henry-Hermann vertreten) und Hans Gottfurcht für die Gewerkschaften. Vgl. Werner Röder: Die deutschen sozialistischen Exilgruppen in Großbritannien, S. 97.
281 Vgl. hier u. i. F. Bericht Willi Eichlers in Dokumente zur »Union deutscher sozialistischer Organisationen in Großbritannien«, 9.3.1941, S. 4, in: IJB-/ISK-Bestand im AdsD, Box 39-42. Siehe auch Karl-Heinz Klär: Zwei Nelson-Bünde, S. 345.

eigenen ISK-Positionen zu transportieren und innerhalb der anderen Organisationen dafür zu werben, soweit sie für die jeweilige Organisation unüblich oder neu waren. So sollte zum Beispiel die Idee einer undemokratischen Funktionärsauslese in den anderen deutschen Exilorganisationen verankert werden. Dies erinnert an die Strategie, die schon für den IJB und den ISK in der Weimarer Zeit galt, die Bündnisarbeit zu nutzen, um die eigenen ideologischen Prinzipien in andere Organisationen zu tragen.

Doch zunächst begrenzten sich die gemeinsamen Aktivitäten auf Mai- und Gedenkfeiern mit befreundeten Organisationen und auf Erklärungen zur politischen Situation in Deutschland und Europa.[282] Interessant war allerdings hier schon, dass vor allem die Sozialdemokraten die Nähe des fortschrittlichen Bürgertums suchten. Die Union sah sich als Zentrum der deutschen Arbeiterbewegung im Exil an und wies damit den deutschen Exilanten aus Bürgertum und Kirchen eine nachgeordnete Rolle zu. Dennoch sah die SPD eine Zusammenarbeit als notwendig an, besonders im Hinblick auf die gemeinsame Bekämpfung des Kommunismus in Deutschland.[283]

Darüber hinaus übte die Gründung der Union eine große Anziehungskraft auf weitere Exilorganisationen der Arbeiterbewegung in London aus, aber bis auf die Landesgruppe der Gewerkschaften wurde niemand mehr zugelassen.[284] Es gab eine große personelle Überschneidung zwischen der Landesgruppe und der Union. Vonseiten des ISK waren die Protagonisten alle in der Landesgruppe der Gewerkschaften aktiv: Neben Eichler waren das vor allem Minna Specht und Wilhelm Heidorn, der später seinen Decknamen Werner Hansen behielt und in der Bundesrepublik auch eine entscheidende Position im DGB der Nachkriegszeit einnahm. Zwischen Eichler und dem Vorsitzenden der Landesgruppe Hans Gottfurcht bestand eine enge Zusammenarbeit.[285]

Die Union wollte selbst keine neue Einheitspartei bilden, denn die zukünftige Form der Arbeiterbewegung sollte von den Sozialisten in Deutschland beschlossen werden, nicht im Exil. Allerdings war als gemeinsamer Zweck des Kartells bereits bei den Vorgesprächen festgelegt worden, eine gemeinsame Vertretung nach außen zu schaffen, Informationen auszutauschen und die Überlegungen über die Neuordnung Europas und den künftigen Frieden anzustellen.[286]

Im Herbst 1942 begann dann doch eine Diskussion in der Union über die Zukunft einer sozialistischen bzw. sozialdemokratischen Partei in Deutschland, die nach Beendigung des Krieges alle Splittergruppen und die Sozialdemokratie vereinen sollte. Im Dezember 1942 wurden zwei Arbeitsgruppen eingerichtet, die sich mit der Ausarbeitung eines Aktionsprogramms für die Übergangszeit und den Grundlagen einer neuen Parteistruktur beschäftigen sollten. Anhand der Teilnehmenden der beiden

---

282 Vgl. Sabine Lemke-Müller: Ethischer Sozialismus, S. 173.
283 Werner Röder: Die deutschen sozialistischen Exilgruppen in Großbritannien, S. 99.
284 So wurde z. B. der Freiheitsbund deutscher Sozialisten unter Kurt Hiller wegen seiner kritischen Haltung gegen die SPD abgelehnt. Vgl. Sabine Lemke-Müller: Ethischer Sozialismus, S. 172.
285 Vgl. Ursula Bitzegeio: Über Partei- und Landesgrenzen hinaus, S. 234.
286 Ebd., 173.

Arbeitsgruppen lassen sich Präferenzen der verschiedenen Organisationen festmachen.[287] So konzentrierten sich etwa die Mitglieder des sozialdemokratischen Parteivorstands auf die Richtlinien für die Übergangszeit und entsandten in das Komitee, das die Struktur der zukünftigen Einheitspartei beraten sollte, lediglich ihren Landesbeauftragten Sander, während sich die Vorsitzenden der drei Linksgruppen gerade in diesem Beratungsgremium konzentriert hatten. Die Bemühungen innerhalb der Union, Grundlinien einer zukünftigen Einheitspartei zu prägen, sind also vonseiten der Sozialdemokraten eher halbherzig unterstützt worden.

Einigkeit gab es in der Union von Anfang an in Bezug auf die Ausgrenzung der Kommunisten.[288] Das war auch Eichlers expliziter und unwiderrufbarer Ansatz insbesondere nach dem Abschluss des Hitler-Stalin-Paktes 1939: »Man muß diese Gruppe von Politikern aus der Liste derer streichen, die für die Freiheit und Recht kämpfen.«[289] Eine Position, die Eichler auch aufrechterhielt, als es insbesondere ab der Niederlage der Wehrmacht in Stalingrad im Winter 1942/43 bei den Briten eine breite Begeisterung für die militärischen Erfolge der UdSSR gegen Deutschland gab.[290]

Eichler versuchte innerhalb der Union zu zeigen, unter Beibehaltung der eigenen Positionen und organisatorischen Strukturen, dass die ISK-Mitglieder »nicht verbohrte und sektiererische Outsider waren, sondern Menschen mit festen Ansichten aber der Bereitschaft, ehrenvolle Kompromisse zu schließen.«[291] Willi Eichler griff die Gelegenheit auf, ebenso wie mehrere andere ISK-Mitglieder[292], um die Philosophie des ISK in die Union zu tragen. Eichler versuchte, das Scheitern der Arbeiterbewegung mit den Schwächen des Demokratieprinzips zu erklären. »Es verführe Funktionäre zu intrigenhaften und hinterhältigen Mitteln, es verleite die Parteiführung zu demokratiewidrigen Tricks und vergifte somit das Verhältnis zwischen Führern und Geführten.«[293] Die zukünftige Parteiführung solle nicht von den Mitgliedern direkt gewählt werden, sondern von einem entsprechend befähigten Ausschuss be-

---

287 Vgl. hier u. i. F. Werner Roeder: Die deutschen sozialistischen Exilgruppen in Großbritannien, S. 233.
288 Vgl. Sabine Lemke-Müller: Ethischer Sozialismus, S. 176.
289 Willi Eichler, in: Rede von Werner Hansen, in: Gedenkstunde für Willi Eichler, Frankfurt am Main, Haus Riederwald am 6.11.1971, in: Eichler-Bestand im AdsD, Sign. 1/WEAA000262. Zur Entwicklung der sozialdemokratischen Außenpolitik im Exil siehe insbes. Rainer Behring: Demokratische Außenpolitik für Deutschland, S. 219 ff. Behring vergleicht auch sehr anschaulich die außenpolitischen Positionen der verschiedenen Mitgliederorganisationen der Union; vgl. S. 356-473.
290 Ebd.
291 Willi Eichler in Beitrag von Werner Hansen: in: Gedenkstunde für Willi Eichler, Frankfurt am Main, Haus Riederwald am 6.11.1971, in: Eichler-Bestand im AdsD, Sign. 1/WEAA000262.
292 So engagierten sich Grete Henry-Hermann, Minna Specht, Walter Fliess und Otto Bennemann zu mehreren Themen in beiden Arbeitsgemeinschaften. Allerdings existieren keine Aufzeichnungen oder Protokolle von diesen Sitzungen. Vgl. Sabine Lemke-Müller: Ethischer Sozialismus und soziale Demokratie, S. 175.
293 Sabine Lemke-Müller: Ethischer Sozialismus und soziale Demokratie; S. 175.

stimmt werden. Die große Breite der Mitglieder sollte durch regelmäßige Teilnahme an Schulungen und Kursen ein stärkeres Verantwortungsgefühl und mehr Kenntnisse für die politische Arbeit erhalten. Eichler scheiterte mit seinen Bemühungen, diese ISK-Grundsätze durchzusetzen. Die SPD-Vertreter zeigten ganz deutlich, dass sie eine Rekonstruktion der SPD-Struktur vor 1933 beabsichtigten und nicht vorhatten, die antidemokratischen Positionen des ISK anzunehmen.

Auch bemühte sich Eichler, die demokratiekritischen Positionen des ISK bei den Überlegungen für ein Sofortmaßnahmenprogramm zum Aufbau des deutschen Staates nach Zerschlagung des nationalsozialistischen Regimes einzubringen. Dabei ging es um die Auflösung der restlichen Strukturen des Regimes und um die Sicherstellung der Lebensmittelversorgung. Der ISK setzte durch, dass die Bildung neuer, lokaler und provisorischer Selbstverwaltungskörperschaften nicht auf demokratischem Wege erfolgen sollte, sondern dass derartige Körperschaften wegen der Dringlichkeit der Situation direkt bestimmt werden sollten.[294]

Die Gegensätze innerhalb der Union bezüglich der Einschätzung des Demokratieprinzips wurden noch mal im Sommer 1944 deutlich, als die deutsche Staatsverfassung für die Zeit nach dem Zusammenbruch des Nationalsozialismus diskutiert wurde.[295] Die schlechten Erfahrungen mit der Weimarer Demokratie hatten nicht die Wirkung erbracht, die ISK-Mitglieder und Eichler erwartet hatten – insbesondere von der Sopade wurde ein Festhalten an demokratischen Grundsätzen gefordert. In den Diskussionen, die sich bis zum Ende des Jahres 1944 hinzogen, wurde deutlich, dass sich der ISK nicht durchsetzen konnte. Um an den Verhandlungen teilhaben zu können, hatte der ISK als Kompromiss eine Staatsform vorgeschlagen, in der

»nicht das Parlament, sondern nur eine zur Kritik an der Regierungspolitik berufene, aus besonders geschulten Menschen bestehende Körperschaft das Recht haben sollte, die Regierung zu stürzen und wonach der Regierung ein Veto gegen Parlamentsbeschlüsse zugestanden«[296] wäre.

In den verabschiedeten Richtlinien der Union für den Aufbau einer deutschen Staatsverfassung wurde letztendlich die parlamentarische Demokratie, in der das Parlament das letzte Wort in der Gesetzgebung habe und das Recht erhalte, die Regierung zu stürzen, gefordert. Die Sozialdemokraten hatten sich also durchgesetzt. Auch was den Organisationsaufbau einer zukünftigen sozialistischen Einheitspartei angeht, wurden demokratische Grundsätze verankert.

1944 diskutierte man in den kleinen Mitgliedsorganisationen der Union darüber, ob und in welchem Fall die eigene Organisation in einer sozialistischen Einheitspartei

---

294 Vgl. Werner Röder: Die deutschen sozialistischen Exilgruppen in Großbritannien, S. 235.
295 Vgl. hier u. i. F. Karl-Heinz Klär: Zwei Nelson-Bünde, S. 352.
296 Sabine Lemke-Müller: Ethischer Sozialismus und soziale Demokratie, S. 178.

aufgehen würde.²⁹⁷ Während die Mitglieder von SP, SAP und »Neu Beginnen« das Aufgehen in einer gemeinsamen Partei als Aufhebung einer früheren Parteispaltung sahen und damit bereit waren, eigene Organisationsstrukturen fallen zu lassen, für den Fall, dass eine linke Einheitspartei entstünde, sahen Eichler und seine ISK-Genossen dies anders. Eichler hielt in dieser Diskussion an den Zielen des ISK fest:

> »[Die] Begründung des Sozialismus als eines rechtlich gebotenen Ziels klarzustellen und zu vertreten; eine dieser Begründung entsprechenden führerschaftlichen Organisationsform zu entwickeln und zu erprobe und in dieser Organisation durch die politische Erziehung ihrer Mitglieder und Funktionäre Festigkeit und Kraft zu geben.«²⁹⁸

Eichler schlug vor, dass sich ISK-Genossinnen und -Genossen als Einzelmitglieder einer neuen Einheitspartei anschließen, daneben aber, außerhalb der neuen Partei, ihre eigene Organisation und inhaltliche Arbeit fortführen sollten.

Trotz dieser internen Diskussionen und Meinungsverschiedenheiten in der Union fällte Eichler in seiner Monatsantwort vom Februar 1945 ein positives Gesamturteil über die Zusammenarbeit in der Union. Dies basierte vor allem auf der Außenwahrnehmung und -darstellung der Union in England, wo es »in vielen Fragen einfach selbstverständlich war, daß die Union als solche eine Erklärung abgab und nicht die einzelnen Gruppen jede für sich.«²⁹⁹ Dies war in anderen Ländern nicht gelungen. Allerdings kritisierte Eichler die Union bzw. ihre Richtlinien bezüglich des Aufbaus von Staat und Gesellschaft. Allein aus diesem Grund wäre es »unverzeihlich, zugunsten der bloßen Neuauflage einer großen einheitlichen Partei unsere eigenen Versuche als überholt anzusehen.«³⁰⁰

Obwohl Eichler im Februar 1945 den ISK noch als eigenständige Partei in Deutschland revitalisieren wollte, nahm er im Oktober 1945 Kontakt mit Kurt Schumacher auf, suchte die Annäherung zur SPD, löste im Dezember 1945 den ISK auf und trat in die SPD ein. Um diese im ISK umstrittenen Schritte nachzuvollziehen, müssen kurz die innerorganisatorischen Bemühungen des ISK in den letzten Kriegsjahren beschrieben werden.³⁰¹

---

297 Vgl. hier u. i. F. Bericht über die Arbeit des Londoner OV des ISK, Mai bis Dezember 1944, in: IJB-/ISK-Bestand, Box 55.
298 Ebd.
299 Willi Eichler: Monatsantwort Februar 1945, in: IJB-/ISK-Bestand im AdsD, Box 55-64. Siehe auch Sabine Lemke-Müller: Ethischer Sozialismus und soziale Demokratie, S. 181.
300 Willi Eichler: ebd.
301 Vgl. i. F. Karl-Heinz Klär: Zwei Nelson-Bünde, S. 353 ff. und Werner Link: Die Geschichte des IJB und des ISK, S. 322 ff. sowie Sabine Lemke-Müller: Ethischer Sozialismus und soziale Demokratie, S. 181 ff.

4.7 Die Auflösung des ISK und die Aufnahme in die SPD

Der ISK hatte bis auf einzelne Mitglieder im Deutschen Reich keine bestehenden Organisationsstrukturen mehr, die einen reichsweit vernetzten Widerstand leisten konnten. In London beschloss der Bundesvorstand um Willi Eichler bereits im Sommer 1943, Bemühungen aufzunehmen, das Widerstandsnetz in Deutschland wieder aufzubauen. Die Niederlagen der Wehrmacht wurden von den ISK-Mitgliedern als Grund zur Hoffnung gesehen, dass in Deutschland eine breite Erhebung gegen die nationalsozialistische Diktatur stattfinden würde, die der ISK aktiv unterstützen wollte. In diesem Zusammenhang nahm Eichler Kontakt zu den Alliierten auf, um ISK-Widerstandskämpfer nach Deutschland zu schleusen und Kontakt mit den nicht verhafteten ISK-Mitgliedern aufzunehmen. Die Ziele des ISK lauteten:
1. die revolutionären Tendenzen in Deutschland unterstützen;
2. enger Kooperationspartner der Alliierten für den Aufbau des Nachkriegsdeutschlands werden, um eigene Positionen umzusetzen und
3. eine linke Alternative zu KPD und SPD darstellen.

Eichlers Bemühungen ein ISK-Mitglied nach Deutschland zu schleusen, trugen jedoch erst im Sommer 1944 Früchte, als es gelang, die ISK-Genossin Aenne Kappius auf eine große Kurierfahrt durch Deutschland zu schicken.[302] Die Alliierten unterstützten den ISK eher zögerlich. Die ISK-Gruppe in London bereitete sich, um ihr erstes Ziel zu erreichen, indes intensiv auf die Aufnahme ihrer Arbeit in Deutschland vor und stellte Widerstandskämpfer bereit, die nach Deutschland reisen sollten. Eichler nutzte seine guten Kontakte zu den Alliierten, um selbst vom 4. November bis zum 8. Dezember 1944 auf den Kontinent zu reisen und entsprechende Vorbereitungen auch in Frankreich und der Schweiz voran zu bringen.[303] Auf dieser Reise erlebte Eichler große Anerkennung für Arbeit und Beschlüsse der Union bei Sozialisten und Sozialdemokraten aller Färbung. Eichler gewann den Eindruck, »dass die alte sozialdemokratische Mentalität in Bezug auf revolutionäre Sofortmaßnahmen offenbar anders ist, als sie es 1918 war.«[304] Der Zusammenbruch Deutschlands zeichnete dich zu diesem Zeitpunkt ab, doch die Einschätzung des ISK, die bröckelnde Unterstützung für das nationalsozialistische Regime in der deutschen Bevölkerung würde eine revolutionäre Stimmung mit sich bringen, war eine klare Fehleinschätzung gewesen. Zurück in England wurden die Aufnahmebedingungen für den ISK gelockert: Von nun sah man von Mindestanforderungen ab bis auf die Mitgliedschaft in einer Gewerkschaft und die Organisationssteuer.[305] Eichler begründete dies mit der Notwendigkeit, »dass für

---

302 Vgl. Sabine Lemke-Müller: Ethischer Sozialismus und soziale Demokratie, S. 184.
303 Vgl. Karl-Heinz Klär: Zwei Nelson-Bünde, S. 254.
304 Willi Eichler: Monatsantwort Februar 1945, in: IJB-/ISK-Bestand im AdSD, Box 55-64. Siehe auch Sabine Lemke-Müller: Ethischer Sozialismus und soziale Demokratie, S. 185/186.
305 Vgl. Brief von Eichler an Erna (wahrscheinlich Blencke) vom 11. Januar 1945, in: IJB-/ISK-Bestand im AdsD, Box 55.

die Aufnahme der Wiederaufbauarbeit keinem der Zugang erschwert werden solle, der sich relativ gut dafür eigne, aber weder Zeit genug hat, noch vielleicht die äussere Möglichkeit, [...] Aufnahmebedingungen zu akzeptieren.«[306]

Das zweite Ziel, den ISK als linke Alternative zu KPD und SPD aufzubauen, wäre, wenn überhaupt, nur in den von Alliierten besetzten Teilen Deutschlands möglich gewesen. Eichler war von den Alliierten abhängig, um die bereitgestellten ISK-Genossen in die besetzten Gebiete zu bringen. Ohne die Unterstützung der Alliierten war der ISK nur in der Lage, Einzelpersonen nach Deutschland zu schmuggeln, wobei er in der Vergangenheit schmerzliche Verluste erlitten hatte.[307] Die Alliierten zögerten jedoch, den ISK zu unterstützen. Auch nach der bedingungslosen Kapitulation am 8. Mai 1945 waren Briten und Amerikaner erst im Juli bereit, ISK-Mitglieder in ihre besetzten Zonen einreisen zu lassen. Der ISK hatte also keines seiner Ziele erreicht.

In der Literatur ist man sich einig, dass es zu diesem Zeitpunkt bereits zu spät für den ISK war, die angestrebten Ziele in die Realität umzusetzen.[308] Eichler selbst stellte fest, dass in der gesellschaftlichen Entwicklung Nachkriegsdeutschlands, »die größten Chancen bereits verpasst« waren.[309] Der ISK stand nun vor der Wahl, entweder als kleine Organisation bedeutungslos zu bleiben oder in der von der Union angestrebten sozialistischen Einheitspartei mitentscheidende Gestaltungskraft zu werden. Eichler entschied sich für letzteren Weg, der eine Annäherung an die SPD bedeutete.

Umstritten sind die Motive, die Eichler dazu führten, die Annäherung zur SPD zu suchen und den ISK aufzulösen. Klär macht Eichlers »Gespür für Machtfragen« dafür verantwortlich, dass für ihn »schon seit 1942 die Union und dahinter die sozialistische Einheit, kaum noch verrückbar [...] an erster Stelle standen.«[310] Dafür, dass der ISK für Eichler nicht mehr die oberste Priorität besaß, spricht eine Trennung der englischen ISK-Gruppe vom Rest des Bundes, die Eichler zum 1. Januar 1943 veranlasste. Die Abtrennung der Socialist Vanguard Group (SVG), wie sich die Londoner ISK-Gruppe nannte, hatte allerdings strategische Gründe. Man wollte in der Labour Party aufgehen, um Kontakte zu Labourpolitikern zu knüpfen und weitere Einflussmöglichkeiten zu schaffen. Mit dieser Trennung wurden auch Anforderungen wie die des Vegetarismus gelockert – der Vegetarismus hatte dem ISK in England von vornherein den Ruf verschrobenen Sektierertums eingetragen.[311] Allerdings wurde der Kontakt mit dem ISK nicht abgebrochen und Eichler blieb der unumstrittene

---

306 Ebd.
307 So wurde Willi Kirsteins verhaftet und Hilde Meisel wurde an der Grenze getötet. Vgl. Sabine Lemke-Müller: Ethischer Sozialismus und soziale Demokratie, S. 186.
308 Vgl. z. B. Karl-Heinz Klär: Zwei Nelson-Bünde, S. 355 und Sabine Lemke-Müller: Ethischer Sozialismus und soziale Demokratie, S. 186.
309 Willi Eichler, in: Brief an Erna (wahrscheinlich Blencke) v. 31.7.1945, in: IJB-/ISK-Bestand im AdsD, Box 58. Siehe auch Karl-Heinz Klär: Zwei Nelson-Bünde, S. 355.
310 Ebd.
311 Vgl. Sabine Lemke-Müller: Ethischer Sozialismus und soziale Demokratie, S. 181.

Führer des Bundes. Nach Meinung Klärs hat Eichler aus machtpolitischen Gründen die Identität und die Inhalte des ISK vernachlässigt, den ISK aufgelöst und eine Führungsposition in der SPD gesucht.

Sabine Lemke-Müller ist anderer Meinung und versucht, der These Klärs ein vernunftorientiertes Motiv entgegenzusetzen. Nicht Eichlers »Gespür für Machtfragen«, sondern »seine Fähigkeit zu einer zutreffenden Analyse der Situation und sein Gefühl für das politisch Machbare«, seien die Gründe, »die ihm eine andere Entscheidung verboten.«[312] Danach hätte Eichler, angesichts der Möglichkeit in die SPD integriert zu werden, erkannt, dass der ISK alleine keine politische Rolle mehr spielen würde, die den Ansprüchen des ISK gerecht wurden und dass er daher keine andere Wahl hatte, als auf die SPD zuzugehen. Dafür spricht die weltweite Zerstreuung des ISK, die in Deutschland schon dazu geführt hatte, dass einige Mitglieder von alleine in die SPD eingetreten waren. Dazu kamen die katastrophalen Zustände in Deutschland, in denen der ISK lediglich die Position »einer unbedeutenden Sekte« erreicht hätte, »die nicht einmal – wie noch zu Zeiten der Weimarer Republik – eine Option auf breiteren Einfluß zu ihren Aktiva rechnen durfte«.[313] Außerdem kann man die Erfahrungen, die Eichler in Paris und vor allem in der Zusammenarbeit in der Union im Londoner Exil gemacht hat, als weiteren Grund für das Zugehen auf die SPD werten. Es ist mehrmals deutlich geworden, vor allem durch die schmerzhafte Zerschlagung des innerdeutschen ISK-Widerstands, dass der ISK alleine nicht zurechtkam.

Weitere Analysen der Ereignisse, die zum Aufgehen des ISK in die SPD führten, lassen den Schluss zu, dass Eichlers Entscheidung, den ISK in die SPD zu führen, sowohl machtpolitisch als auch vernunftorientiert sein konnte. Eichler reiste von August bis Oktober 1945 nach Deutschland und besuchte ISK-Mitglieder in verschiedenen Städten. Dabei wurde über die zukünftige Struktur der Partei diskutiert und Eichler erfuhr, dass Versuche der ISK-Genossen, eine einheitliche sozialistische Partei unter Vermeidung des Namens SPD zu gründen, allesamt im Sande verlaufen waren. Es waren zwei Beobachtungen, die Eichler davon überzeugten, dass der ISK nicht in der Lage sein würde, allein zu bestehen: Einerseits war es, wie Lemke-Müller rekonstruierte, die realistische Einschätzung der eigenen Organisationsstruktur. Faktisch war der ISK 1945 nicht in der Lage, an die alten Organisationsstrukturen anzuknüpfen und schon vor 1933 war der ISK klein bis unbedeutend. Den ISK als Alternative zu den großen Parteien der Arbeiterbewegung zu installieren, war absolut illusorisch. Andererseits wird Eichlers tief beeindruckt gewesen sein durch die Beobachtung des Ausmaßes der Zerstörungen im Spätsommer 1945. Der ISK wäre nicht in der Lage gewesen, die Herausforderungen des Wiederaufbaus zu stemmen. Eichler könnte zu diesem Zeitpunkt auch zu dem Schluss gekommen sein, den er später häufiger zog: Um große gesellschaftliche Probleme zu lösen, braucht es große

---

312 Ebd., S. 190.
313 Ebd.

politische Bündnisse. Soweit wird Eichlers Beschluss, zur SPD überzutreten, vernunftgesteuert gewesen sein.

Den letzten ausschlaggebenden und eher machtpolitischen Grund lieferte dann das Treffen mit Kurt Schumacher, der in Hannover den Wiederaufbau der SPD nach dem Zweiten Weltkrieg steuerte. Otto Bennemann, ein langjähriges ISK-Mitglied, hatte seinerseits bereits Kontakt zu Kurt Schumacher aufgenommen. Auf dessen Initiative trafen sich im August Eichler und Schumacher. Eichler stellte für die Aufnahme des ISK in die SPD folgende Bedingungen:

»Es handelt sich dabei in der Hauptsache um die Herausgabe einer Zeitschrift mit der Pflege der Anwendung unserer Prinzipien auf den Gesellschaftszustand, den Aufbau von Schulen, in denen die Methoden unserer Erziehung ausprobiert werden koennen, sowie den Ausbau eines organisatorischen Rahmens, in dem die Ergebnisse dieser Erziehung auch organisatorisch verwertet werden koennen.«[314]

Schumacher ging auf die Forderungen ein. Den ISK-Mitgliedern wurde damit die Erlaubnis erteilt, einen Kader nach Nelsons Philosophie, mit einer eigenständigen Organisationsstruktur innerhalb der SPD aufrechtzuerhalten und auch neu auszubilden. All das ohne demokratische Legitimation und intransparent für andere SPD-Mitglieder – ein einzigartiges und ungewöhnlich weitgehendes Zugeständnis, das mit den Statuten der SPD, nach denen alle Gliederungen innerhalb der Partei demokratisch legitimiert sein müssen, nicht in Einklang zu bringen ist.[315] Auch angesichts der geringen Personenzahl, die Eichler vom ISK zur SPD führen wollte, sind die Zugeständnisse Schumachers und der Präzedenzfall, den er damit zuließ, ungewöhnlich. Was wäre passiert, wenn auch andere Parteigliederungen ähnliche Sonderrechte innerhalb der SPD forderten und sich dabei auf die ehemaligen ISK-Mitglieder bezogen hätten?

---

314 Vgl. Brief Eichlers an Ludwig Gehm, 16.10.1945, in: Eichler-Bestand im AdsD, Box 312. In der Literatur waren bisher lediglich Berichte unbeteiligter Dritter vermerkt, da es sich um ein Gespräch unter vier Augen zwischen Eichler und Schumacher gehandelt hatte. Hier wird erstmals Eichler direkt zitiert, womit allerdings der Bericht von Otto Bennemann bei Sabine Lemke-Müller untermauert wird. Vgl. Sabine Lemke-Müller: Ethischer Sozialismus und soziale Demokratie, S. 188:
»[…] wir wollen eigene Zeitschriften, einen eigenen Verlag, eigene Schulen haben und einen irgendwie organisatorischen Rahmen, in dem wir praktische Erziehung durchführen können, in dem wir auch ausprobieren könnten, wie eine Organisation funktioniert, wenn die Verantwortung nicht nach dem Prinzip des Majoritätsbeschlusses verteilt wird. […] Schumacher zeigte volles Verständnis für unsere Forderungen und versprach, sie auf jedem sich konstituierenden Parteitag als berechtigt zu verteidigen.«
315 Wahlordnung der Sozialdemokratischen Partei Deutschlands, Stand 2009, § 1, nach dem in allen Gliederungen der SPD Wahlen durchgeführt werden müssen. Vor dem Hintergrund verwundert es nicht, dass es kein Protokoll dieses Gespräches gibt, denn der protokollierte Präzedenzfall hätte nachfolgende Konflikte mit ähnlichen Wünschen anderer Gliederungen oder Teilen der Partei mit sich bringen können.

Allerdings war die geringe Anzahl der ISK-Mitglieder in gewisser Hinsicht eine Entwarnung für Schumacher – was konnte es in der großen Gesamtorganisation SPD schon schaden, wenn etwa 200 Mitglieder neben der SPD in einer eigenen Organisationsstruktur mit Sonderrechten ausgestattet waren. Auch kann angesichts fehlender Protokolle und schriftlicher Belege des Treffens zwischen Schumacher und Eichler kaum von einem Präzedenzfall die Rede sein, auf den sich andere Organisationsteile der SPD in Zukunft hätten beziehen können. Vor allem aber hatte man 1945 andere Sorgen: Es ging neben der Bewältigung der Alltagssorgen im zerstörten Nachkriegsdeutschland darum, die SPD neu aufzubauen. Es fehlt zwar ein schriftlicher Beleg dafür, dass Schumacher tatsächlich so weitgehende Zugeständnisse gemacht hat. Allerdings ist es doch glaubhaft, dass Schumacher diese gemacht hat. Schumacher wird es zu diesem Zeitpunkt wichtiger gewesen sein, die Abspaltungen, die es innerhalb der Arbeiterbewegung vor 1933 gegeben hatte, zu korrigieren und einzubinden. Es war Schumacher bis zu seinem Tod ein wichtiges Anliegen, die SPD möglichst breit in der Gesellschaft zu verankern:

» Mag der Geist des Kommunistischen Manifests oder der Geist der Bergpredigt, mögen die Erkenntnisse rationalistischen oder sonst irgendwelchen philosophischen Denkens ihn bestimmt haben, oder mögen es Motive der Moral sein, für jeden […] ist Platz in unserer Partei.«[316]

Auch verlangte Schumacher vom ISK einen hohen Preis: die Auflösung der eigenen Partei und die Anerkennung der inhaltlichen Ziele der deutschen Sozialdemokratie. Sicherlich war dies für Eichler eine machtpolitische Abwägung: versuchte man es als ISK allein oder gab man die Unabhängigkeit auf, zugunsten einer Mitgliedschaft in der SPD, wobei die Zugeständnisse Schumachers die Abhängigkeit von der SPD etwas relativierten.

Mit der Zusage Schumachers im August war es für Eichler zumindest klar, dass der ISK in der SPD aufgehen musste – eine logische Schlussfolgerung der Beobachtungen im zerstörten Deutschland, der damit verbundenen für den ISK unüberwindbaren Herausforderungen und der Möglichkeiten, die die SPD bot. ISK-intern war diese Position jedoch durchaus umstritten. Offensichtlich gab es Kritik von den Mitgliedern in Deutschland, trotz der Gespräche, die Eichler dort geführt hatte.[317] Ebenso kritisch hatte sich die ISK-Gruppe in den USA gegen eine Integration in die SPD geäußert.[318] Man wollte die eigene Identität als Partei nicht einfach fallen lassen. Dies führte dazu, dass die Entscheidung zur Auflösung des ISK noch aufgeschoben wur-

---

316 Kurt Schumacher auf dem Parteitag in Hannover am 9. Mai 1946, Parteitagsprotokoll des SPD-Parteitages in Hannover, 9. bis 11. Mai 1946, S. 26 ff.
317 Vgl. Werner Link: Die Geschichte des IJB und des ISK, S. 323-327.
318 Vgl. Helga Grebing: Entscheidung für die SPD, S. 185 f.

de. Eichler selbst kündigt am 16. Oktober 1945 den Eintritt in die SPD an. Eichler ist aber auch zu diesem Zeitpunkt schon klar, dass der ISK zwar als eigenständige Partei aufgelöst würde, aber weiterhin an seiner eigenständigen inhaltlichen Arbeit festhalten würde.

> »Wie diese besonderen Arbeiten im Einzelnen aussehen werden und, vor allem, welchen organisatorischen Rahmen sie endgueltig empfangen werden, laesst sich heute noch nicht sagen, doch scheint es gute Aussichten zu geben, dass wir auf diesem Wege gute Arbeit werden leisten koennen.«[319]

»Wir« – das ist der ISK als Bestandteil der SPD allerdings mit einer Palette an eigenen Sonderrechten ausgestattet, die eine Weiterarbeit an den Zielen des ISK auch nach seiner Auflösung oder seines Aufgehens in der Sozialdemokratie sichern sollten.

Am 10. Dezember 1945 erklärte Eichler dann offiziell in einem Rundschreiben,

> »daß der ISK in seiner bisherigen Form aufgelöst ist, – schon weil in seiner Satzung der Charakter der Partei besonders betont ist – daß die politische Arbeit der bisherigen Mitglieder, soweit es bestimmte Leistungen finanzieller oder anderer, regelmäßig stattfindender Art betrifft, freiwillig sein muß, und daß die Zusammenarbeit in anderer Hinsicht, wie z. B. in Arbeitsgemeinschaften, Kursen und dergleichen nicht als irgendeine Art von Mitgliederversammlung in kleinerem oder größerem Rahmen gelten kann.«[320]

Während Kurt Schumacher sich einerseits über den Eintritt Eichlers und seiner Leute freute[321], taten sich andererseits einige ISK-Mitglieder schwer mit dem Übergang in die SPD. Einige trauerten um die eigenständige Organisation nach den Jahren der mühevollen Aufrechterhaltung der kontinuierlichen Arbeit in Widerstand und Exil.[322] Dennoch setzte sich Eichler mit der Auflösung des ISK durch und nach dem Führerschaftsprinzip im ISK folgte auf die Entscheidung des Vorsitzenden keine weitere Diskussion.

Die Nelsonianer traten der Sozialdemokratie bei, aber die Nelson-Bewegung erhielt sich ihr eigenes Profil innerhalb der SPD. Willi Eichler wurde auf dem ersten Nachkriegsparteitag der SPD am 11. Mai 1946 als Vorsitzender einer der »zurückgekommenen« Organisationen in den Parteivorstand gewählt und vertrat dort die

---

319 Vgl. Brief Eichlers an Ludwig Gehm, 16.10.1945, in: Eichler-Bestand im AdsD, Box 312.
320 Willi Eichler: Rundschreiben »Auflösung des ISK«, 10.12.1945, in: IJB-/ISK-Bestand im AdsD, Box 110. Siehe auch Werner Link: Die Geschichte des IJB und des ISK, S. 327.
321 Vgl. Brief von Annemarie Renger an Willi Eichler, 4.1.1971, in: Eichler-Bestand im AdsD, Sign. 1/WEAA000070.
322 Sabine Lemke-Müller hat den internen Konflikt sehr gut dargestellt in: Ethischer Sozialismus, S. 189-192.

Interessen der ehemaligen ISK-Mitglieder, die trotz Auflösung des Bundes noch eine enge Verbundenheit zueinander verspürten und auch weiterhin als Gemeinschaft enge Verbindungen aufrechterhielten. Hierbei handelte es sich nicht um die Unterwanderungsstrategie der Nelson-Bünde der 1920er-Jahre, die letztendlich auch zum Unvereinbarkeitsbeschluss der SPD führte. Die Auflösung der eigenen Partei fand nicht zum Schein statt.

Der Eintritt in die SPD und die Auflösung des ISK als selbstständige Partei war ein wesentlicher Schritt in Willi Eichlers Entwicklung vom »Ethiker der Gesinnung« zur »Ethik der Verantwortung«. Aus der Motivation, machtpolitisch mehr Einfluss zu erlangen und aus der vernünftigen Erkenntnis heraus, innerhalb der SPD einen besseren und effektiveren Beitrag leisten zu können, um erlebte Katastrophen für zukünftige Generationen zu verhindern, wurde der Verlust der Unabhängigkeit als eigenständige Partei im Kauf genommen. Auch wenn es Sonderrechte gab, wurde dem ISK und seinen Mitgliedern durch die Sozialdemokratie und ihren Positionen sowohl organisatorisch als auch inhaltlich Grenzen gesetzt: Vor allem die Demokratieablehnung und die Forderung nach dem Führerschaftsprinzip, die in der Weimarer Republik aber auch noch in der Union im Londoner Exil missionarisch in die SPD transportiert werden sollten, wurden nach dem Zweiten Weltkrieg fallen gelassen. Damit wurde ein zentraler Bestandteil der eigenen ISK-Gesinnung zugunsten der gemeinsamen Verantwortung abgelegt.

Doch darüber hinaus nutzten Eichler und die ehemaligen ISK-Mitglieder ihre Sonderrechte innerhalb der SPD, um ihre eigenen philosophischen Grundsätze weiterhin zu pflegen und weiterzugeben: Wie zurzeit des IJB und des ISK wurden Kurse und Publikationen im Sinne Nelsons Philosophie organisiert, auch wenn eine eigenständige Partei nicht mehr existierte. Nach wie vor versuchten die ehemaligen ISK-Mitglieder ihre Gesinnung, ihre philosophischen Grundsätze in die SPD und ihre Programmatik einfließen zu lassen aber als Teil der Sozialdemokratie, unter Anwendung demokratischer Regeln und ohne das Ziel, eine eigene Partei gründen zu wollen. Den ehemaligen Vorsitzenden des ISK Willi Eichler führte dieses Anliegen in die Grundsatzkommission der SPD, die unter seiner Leitung die Vorbereitung zum Godesberger Programm leistete.

III Willi Eichler in der SPD – Der Weg zum Godesberger Programm: 1945 bis 1971

1 Die Rückkehr Eichlers und der Neuanfang in der SPD ab 1945

Willi Eichler entwickelte sich nach dem Zweiten Weltkrieg vom Vorsitzenden der ausgeschlossenen sozialistischen Splittergruppe ISK zum Architekten des Godesberger Programms von 1959. Dieser Weg begann schon in der Zeit des Exils mit der Zusammenarbeit mit Sozialdemokraten und Sozialisten in der Union deutscher Exilorganisationen. Unmittelbar nach dem Ende des Zweiten Weltkrieges nahm die Zusammenarbeit jedoch neue Formen an durch den Eintritt Eichlers in die SPD – zahlreiche Genossinnen und Genossen des ISK-Zusammenhangs folgten ihm. Unmittelbar nach dem Eintritt Eichlers in die SPD Ende 1945, setzte er sich mit aller Kraft für den Wiederaufbau der SPD ein und wurde in den ersten Parteivorstand der SPD im Mai 1946 gewählt. Im Sommer 1947 wurde Willi Eichler Vorsitzender der SPD im Bezirk Mittelrhein, der zunächst in Obere Rheinprovinz und auf dem Bezirksparteitag Ende Mai 1948 in Bezirk Mittelrhein umbenannt wurde.[1] Mit diesem Vorsitz nahm Eichler unmittelbar eine Schlüsselstellung in der Entwicklung der Nachkriegs-SPD ein. Er nutzte diese Position von Anfang an dazu, Einfluss auf die Ausrichtung der SPD insgesamt zu nehmen und hatte dabei einen intensiven Kontakt zu Kurt Schumacher.[2]

Eichler war einer von mehreren herausgehobenen Persönlichkeiten, die maßgeblich für den Aufbau der SPD nach 1945 sein sollten. Nach 12 Jahren Verfolgung und Gleichschaltung war der Mangel an politischen Köpfen schmerzhaft zu spüren. Indem Eichler bereits im Herbst 1945 durch Deutschland reiste, Vorträge vor der sich wieder sammelnden SPD-Basis hielt, eine Vielzahl an Gesprächen mit Sozialdemokraten und Gewerkschaftlern führte, erlangte er bereits von Anfang an einen herausragenden Ruf.

---

1 Mit der Umbenennung 1948 wurden keine Grenzen verschoben. Der ehemalige Bezirk »Obere Rheinprovinz« umfasste, vor der Zerschlagung der SPD durch die Nationalsozialisten 1933, zusätzlich die Gebiete Saar und Koblenz. Nach dem Krieg entsprachen die neuen Grenzen des SPD-Bezirks denen der britischen Besatzungszone im Rheinland und umfassen seit dem in etwa das Dreieck Aachen – Bonn – Köln. Vgl. Jahrbuch der SPD 1946 und 1948.

2 Zum Beleg dient eine gut archivierte Korrespondenz zwischen Eichler und dem Büro Schumacher in Hannover im Eichler-Bestand im AdsD seit 1945.

Eichlers Vorgänger im Amt des Bezirksvorsitzenden Mittelrhein der SPD war Robert Görlinger. Er gehörte zu den bedeutenden »Wiederaufbau-Architekten« der Arbeiterwohlfahrt (AWO), die, zunächst als Wohlfahrtsverband der Sozialdemokratie gegründet, nach 1945 als unabhängiger Verband ihre Arbeit fortsetze. Dennoch gehörte Görlinger auch zu denen, die sich um den Wiederaufbau der SPD in Köln und in der Region verdient gemacht haben.

Eine Besonderheit der SPD Mittelrhein zeigt sich in der Zusammensetzung der Gruppe der Protagonisten des Wiederaufbaus, zu denen auch Heinz Kühn zu zählen ist. In dieser frühen Nachkriegszeit waren hier sowohl »Daheimgebliebene« also Genossinnen und Genossen, die während der NS-Zeit nicht das Land verlassen hatten, als auch viele »Remigranten«, also politische Exilanten, die aus Deutschland nach der Regierungsübernahme der Nationalsozialisten fliehen mussten, um der Verhaftung zu entgehen, und – sofort nach Kriegsende beziehungsweise sobald es ihnen möglich war – wieder zurückgekehrt waren. Diese Remigranten waren von dem Wunsch geprägt, ihren Beitrag beim Wiederaufbau Deutschlands zu leisten.[3] Die in Deutschland Verbliebenen profitierten von den Exilerfahrungen der Remigranten. Diese Generation sozialdemokratischer Frauen und Männer teilte die Erfahrungen der Verfolgung durch die nationalsozialistische Diktatur. Auch die Erfahrungen im Exil waren prägend. Wie Ollenhauer es im Exil ausdrückte, hatten Sozialdemokraten im Exil Pflicht und Möglichkeit, »jetzt schon in viel größerer Freiheit und Unabhängigkeit die notwendigen klärenden Diskussionen über Formen und Aufgaben der neuen Partei führen zu können.«[4] Die sozialdemokratischen Remigranten waren allein aufgrund ihrer besonderen Erfahrungen und der Möglichkeit, sich freier politisch zu bewegen und vorzubereiten, dazu prädestiniert, zu Schlüsselfiguren des Wiederaufbaus der SPD im Bezirk Mittelrhein zu werden.

Zu diesen besonderen Erfahrungen gehörten neben Flucht und Verfolgung zumeist auch Jahre in Gefängnissen und Konzentrationslagern. Robert Görlinger beispielsweise hatte bereits im März 1933 Deutschland verlassen müssen. Im Mai 1941 wurde er dann im besetzten Frankreich verhaftet und kam ins Konzentrationslager Sachsenhausen, aus dem er im Mai 1945 von den Briten befreit wurde. Anders dagegen Heinz Kühn, der seiner Verhaftung entging, indem er ebenfalls im März 1933 Deutschland verließ. Anders als Görlinger verbrachte er die Zeit der nationalsozialistischen Diktatur im Exil in Prag und Brüssel. Sowohl Görlinger als auch Kühn kehrten genauso wie Eichler bereits 1945 nach Köln zurück. Kühn engagierte sich zusammen mit Eichler nicht nur beim Wiederaufbau der SPD – es war auch Kühn,

---

3   Vgl. hierzu Peter Hüttenberger: Nordrhein-Westfalen und die Entstehung seiner parlamentarischen Demokratie, S. 100.
4   Möglichkeiten und Aufgaben einer geeinten sozialistischen Partei in Deutschland. Grundgedanken eines Referates von Erich Ollenhauer in einer Mitgliederversammlung der »Union« in London 1942, in: Programmatische Dokumente, S. 217.

der Eichler vorschlug, den Posten als Chefredakteur der »Rheinischen Zeitung« in Köln zu übernehmen und ihm mit diesem Angebot Ende 1945 auch den Anlass bot, nach Deutschland zurückzukehren. Heinz Kühn, mit dem Eichler bereits seit längerer Zeit einen regen Briefwechsel pflegte, war bereits aus dem Exil zurückgekehrt und zum Auslandsredakteur der »Rheinischen Zeitung« berufen worden.[5] Dass Eichler nach Kriegsende als Journalist nach Köln gebeten wurde, um als Chefredakteur der »Rheinischen Zeitung« zu arbeiten, war kein Zufall. Denn Eichler hatte sich im Exil als Journalist einen Namen gemacht. Das wichtigste Handlungsfeld Eichlers im ISK war neben den Alltagsaufgaben des Vorsitzenden die journalistische und publizistische Arbeit. Auch in London hatte Eichler weiter publiziert – mit selbst erstellten Zeitungen und Flugblättern informierten Eichler und seine ISK-Mitglieder über den weltweiten Kampf gegen den Faschismus und das Dritte Reich Adolf Hitlers.

Am 26. Januar 1946 machte sich Willi Eichler auf und verließ seine Wohnung in Welwyn Garden in der Nähe Londons. Nach über 12 Jahren des Exils ging es nun zurück nach Deutschland. Die Nähe der »Rheinischen Zeitung« zur SPD war traditionell ausgeprägt, war doch schon Karl Marx Redakteur der Zeitung gewesen. So wurde die Neugründung der Zeitung durch die führenden Kölner Sozialdemokraten Robert Görlinger und Hans Böckler mit dem Büro Schumacher in Hannover abgesprochen.[6] Es war dann auch die rechte Hand Böcklers, das ehemalige ISK-Mitglied Werner Hansen alias Wilhelm Heidorn, der Willi Eichler als Chefredakteur vorschlug.[7] Für Eichler war die Verknüpfung von Journalismus und politischer Parteiarbeit sehr attraktiv, waren dies doch seine beiden Hauptaktionsfelder gewesen. Dank der guten Kontakte zu den britischen Behörden erlangte er eine Einreisegenehmigung in die britische Besatzungszone im Rheinland. Die Zustände im zerstörten Köln werden am besten vom gebürtigen Kölner Heinz Kühn beschrieben: »Es war ein bedrückendes Erlebnis, diese beinahe unvorstellbare Trümmerwüste […] zu sehen.«[8]

Eichler zog in die Petersbergstraße 73 in Klettenberg in eine Wohnung, die auch deutliche Zeichen der Verwüstung trug: Es gab in der Wohnung zunächst keine

---

5   Eichler hatte Kühn dabei unterstützt, von Belgien wieder nach Deutschland zu reisen. Dabei halfen Eichlers Kontakte zum britischen Militär und ISK-Genossen, die auf dem europäischen Festland aktiv geblieben war. Vgl. Brief von Kühn an Eichler, in: Eichler-Bestand im AdsD, Sign. 1/WEAA000079.
6   Am 18. Februar 1946 erhielt die sozialdemokratische Herausgebergruppe um den späteren ersten Vorsitzenden des Deutschen Gewerkschaftsbundes (DGB) Hans Böckler und den Kölner Oberbürgermeister Robert Görlinger von der britischen Militärregierung die Lizenz für die Wiederherausgabe der Rheinischen Zeitung als erster deutscher Tageszeitung in Köln nach dem Krieg. Die tägliche Auflage betrug 122.000 Exemplare.
7   Vgl. Peter Fuchs: Das schnelle Ende der sozialdemokratischen Presse in Köln, in: Sozialdemokratie in Köln, S. 273 ff.
8   Heinz Kühn an seine Frau Marianne Kühn, zit. i. Dieter Düding: Heinz Kühn 1912–1992: eine politische Biographie, S. 104.

Verglasung.[9] Für Eichler stand von Anfang an die politische Arbeit im Mittelpunkt unabhängig von den Alltagsschwierigkeiten, die das Leben im zerstörten Nachkriegsdeutschland erschwerten. Im Februar erhielt die Zeitung die Freigabe durch die britische Besatzung. Am 2. März 1946 kam die erste Ausgabe der »Rheinischen Zeitung – Tageszeitung für die Schaffenden am Rhein« heraus, fast auf den Tag genau 13 Jahre nachdem die Nationalsozialisten sie Ende März 1933 verboten hatten.[10] Willi Eichler schrieb, wie bei fast jeder Ausgabe, die er als Chefredakteur herausbrachte, den Leitartikel, der besonders deutlich zeigt, wie wichtig ihm der freie Journalismus als Teil einer demokratischen Gesellschaft war. Es wird hier auch besonders deutlich, wie ernst es Eichler war, als Journalist und Politiker am Aufbau und an der Ausgestaltung der Demokratie teilzuhaben:

> »Von all den Verbrechen, die das Naziregime an anderen Völkern und an dem eigenen begangen hat, ist wahrscheinlich das größte, daß man dem Volk zwar Zuckerbrot und Peitsche – je nach Laune der Diktatoren – zukommen ließ, daß aber niemals und in keiner Weise wirkliche Aufklärung und freie Kritik gestattet war[en]. Ohne eine frei sich bildende öffentliche Meinung bleibt jeder Staat und auch jede andere Gemeinschaft ein bloßer Sklavenhaufen, innerhalb dessen alles Mögliche an ›Aufbauarbeit‹ erreicht werden mag – nur nicht eine Demokratisierung des öffentlichen Lebens. Ohne diese aber kann das deutsche Volk weder nach innen noch nach außen hin ein vollwertiges Glied in der Gemeinschaft der Völker werden […] Einer solchen Aufgabe von Pressefreiheit widerstreitet es nur scheinbar, wenn unser Blatt, die ›Rheinische Zeitung‹, eine Richtungszeitung ist, eine sozialdemokratische Zeitung, also eine Presse, deren Mitarbeiter sich bereits ein bestimmtes politisches Weltbild erarbeitet haben, den Sozialismus. Auf diesen sind wir ›festgelegt‹, und wir werden (ihn) von uns aus nicht immer von neuem in Zweifel ziehen. Wohl aber werden wir auf jeden ernsten Gegner dieser Auffassung eingehen, der sie mit Gründen angreift.«[11]

Neben dem klaren Eintreten für Pressefreiheit wird hier auch deutlich, wie wichtig es Eichler war, nicht nur für irgendeine Zeitung, sondern für eine politisch eindeutig orientierte Zeitung zu schreiben. Konsequenterweise verließ Eichler die Zeitung 1951, nachdem die Fusion mit einer anderen Zeitung, dem »Rhein-Echo«, und damit eine politisch neutrale Ausrichtung der Zeitung angesteuert wurde. Neben seiner Arbeit in der »Rheinischen Zeitung« brachte er ab 1946 bis zu seinem Tod 1971 die Zeitschrift »Geist und Tat« heraus. Sie ist in der Tradition der älteren ISK-Zeitschriften gehalten

---

9   Interview mit Susanne Miller, S. 244.
10 Vgl. Peter Fuchs: Das schnelle Ende der sozialdemokratischen Presse in Köln, in: Sozialdemokratie in Köln, S. 277 ff.
11 Willi Eichler: Leitartikel »Rheinische Zeitung« v. 2.3.1946.

und veröffentlichte gerade in den ersten Jahren inhaltliche Beiträge zum Marxismusverständis inner- und außerhalb der SPD; der Schwerpunkt lag in der Theoriediskussion über die Ausgestaltung des demokratischen Sozialismus. Die Zeitschrift stand zwar auch Autoren offen, die nicht im ISK gewesen waren aber in der Regel kamen die Artikel aus den Reihen der ehemaligen ISK-Mitglieder.

Parallel zu seinen journalistischen Bemühungen begleitete Eichler den Aufbau der SPD in Westdeutschland. Dabei ging es einerseits darum, bundesweit Kontakte und verlorene Strukturen erneut zu schaffen und andererseits auf der lokalen Ebene politischen Wiederaufbau zu leisten. Er half bei den Vorbereitungen zum ersten SPD-Parteitag nach dem Ende des Krieges, der vom 9. bis zum 11. Mai 1946 in Hannover stattfand. Auf diesem ersten Parteitag wurde Eichler in den Parteivorstand gewählt. 258 Delegierte aus den Westzonen kamen nach Hannover – Eichler erhielt 178 Stimmen.[12]

Der politische Wiederaufbau auf der lokalen Ebene war eng verbunden mit den Bemühungen der Alliierten, aber auch der Sozialdemokraten, den Staatsapparat zu entnazifizieren. Eichler unterstützte insbesondere die Bemühungen der Kölner Sozialdemokraten und Gewerkschafter, Nationalsozialisten aus der Stadtverwaltung zu entlassen.[13] Darüber hinaus nahm sich Eichler als Journalist und Chefredakteur lokaler Themen aus Köln und Bonn an.

Da Eichler es in seiner Exilzeit zu einer gewissen Bekanntheit gebracht hatte, erreichten ihn zahlreiche Anfragen, kaum dass er in Deutschland angekommen war. Diese führten ihn zu den neu entstehenden SPD-Unterbezirken, -Kreisen und Arbeitsgemeinschaften im Raum Köln-Bonn-Aachen (Bezirk Mittelrhein), aber auch in anderen Regionen Westdeutschlands. Vor Ort diskutierte er mit den Parteimitgliedern und redete über die Grundsätze des demokratischen Sozialismus.[14] Häufig sprach er auch öffentlich zur aktuellen politischen Situation, zum Beispiel zur Innenpolitik und Fragen der politischen Zukunft Deutschlands zum Beispiel »Über zwei Dutzend Länder, fünf Zonen, ein Volk, ein Reich?«, am 23.2.1947 in Köln-Mülheim.[15] Aber auch außenpolitische Vorträge gehörten zu Eichlers Repertoire, wie etwa zu den Themen »Deutschland und Europa« oder »Deutschland von England aus gesehen«. Sein Ziel war es, mit diesen Vorträgen zu einer neuen politischen Kultur in Deutschland beizutragen. Ein besonderes Anliegen war Eichler die Gewinnung der jungen Generation für die Sozialdemokratie. Dabei ging es ihm vor allem um die Demokrati-

---

12 Vgl. Franz Osterroth/Dieter Schuster: Chronik der deutschen Sozialdemokratie, Bd. 2, S. 73.
13 Brief Eichlers an Fritz Heine im Büro Schumacher in Hannover vom April 1946: Beschreibung des Vorgehens der Genossen in Köln gegen »naziverseuchte« Stadtverwaltung – Besetzen der leitenden Stadtverwaltungsposten angestrebt aber auch erschwert durch Einschüchterungen der Verwaltung. Im Archiv der sozialen Demokratie, Eichler-Bestand im AdsD, Box 108.
14 Vgl. hier u. i. F. Archiv der sozialen Demokratie, Bestand Willi Eichler 1946–1947, Box 108 u. 109.
15 Einladung Eichlers zur Informationsreihe in Köln-Mülheim des Bezirks Obere Rheinprovinz, vom 3. Januar 1947; Archiv der sozialen Demokratie, Eichler-Bestand im AdsD, Box 109.

sierung der Jugend, die unter der nationalsozialistischen Diktatur aufgewachsen war, nichts anderes kennen gelernt und am stärksten unter ihrem Einfluss gestanden hatte. Darüber hinaus war Eichler der Kontakt und die enge Zusammenarbeit mit den Gewerkschaften wichtig. Im SPD-Parteivorstand fungierte er daher als Verantwortlicher für Kultur und Bildungsfragen sowie als Kontaktmann zu den Gewerkschaften und nahm diese Rolle auch sehr ernst.

Mit ebenso großem Ernst verfolgte Eichler den Aufbau der SPD im Bezirk Mittelrhein. Spätestens Ende 1946 sprang Eichler gelegentlich in Vertretung des Bezirksvorsitzenden Robert Görlinger als Redner im Bezirk ein. Auch in seiner Position als Chefredakteur der »Rheinischen Zeitung« bemühte er sich, die Arbeit der Parteifunktionäre im Bezirk zu reorganisieren und zu koordinieren. Er bewirkte eine engere Zusammenarbeit zwischen der Redaktion und den Parteifunktionären, um eine wirksame Unterstützung der Zeitschrift im Wahlkampf zu ermöglichen, insbesondere für die Kommunalwahl im Oktober 1946 und die Landtagswahl im April 1947. Aber auch außerhalb der Wahlkämpfe setzte sich Eichler für eine »hieb- und stichfeste Berichterstattung über das politische und soziale Geschehen innerhalb unseres Bezirks« ein.[16] Dazu versuchte er die Funktionäre zu animieren, regelmäßig Berichte über die Parteiaktivitäten an die Redaktion zu schicken. Die regelmäßige Berichterstattung hatte bereits im ISK dazu gedient, die Mitglieder zu einer systematischeren politischen Arbeit zu führen, war aber auch das wichtige Instrument, das Führerschaftsprinzip aufrechtzuerhalten. Ob und inwieweit die SPD-Funktionäre auf den Aufruf Eichlers eingegangen sind und tatsächlich regelmäßig Berichte an ihn geschickt haben, ist nicht bekannt – Berichte sind zumindest nicht dokumentiert. Unabhängig davon war Eichler einer der Protagonisten des Bezirks insbesondere im Wahlkampf zur ersten freien Landtagswahl in Nordrhein-Westfalen am 20. April 1947, nach der Eichler als Abgeordneter über die Liste in den Landtag einzog.[17]

Eichlers Entscheidung, für den Vorsitz des SPD-Bezirks zu kandidieren, war zu diesem Zeitpunkt schon naheliegend. Nicht nur weil Eichler selbst bereits in starkem Maße für die SPD aktiv war, sondern auch weil sein Vorgänger Robert Görlinger viele Aktivitäten zu bewältigen hatte: Görlinger war ebenfalls in den Landtag eingezogen, fungierte in den beiden von den Alliierten ernannten Landtagen 1946/47 als stellver-

---

16 Willi Eichler in einem Rundschreiben an die Funktionäre des Bezirks der Sozialdemokratischen Partei Obere Rheinprovinz (o. D.). Die Erwähnung eines Wahlkampfes lässt die zeitliche Nähe zur Kommunalwahl im Oktober 1946 oder zur ersten Landtagswahl im April 1947 vermuten. Archiv der sozialen Demokratie, Eichler-Bestand im AdsD, Box 109.
17 Die Wahl war für die SPD allerdings kein Erfolg – die SPD erhielt nur 64, die CDU 92, KPD 28 und das Zentrum 20 Sitze. 37,5 % der gültigen Stimmen entfielen auf die CDU, 32 % auf die SPD, 14 % auf die KPD, 9,8 % auf das Zentrum, 5,9 % auf die FDP, 0,8 % auf sonstige Parteien und unabhängige Kandidaten.
Eichler zog über den Listenplatz 9 in den Landtag. Vgl. www.Landtag.NRW.de, Ehemalige Abgeordnete, Willi Eichler (Stand Oktober 2012).

tretender Fraktionsvorsitzender und spielte unverändert in der Kölner Kommunalpolitik eine zentrale Rolle. Auf dem Bezirksparteitag in Bonn im Sommer 1947 wurde Eichler deshalb zum ersten Vorsitzenden gewählt, was er bis 1953 blieb.[18]

Besonders betonenswert bei Eichlers Art, diesen Vorsitz auszufüllen, ist seine Bereitschaft und Fähigkeit, sowohl innerhalb der Partei als auch in der Öffentlichkeit in ganz Westdeutschland über alle bedeutenden politischen Themen seiner Zeit zu referieren und zu diskutieren und damit ein breites inhaltliches Spektrum abzudecken. Dabei sprach er auch unbequeme Themen an, die andere außen vor ließen. Bezeichnend dafür ist die Rede Eichlers, die er auf dem Parteitag des neu benannten Bezirks Mittelrhein vom 29./30. Mai 1948 gehalten hat. Die Rede, die seine Wiederwahl zum Vorsitzenden einleitete, enthält ein Bekenntnis zur Demokratie und eine Abrechnung mit dem damals geltenden Besatzungsstatut der alliierten Siegermächte:

> »Die Demokratie, soviel ist sicher, […] selbst in der Form, wie sie sich in Westdeutschland präsentiert, von Ostdeutschland gar nicht zu reden, ist gewiß ein liberalerer, ein zivilisierterer, ein menschenwürdigerer Zustand als das Dritte Reich. […] Unserer Demokratie fehlt die Grundlage. Sie ist ein Haus, bei dessen Bau wir uns zunächst um die Dachziegel und die Dachrinnen bemühen, obwohl wir noch keinen Keller gebaut und keine Ahnung haben, woher wir die Bausteine für das erste Stockwerk nehmen sollen. Und dazu kommt noch eines. Selbst wenn wir diese Demokratie besser einrichten wollten, können wir das gar nicht. Denn es gibt in Deutschland niemand, der ohne Druck, ohne Befehl und ohne ein Interventionsrecht politisch handeln könnte. Die Besatzungsmächte haben praktisch über jede einzelne Tat der Deutschen die Kontrolle nicht nur, sondern auch das Einspruchsrecht. Und da kommen wir zu einem Versuch, daß wir uns etwas einreden, was nicht da ist. Wir reden davon, daß Nordrhein-Westfalen sich eine Verfassung gibt, daß Bayern das getan hat. Da stehen einige Grundrechte garantiert. Sie sind in Wahrheit nicht garantiert. Jeder Offizier der Besatzungsmacht kann sie brechen. Alles steht nur auf dem Papier. Es ist in Wirklichkeit eine Sammlung von frommen Wünschen und das ist kein Zustand für eine Demokratie.«[19]

Eichler macht mit diesen einfachen Worten auf ein grundsätzliches Problem aufmerksam, auf das allgemeine Demokratiedefizit des Besatzungsstatuts, ohne außen vor zu lassen, dass die Situation im Vergleich zum Dritten Reich eindeutig als Fortschritt zu

---

18 Zu diesem Bezirksparteitag liegen kaum Informationen vor. Ein offizielles Bezirksparteitagsprotokoll ist nicht aufzufinden. Das Bezirksarchiv ging zumindest vorübergehend mit dem Einsturz des Kölner Stadtarchivs verloren. Im Eichler-Bestand ist jedoch ein Protokoll zu finden mit dem 5. August 1947 im Briefkopf, aus dem allerdings nicht das Datum des Bezirksparteitages selbst hervorgeht. In: Eichler-Bestand im AdsD, Box 109.
19 Eichlers Rede vor dem Bezirksparteitag der SPD Mittelrhein am 29./40. Mai 1948, in: Eichler-Bestand im AdsD, Box 4.

bezeichnen war. Es ist auffallend, mit welcher Direktheit Eichler die politische Einflussnahme der Alliierten darstellte und dabei kritisierte – er prangerte die Defizite an und ignorierte eventuelle nachteilige Konsequenzen für die eigene Person.

Willi Eichler war nicht nur im Bezirk Mittelrhein der frühen Nachkriegszeit eine politische »Galionsfigur«, die zentral am Wiederaufbau der SPD beteiligt war. Eichler gehörte von März 1946 bis Oktober 1948 dem nordrhein-westfälischen Landtag an; von 1947 bis 1948 war er stellvertretendes Mitglied des Beirates der britischen Besatzungszone. Auch war er 1948/49 Mitglied des Frankfurter Wirtschaftsrates.[20] Somit wirkte Eichler auf NRW-Landes- und auf Bundesebene dabei mit, die katastrophale Versorgungssituation zu verbessern und die westdeutsche Wirtschaft wieder in Gang zu bringen. Der Wirtschaftsrat wurde erst mit der Konstituierung des Deutschen Bundestages am 7. September 1949 aufgelöst. Auch Letzterem gehörte Eichler bis 1953 an. Seine parlamentarische Karriere endete nach nur einer Legislaturperiode im Bundestag. Danach konzentrierte er sich auf seine Aufgaben als Herausgeber von »Geist und Tat« und intensivierte sein Engagement im Parteivorstand.

Ab 1952 arbeitete Eichler als eines der fünf besoldeten Mitglieder des SPD-Parteivorstandes und war dort zuständig für Kulturpolitik – bereits seit 1946 war Eichler verantwortlich für Programmatik im Vorstand. Erst mit der neuen Stelle zog Eichler nach Bonn in den Saarweg im Stadtteil Kessenich, wo er bis zu seinem Tod wohnte. Insgesamt war er von 1946 bis 1968 Mitglied des Parteivorstandes. In dieser Funktion leitete er die Programmkommission und gehörte damit zu den entscheidenden Wegbereitern des Godesberger Programms. Dieser bedeutendste Abschnitt seines Lebens soll im Folgenden nachgezeichnet werden.

---

20 Willi Eichler war Mitglied des Fraktionsvorstandes, des Hauptausschusses, des Sonderausschusses Amerikageschäft und des Untersuchungsausschusses Kriedemann. Vgl. Christoph Stamm: Die SPD-Fraktion im Frankfurter Wirtschaftsrat 1947–1949. Protokolle, Aufzeichnungen, Rundschreiben, S. 340.

2 Der Weg zum neuen Grundsatzprogramm – Wahlniederlagen und Neuorientierung 1953–1957

2.1 Gründe für ein neues Grundsatzprogramm

Seit dem Beschluss des Heidelberger Programms von 1925 hatte sich die politische Weltkarte stark verändert. Nach 12 Jahren Diktatur, die allen, die nicht in das rassistische und faschistische Schema der Führerideologie passten, Verfolgung und Mord gebracht hatte, lag das Deutsche Reich in Trümmern. Aus vier Besatzungszonen entstanden zwei neue Staaten. Die innerdeutsche Grenze wurde zum Sinnbild der ideologischen Frontstellung zwischen den Einflusssphären der USA und der UdSSR. Das Ende des Zweiten Weltkrieges leitete den Anfang des Kalten Krieges ein.

Vor diesem Hintergrund hatte die SPD mit Kurt Schumacher, der nach dem Weltkrieg die unangefochtene Führungsperson der Partei war, ihren Neuanfang gefunden. Inhaltlich hielt man zunächst an wesentlichen marxistischen Forderungen fest, wie die Vergesellschaftung der Produktionsmittel. Im ersten Aufruf aus dem Büro Schumacher in Hannover vom August 1945 an die Bevölkerung heißt es:

> »Die Sozialdemokratie hält unverrückbar an den Grundsätzen des Sozialismus fest: Sie kämpft für die Vergesellschaftung der sozialisierungsreifen Zweige des Wirtschaftslebens, die Abschaffung der Monopolrenten, für die Umstellung der Kartelle und Trusts unter die Herrschaft der Allgemeinheit.«[21]

Die SPD öffnete sich dabei bereits unter Schumacher für Menschen unterschiedlicher Weltanschauung. So wurden neben dem ISK auch Mitglieder anderer kleinerer Organisationen aufgenommen, wie zum Beispiel »Neu Beginnen« und SAP, mit denen man bereits im Exil insbesondere in der Union in London kooperiert hatte. Gleichzeitig wollte Schumacher auch eine Öffnung der Partei für gläubige Christen erreichen. Früh erkannte Kurt Schumacher die Notwendigkeit, sich als SPD breiter in der Gesellschaft verankern zu müssen. Dafür relativierte er die Bedeutung des Marxismus in der SPD, indem er bereits auf dem Parteitag in Hannover im Mai 1946 den Marxismus zwar weiterhin als Bestandteil sozialdemokratischer Ideologie und Gesellschaftsanalyse annahm aber andererseits deutlich machte, dass es auch andere Begründungen für den demokratischen Sozialismus geben kann:

---

21 Kurt Schumacher: Politische Richtlinien für die SPD in ihrem Verhältnis zu den anderen politischen Faktoren, 1945, in: Dieter Dowe/Kurt Klotzbach: Programmatische Dokumente der deutschen Sozialdemokratie, S. 232-263.

> »Ich erkenne gern an, daß er [der Marxismus; Anm. d. Verf.] nicht eine ausschließliche Begründung des Sozialismus ist, auf die jeder Sozialdemokrat hören muß. Ich gebe jedem Sozialdemokraten gern das Recht, aus anderen Motiven und mit anderen Argumentationen vom Philosophischen über das Ethische zum Religiösen her seinen Sozialdemokratismus zu begründen. […] Mag der Geist des Kommunistischen Manifests oder der Geist der Bergpredigt, mögen die Erkenntnisse rationalistischen oder sonst irgendwelchen philosophischen Denkens ihn bestimmt haben, oder mögen es Motive der Moral sein, für jeden […] ist Platz in unserer Partei.«[22]

Dieser Begründungspluralismus, entstanden aus dem Wunsch, sich neuen Bevölkerungsschichten zu öffnen, sollte mit dem Godesberger Programm in die Grundsatzprogrammatik der SPD eingehen. Allerdings sah Schumacher für die SPD keine Notwendigkeit, sich ein neues Grundsatzprogramm zu geben. Er vertrat die Position, dass andere Themen von höherer Priorität waren und vieles noch im Fluss gewesen sei, was eine klare Positionierung in Richtung eines neuen Grundsatzprogramms erschwerte oder aus Schumachers Perspektive gar unmöglich machte, vor allem die Ost- oder Westintegration des besetzten Deutschlands.

Derweil gelang es der SPD nicht, Nutzen aus ihrer Rolle als Widerstandskraft gegen die nationalsozialistische Diktatur zu ziehen: Im Osten ging die SPD durch die »Zwangsvereinigung« mit der KPD zur SED als eigenständige Partei unter.[23] In Westdeutschland verlor die SPD bei den ersten Bundestagswahlen 1949 und gab eine »eindeutige Oppositionserklärung« ab.[24] Bis zur Etablierung der großen Koalition 1966 sollte die SPD in der Opposition bleiben. Es gelang ihr in diesen Jahren nicht, die Wählerschaft mit ihren programmatischen Vorstellungen und politischen Forderungen zu erreichen.

Auch wenn das damals gültige Heidelberger Grundsatzprogramm von 1925 im politischen Alltag und im Wahlkampf keine Rolle spielte, so wurde doch in der SPD nach den verlorenen Wahlen 1949 und 1953 der Ruf nach einem neuen Grundsatzprogramm zunehmend lauter. Das Heidelberger Programm passte nicht mehr in die Zeit in den Augen vieler Sozialdemokraten. Der Parteimarxismus des Heidelberger Programms stieß in der Bundesrepublik der 1950er-Jahre auf die Soziale Marktwirtschaft von Adenauer und Erhard – der marxistischen Kapitalismuskritik wurden die Erfolge eines kapitalistisch-marktwirtschaftlichen Wirtschaftssystems gegenübergestellt. Anstatt Produktionsmittel zu vergesellschaften, wurde die Soziale Marktwirtschaft eingeführt. Dazu kamen weitere Faktoren, die eine grundsätzliche Neuausrich-

---

22 Kurt Schumacher auf dem Parteitag in Hannover am 9. Mai 1946, Parteitagsprotokoll des SPD-Parteitages in Hannover, 9. bis 11. Mai 1946, S. 26 ff.
23 Zur Verfolgung von Sozialdemokraten in der SBZ und insbes. zum Begriff der Zwangsvereinigung vgl. Beatrix Bouvier/Hans-Peter Schulz: »die SPD aber hat aufgehört zu existieren«, S. 43 ff.
24 Kurt Klotzbach: Der Weg zur Staatspartei, S. 190 ff.

tung nötig machten, wie die Gründung der beiden deutschen Staaten, die nationalen und internationalen Umwälzungen und Ereignisse von weltpolitischem Rang wie der Kalte Krieg und die damit verbundene neue Situation der SPD in Westdeutschland.

Gleichzeitig versuchte man sich vom SBZ- bzw. DDR- und UdSSR-Kommunismus abzugrenzen und sich in Westdeutschland zu etablieren. Aus der Sicht vieler SPD-Mitglieder war nach dem Zweiten Weltkrieg eine Abgrenzung zum Sozialismus/Kommunismus des Ostblocks dringend nötig und damit verbunden auch eine Neueinschätzung der alten marxistischen Grundsätze durch die westdeutsche Sozialdemokratie. Schließlich bezogen sich die kommunistischen Regime in Osteuropa ebenfalls auf den Theoretiker und Vordenker Karl Marx. Die Kritik der westdeutschen Sozialdemokratie, dass sich die Parteien des Ostblocks zu Unrecht auf dieselben Wurzeln bezogen und zu Unrecht die Farbe Rot, die Anrede »Genosse« und das parteiinterne Duzen verwendeten, änderte nichts an der Tatsache, dass diese Bräuche in den kommunistischen und sozialistischen Parteien Osteuropas auch üblich waren und damit ungewollte Parallelen aufkamen. Die demokratische SPD wurde von den politischen Gegnern im Westen oft mit dem Feindbild des Kalten Krieges im Osten identifiziert. »Alle Wege des Marxismus führen nach Moskau! Darum CDU« hieß es auf einem Wahlplakat der Christdemokraten im Bundestagswahlkampf 1953.[25]

Darüber hinaus hatten sich die Erwartungen an Programmatik und Charakteristika der Programme innerhalb der SPD weiterentwickelt. Den charakteristischen Unterschied zwischen den Programmen vor und nach dem Zweiten Weltkrieg hat Paul Löbe auf dem Dortmunder Parteitag 1952 treffend formuliert:

> »Wenn wir uns diese alten Programme ansehen, dann finden wir, daß sie überwiegend Forderungen enthalten: Forderungen an den Staat, an die kapitalistische Gesellschaft, an andere Mächte, um politische Gleichberechtigung, um wirtschaftlichen Aufschwung, um kulturelle Hebung, um soziale Sicherung – immer an andere gerichtet! Heute muß sich aber das Programm mit der Erfüllung von Forderungen an uns selber beschäftigen. Durch unser Eindringen in die Verwaltung der Gemeinden, der Länder und vorübergehend auch des Reiches, sind wir in diese Lage gekommen, nicht mehr Forderungen an andere stellen zu können, sondern die Forderungen, die wir gestellt hatten, selber verwirklichen zu müssen.«[26]

Durch die Erreichbarkeit und Erfüllung von Regierungs- und Verwaltungsverantwortung wurde der Graben zwischen revolutionärer Theorie und reformerischer Pra-

---

25 Vgl. Wahlplakat der CDU: »Alle Wege des Marxismus führen nach Moskau! Darum CDU«. Antisowjetisches Plakat der CDU zum Bundestagswahlkampf 1953. Bundesgeschäftsstelle der CDU, Bonn 1953.
26 Paul Löbe auf dem Dortmunder Parteitag am 26.9.1952. Protokoll der Verhandlungen des Parteitages der SPD vom 24. bis 28. September 1952 in Dortmund, Vorstand der SPD (Hg.), Bonn, S. 119.

xis sowie die Notwendigkeit neuer Programme offensichtlich. Das war bereits eine Erfahrung aus der Weimarer Republik. Partei und Programmatik mussten sich also weiterentwickeln und öffnen. Dies hatten später die Mitglieder der Programmkommission unter der Leitung Eichlers nach langer Debatte und Analyse der vorherigen SPD-Grundsatzprogramme verinnerlicht. Allerdings wurde in den 1940er- und Anfang der 1950er-Jahre nicht über ein neues Grundsatzprogramm diskutiert. Wie schon zuvor blieb Schumacher bei seiner Position, dass die Nöte der ersten Nachkriegsjahre andere Prioritäten setzten. Anstatt eines neuen Grundsatzprogramms zu diskutieren, war es vordringlicher, Antworten auf die wichtigsten Alltagsbedarfe der Menschen im zerstörten Nachkriegsdeutschland zu finden. Das beinhaltete auch die Herausforderung, eine Partei neu aufbauen zu müssen.

Weder der Wunsch, sich vom Ostblocksozialismus abzugrenzen, noch veränderte Ansprüche an Programmatik oder die gesellschaftlichen, staatlichen und rechtlichen Veränderungen führten zu einer grundlegenden Programm- und Ausrichtungsdebatte der SPD, die auch Konsequenzen mit sich zog. Diese kam erst mit weiteren schlechten Wahlergebnissen für die SPD in den 1950er-Jahren. Bei der Bundestagswahl von 1953 erhielt die SPD ihr bis 2009 schlechtestes Ergebnis mit 28,8 %[27] – die CDU/CSU regierte gemeinsam mit der FDP und stellte mit Konrad Adenauer den Bundeskanzler. 1957 konnte Adenauer mit der CDU/CSU-Fraktion sogar alleine regieren dank einer absoluten Mehrheit im Bundestag. Die SPD konnte dem mit 31,8 % der Stimmen nicht genug entgegensetzen.

Nach dem Tod Schumachers 1952 wurde Erich Ollenhauer Vorsitzender der Partei sowie der Bundestagsfraktion. Nach der Wahlniederlage von 1953 antwortete dieser auf die Frage von Journalisten, welche Konsequenzen er aus dem schlechten Abschneiden seiner Partei ziehe, mit der Ankündigung, die SPD werde sich ein neues Grundsatzprogramm geben.[28] Was im ersten Moment wie eine eigenwillig, nicht an den Bedürfnissen der Bevölkerung orientierte und damit nicht adäquate Antwort erschien, entpuppte sich vor dem Hintergrund der weiteren Entwicklung der SPD und eines Anspruches nach neuer politischer Orientierung als Ankündigung eines zentralen Schritts. Ollenhauer erkannte, dass seine Partei nach den Erfahrungen der Weimarer Republik, der Unterdrückung durch die Nationalsozialisten, Weltkrieg, Ost-West-Gegensatz und erneutem Verbot im Osten nicht nur ein neues Selbstverständnis entwickelt hatte, sondern auch, dass sich dies in einem neuen Grundsatzprogramm manifestieren musste, um nach außen hin sichtbarer zu erscheinen. Das

---

27 Vgl. für die Ergebnisse der Bundestagswahlen hier u. i. F. Bundeswahlleiter unter www.bundeswahlleiter.de.
28 Susanne Miller: Der Weg zum Godesberger Programm, in: Die programmatische Entwicklung der deutschen Sozialdemokratie, Historische Kommission beim Parteivorstand der SPD, Bonn 1994, S. 28.

2 Der Weg zum neuen Grundsatzprogramm – Wahlniederlagen und Neuorientierung 1953–1957

Selbstverständnis der SPD als eine Programmpartei machte eine Überarbeitung des bestehenden Grundsatzprogramms notwendig.

Nach der Wahl 1953 begannen breite Debatten in der SPD, die nach der Niederlage von 1957 noch intensiviert wurde. Die Diskussion drehte sich einerseits um die personelle Aufstellung der Partei, wobei Ollenhauer als Vorsitzender und Kanzlerkandidat ebenso wie die besoldeten Vorstandsmitglieder der Partei im Mittelpunkt standen. Andererseits wurden die alte Grundsatzprogrammatik der SPD sowie das Selbstverständnis und die damit verbundenen Traditionen infrage gestellt. Sowohl für die personalpolitische Ausrichtung als auch die Programmdebatte war der Parteitag von 1958 in Stuttgart entscheidend.

Die hauptamtlichen Vorstandsmitglieder, die vielen als zu dominant, zu wenig demokratisch legitimiert und damit zu unabhängig und gleichzeitig zu einflussreich galten, wurden auf diesem Parteitag folglich entmachtet. Unter den besoldeten Vorstandsmitgliedern war auch Willi Eichler, der auf dem Parteitag 1952 in Dortmund als besoldetes Vorstandsmitglied gewählt wurde[29]; wie die anderen besoldeten Mitglieder hatte auch Eichler einen festen Zuständigkeitsbereich mit Kultur- und Bildungspolitik und vor allem in der Programmarbeit. Bereits bevor es zur Wahlniederlage von 1953 kam, hatte sich Willi Eichler für eine Neuausrichtung des Grundsatzprogramms eingesetzt und wurde im Parteivorstand zum Hauptverantwortlichen für programmatische Fragen bestimmt, auch über den Stuttgarter Parteitag hinaus.

Denn auf diesem Parteitag wurde programmatisch ein bedeutender Zwischenschritt getan: Der erste vollständige Entwurf eines neuen Grundsatzprogramms wurde diskutiert – Eichler hatte ihn vorbereitet, griff die Diskussionsergebnisse des Parteitages auf und setzte eine breit angelegte Debatte in der gesamten Partei fort. Ohne die Initiative von Erich Ollenhauer allerdings wäre dieser Prozess nicht möglich gewesen. Obwohl die SPD Wahlen verloren hatte und Ollenhauer im Vergleich zu seinem Vorgänger Kurt Schumacher als wenig charismatisch galt, wurde er auch 1958 in Stuttgart, wie auf den vorhergehenden Bundesparteitagen als Vorsitzender wiedergewählt.[30] Ollenhauer erhielt 319 von 380 Stimmen – ein gutes Ergebnis.[31] Ollenhauer blieb Vorsitzender und war der eigentliche Initiator der programmatischen Erneuerung.

Bereits 1952 wurde zunächst eine kleinere und dann 1954 eine personell größere Grundsatzkommission auf Initiative Erich Ollenhauers eingerichtet. Allerdings wurde weiterhin infrage gestellt, ob überhaupt ein neues Grundsatzprogramm notwendig sei. Brauchte man ein neues Grundsatzprogramm oder nicht viel mehr eine bessere

---

29 Eichler wurde am 14.9.1952 vom Parteivorstand nominiert und auf dem Parteitag in Dortmund am 23./24.9. mit 306 Stimmen gewählt. Vgl. Blatt 2, Protokoll Parteivorstandsitzung vom 14.9.1952 in Bonn, in: Parteivorstandsprotokoll 1951. Vgl. Protokoll des Bundesparteitags 1952, S. 244.
30 Brigitte Seebacher-Brandt: Ollenhauer, S. 299.
31 Protokoll des Parteitages der SPD 1958 in Stuttgart, S. 434.

Darstellung der Inhalte? Es ging also zunächst weniger um die politischen Positionen der SPD seit 1945, sondern eher darum, wie man sie vermittelte. Obwohl man mit dem Ziel gestartet war, ein neues Grundsatzprogramm zu verfassen, erstellte die kleine Programmkommission zunächst nur Aktionsprogramme, die vor allem Maßnahmen für sozial Schwache, einen gesetzlichen Rahmen für die Mitbestimmung im Betrieb und Forderungen nach der politischen und wirtschaftlichen Entmachtung des Großkapitals durch die Sozialisierung der Grundstoff- und Schlüsselindustrien beinhalteten. Allerdings fanden diese Programme weder in der Öffentlichkeit noch in der Partei große Beachtung.[32] Ollenhauer startete 1954 in Reaktion auf die Wahlniederlage des Vorjahres erneut den Versuch, ein neues Grundsatzprogramm erstellen zu lassen. Diesmal wurde auf seinen Wunsch hin eine Große Programmkommission eingerichtet, die wie die erste kleinere Kommission von Willi Eichler geleitet wurde.

Im Rückblick erscheinen die Wahlniederlage von 1957 und die absolute Mehrheit der CDU/CSU als gravierende Gründe und als Initialzündung für die Debatte zu einem neuen Grundsatzprogramm in der SPD. Gleichzeitig erlangte die sozialdemokratische Programmdebatte eine besondere Aufmerksamkeit sowohl inner- als auch außerhalb der SPD, da Ollenhauers Antwort auf die Wahlniederlagen die Ankündigung eines neuen Grundsatzprogramms war: Mit dem neuen Programm sollte die SPD in der Breite der Gesellschaft verankert werden. Erst die Wahlniederlagen der 1950er-Jahre führten in der SPD zur Intensivierung der Diskussion um alte sozialistische Traditionen wie das Duzen, die Anrede »Genossin« oder »Genosse« und die rote Fahne. Heftig wurde über die Notwendigkeit gestritten, »ideologischen Ballast abzuwerfen«, wie Carlo Schmid es nannte.[33] Bei diesem Streit zwischen Traditionalisten und Reformern ging es nicht nur um Symbole, sondern auch um die grundsätzliche Frage der Orientierung am Marxismus. Die bis dahin gültige Verortung der SPD wurde nun grundsätzlich infrage gestellt. Mit dem Beschluss des Godesberger Programms endete zwar nicht der Streit zwischen Traditionalisten und Reformern aber er führte eine programmatische Trendwende herbei. Das neue Grundsatzprogramm von Bad Godesberg begründete die Wandlung der SPD von der Klassen- zur Volkspartei.

2.2 Erste Schritte zum Godesberger Programm: Die Wahlniederlage von 1953 und die Anfänge der Programmarbeit

Auf dem Weg zum Grundsatzprogramm von Bad Godesberg gab es drei programmatische Vorstufen und zwei komplette Programmentwürfe:
1. die Erklärung der Sozialistischen Internationale (SI) von 1951 sowie
2. das Dortmunder Aktionsprogramm von 1952 und
3. als dessen Fortsetzung das Berliner Aktionsprogramm von 1954.

---

32 Kurt Klotzbach: Der Weg zur Staatspartei, S. 260 ff.
33 Vgl. Kleine Geschichte der SPD, S. 200.

2 Der Weg zum neuen Grundsatzprogramm – Wahlniederlagen und Neuorientierung 1953–1957

Danach nahm die große Grundsatzkommission ihre Arbeit auf und präsentierte den ersten Entwurf für ein neues Grundsatzprogramm auf dem Stuttgarter Parteitag 1958. Bei ihrer Arbeit nahm die Kommission auch die Vorgängerprogramme und die Umstände ihrer Entstehung unter die Lupe. Nach dem Stuttgarter Parteitag wurde der Entwurf gründlich überarbeitet und breit unter den Mitgliedern diskutiert. Zum außerordentlichen Parteitag 1959 in Bad Godesberg wurde schließlich der entscheidende und letzte Entwurf eingebracht, der am 14. November mit einigen Änderungen und großer Mehrheit beschlossen wurde.

Die Vorstufen werden im Folgenden unter besonderer Berücksichtigung von drei Charakteristika dargestellt:
- den wirtschaftspolitischen Forderungen verbunden mit der Frage, ob Theorie und Praxis im jeweiligen Programm im Einklang standen,
- einer allgemeinen demokratischen Positionierung in Abgrenzung zum Ostblocksozialismus, sowie
- der Einstellung gegenüber den Kirchen und deren Mitgliedern als Gradmesser der intendierten Öffnung der Partei vor allem durch die Verankerung des Begründungspluralismus.

Auch wenn weder mit dem Dortmunder noch mit dem Berliner Aktionsprogramm oder der Erklärung der Internationale die Absicht verbunden worden war, eine Diskussion um das Grundsatzprogramm voranzubringen, so waren doch in allen Programmen auch grundsätzliche Elemente enthalten. Auch sind die Charakteristika Wirtschaftspolitik, Bedeutung der Demokratie und Öffnung der Partei besonders gut geeignet, die Entwicklungsstränge der SPD-Programmatik nach dem Zweiten Weltkrieg bis hin zum Godesberger Programm herauszustellen.

Im Rahmen der Erarbeitung Eichlers programmatischer Arbeit wird man mit einer Vielzahl von Kommissionen konfrontiert, die in der SPD regelmäßig tagten. Um Verwirrungen zu vermeiden, sollen sie hier kurz zusammengefasst werden: So gab es die sogenannte »Kleine Kommission«, die das Dortmunder Aktionsprogramm von 1952 schrieb. Darüber hinaus gab es die »Kommission zur Weiterführung der Parteidiskussion«, die am 9. Januar 1954 zu arbeiten begann und die »Mehlemer Thesen« sowie das Berliner Aktionsprogramm von 1954 schrieb. Und dann wurde zusätzlich noch die »Große Programmkommission« gegründet, die beim Berliner Parteitag 1954 eingesetzt wurde und vor allem verantwortlich war für den Stuttgarter Entwurf von 1958.

2.2.1 Die Erklärung der Sozialistischen Internationale (SI) von 1951

Unter erheblichem Einfluss Kurt Schumachers entstand die Erklärung der Sozialistischen Internationale, die am 3. Juli 1951 in Frankfurt am Main beschlossen wurde. Die Neubewertung der marxistischen Theorie angesichts des Ausgangs des Zweiten Weltkrieges beschäftigte nicht nur die deutsche Sozialdemokratie. 1951 konstituierte sich die Sozialistische Internationale in Frankfurt am Main neu. An der Verfassung der dort formulierten »Ziele und Aufgaben des demokratischen Sozialismus« war Eichler maßgeblich beteiligt.[34] Dieses Dokument belegt die ersten Schritte einer Abkehr von alten programmatischen Grundsätzen der Sozialdemokratie, wie sie unter anderem in dem zu dem Zeitpunkt gültigen Grundsatzprogramm von 1925 noch verankert gewesen waren. Zu den zentralen Punkten, die in der Erklärung der SI neu definiert und festgelegt wurden, gehörte eine klare Abgrenzung und Kritik am Kommunismus des Ostblocks. Dies geschah vor allem durch das klare Bekenntnis zu Demokratie und Freiheit. Es wurde die eingängige Formel entwickelt, die letztlich fast wörtlich auch ins Godesberger Programm übernommen wurde: »Es gibt keinen Sozialismus ohne Freiheit. Der Sozialismus kann nur durch die Demokratie verwirklicht, die Demokratie nur durch den Sozialismus vollendet werden.«[35]

Des Weiteren fiel die Vorstellung eines sich mit historischer Notwendigkeit zwangsläufig erfüllenden Sozialismus weg. Die Diskrepanz zwischen revolutionärer Theorie und reformerischer Praxis wurde in der Erklärung der SI bereits überwunden. Nicht durch eine Revolution, sondern mit demokratischen Mitteln hätten die Sozialisten eine neue Gesellschaft in Freiheit erstreben wollen, die pluralistisch und rechtsstaatlich Garantin sei, für die Gleichheit vor dem Gesetz, Minderheitenschutz, Meinungs- und Pressefreiheit, das Recht für kulturelle Autonomie sowie eine unabhängige Justiz.[36]

Bei aller Abgrenzung zu kommunistischen (und faschistischen) Diktaturen in der Erklärung beinhaltete sie doch eine deutliche Kapitalismuskritik, die sich an der marxistischen Theorie orientierte. Auch Schumacher hielt an den Grundsätzen der marxistischen Theorie als Analysemittel fest und distanzierte sich gleichzeitig vom leninistisch-stalinistischen Kommunismus.[37] Das zentrale ökonomische Instrument in der Erklärung der SI lautete: Um Vollbeschäftigung, Produktionssteigerung, stetige Vergrößerung des Wohlstands, soziale Sicherheit und eine gerechte Verteilung der Einkommen und Vermögen zu erreichen, war Planwirtschaft und die damit verbundene Überwindung der Konzentration »wirtschaftlicher Macht in den Händen weniger«[38] nötig. Bemerkenswerte Eigenschaft der Erklärung war, dass die bis dahin für SPD- und andere sozialistische Programme noch typische Forderung nach der

---

34 Vgl. Eichler-Bestand im AdsD, Sign. 160. Vorhanden ist neben einer gedruckten Version der Erklärung (hg. v. Vorstand der SPD, Bonn) auch ein Entwurf der Erklärung mit handschriftlichen Ergänzungen und Korrekturen Eichlers, die in die fertige Version eingeflossen sind. Siehe auch Programmatische Dokumente, S. 266-275.
35 Erklärung der SI, Programmatische Dokumente, S. 269.
36 Vgl. ebd., S. 270.
37 Vgl. Kurt Schumacher: Politische Leitlinien für die SPD in ihrem Verhältnis zu den anderen politischen Faktoren, 1945, in: Programmatische Dokumente, S. 233 ff.
38 Vgl. Erklärung der SI, Programmatische Dokumente, S. 271.

2 Der Weg zum neuen Grundsatzprogramm – Wahlniederlagen und Neuorientierung 1953–1957

Vergesellschaftung der Produktionsmittel und Schlüsselindustrie hier bereits als eine unter mehreren Möglichkeiten gesehen wurde. Und die Erklärung hielt sogar fest:

»Sozialistische Planung erfordert nicht die Kollektivierung aller Produktionsmittel; sie ist vereinbar mit der Existenz von Privateigentum auf wichtigen Gebieten, so zum Beispiel in der Landwirtschaft, im Handwerk, im Kleinhandel und in der Klein- und Mittelindustrie.«[39]

Im Vordergrund stand in der Erklärung die Demokratisierung der Wirtschaft und des Kapitals. Diese Relativierung der Verstaatlichung des Kapitals war zuvor in der SPD im Wirtschaftspolitischen Ausschuss (WPA) im Jahre 1946 erarbeitet worden.[40] Wirtschaftspolitisch bildete die Erklärung eine erste wichtige Entwicklungsstufe zwischen Heidelberger und Godesberger Programm.

Eine besonders wichtige Rolle fällt auch dem neuen Begründungspluralismus zu, der später auch im Godesberger Programm von Bedeutung war.

»Gleichviel, ob Sozialisten ihre Überzeugung aus den Ergebnissen marxistischer oder anders begründeter sozialer Analysen oder aus religiösen oder humanitären Grundsätzen ableiten, alle erstreben ein gemeinsames Ziel: eine Gesellschaftsordnung der sozialen Gerechtigkeit, der höheren Wohlfahrt, der Freiheit und des Weltfriedens.«[41]

Diese Passage geht auf Schumachers zurück. Allerdings ist eine direkte Ansprache der Kirchen und ihrer institutionellen Bedeutung in der Gesellschaft hier noch kein Thema gewesen. Vielmehr wurden auch hier die Öffnung für Gläubige und das pluralistische Gesellschaftsbild des demokratischen Sozialismus als Abgrenzung zum internationalen Kommunismus aufgeführt, der wo auch immer er die Macht übernommen habe, die Freiheit ausgerottet habe.[42]

Die gemeinsam beschlossene Erklärung hatte für die Einzelparteien keine bindende Wirkung. Auch spielte sie in der Tagespolitik der verschiedenen Länder und Parteien – so auch in Deutschland – kaum eine Rolle. Allerdings manifestierte die Erklärung eine gemeinsame Ausrichtung der sozialistischen und sozialdemokratischen Parteien auf internationaler Ebene. Für die deutsche sozialdemokratische Program-

---

39 Ebd.
40 Vgl. Sabine Lemke-Müller: Die Rolle der Marxismus-Diskussion im Entstehungsprozeß des Godesberger Programms, in: Braucht die SPD ein neues Grundsatzprogramm? 25 Jahre nach Godesberg, Berlin 1984, S. 39.
41 Erklärung der SI, Programmatische Dokumente, S. 269. »Ziele und Aufgaben des demokratischen Sozialismus – Erklärung der Sozialistischen Internationale, beschlossen in Frankfurt am Main am 3. Juli 1951«, Vorstand der SPD (Hg.), Bonn. Vgl. Eichler-Bestand im AdsD, Mappe 160.
42 Erklärung der SI, Programmatische Dokumente, S. 269.

matik stellte sie eine wichtige Vorstufe zum Godesberger Programm dar, insbesondere bez. der Wirtschaftspolitik, der Bedeutung von Demokratie und der Öffnung gegenüber Kirchen und ihrer Mitglieder.

2.2.2 Das Dortmunder Aktionsprogramm von 1952

Die Tatsache, dass das erste programmatische Dokument größerer Wichtigkeit der Nachkriegszeit auf internationaler Ebene beschlossen wurde, bedeutete nicht, dass der Wunsch nach einer neuen programmatischen Ausrichtung nicht auch in der SPD auf nationaler Ebene bestand. Schon vor der Erklärung der Sozialistischen Internationale war die Forderung nach einer neuen programmatischen Aufstellung in der Partei angekommen – auf dem Hamburger Parteitag von 1950 wurde der Vorstand beauftragt, einen Entwurf für ein neues Aktionsprogramm zu erarbeiten und vorzulegen. Allerdings reichten aus Schumachers Perspektive die Neuerungen und grundsätzlichen Festlegungen der Erklärung der SI und das praxisorientierte Aktionsprogramm zur Anleitung und zur Außendarstellung der SPD-Politik aus. Eine tiefere Debatte um ein neues Grundsatzprogramm empfand Schumacher nach wie vor als überflüssig. Willi Eichler teilte Schumachers Position: nach Eichlers Meinung gab es bei der politischen Tagesarbeit nach 1945 genug Probleme – eine ausgesprochene Programmarbeit sei mit allen Nöten und Sorgen des Nachkriegsdeutschlands gar unmöglich gewesen.[43] Eichler verband also mit dem Aktionsprogramm nicht die Intention, die Grundsatzprogrammatik der SPD weiterzuentwickeln.

Die Verabschiedung des Dortmunder Aktionsprogramms auf dem Parteitag am 26. September 1952 erlebte Schumacher schon nicht mehr mit – er starb am 20. August 1952. Das Vorwort jedoch, datiert mit dem 28. Juli 1952, hatte er noch verfasst.[44] Im Aktionsprogramm ging es im Wesentlichen um die Beantwortung von aktuellen politischen Fragen. Mit der Einleitung formulierte Schumacher eine allgemeine politische Erklärung, die man als politisches Vermächtnis bezeichnen kann. Schumacher hinterließ der SPD den Auftrag, sich im In- und Ausland für die Rechte der Arbeiter und der Schwachen einzusetzen: »In der deutschen Sozialdemokratie lebt die Erkenntnis [...]: Es gibt keine freien Menschen, wenn nicht alle Menschen frei sind, und es gibt kein freies Vaterland, wenn nicht alle Vaterländer frei sind.«[45] Schumacher untermauerte seine Einheitspolitik in Bezug auf Deutschland als Ganzes und kritisierte die Westintegration Adenauers, an der er vor allem den provisorischen Charakter bemängelte. »Nur das vereinigte deutsche Volk ist dazu berechtigt, die endgültigen Formen seiner

---

43 Vgl. Willi Eichler: Protokoll übe die Sitzung der Programmkommission am 7.6.1956 in Bonn, in: Eichler-Bestand im AdsD, Sign. 165.
44 Vgl. hier u. i. F. Aktionsprogramm der SPD, beschlossen auf dem Dortmunder Parteitag am 28. September 1952, S. 5-8.
45 Kurt Schumacher, in: ebd., S. 5; Schumacher zitiert hier den französischen Sozialisten León Blum.

2 Der Weg zum neuen Grundsatzprogramm – Wahlniederlagen und Neuorientierung 1953–1957

Politik und Wirtschaft [...] zu bestimmen und zu gestalten.«[46] Auch für die Unterdrückung der Menschen im Osten Deutschlands und Europas fand er deutliche Worte. »Ein Staat des demokratischen Sozialismus ist daher die beste Voraussetzung für eine erfolgreiche Politik der Gleichberechtigung und der Zusammenarbeit mit anderen Völkern.«[47] Das Bekenntnis für Demokratie wurde – entsprechend der Erklärung der Sozialistischen Internationale von 1951 – auch im Aktionsprogramm verankert.

Die Federführung im Parteivorstand für die Ausformulierung des weiteren Aktionsprogramms war Willi Eichler übergeben worden. Damit wurde Eichlers Rolle als Verantwortlicher für Programmatik im Parteivorstand deutlich verankert. Bereits im Dezember 1951 wurde die sogenannte »Kleine Programmkommission« mit über 20 Mitgliedern ernannt, die im Mai 1952 zum ersten Mal unter Eichlers Leitung zusammenkam. Ziel war es, den Auftrag des Hamburger Parteitages von 1950 zu erfüllen und ein neues Aktionsprogramm zu erstellen.[48] In nur zwei Monaten entstand ein Entwurf, der vor und auf dem Parteitag in Dortmund lebhaft von der Partei diskutiert wurde. Diese Debatte war allerdings geprägt von Missverständnissen, da viele Mitglieder ein knappes Jahr vor der Bundestagswahl ein konkretes Wahlprogramm erwarteten. Allerdings war das Aktionsprogramm von Eichler nicht als Wahlkampf- oder Regierungsprogramm konzipiert und formuliert, in dem politische Handlungsoptionen aufgeführt wurden, die umgesetzt werden sollten, für den Fall, dass die SPD die anstehenden Bundestagswahlen gewänne. Andererseits sollte das Aktionsprogramm aber auch nicht die Rolle eines Grundsatzpapiers erfüllen. Es enthielt folglich keine Aussagen zu langfristigen Zielen des demokratischen Sozialismus, sondern eine »Festlegung auf allgemeine Hintergründe und Untergründe des gesellschaftlichen Geschehens« und einer »sozialistischen Endzielversion.«[49]

Das Aktionsprogramm sollte nach Eichlers Angaben eine Mischung von Wahlprogramm und Grundsatzprogramm sein, eben eine Aufstellung von Forderungen,

---

46 Ebd., S. 7.
47 Ebd., S. 7.
48 Vgl. Brief vom 12. Mai 1952 von Eichler mit Aufteilung der Arbeitsgebiete an Agartz, Arndt (Entwicklung der autoritären Demokratie), Baade (Landwirtschaft und Ernährung), Brandt (Berlin), Eichler (Kultur, Außenpolitik), Erler (Eingliederung ehemaliger NS, Opfer des Nationalsozialismus, Wiedergutmachung), Gayk (Selbstverwaltung), Gotthelf (Frauenfragen), Heine, Jaksch (Vertriebenen und Evakuierte), Koch (Steuern), Kriedemann (Lastenausgleich, Landwirtschaft und Ernährung), Maier (Entwicklung der autoritären Demokratie), Mellies (Selbstverwaltung), Menzel (Beamtenrecht, Entwicklung der autoritären Demokratie), Meyer, Odenthal (Sozialversicherung/Arbeitsrecht), Ollenhauer, Pohle (Kriegsopfer und Hinterbliebene), Potthoff (Mitbestimmung der Arbeiterschaft), Preller (Sozialversicherung/Arbeitsrecht), Schanzenbach (Jugendfragen), Schmid (Außenpolitik), Schöttle, Stierle, Veit (Wirtschaft, Handwerksfragen) und Wehner (Kriegsgefangene, Kriegsverbrecherprozesse, Außenpolitik), in: Eichler-Bestand im AdsD, Sign. 161.
49 Willi Eichler auf dem Parteitag in Dortmund am 26.9.1952, in: Protokoll des Bundesparteitages 1952 in Dortmund, Vorstand der SPD (Hg.), 1953, S. 106.

die kurz- und mittelfristig »in absehbarer Zeit verwirklicht werden können«[50] und die grundsätzlich begründet wurden. Eine ausführlichere Begründung der dargelegten Politik müsse in einem anschließenden Kommentar erfolgen. Eine inhaltliche Begleitung des Wahlkampfes müsse ebenso noch erstellt werden. Eichler vertrat explizit nicht die »Meinung, dass der vorgelegte Entwurf eine Wahlkampfbroschüre darstellt.«[51] Das Aktionsprogramm sollte eine Orientierung sowohl für eine zukünftige sozialdemokratische Bundesregierung als auch für die Wählerinnen und Wähler sein, die anhand des Aktionsprogramms sehen sollten, was von einer SPD-Regierung zu erwarten sei.

Mit dieser Ausrichtung des Programms stieß Eichler viele Parteitagsdelegierte vor den Kopf, die sich ein Wahlprogramm wünschten, das die Breite der Bevölkerung erreichen konnte und aus dem hervorging, was man in der anstehenden vierjährigen Legislaturperiode erreichen möchte für den Fall, dass man die Regierung übernehmen würde.[52] Die Folge war eine Vielzahl von Änderungsanträgen und eine angeregte Debatte auf dem Parteitag. Obwohl dort auch auf Wunsch Eichlers die Erarbeitung eines konkretisierenden Kommentars in Form eines Handbuches sozialdemokratischer Politik beschlossen wurde, der im Anschluss unter Eichlers Federführung entstand, hatte das Aktionsprogramm innerparteilich keine Ausstrahlungskraft. Insgesamt erschien das Aktionsprogramm unstrukturiert und präsentierte sich in zwei nicht zusammenhängenden Teilen. Die allgemeine Präambel Schumachers wurde vor ein Aktionsprogramm gelegt – es war offensichtlich, dass es nicht in einem Guss verfasst worden war. Der Aktionsteil bestand aus einer Aneinanderreihung zum Teil sehr detailliert behandelter Themen der aktuellen Tagespolitik: Außen-, Innen-, Wirtschafts-, Sozial-, Vertriebenen-, Kultur-, Finanz- und Steuerpolitik. Das Programm war mit fast vierzig Seiten viel zu lang. Nach der einstimmigen Verabschiedung des Programms spielte es im Innenleben der SPD zunächst keine Rolle mehr.[53] Auch in der Wirtschaftspolitik setzte das Aktionsprogramm gegenüber vorherigen Texten keine neuen Akzente: Es blieb bei der Forderung nach mehr Demokratie und Mitbestimmung in der Wirtschaft und nach der Sozialisierung der Grundstoffindustrie wie schon zuvor in der Erklärung der SI. Bei der Öffnung der Partei für neue Zielgruppen gab es keinerlei Weiterentwicklung.

---

50 Ebd.
51 Willi Eichler: ebd., S. 106.
52 So der Vorschlag von Paul Löbe im Rahmen der Debatte zum Aktionsprogramm, in: Protokoll des Bundesparteitages 1952 in Dortmund, Vorstand der SPD (Hg.), 1953, S. 119.
53 Vgl. Kurt Klotzbach: Der Weg zur Staatspartei, S. 262. Klotzbachs Kritik fällt deutlich aus: »Das Aktionsprogramm war nach wie vor viel zu lang, ging über das zumutbare Maß hinaus in fachpolitische Details und hatte insgesamt den Charakter eines achtbaren Zeugnisses penibler praktischer Selbstverständigung, kaum jedoch den eines politischen Angebots, mit dem die SPD breites öffentliches Interesse hätte wecken können.«

2 Der Weg zum neuen Grundsatzprogramm – Wahlniederlagen und Neuorientierung 1953–1957

In der Öffentlichkeit wurden im Zusammenhang mit der anstehenden Bundestagswahl öffentliche Veranstaltungen in Form von sogenannten Fachkonferenzen organisiert, auf denen sich die SPD anhand von ausgesuchten Schwerpunkten im neuen programmatischen Licht präsentieren wollte. Auf sozial-, wirtschafts- und kulturpolitischen Konferenzen wurden entsprechende Inhalte vorgestellt.[54] Neben der Abgrenzung gegenüber dem SED-Sozialismus – was durch die Geschehnisse rund um den Arbeiteraufstand vom 17. Juni 1953 in Ostberlin eine verstärkte Dynamik erfuhr – sowie zur Profilierung im Wahlkampf gegenüber der CDU wurden inhaltliche Neuansätze betont. Besonders wichtig war in diesem Zusammenhang die wirtschaftspolitische Konferenz in Bochum im Februar 1953. Dort prägte der Hamburger Senator für Wirtschaft und Verkehr, Karl Schiller, den bekannten Ausspruch: »Wettbewerb soweit wie möglich – Planung soweit wie nötig.«[55] Dies war später im Godesberger Programm der Leitsatz des wirtschaftspolitischen Kapitels und verankerte die Soziale Marktwirtschaft an die Stelle der Planwirtschaft in wirtschaftspolitischen der Grundsatzprogrammatik der SPD.[56]

Das Dortmunder Aktionsprogramm war schon bei Parteifunktionären umstritten – in der Öffentlichkeit spielte es überhaupt keine wahrnehmbare Rolle. Weder mit der Veranstaltungsreihe noch mithilfe einer eigenen Schriftenreihe und dem Kommentar, den Eichler durchgesetzt hatte, gelang es, die Attraktivität der SPD bei den Wählerinnen und Wählern zu erhöhen.

Das innerparteiliche Interesse an der programmatischen Weiterentwicklung der Partei wurde allerdings durch das Wahlergebnis 1953 neu entfacht. Im Vergleich zur Bundestagswahl 1949 verlor die SPD 0,4 %, obwohl sie absolut eine Million Stimmen dazugewann. Abgesehen von 1953 erfuhr die SPD zwischen 1949 und 1972 zwar bei jeder Wahl eine stete Steigerung von drei bis vier Prozentpunkten pro Wahl. Dennoch war dies eine schwere Niederlage für die SPD und ihre Führung. Bereits in seiner ersten Sitzung am Wahlabend, dem 6. September 1953, als das Wahldebakel offensichtlich wurde, wurde auf Initiative Erich Ollenhauers beschlossen, die Parteidiskussion neu zu entfachen. Am 17. September berief Ollenhauer einen kleinen Parteitag ein, um über Konsequenzen der Wahlniederlage zu diskutieren. Er legte ein Zehnpunkteprogramm vor, mit dem nicht nur der direkte Wahlkampf, also die Öffentlichkeitsarbeit und die Wahlkampftaktik, kritisch diskutiert werden sollten. Er wollte darüber hinaus einen geistigen Erneuerungsprozess der Sozialdemokratie anstoßen. Falls vonseiten Ollenhauers die Hoffnung bestand, mit diesem selbstkritischen Ansatz, der Kritik aus den SPD-Gliederungen entgegen zu kommen und eventuell etwas von der

---

54 Vgl. hier u. i. F. Sabine Lemke-Müller: Die Rolle der Marxismus-Diskussion im Entstehungsprozeß des Godesberger Programm, in: Sven Papcke/Karl Theodor Schuon (Hg.), Braucht die SPD ein neues Grundsatzprogramm?, S. 42-43.
55 Ebd.
56 Godesberger Programm, S. 13-14.

Wut und Enttäuschung in der SPD abzufangen, dann ging diese Strategie nicht auf. In den folgenden Wochen wurden der Parteivorstand und insbesondere der hauptamtliche Apparat mit Kritik aus den Gliederungen der SPD überhäuft – der Vorstand geriet in die Defensive und begann sich mit seinen hauptamtlichen Strukturen zu solidarisieren. Bei der Kritik gegenüber dem Parteivorstand wurde die Person Ollenhauers stets einbezogen. Oft wurde er mit Schumacher verglichen und dabei als uncharismatisch und zu wenig entscheidungsfreudig bezeichnet. Allerdings stand Ollenhauer als Vorsitzender nie infrage.[57] Auch kann man Ollenhauers Fähigkeit zur Selbstkritik als Stärke und Ausdruck von Führungskraft bezeichnen. Sicherlich ist festzuhalten, dass Ollenhauer eine Debatte über die organisatorische und grundsätzliche Neuausrichtung nicht versuchte, autoritär zu unterbinden, sondern offen ausfechten wollte. Bevor es zu einer Auseinandersetzung zwischen den innerparteilichen Fronten kommen und der Diskussionsprozess ins Stocken geraten konnte, leitete Ollenhauer entsprechende Schritte ein: Der Parteivorstand beschloss am 10.12.1953,

> »die seit dem 6. September 1953 verstärkt geführte Diskussion über die Ziele und Organisation der Sozialdemokratischen Partei systematisch zu erörtern, um danach seinerseits gewisse Anhaltspunkte geben zu können, wie aus der der allgemeinen Diskussion politische und organisatorische Konsequenzen gezogen werden sollten.«[58]

Es wurden auf Ollenhauers Vorschlag zwei Beratungsgremien einberufen, die die Zukunftsdebatte der Partei vorbereiten sollten: die Organisationskommission, unter der Leitung von Max Kukil, die alle Fragen behandeln sollte, die die Organisation der Partei betrafen; »die andere Kommission alle übrigen Gegenstände der Diskussion.«[59]

---

57 Zu diesem Schluss kommt auch Brigitte Seebacher-Brandt in ihrer Biografie: Ollenhauer – Biedermann und Patriot, S. 300: »Das krasse Ergebnis beeinträchtigte weder die Zustimmung für Ollenhauer noch bewog es die Partei, mit sich zu Rate zu ziehen. Macht blieb für die SPD und ihren Vorsitzenden weiterhin eine abstrakte Größe.«

58 Schreiben des Parteivorstands an die Mitglieder des Vorstands, den Parteiausschuss vom 8.3.1954, in: PV-Bestand im AdsD, Sign. 01140.

59 Schreiben des Parteivorstands an die Mitglieder des Vorstands, den Parteiausschuss vom 8.3.1954, in: PV-Bestand im AdsD, Sign. 01140. Die Mitglieder der Kommissionen:
Organisationskommission: Albertz, Buchstaller, Eichler, Erler, Gleissberg, Gneuss, Heine, Jaksch, Kappius, Könen, Kukil, Meitmann, Mellies, Nau, Ohlig, Schönfelder, Seidel, Vittinghoff:
Die andere Kommission: Albertz, Buchstaller, Eichler, Erler, Gleissberg, Gneuss, Gotthelf, Hansen, Heine, Holthoff, Hofmann, Junker, v. Knoeringen, Kühn, Kukil, Lohmar, Mattik, Mellies, Ollenhauer, Rosenberg, Sänger, Schiller, Schmid, Schöttle, Stammer, Suhr, Wehner, Westphal.
An dieser Stelle wird in der Literatur insbesondere von Brigitte Seebacher-Brandt ein negativeres Bild von Ollenhauer dargestellt, wo nach sich Ollenhauer erst nach der Wahlniederlage von 1957 dazu drängen ließ, parteiinterne Reformen ins Auge zu fassen: »Erich Ollenhauer hatte […] keine andere Wahl, als sich, zunächst murrend und beinahe ungläubig, dann duldend und schließlich fördernd ins Unvermeidliche zu fügen: in die Reform an Haupt und Gliedern, die als Voraus-

Eichler war in beiden Kommissionen vertreten und hatte die Federführung für die zweite Kommission, die sich um die Vorbereitung eines neuen Grundsatzprogramms kümmern sollte.

Beide Arbeitsgruppen tagten parallel und unabhängig voneinander. Allerdings war die Debatte um ein neues Grundsatzprogramm wesentlich kontroverser als die organisatorische Neuaufstellung insb. des hauptamtlichen Büros und des Parteivorstands. Permanent stand zur Debatte, ob man überhaupt ein neues Grundsatzprogramm brauche oder ob man nicht mit einem neuen Aktionsprogramm auskommen könnte. Erich Ollenhauer beendete diese Debatte mit einem klassischen Kompromiss: Er berief unmittelbar nach der verlorenen Wahl eine Kommission ein, die sowohl ein neues Grundsatzprogramm vorbereiten, als auch eine Neuauflage des Dortmunder Aktionsprogramms entwickeln sollte.

Die »Kommission zur Weiterführung der Parteidiskussion« nahm unter der Leitung Willi Eichlers am 9. Januar 1954 ihre Arbeit auf.[60] Eichler holte sich wissenschaftlichen Sachverstand in das Gremium. Im März folgten weitere drei Konferenzen mit sozialdemokratischen Wissenschaftlern, unter anderem Gerhard Weisser und Wolfgang Abendroth, die bis zum April zentrale Vorarbeiten für ein neues Grundsatzprogramm erarbeiten sollten. Die Ergebnisse dieser ersten programmatischen Kommission waren die sogenannten »Mehlemer Thesen«[61], die im April 1954 vorgestellt wurden. Die Mehlemer Thesen waren ein bedeutendes Zwischenergebnis aller Bemühungen der bisherigen Programmdebatte und bildeten die inhaltliche Grundlage für alle weiteren Vorarbeiten des neuen Grundsatzprogramms bis zum Programmentwurf des Stuttgarter Parteitages 1958. An den 18 Mehlemer Thesen lassen sich sehr gut Kontroversen und Einvernehmlichkeiten in der SPD-Programmdebatte auch innerhalb der Kommission darstellen.

Im Zentrum der Auseinandersetzungen in der Grundsatzkommission stand nach wie vor die offene Kontroverse um die Bedeutung des Marxismus für die SPD-

---

setzung für den Sprung an die Macht galt.« Brigitte Seebacher-Brandt: Ollenhauer – Biedermann und Patriot, S. 302. Dies lässt sich mit der vorliegenden Quellenlage nicht vereinbaren. Ollenhauer hat bereits 1953 die beiden Kommissionen auf den Weg gebracht, um die parteiinternen Reformen anzustoßen und es machte auch nicht den Eindruck, dass er getrieben wurde. Im Gegenteil liest sich die Quellenlage so, dass er derjenige war, der den Prozess nach vorne brachte.

60 Vgl. hier u. i. F. »Protokoll der Sitzung der Kommission zur Weiterführung der Parteidiskussion am 9. und 10.1.1954«, in: Eichler-Bestand im AdsD, Sign. 163.
Anwesend bei dieser ersten Sitzung der Kommission waren: Heinrich Albertz, Werner Buchstaller, Heinz Castrup, Willi Eichler, Fritz Erler, Bernhard Gleissberg, Christ. Gneuss, Herta Gotthelf, Fritz Heine, Willi Hofmann, Fritz Holthoff, Heinz Kühn, Max Kukil, Ulrich Lohmar, Kurt Mattik, Wilh. Mellies, Erich Ollenhauer, Karl Schiller, Erwin Schoettle, Herbert Wehner, Heinz Westphal.
Eingeladen, aber nicht erschienen waren: Hansen, v. Knoeringen, Rosenberg, Sänger, Suhr, Carlo Schmid und Otto Stammer.

61 Mehlemer Thesen, abgedr. i. Jahrbuch der SPD, 1954/55, S. 426-431 oder in Thomas Meyer: Grundwerte und Wissenschaft im Demokratischen Sozialismus, Berlin 1978, S. 219-221.

Grundsatzprogrammatik.[62] Einerseits fühlte man sich dem Marxismus mit all seinen Prinzipien insbesondere dem historischen Materialismus verpflichtet. Die Dialektik sei »Ausdruck der realen Bewegungsgesetze der menschlichen Gesellschaft.«[63] Der ökonomische Prozess bestimme die geschichtliche Bewegung, sodass Klassengegensätze klar hervorgebracht würden, die wiederum zu entscheidenden Wandlungen der Geschichte führen würden. Darüber hinaus und daraus resultierend, sei die klassen- und herrschaftslose Gesellschaft möglich: »[Die] reale Möglichkeit einer klassen- und herrschaftslosen, von sich selbst verwalteten Gesellschaft (wird) bejaht.«[64]

Andererseits hielt man – allen voran Willi Eichler – die dialektische Methode lediglich für eine geeignete »Arbeitshypothese für die Erforschung von empirischen Sozialgesetzen des geschichtlichen Geschehens.«[65] Die Bedeutung des Ökonomischen müsse für jeden Geschichtsabschnitt untersucht werden; allerdings könne menschliche Geschichte nicht auf eine Abfolge von Klassenkämpfen reduziert werden. Ein idealer Endzustand sei nicht möglich und bliebe immer eine unerreichbare Utopie. Vielmehr sei es dauernde Aufgabe, »die vorliegenden Willkürherrschaften auszuschalten und Sicherung gegen das Aufkommen neuer zu schaffen.«[66]

Obwohl man sowohl in den Mehlemer Thesen als auch später bis zum Godesberger Parteitag 1959 keine endgültige Einigung in dieser Frage herbeiführen konnte, gab es doch viele programmatische Punkte, in denen man nicht strittig war. Letztlich konnte man sich trotz grundsätzlicher Differenzen bei der Erstellung erster grundsätzlicher Thesen auf einen gemeinsamen Anforderungskatalog und auf zentrale inhaltliche Aussagen für ein zukünftiges Grundsatzprogramm einigen. Dies ist von zentraler Bedeutung und die eigentliche Leistung der Mehlemer Thesen sowie der Vorarbeiten zum Godesberger Programm: Man war konsensfähig bei der Erstellung inhaltlicher politischer Ziele, obwohl man grundsätzlich-philosophisch auf unterschiedlichen Fundamenten baute. Anders ausgedrückt: Bei den 18 Mehlemer Thesen waren bei den ersten vier Punkten Gegensätze zu finden. Dieser weitgehende Konsens war eine unabdingbare Voraussetzung für das Grundsatzprogramm einer Volkspartei SPD, einer Partei, die breite Teile der Bevölkerung repräsentieren wollte. Denn nur wenn beim Verfassen unterschiedliche Begründungszusammenhänge gewürdigt und gemeinsame Ziele formuliert werden können, ist das Verfassen eines gemeinsam getragenen Grundsatzprogramms für eine sozialdemokratische Volkspartei möglich.

Übereinstimmung fand man in der Grundsatzkommission insbesondere in folgenden Grundsätzen:

---

62 Vgl. hier u. i. F. Sabine Lemke-Müller: Die Rolle der Marxismus-Diskussion im Entstehungsprozeß des Godesberger Programms, in: Sven Papcke (Hg.): Braucht die SPD ein neues Grundsatzprogramm, Berlin 1984, (S. 37-52), S. 45 ff.
63 Mehlemer Thesen, in: Jahrbuch der SPD 1954/55, S. 427-428.
64 Ebd., S. 428.
65 Ebd., S. 428.
66 Ebd., S. 430-431.

- Die SPD sei eine politische Kampforganisation, die nicht nur im Interesse einzelner agiere und auch nicht nur eine Änderung des wirtschaftlichen Lebens verfolge; vielmehr sei Ziel der deutschen Sozialdemokratie der demokratische Sozialismus, eine permanente Aufgabe, durch verantwortungs- und zielbewusstes Handeln in allen Lebensbereichen die Verbesserung der gesamten Gesellschaft zu erreichen. Die SPD vertrete nur dann die Interessen von Einzelgruppen – wie den Arbeitern –, wenn diesen Unrecht geschehe. Unrecht solle abgebaut werden, damit gesellschaftliche Partizipation ermöglicht werde. Gesellschaftliche Partizipation solle von allen eingefordert werden können, um einen Beitrag zur Gesellschaft zu leisten. Der Abbau von Unrecht käme der Gesamtgesellschaft zugute.
- Grundsatzprogramme hätten zwei Aufgaben: einerseits die Analyse des sozialhistorischen Status quo; andererseits müsse dieser Status quo sozialistisch-kritisch bewertet werden, um entsprechende Maßstäbe und Forderungen für die Zukunft festzusetzen.
- Programmatische Forderungen erfolgten auf der Grundlage, dass alle gesellschaftlichen Vorgänge in Wechselwirkung zueinander stünden und dass der freiheitliche Sozialismus nicht an nationalen, rassischen, konfessionellen und sozialen Grenzen Halt mache, sondern sich weltweit auf die ganze Menschheit erstrecke. Ordnungspolitisch bekannte man sich zum demokratischen Sozialismus und distanzierte sich kritisch von Kapitalismus, Faschismus und Bolschewismus.
- Übereingekommen war man außerdem bezüglich der Bedeutung von Karl Marx, allerdings lediglich als einer bedeutenden Persönlichkeit und nicht hinsichtlich seiner Theorie. In dieser historischen Sichtweise bekannte man sich zu Marx als demjenigen, der die Frage nach den geschichtlichen Bedingungen, unter denen jeweils die politische Durchsetzung von Ideen zur Gestaltung der Gesellschaft steht, in die Sozialwissenschaften eingeführt habe.

Damit wurden fundamentale Grundzüge der sozialdemokratischen Grundsatzprogrammatik der Nachkriegszeit insbesondere des Godesberger Programms, wie die Verankerung in der Breite der Gesellschaft schon zu einem frühen Zeitpunkt in der Programmkommission festgelegt.

Ebenfalls Gegenstand der Parteidiskussion der Jahre 1953 und folgende und damit auch Thema in der Kommission waren die Symbole der SPD, insbesondere die Anrede »Genossin« und »Genosse« sowie die traditionelle Rote Fahne. Diese Debatte ist ein Sinnbild für die Emotionalität, mit der in der in der SPD gestritten wurde. Zum ersten Mal in der Nachkriegszeit wurde mit dieser Leidenschaft in der gesamten Breite der Partei diskutiert. Bei keinem anderen Thema gingen so viele Gliederungen und Teile der Partei mit Statements direkt in die Öffentlichkeit.[67] Prominentes Beispiel ist Carlo Schmid, der im Bayrischen Rundfunk am 28.10.1953 in einem viel kritisierten

---

67 Vgl. hier u. i. F. Hans-Joachim Mann: Das Godesberger Grundsatzprogramm als Ergebnis innerparteilicher Willensbildung, in: Geist und Tat, Jg. 24 (1969) H. 4, S. 231.

und oft zitierten Radiobeitrag die Notwendigkeit sah, ideologischen Ballast abzuwerfen.[68] Eine Reihe prominenter Sozialdemokraten, unter anderem Siegfried Aufhäuser, Paul Hertz, Gustav Klingelhöfer, Paul Löbe und Richard Löwenthal, formulierte die sogenannten »Ernst-Reuter-Briefe«, in denen die Öffnung der Partei für alle Volksschichten hin zu einer Volkspartei gefordert wurde – ein neues Grundsatzprogramm sollte dies gewährleisten. Besonders viel Aufregung verursachten die sogenannten »15 Thesen zur Erneuerung der Sozialdemokratischen Partei« von einigen Berliner SPD- und SDS-Mitgliedern vom Dezember 1953.[69] Demnach sollten bestimmte Begriffe und Symbole wie die »Rote Fahne«, »Genosse« aber auch »Marx« und »Planwirtschaft« nicht nur abgeschafft werden, sondern auch inhaltlich keine Rolle mehr spielen. Tiefe Entrüstung und emotionale Entgegnungen waren die Folge.[70]

Eichler wurde von dieser Emotionalität nicht ergriffen. Er setzte sich für einen lockeren Umgang mit den alten Traditionen ein: Wo die Kritiker der alten Symbole einen Widerspruch sahen, wenn man sich parteiintern als »Genosse« ansprach und außerhalb der Partei mit »Damen und Herren« und die anderen den »Verrat« der alten sozialdemokratischen Werte befürchteten, setzte sich Eichler für die Beibehaltung der »alten« Symbole und der Ansprache »Genosse« ein. Es sei kein Widerspruch, sondern unproblematisch, wenn sich die SPD-Mitglieder intern anders bezeichneten als in der Öffentlichkeit. Die SPD sei keine »Verschwörergemeinschaft« – der Kontakt und Austausch mit Menschen, die nicht in der SPD seien, sei normal.[71] Andererseits sei es auch richtig, wenn man in der Öffentlichkeit eine andere Anrede wählte, insbesondere bei Mandatsträgern, die natürlich mit ihrer Amtsbezeichnung zu nennen seien. Für Eichler waren die Symbole von großer Bedeutung – sie waren für ihn unersetzlich und standen für ein Zusammengehörigkeitsgefühl, das nicht in Worte zu fassen war: eine »Lebensfrage […], vielleicht sogar wichtiger als ein Aktionsprogramm.«[72] Um den Symbolstreit in der SPD beizulegen, formulierte die Organisationskommission unter der Leitung von Max Kukil im Frühjahr 1954 für den Parteivorstand eine Empfehlung, die Eichler den Landesverbänden und Bezirken als Diskussionsgrundlage zuschickte – am Ende sollte sich diese durchsetzen:

---

68 Vgl. z. B. Kleine Geschichte der SPD, S. 200.
69 Vgl. hier u. i. F. »15 Thesen zur Erneuerung der Sozialdemokratischen Partei Deutschlands.« Vorgelegt von einer Gruppe von Mitgliedern der SPD und des SDS; Berlin 1953. Die Bibliothek der Friedrich-Ebert-Stiftung hat ein Exemplar des vierseitigen Pamphlets in ihrem Bestand.
70 Vgl. Hans-Joachim Mann: Das Godesberger Grundsatzprogramm als Ergebnis innerparteilicher Willensbildung, in: Geist und Tat, Jg. 24 (1969) H. 4, S. 231.
71 Willi Eichler: Protokoll der II. Kommission zur Weiterführung der Parteidiskussion am 16.1.1954, S. 8, in: PV-Bestand im AdsD, Sign. 01140.
72 Willi Eichler: Protokoll der II. Kommission zur Weiterführung der Parteidiskussion am 16.1.1954, S. 8, in: PV-Bestand im AdsD, Sign. 01140.

»Für die Sozialdemokratische Partei Deutschlands und die Parteien der Sozialistischen Internationale ist die rote Fahne ein Symbol. Sie ist das Wahrzeichen aller in die Zukunft gerichteten Glaubenskräfte des freiheitlichen demokratischen Sozialismus. In Zeiten politischer Unterdrückung schöpfen Millionen aus dem Ziel und den Symbolen des Sozialismus die Kraft, unter Einsatz ihrer Person und ihres Lebens für die Freiheit zu kämpfen. Ein Verzicht auf die rote Fahne würde uns auch als Preisgabe unserer internationalen Ziele ausgelegt werden. Die rote Fahne ist aus traditionellen, politischen und menschlichen Gründen unlöslich mit dem Sozialismus verbunden. Auch ihr Missbrauch durch die Kommunisten und Faschisten setzt ihren Wert als Symbol des demokratischen Sozialismus nicht herab. Die Sozialdemokratische Partei führt zudem in der roten Fahne das Zeichen SPD. [...] Die Anrede ›Genosse‹ ist in der Partei im Kampf für gemeinschaftliche große Ideen als Ausdruck besonderer Verbundenheit entstanden. Diese Betonung innerer Verbundenheit ist ein Zeichen solidarischer Kraft.«[73]

Auch wurden bereits an dieser Stelle als Ergebnis der Organisationskommission Vorschläge des Parteivorstands unterbreitet, die eine Entmachtung des hauptamtlichen Parteiapparats zugunsten des ehrenamtlichen Parteivorstands vorsahen. Im Vorschlag des Parteivorstands wurde dies im Frühjahr 1954 mit dem Hinweis auf die Notwendigkeit einer breiteren Beteiligung und Demokratisierung begründet.[74]

Mit Blick auf den anstehenden Parteitag in Berlin 1954 verlagerten sich die Bemühungen Eichlers und der Kommission zur Überarbeitung des Dortmunder Aktionsprogramms. Ein neues Aktionsprogramm sollte als Konsequenz aus der Niederlage und als Vorbereitung auf die nächsten Wahlen erstellt werden. Auf der Basis der einvernehmlich verabschiedeten Mehlemer Thesen und der bis dahin stattgefundenen Diskussionen nach dem Beschluss des Dortmunder Aktionsprogramms wurde dieses zum Berliner Aktionsprogramm weiterentwickelt. Für Eichler war es wichtig, dass das einstimmig beschlossene Dortmunder Aktionsprogramm nicht einfach fallen gelassen wurde. Es sollten Änderungsvorschläge für den anstehenden Parteitag vorbereitet werden unter Berücksichtigung der Frankfurter Erklärung der Sozialistischen Internationale.[75]

---

73 Brief Eichlers an die SPD-Landesverbände und -Bezirke, Frühjahr 1954, in: PV-Bestand im AdsD, Sign. 01140.
74 Vgl. Verzeichnis der Diskussionspunkte im Protokoll der Sitzung der Kommission zur Weiterführung der Parteidiskussion am 9. und 10. Juni 1954, S. 2, in: PV-Bestand im AdsD, Sign. 01140.
75 Vgl. Willi Eichlers Anmoderation im Protokoll der Sitzung der Kommission zur Weiterführung der Parteidiskussion am 9. Januar 1954, S. 3, in: PV-Bestand im AdsD, Sign. 01140.

2.2.3 Das Berliner Aktionsprogramm von 1954

Das Berliner Aktionsprogramm entstand ebenfalls unter Federführung von Eichler und bildet eine weitere bedeutende Vorstufe zum Godesberger Programm. In seiner Funktion ist es als Neuauflage des Dortmunder Aktionsprogramms zu verstehen; allerdings bildete es anders als das Dortmunder Aktionsprogramm insbesondere unter Berücksichtigung wirtschaftspolitischer Gesichtspunkte und bezüglich der Öffnung der Partei eine erhebliche Weiterentwicklung in Richtung Godesberger Programm.

Das Programm wurde auf dem Berliner Parteitag vom 20. bis 24. Juli 1954 diskutiert und beschlossen. Das Vorwort von Kurt Schumacher von 1952 blieb gegenüber dem Dortmunder Aktionsprogramm ohne Veränderung und somit auch die klare Abgrenzung zum Kommunismus und die klare Positionierung für Freiheit und Demokratie. Allerdings wurde zusätzlich an den Anfang eine Einleitung mit der Überschrift »Ziele und Aufgaben« gesetzt. Die Sozialdemokratie bekannte sich darin »zu den großen Ideen der Demokratie und des Sozialismus« und berief sich dabei auf Marx und Engels bis hin zu Kurt Schumacher, Hans Böckler und Ernst Reuter.[76] Vom »Menschheitsziel des Sozialismus«[77] war die Rede, ebenso vom Ziel der »Neugestaltung der Gesellschaft im Geiste des Sozialismus,« vom Wunsch nach einer »Menschheit frei von Ausbeutung und Unterdrückung auf Grundlage der Vernunft« sowie vom Ziel, »Toleranz und Gerechtigkeit in Frieden und Freiheit zu erlangen und zu sichern.« Darin sah man eine andauernde Aufgabe, kein utopisches Endziel. Auch sei die sozialistische Idee »keine Ersatzreligion«.[78] Vielmehr wurde auch im Berliner Aktionsprogramm auf den Begründungspluralismus hingewiesen. In Europa seien »Christentum, Humanismus und klassische Philosophie geistige und sittliche Wurzeln des sozialistischen Gedankengutes«. Auch wurde wie bei der Prinzipienerklärung von 1951 dem Kommunismus eine klare Absage erteilt:

> »Die Sozialdemokratie ist aus der Partei der Arbeiterklasse, als die sie erstand, zur Partei des Volkes geworden. Die Arbeiterschaft bildet dabei den Kern ihrer Mitglieder und Wähler. Der Kampf und die Arbeit der Sozialdemokratie aber liegen im Interesse aller, die ohne Rücksicht auf engherzig gehütete Vorrechte für soziale Gerechtigkeit, für politische und wirtschaftliche Demokratie, für geistige Freiheit und Toleranz, für nationale Einheit und internationale Zusammenarbeit eintreten.«[79]

---

76 Aktionsprogramm der SPD, beschlossen auf dem Parteitag in Dortmund 1952 und erweitert auf dem Parteitag in Berlin 1954, in: Dieter Dowe/Kurt Klotzbach: Programmatische Dokumente, S. 276 (S. 280).
77 Hier u. i. F. ebd., S. 281.
78 Hier u. i. F. ebd., S. 282.
79 Aktionsprogramm der SPD, beschlossen auf dem Parteitag in Dortmund 1952 und erweitert auf dem Parteitag in Berlin 1954, in: Dieter Dowe/Kurt Klotzbach: Programmatische Dokumente, S. 276 (S. 282).

2 Der Weg zum neuen Grundsatzprogramm – Wahlniederlagen und Neuorientierung 1953–1957

Damit wurde die für das Godesberger Programm wesentliche Entwicklung der Arbeiterpartei zur Volkspartei bereits im Berliner Aktionsprogramm vollzogen unter Einbindung des Begründungspluralismus, den Schumacher zuvor schon geprägt hatte.

Auf den Begründungspluralismus geht Eichler auch in seinem Referat auf dem Berliner Bundesparteitag ein im Rahmen seines Referates »Die sozialistische Gestaltung von Staat und Gesellschaft« ein. Eichler machte deutlich, dass der Sozialismus, wie ihn die SPD vertrat, von allen unterstützt werden könnte und unterstrich damit den Begründungspluralismus, wie er auch später im Godesberger Programm festgehalten wurde:

> »Aber die ethischen Grundlagen einer sozialistischen Gesellschaft können von allen bejaht werden, ganz gleich, welche positive religiöse Auffassung sie zu vertreten haben. [...] Alle Bekenntnisse können unsere ethisch fundierten Pläne für die Gesellschaft billigen.«[80]

Dies war eine Einladung an die Kirchen, ohne ihre gesellschaftliche Bedeutung besonders zu würdigen. Vielmehr geht Eichler sehr kritisch auf die politische Rolle der Kirchen ein[81]: Einerseits habe sich das Verhältnis zu den Kirchen zwar gebessert, parallel zum Verständnis und der Anerkennung der Kirchen gegenüber der sozialen Frage. Andererseits sah Eichler aber »die Gefahr, die Kanzel zum Instrument der Politik zu machen.«[82] Eichler bemängelte, dass eine Konfessionalisierung der Institutionen betrieben würde, indem die Vergabe von Ämtern an die eine oder andere Konfession gebunden sei. An dieser Stelle wird deutlich, dass das Berliner Aktionsprogramm in Bezug auf die Anerkennung der Kirchen eine Zwischenstufe auf dem Weg zum Godesberger Programm darstellte – zwar wurden die Kirchen als potenzielle Partner bei der Bewältigung sozialer Probleme erkannt, aber anstatt auf die Kirchen aktiv zuzugehen, wie es im Godesberger Programm beschlossen wurde, beschränkt man sich 1954 noch auf eine passive Einladung an die Kirchen und kritisiert darüber hinaus die Einflussnahme der Kirchen auf die Politik.

Im wirtschaftspolitischen Abschnitt wurden Kernaussagen des Godesberger Programms vorweggenommen bzw. bereits in Berlin 1954 beschlossen. Der Abschnitt zur Wirtschaftspolitik im Berliner Aktionsprogramm schaffte eine Brücke zwischen den älteren wirtschaftspolitischen Ansichten und den neueren ökonomischen Leitlinien der SPD: Zwar stellte die Überschrift »Planung und Wettbewerb« noch die

---

80 Willi Eichler auf dem Parteitag in Berlin, 2. Verhandlungstag am 21. Juli 1954, in: Protokoll Parteitag Berlin 1954, S. 158.
81 Vgl. hier u. i. F. Rede von Willi Eichler auf dem Parteitag in Berlin, 2. Verhandlungstag am 21. Juli 1954, in: Protokoll Parteitag Berlin 1954, S. 158 ff.
82 Willi Eichler: ebd., S. 159.

»Planung« vor den »Wettbewerb«, worauf dann allerdings der bekannte Ausspruch von Karl Schiller folgte: »Wettbewerb soweit wie möglich – Planung soweit wie nötig.«[83] Damit erschien dieser Satz, der von Schiller bereits ein Jahr zuvor geprägt worden war, zum ersten Mal in einem programmatischen Text der SPD – von nun bestimmte er die sozialdemokratische Wirtschaftspolitik. Wettbewerb wurde über Planwirtschaft gestellt, womit die Akzeptanz der Sozialen Marktwirtschaft verdeutlicht wurde. Programmatisch war dies ein bedeutender Schritt und die Überwindung der Planwirtschaft als theoretischer Kern sozialdemokratischer Wirtschaftspolitik. Ferner wurden konkrete Forderungen nach

> »einer Neuordnung des Wirtschaftsablaufs durch Verbindung von volkswirtschaftlicher Planung und einzelwirtschaftlichem Wettbewerb, einer Einkommenspolitik zugunsten der wirtschaftlich Schwachen, der Überführung der Grundstoffindustrien in Gemeineigentum«

sowie nach einem »Mitbestimmungsrecht der Arbeitnehmer.«[84] Hier wird der Übergangscharakter des Berliner Aktionsprogramms deutlich: Marktwirtschaft wurde zwar vor die Planwirtschaft gestellt allerdings wurde wie noch zuvor in der Erklärung der SI die Vergesellschaftung der Grundstoffindustrien gefordert.

Auf dem Berliner Parteitag von 1954 wurde von Ollenhauer und Eichler auch der Vorschlag eingebracht, eine Große Programmkommission einzusetzen, die die Vorarbeiten für ein neues Grundsatzprogramm aufnehmen sollte.[85] Die »Große Programmkommission« bestand mit Eichler aus 34 Personen[86]. Ihr unterstellt waren fünf Unterausschüsse: für Grundsatzfragen (Leitung Willi Eichler), für Verfassungspolitik (Leitung Fritz Bauer), für kulturelle Situation und Pädagogik (Leitung Willi Eichler), für Wirtschafts- und Sozialstruktur (Leitung Viktor Agartz und später Gerhard Weisser) sowie für Weltpolitik (Leitung Herbert Wehner). Zwischen März 1955 und Juli 1956 tagte zunächst lediglich der Grundsatzausschuss, der grundlegende Fra-

---

83 Aktionsprogramm der SPD, beschlossen auf dem Parteitag in Dortmund 1952 und erweitert auf dem Parteitag in Berlin 1954, in: Dieter Dowe/Kurt Klotzbach: Programmatische Dokumente, S. 276 (S. 295).
84 Ebd., S. 294.
85 Vgl. Wortbeitrag von Erich Ollenhauer, 1. Verhandlungstag auf dem Berliner Parteitag am 20. Juli 1954, in: Protokoll Parteitag Berlin 1954, S. 44 und Referat von Willi Eichler auf dem Parteitag in Berlin, 2. Verhandlungstag am 21. Juli 1954, in: Protokoll Parteitag Berlin 1954, S. 150 f.
86 Eingeladen wurden u. a. zu den Sitzungen der Programmkommission: Wolfgang Abendroth, Heinrich Albertz, Adolf Arndt, Bauer, Borinski, v. Bracken, Otto Brenner, Heinrich Deist, Draht, Eckert, Fritz Erler, Bruno Gleitze, Hansen, Lore Henkel, Josef Kappius, Waldemar v. Knoeringen, Irma Keilhack, Lohmar, Charl. Lütkens, Menzel, Nevermann, Osterroth, Potthoff, Preller, Rittig, Karl Schiller, Carlo Schmid, Erwin Schoettle, Otto Stammer, Veit, Herbert Wehner, Gerhard Weisser und Gneuss. Aufstellung der Kommissionsmitglieder in: PV-Bestand im AdsD, Sign. 01696 A.

gestellungen und Vorarbeiten leisten und in einem ersten Entwurf zusammenfassen sollte, der dann in den Unterausschüssen im Detail behandelt werden sollte.[87] Alle Ausschüsse tagten bis zum April 1958 etwa 40-mal und legten einen Entwurf vor, der von Willi Eichler zum Stuttgarter Parteitag im Mai 1958 zusammengefasst wurde.

Die Programmarbeit ging insgesamt eher langsam vonstatten. In einem der ersten Schritte wurden die vorhergehenden Grundsatzprogramme der SPD und ihre Entstehungsgeschichten analysiert. Der neue Entwurf sollte nicht unabhängig von den Vorläuferprogrammen entstehen und vorher gemachte Erfahrungen aufgreifen.

2.3 Die Grundsatzprogramme der SPD: Programmatische Vorleistungen in der Geschichte der deutschen Sozialdemokratie

Die Analyse der Vorgängerprogramme genoss hohe Priorität in der Großen Programmkommission und beeinflusste die ersten Ergebnisse der Kommission in Vorfeld der Erstellung des Entwurfes für den Stuttgarter Parteitag. In den ersten Ansätzen versuchte man eine Brücke zu schlagen zwischen den alten Programmen und historischen Ereignissen auf der einen Seite und dem politischen Status quo der Nachkriegszeit auf der anderen Seite. Besondere Aufmerksamkeit genossen in Eichlers Programmkommission das Erfurter Programm von 1891, das Görlitzer Programm von 1921 und das nach dem Zweiten Weltkrieg noch gültige Heidelberger Programm von 1925.[88] Allerdings gab es schon vor 1891 Grundsatzprogramme.

Seit den Anfängen der parteipolitischen Organisation der deutschen Arbeiterbewegung flossen immer wieder grundsätzliche Vorstellungen in Grundsatzprogramme. Diese dienten als orientierender Rahmen und formulierten kurzfristige Forderungen zur Verbesserung der alltäglichen Lebensumstände genauso wie mittel- und langfristige politische und gesellschaftliche Ziele. Die Prozesse zur Beschlussfassung eines Grundsatzprogramms waren in der Regel von internen Diskussionen und Konflikten geprägt. In den Anfängen im 19. Jahrhundert bestanden die Fronten zwischen den Lassalleanern, benannt nach dem Gründer des Allgemeinen Deutschen Arbeitervereins (ADAV – 1863), Ferdinand Lassalle, und den Eisenachern, benannt nach dem Gründungsort der Sozialdemokratischen Arbeiterpartei (SDAP – 1869) in Eisenach. Beide schlossen sich 1875 in Gotha zur Sozialistischen Arbeiterpartei Deutschlands (SAPD) zusammen. Spätestens seitdem wurden unter dem Dach der Sozialdemokratie Ansichten von Revolutionsorientierung bis hin zur systemimmanenten Reformvorstellung vereint. Aber die Kernaussage des deutschen demokratischen Sozialismus war übergreifend, hatte eine integrierende Wirkung: die Selbstbestimmung des Men-

---

87 Vgl. Schreiben an die Programmkommission von Willi Eichler vom 13.6.1955, in: PV-Bestand im AdsD, Sign. 01696 A.
88 Vgl. Willi Eichlers Referat im Protokoll der Sitzung der Programmkommission am 7.6.1956, S. 2, in: Eichler-Bestand im AdsD, Sign. 1/WEAA000165.

schen und die Einführung wirklicher Demokratie und Freiheit. Dass nach Einführung der Demokratie die Privilegien der herrschenden Klasse abgebaut und die Forderung nach Gleichheit bestärkt werden müssten, darin waren sich alle in der Sozialdemokratie einig. Nur auf welche Weise und mit welchen gesellschaftlichen Zielvorstellungen dies passieren sollte oder geschehen würde, da gab es deutliche Unterschiede.

Exemplarisch ist die Diskussion, die nach dem Beschluss des Gothaer Programms von 1875 entstand. Dieses Programm sollte einen Kompromiss zwischen Lassalleanern und Eisenachern schaffen und vor allem Einigkeit zwischen den zwei großen Lagern der Arbeiterbewegung symbolisieren, nachdem man nach der deutschen Reichsgründung 1871 mit erheblichen staatlichen Repressalien konfrontiert wurde. Inhaltlich beschrieb es die Abhängigkeit und die Verelendung der Arbeiterklasse und bezeichnete als Ursache die Monopolisierung der Arbeit durch die Kapitalistenklasse. Konsequenterweise entsprang daraus die Forderung nach der Vergesellschaftung der Produktionsmittel.[89] »Die Befreiung der Arbeit erfordert die Verwandlung der Arbeitsmittel in Gemeingut der Gesellschaft und die genossenschaftliche Regelung der Gesamtarbeit mit gemeinnütziger Verwendung und gerechter Verteilung des Arbeitsertrages.« Seitdem gehört die Vergesellschaftung der Produktionsmittel zur Programmatik der Sozialdemokratie. Allerdings sollte dies im bestehenden Staat »mit allen gesetzlichen Mitteln« erstrebt werden. Diese reformorientierte Position wurde vor allem von Karl Marx scharf kritisiert und von Eisenachern wie Wilhelm Liebknecht, der zentral für die Erstellung des Gothaer Programms verantwortlich war, aufgegriffen. In seinen Randglossen machte Marx deutlich, dass die Analyse im Gothaer Programm aus seiner Sicht zum Teil stimmte, aber dass die geforderten Konsequenzen unzureichend gewesen seien. Marx forderte die »revolutionäre Umwandlung« von der kapitalistischen zur kommunistischen Gesellschaft.

Trotz vieler politischer Übereinstimmungen insbesondere bei Forderungen, die den Alltag und die gesellschaftliche Position der Arbeiterschaft verbessern sollten, führten die Gegensätze zwischen Eisenachern und Lassalleanern zu einem Spannungsverhältnis in der Sozialdemokratie. Die Gemeinsamkeiten sind im Gothaer Programm in einem Forderungskatalog festgehalten, der unter anderem das allgemeine, gleiche und direkte Wahl- und Stimmrecht, die Abschaffung aller Ausnahmegesetze, namentlich der Press-, Vereins- und Versammlungsgesetze, ein unbeschränktes Koalitionsrecht, das Verbot der Kinderarbeit und ein Schutzgesetz für Leben und Gesundheit der Arbeiter beinhaltet.

Die weitere Grundsatzdiskussion sowie die allgemeine politische Arbeit wurden durch die Repressalien vor allem durch die Bismarck'schen Sozialistengesetze (»Gesetz gegen die gemeingefährlichen Bestrebungen der Sozialdemokratie« – 1878 bis 1890) stark beeinträchtigt. Versammlungsverbot, Verhaftungswellen und zahlreiche

---

[89] Vgl. hier u. i. F. Gothaer Programm von 1875, in: Dieter Dowe/Kurt Klotzbach: Programmatische Dokumente der deutschen Sozialdemokratie, S. 164-170.

2 Der Weg zum neuen Grundsatzprogramm – Wahlniederlagen und Neuorientierung 1953–1957

Verurteilungen wegen Aufruhr und Majestätsbeleidigung bestimmten den Alltag und führten auf der einen Seite in den Reihen der Sozialdemokratie zu einer verschärften Kritik an Kapitalismus, Staat und Gesellschaft. Auf der anderen Seite erlebte die SAPD erhebliche Stimmengewinne bei den Reichstagswahlen und eine innere Geschlossenheit. Die Sozialistengesetze machten einen Wahlkampf nach heutigen Maßstäben zwar unmöglich, aber sie verhinderten nicht die Teilnahme an den Wahlen selbst.[90] Bei den Reichstagswahlen 1890 wurde die Sozialdemokratie mit 19,7 % der Stimmen wählerstärkste Partei des Kaiserreiches.[91]

Nach dem Ende der Bismarck-Ära und der Sozialistengesetze 1890 gab sich die Partei auf dem Erfurter Parteitag von 1891 den bis heute gültigen Namen »Sozialdemokratische Partei Deutschlands« und ein neues Grundsatzprogramm.[92] Die zentralen Autoren des Erfurter Programms Eduard Bernstein und Karl Kautsky berücksichtigten die Kritik von Karl Marx am Gothaer Programm. Das Erfurter Programm griff demnach zentrale Linien des Marxismus auf und legte sie als Parteiideologie fest. Gleichzeitig berücksichtigte es den praktischen Forderungskatalog, der im Aktionsprogramm des Gothaer Programms bereits existierte, und erweiterte ihn.

Im Aktionsprogramm von Eduard Bernstein wird insbesondere die Rolle der Frau stärker berücksichtigt. Neben der Forderung nach dem Wahlrecht für Frauen sollten »alle Gesetze, welche die Frau in öffentlich- und privatrechtlicher Beziehung gegenüber dem Manne benachteiligen«[93], abgeschafft werden. Außerdem erklärte das Erfurter Programm die Religion zur Privatsache, womit die Einstellung jeder staatlichen Unterstützung für die Kirchen, aber vor allem die Weltlichkeit des Bildungssystems eingefordert wurde. Auch dies Positionen, die durch Karl Marx und Friedrich Engels vorformuliert worden waren.

Der Theorieteil, der maßgeblich von Karl Kautsky verfasst wurde, beschreibt, wie die Klassengegensätze zwischen Kapitalisten und Großgrundbesitzern auf der einen Seite und der proletarischen Masse aus Arbeitern und Kleinbauern auf der anderen Seite zunehmend im Rahmen der fortschreitenden Industrialisierung verschärft würden. Der Mittelstand würde verschwinden bis zur Zweiklassengesellschaft aus Kapitalisten und Proletariat. Der marxistische Ansatz macht deutlich, dass die ökonomische Entwicklung durch die Monopolisierung der Produktionsmittel in der Hand immer weniger Kapitalisten »mit Naturnotwendigkeit« zu einer Massenverelendung des besitzlosen Proletariats führen würde.

---

90 Vgl. Susanne Miller/Heinrich Potthoff: Kleine Geschichte der SPD, S. 46-51.
91 Ebd., Tabellen und Diagramme, S. 286-287.
92 Vgl. hier u. i. F. Erfurter Programm von 1891, in: Dieter Dowe/Kurt Klotzbach: Programmatische Dokumente der deutschen Sozialdemokratie, S. 171-175.
93 Ebd., S. 174.

»Das Privateigentum an Produktionsmitteln, welches ehedem das Mittel war, dem Produzenten das Eigentum an seinem Produkt zu sichern, ist heute zum Mittel geworden, Bauern, Handwerker und Kleinhändler zu expropriieren und die Nichtarbeiter – Kapitalisten, Großgrundbesitzer – in den Besitz des Produkts der Arbeiter zu setzen.«[94]

Die Konsequenz war die bereits geforderte Vergesellschaftung der Produktionsmittel.

»Nur die Verwandlung des kapitalistischen Privateigentums an Produktionsmitteln – Grund und Boden, Gruben und Bergwerke, Rohstoffe, Werkzeuge, Maschinen, Verkehrsmittel – in gesellschaftliches Eigentum und die Umwandlung der Warenproduktion in sozialistische, für und durch die Gesellschaft betriebene Produktion kann es bewirken, daß der Großbetrieb und die stets wachsende Ertragsfähigkeit der gesellschaftlichen Arbeit für die bisher ausgebeuteten Klassen aus einer Quelle des Elends und der Unterdrückung zu einer Quelle der höchsten Wohlfahrt und allseitiger harmonischer Vervollkommnung werde.«[95]

Im Erfurter Programm wurde das Erreichen dieser Ziele mit der Übernahme der politischen Macht in Verbindung gebracht.

»Die Arbeiterklasse kann ihre ökonomischen Kämpfe nicht führen und ihre ökonomische Organisation nicht entwickeln ohne politische Rechte. Sie kann den Übergang der Produktionsmittel in den Besitz der Gesamtheit nicht bewirken, ohne in den Besitz der politischen Macht gekommen zu sein.«[96]

Dieser revolutionäre Auftrag wurde in der Praxis kaum oder gar nicht umgesetzt. Karl Kautsky prägte den Satz, die SPD sei »eine revolutionäre, nicht aber eine Revolutionen machende Partei.«[97] Der Begriff Revolution war sowohl zusammenschweißender Kampfbegriff als auch Hoffnungsträger auf eine bessere Zukunft. In der Praxis nahm die SPD mit großem Erfolg an Wahlen teil und nutzte die parlamentarischen also gesetzlichen Möglichkeiten des Kaiserreiches, um auf Elend und Benachteiligung

---

94 Ebd., S. 172.
95 Ebd.
96 Ebd., S. 173.
97 Karl Kautsky: Der Weg zur Macht. – Ferner führt Kautsky aus: »Wir wissen, dass unsere Ziele nur durch eine Revolution erreicht werden können, wir wissen aber auch, dass es ebenso wenig in unserer Macht steht, diese Revolution zu machen, als in der unserer Gegner, sie zu verhindern. Es fällt uns daher auch gar nicht ein, eine Revolution anstiften oder vorbereiten zu wollen. Und da die Revolution nicht von uns willkürlich gemacht werden kann, können wir auch nicht das Mindeste darüber sagen, wann, unter welchen Bedingungen und in welchen Formen sie eintreten wird.« In: Karl Kautsky: Der Weg zur Macht, Berlin 1909.

2 Der Weg zum neuen Grundsatzprogramm – Wahlniederlagen und Neuorientierung 1953–1957

der Arbeiter hinzuweisen und Verbesserungen zu erreichen – zum Teil mit Erfolg. Dass sich die SPD für soziale Reformen – also systemimmanent und nicht systemumstürzend – einsetzte, wurde von der Mehrheit in der SPD nicht als Widerspruch zur Revolutionstheorie gesehen.

In der Programmdebatte der 1950er-Jahre wurde diese Trennung zwischen revolutionärer Theorie und reformorientierter Praxis hinterfragt. Insbesondere Willi Eichler kritisierte die fehlende Verknüpfung von Analyse, politischer Forderung und praktischer Umsetzung:

»Es [das Erfurter Programm; Anm. d. Verf.] erhielt zunächst einen ›grundsätzlichen‹ Teil, der […] enthält eine zum Teil wörtlich aus Marxens ›Kapital‹, Kapitel 24, übernommene Darstellung des angeblich ›mit Naturnotwendigkeit‹ eintretenden Geschichtsverlaufs. Konsequenz ist: ›Die Produktionsmittel müssen in den Besitz der Gesamtheit kommen‹; das kann nur das Werk der Arbeiterklasse sein, und diese bedarf dazu der politischen Macht. Darum muß sie kämpfen – und dies geschieht durch ihre Partei, die Sozialdemokratie. Der erste Teil hat, so scheint es, keine Beziehungen zum zweiten, der die Gegenwartsforderungen darstellt. […] Richtig ist an der Kritik der ›Widersprüchlichkeit‹ des Programms, daß nach seinem ersten Teil es so scheinen kann, als ob außer der Vergesellschaftung der Produktionsmittel nichts die Lage der Arbeiterschaft nennenswert bessern könnte, als ob nur Propaganda dafür einen Sinn hätte; während der zweite Teil nur von Maßnahmen spricht, die die Vergesellschaftung der Produktionsmittel nicht einschließen, aber im Interesse der Arbeiterschaft wirklich wesentlich gehalten werden.«[98]

Eichlers Lehre bei der Analyse der bestehenden Programme lautete: Was grundsätzlich als Notwendigkeit gesehen wird, muss in praktische Forderungen weiterentwickelt werden und letztendlich in praktisches Handeln Konsequenz erreichen. Das sollte aus Eichlers Perspektive ein entscheidendes Charakteristikum des neuen Grundsatzprogramms sein – es war eine Lehre, die Eichler schon aus seiner Jugend und aus seiner Zeit in den Nelson-Bünden gezogen hatte: Gesellschaftliche Zustände sind veränderbar, aber die Veränderungen müssen auch konsequent verfolgt werden.

Die Vorgängerprogramme gaben der Sozialdemokratie ein theoretisches Fundament, das die gesellschaftlichen Defizite analysierte und aus der Perspektive der Arbeiterklasse Auswege darstellte. Dass die Grundsatzprogramme in Theorie- und Praxisteil gespalten waren, war in der SPD vor dem Zweiten Weltkrieg unproblematisch. Die Ansprüche an Grundsatzprogramme wurden vor Godesberg noch anders definiert. An dieser Stelle wird deutlich, wie sich nicht nur Inhalte, sondern auch Aufgaben von Grundsatzprogrammen und damit auch ihre Wirkung geändert haben. Eichler formulierte den Anspruch, dass Theorie und Praxis aufeinander aufbau-

---
98 Willi Eichler, in: 100 Jahre Sozialdemokratie, S. 29 ff.

en müssten und sich nicht widersprechen dürften. Diese Überwindung des Grabens zwischen Theorie und Praxis hatte im neuen Godesberger Programm inhaltlich zur Konsequenz, dass große Teile der marxistischen Programmatik verschwanden und damit auch der Klassenbegriff. Nicht mehr der Klassenbegriff war das identitätsstiftende und integrierende Merkmal der SPD. Der Nachkriegs-SPD fehlte der Klassenzusammenhalt, aber sie wurde geeint durch ein gemeinsames Grundsatzprogramm. Die Bedeutung von Grundsatzprogrammen wurde mit Godesberg neu definiert: Es sollte innerparteilich Identität geben und nach außen hin Profil. An Stelle des Klassenbegriffes kamen Grundwerte und Grundforderungen, die aufeinander aufbauten.

Eine klassenorientierte Arbeiterpartei war die SPD allerdings schon vor dem Zweiten Weltkrieg nicht mehr. Auch dies kann man an den sozialdemokratischen Grundsatzprogrammen der 1920er-Jahre erkennen, in denen der Klassenbegriff bereits aufgeweicht wurde, auch wenn der Marxismus deutlich erkennbar Leitlinien vorgab.

Auf das Erfurter Programm folgte das Görlitzer Programm von 1921, das den Marxismus als Parteiideologie leicht relativierte. Besonders zu betonen im Görlitzer Programm ist die Erweiterung des Begriffs »Proletarier«. Im Gegensatz zum Erfurter Programm, das darunter vor allem Arbeiter und Kleinbauern verstand, wurden im Görlitzer Programm Intellektuelle, Lehrer, Bildungsbürgertum, Beamte und Angestellte zu den Proletariern gezählt.

> »Während rücksichtsloses Gewinnstreben eine neue Bourgeoisie von Kriegslieferanten und Spekulanten emporhob, sanken kleine und mittlere Besitzer, Gewerbetreibende, Scharen geistiger Arbeiter, Beamte, Angestellte, Künstler, Schriftsteller, Lehrer, Angehörige aller Art der freien Berufe zu proletarischen Lebensbedingungen hinab.«[99]

Die Erweiterung des Klassenbegriffes auf weite Teile der Bevölkerung war mit Blick auf die Nachkriegsdebatte in der Programmkommission über die Öffnung der Partei besonders zu betonen, wurde doch schon 1921 ein Schritt in Richtung Volkspartei erreicht, ohne den Anspruch Klassenpartei sein zu wollen, fallen zu lassen.

Besonderes Augenmerk verdient das Görlitzer Programm auch in Bezug auf die Konsequenzen aus dem Ersten Weltkrieg, die bereits hier gezogen wurden. Die traumatischen Erfahrungen des Weltkrieges fanden besondere Berücksichtigung. Der internationale Charakter der sozialdemokratischen bzw. sozialistischen Bewegung wurde in allen Programmen betont aber vor dem Görlitzer Programm nicht weiter konkretisiert. Wo das Erfurter Programm noch eine »Erziehung zur allgemeinen

---

99 Görlitzer Programm von 1921, in: Dieter Dowe/Kurt Klotzbach: Programmatische Dokumente der deutschen Sozialdemokratie, S. 188.

Wehrhaftigkeit« und eine »Volkswehr an Stelle der stehenden Heere«[100] forderte, verzichtete das Görlitzer Programm darauf und verlangte dafür einen »Völkerbund, der kein die Völkerbundsatzungen anerkennendes Volk ausschließt«[101], den »Ausbau des Völkerbundes zu einer wahrhaften Arbeits-, Rechts- und Kulturgemeinschaft« und »Internationale Abrüstung«. Das Görlitzer Programm wurde schnell infrage gestellt. Vielleicht genießt es deshalb bis heute sehr wenig Aufmerksamkeit – zu Unrecht, denn mit dem Görlitzer Programm wurden Pazifismus und Internationaler Völkerbund Bestandteile sozialdemokratischer Programmatik. Auf dem Parteitag in Nürnberg – nur ein Jahr später 1922 – traten erhebliche Teile der USPD-Führung und -Mitgliedschaft, die nicht in die KPD eingetreten waren, wieder in die SPD ein: so etwa Bernstein und Kautsky. Auf diesem Parteitag wurde außerdem ein neues Grundsatzprogramm in Auftrag gegeben. Dieses wurde 1925 auf dem Heidelberger Parteitag beschlossen. Inhaltlich orientierte es sich stärker als das Görlitzer am Erfurter Programm.[102]

Die marxistische Analyse des Erfurter Programms wurde wieder in die SPD-Programmatik integriert. Dabei wurde der erweiterte Proletarierbegriff des Görlitzer Programms jedoch ebenso beibehalten wie der starke internationale Anspruch der sozialdemokratischen Bewegung.

>»Als Mitglied der Sozialistischen Arbeiter-Internationale kämpft die Sozialdemokratische Partei Deutschlands in gemeinsamen Aktionen mit den Arbeitern aller Länder gegen imperialistische und faschistische Vorstöße und für die Verwirklichung des Sozialismus.«[103]

Das Heidelberger Programm forderte »die friedliche Lösung internationaler Konflikte«, »das Selbstbestimmungsrecht der Völker«, ein Ende der »Ausbeutung der Kolonialvölker« und »die internationale Abrüstung«. Um den internationalen Frieden zu gewährleisten, wurde die Schaffung der Vereinigten Staaten von Europa in den Mittelpunkt gestellt:

>»Sie [die Sozialdemokratie; Anm. d. Verf.] tritt ein für die aus wirtschaftlichen Ursachen zwingend gewordene Schaffung der europäischen Wirtschaftseinheit, für die Bildung der Vereinigten Staaten von Europa, um damit zur Interessensolidarität der Völker aller Kontinente zu gelangen.«

---

100 Beide Zitate aus dem Erfurter Programm von 1891, in: ebd., S. 174.
101 Hier u. i. F. Görlitzer Programm von 1921, in: ebd., S. 192.
102 Vgl. hier u. i. F. Heidelberger Programm von 1925, in: ebd., S. 194-203.
103 Dieses und folgende Zitate: Heidelberger Programm von 1925, in: ebd., S. 202 f.

Diese konkreten Zielvorstellungen prägte die internationale Politik der SPD nachhaltig.

Darüber hinaus berücksichtigte der Forderungskatalog des Heidelberger Programms die Kataloge der Vorgängerprogramme ebenso, wie die Errungenschaften der Weimarer Republik. Dabei stellte es vor allem den Schutz und den Ausbau der Demokratie in den Mittelpunkt.

Auch das Heidelberger Programm war also, wie seine Vorgänger, gespalten in Theorieteil und Aktionsprogramm. Und auch nach Beschluss des Heidelberger Programms war eine Kluft zwischen theoretischem, revolutionärem Anspruch auf der einen Seite und reformorientierter, parlamentarischer Praxis auf der anderen Seite festzustellen.

Für Willi Eichler war die Überwindung des Grabens zwischen sozialdemokratischer Theorie und Praxis ein zentrales Anliegen. Eichler erkannte nach der Analyse der Vorprogramme, welche Forderung zu überarbeiten war, um dieses Problem zu lösen: »Eine Forderung […] bleibt bis heute bedeutsam: die Rolle des privaten Monopols an Produktionsmitteln, die sich daraus ergebenden gesellschaftlichen Folgen, die Klassengegensätze und der Klassenkampf.«[104] Eichler machte die marxistische Geschichtsphilosophie für den Graben zwischen Theorie und Praxis in der Sozialdemokratie verantwortlich und wollte ein ethisches Fundament für die sozialdemokratische Programmatik legen, das es Marxisten, Christen und ethisch Motivierten erlaubt, sich in der Sozialdemokratie zu engagieren.

Der Weg zum Godesberger Programm war durch parteiinterne Debatten bestimmt. Die inhaltlichen, programmatischen Neuerungen waren in der SPD heftig umstritten. Was von der einen Seite als lang ersehnte Überwindung veralteter Forderungen gesehen wurde, bedeutete für die andere Seite einen Bruch mit den marxistischen Traditionen der SPD.

2.4 Erste Entwürfe zum Grundsatzprogramm vom März 1955 bis zum Stuttgarter Parteitag im Mai 1958

Zur Vorbereitung der weiteren Programmdebatte gehörte – unter der Leitung von Willi Eichler im Unterausschuss Grundsatzfragen – neben der Betrachtung der Vorprogramme auch die Einbeziehung der Erklärung der Sozialistischen Internationale von 1951, die Aktionsprogramme von 1952 und 1954 und dabei vor allem deren Präambel sowie diverse ausländische programmatische Texte, insbesondere das Grundsatzprogramm der österreichischen Sozialdemokratie.[105] Ursprünglich sollten die

---

104 Willi Eichler: Referat im Protokoll der Sitzung der Programmkommission am 7.6.1956 in Bonn, S. 2 ff., in: Eichler-Bestand im AdsD, Sign. 1/WEAA000165.
105 Vgl. Ergebnisprotokoll der Sitzung der Programmkommission am 26.3.1955, in: PV-Bestand im AdsD, Sign. 01696 A.

2 Der Weg zum neuen Grundsatzprogramm – Wahlniederlagen und Neuorientierung 1953–1957

anderen Unterausschüsse parallel zum Unterausschuss Grundsatzfragen tagen. Aufgrund der grundsätzlichen Fragen, die Auswirkung auf die prinzipielle Gesamtausrichtung des Programms haben würden, warteten die anderen Untergruppierungen allerdings erst mal ab – ein Faktum, das sicherlich dazu beigetragen hat, dass die Programmdebatte nicht so schnell vonstattenging, wie erwartet.

Die Behandlung der Vorgängerprogramme hatte erheblichen Einfluss auf die Ergebnisse der Kommission im Vorfeld des Stuttgarter Parteitages. Ein erster provisorischer Entwurf vom Juni 1956 baute eine klare Brücke von den Vorgängerprogrammen, den historischen Ereignissen im Vorfeld hin zur gegenwärtigen politischen Situation, zum parteipolitischen Status quo und zu allgemeinen theoretischen Grundsätzen der Gegenwart. Von den zu diesem Zeitpunkt sechs geplanten Kapiteln befassten sich zwei mit der sozialdemokratischen Vergangenheit; in einem eigenen Abschnitt konzentrierte man sich auf die »Verbindung zu sozialistischer Tradition und bisheriger Programmatik«. Besonders intensiv wurde in der Kommission aber auch später auf dem Stuttgarter Parteitag die Frage diskutiert, ob zu Beginn des Grundsatzprogramms eine eigene »Zeitanalyse mit sozialistischer Fragestellung« stehen sollte. Die Zeitanalyse sollte die Entwicklung zur Gegenwart aus Sicht der Partei erläutern und darauf basierend, eine Zukunftsprognose erstellen. Es sollten nicht alle Zeiterscheinungen wahllos analysiert werden. Vielmehr sollte die gesellschaftliche Wirklichkeit in ihren wesentlichen Formen darauf untersucht werden, inwieweit sie den Ansprüchen der Sozialdemokratie entspreche. Dieser Vorschlag ging zurück auf Gerhard Weisser. Als Alternative standen zwei Vorschläge von Waldemar v. Knoeringen, der sich für eine humanistische Erklärung am Anfang des Programms aussprach und von Herbert Wehner, der sich für einen historischen Überblick der SPD am Anfang des neuen Programms aussprach. Auch dieser Streit kostete Zeit und verzögerte die Arbeit der Kommission.

Ergebnisse gab es im Unterausschuss Grundsatzfragen über Ansprüche an ein neues Grundsatzprogramm. Eichler forderte eine

> »Abgrenzung von anderen Parteien, Ideen oder Grundsätzen, auf denen die Politik unserer Partei sich aufbaut; Leitgedanken über eine sozialistische Gesellschaft, ohne in allen Einzelheiten einzugehen; Stellung des Menschen in der Gesellschaft, also ein Leitbild von beiden, mit denen die konkrete Wirklichkeit konfrontiert werden kann.«[106]

In diesem Sinne erfuhren schon in den ersten Ansätzen von 1956 die Grundwerte und Grundanforderungen eine besondere Stellung. Allerdings ging man zu Beginn noch von vier Grundwerten aus: Frieden, Freiheit, Gerechtigkeit und Solidarität. Die Go-

---

106 Willi Eichler, in: Protokoll der Sitzung der Programmkommission am 7.6.1956 in Bonn, in: Bestand Willi Eichler im AdsD, Sign. 165, S. 12.

desberger Grundwerte »Freiheit, Gerechtigkeit und Solidarität« wurden im Vorfeld in der Programmkommission und auch noch im Stuttgarter Entwurf von 1958 von dem vierten Grundsatz »Frieden« ergänzt, womit sowohl der innergesellschaftliche als auch der internationale Frieden gemeint war. Diese Grundwerte gehen zurück auf Vorschläge von Eichler und vor allem von Grete Henry-Hermann, der langjährigen Weggefährtin Eichlers aus ISK-Zeiten.[107]

Der Entwurf einer Gliederung des neuen Grundsatzprogramms, der am 7. Juni 1956 im Unterausschuss diskutiert und am 7. Juli 1956 im sogenannten Plenum, das heißt, in der großen Grundsatzkommission verabschiedet wurde, sah insgesamt sechs Kapitel vor[108]:

1. Zeitanalyse mit sozialistischer Fragestellung.
2. Die Grundwerte unserer sozialistischen Forderungen.
3. Grundforderungen (in Verbindung mit Grundwerten)
4. Auseinandersetzung mit den zurzeit bestehenden oder in der Diskussion sich befindenden gesellschaftlichen Ordnungen: Monopolkapitalismus, Neoliberalismus, Bolschewismus, Ständestaat. Bild einer demokratisch-sozialistischen Gesellschaftsordnung.
5. Verbindung zu sozialistischer Tradition und bisheriger Programmatik.
6. Die wichtigsten Mittel und Wege zur Verwirklichung unserer Ziele und Grundforderungen

Dieses Ergebnis erscheint nach über einem Jahr an Diskussion etwas dünn. Untersucht man allerdings die Protokolle der Unterausschusssitzungen, in denen immer wieder der Sinn eines neuen Grundsatzprogramms an sich infrage gestellt wurde, kann man feststellen, dass Eichler hier ein Ergebnis gelungen ist, das die weitere Diskussion um ein neues Grundsatzprogramm erst ermöglichte.

Über den Aufbau des Programms und die erste Definition sozialdemokratischer Grundwerte hinaus gestalteten sich am Anfang der programmatischen Arbeit im Unterausschuss Grundsatzfragen wesentlich problematischer. Andere Kernfragen, insbesondere »die Rolle des privaten Monopols an Produktionsmitteln, die sich daraus ergebenden gesellschaftlichen Folgen, die Klassengegensätze und der Klassenkampf«[109], führten zu endlos erscheinenden Debatten, die zu keinem konkreten Ergebnis führten. Eine Vielzahl an Referaten wurden zwischen März 1955 und dem Frühjahr 1956 im Unterausschuss Grundsatzfragen gehalten, mit dem Versuch, diese Fragen zu klären – ohne Erfolg.[110] Vor allem Wolfgang Abendroth und Gerhard Weisser prallten mit ihren Positionen aufeinander: Auf der einen Seite sprach sich

---

107 Vgl. Protokoll des Plenums der Grundsatzkommission vom 7.6.1956, in: PV-Bestand im AdsD, Sign. 01696 C, S. 7.
108 Ebd., S. 9.
109 Ebd., S. 11.
110 Vgl. Protokoll des Unterausschusses Grundsatzfragen vom 9.4.1956 mit einer Zusammenfassung der bisherigen Arbeit durch Willi Eichler, in: PV-Bestand im AdsD, Sign. 01696 B.

2 Der Weg zum neuen Grundsatzprogramm – Wahlniederlagen und Neuorientierung 1953–1957

Abendroth für die unveränderte Gültigkeit des Klassenbegriffes aus; auf der anderen Seite stellte Weisser zwar ebenfalls Klassengegensätze in der Gesellschaft fest, bestritt aber, dass sich mit dem Klassengegensatz die allgemeinen gesellschaftlichen Probleme in Gänze erfassen und tief genug begründen lassen.[111] Faktisch war man nach der Debatte um die Rolle des Marxismus bei der Diskussion der Mehlemer Thesen nicht weitergekommen. Und eine Einigung war in dieser Frage nicht in Sicht.

Die Diskussionen im Unterausschuss Grundsatzfragen verliefen zäh und gingen nicht so schnell vonstatten, wie von Eichler geplant. Ursprünglich sollten die Vorarbeiten des Unterausschusses bis Ende 1955 abgeschlossen sein. Erst nachdem im Juni 1956 die erste Struktur des neuen Grundsatzprogramms vorlag, begann die Arbeit in den weiteren Unterausschüssen im Juli 1956 – die meisten tagten erst im Verlauf des Spätsommers 1956 zum ersten Mal.

Größere Probleme gab es ausgerechnet im Unterausschuss Wirtschafts- und Sozialstruktur; ein neues wirtschafts- und sozialpolitisches Konzept sollte nach den Vorarbeiten der Aktionsprogramme eine zentrale Rolle im neuen Grundsatzprogramm spielen. Doch dieser Unterausschuss tagte erst im Mai 1957 zum ersten Mal. Dies hatte vor allem die Ursache, dass die meisten Mitglieder des Unterausschusses auch dem permanenten Wirtschaftsausschuss des Parteivorstands angehörten und offenbar mit der Tagespolitik und der Vorbereitung zum Bundestagswahlkampf 1957 ausgelastet waren.[112] Zumindest wurde eine parallele Arbeit beider Wirtschaftsausschüsse als unmögliche Arbeitsüberlastung gesehen.[113] Das war eine Situation, die Willi Eichler akzeptieren musste, ohne etwas an ihr ändern zu können. Schließlich war Eichler selbst mit der Erstellung des Wahlprogramms für die Bundestagswahl 1957 beauftragt worden und bekam in diesem Zusammenhang insbesondere in der ersten Hälfte des Jahres 1957 die Mehrfachbelastungen zu spüren.[114] Eichler machte über den Parteivorstand Druck, da er eine weitere Verzögerung im Unterausschuss Wirtschafts- und Sozialpolitik als Gefahr für die gesamte Arbeit der Programmkommission sah.[115] Es kam zum Wechsel in der Federführung: Viktor Agartz wurde bei der Sitzung der Programmkommission am 7. Juli 1956 von Gerhard Weisser auf Bitten des Partei-

---

111 Vgl. Kurt Klotzbach: Der Weg zur Staatspartei, S. 434.
112 Vgl. Schreiben Willi Eichlers an die Mitglieder des Unterausschusses Wirtschafts- und Sozialpolitik vom 11.10.1957, in: PV-Bestand im AdsD, Sign. 01697 A.
113 Vgl. hier u. i. F. das Schreiben von Gerhard Weisser an die Mitglieder des Unterausschusses Wirtschafts- und Sozialordnung vom 8.4.1957, in: PV-Bestand im AdsD, Sign. 01697 A. Demnach gehörten dem Ausschuss folgende Mitglieder an: Heinrich Albertz, Otto Brenner, Heinrich Deist, Bruno Gleitze, Erich Potthoff, Ludwig Preller, Gisbert Rittig, Karl Schiller, Erwin Schoettle, Hermann Veit.
114 Vgl. Brief von Willi Eichler an die Mitglieder der Wahlprogrammkommission vom 4.4.1957, in: Eichler-Bestand im AdsD, Sign. 1/WEEAA000166.
115 Vgl. Protokoll der ersten Sitzung des Wirtschafts- und Sozialpolitischen Ausschusses der Programmkommission vom 10.5.1957, in: PV-Bestand im AdsD, Sign. 01697 A.

vorstands abgelöst.[116] Nachdem zu Beginn des Jahres 1957 immer noch kein Treffen zustande gekommen war, machte der Parteivorstand mit Ollenhauer an der Spitze noch mal Druck – Weisser berief dann für den 10. Mai 1957 das erste Treffen des Unterausschusses ein. Weiterhin verlief die Grundsatzdebatte schleppend. Auch die Diskussionen im Plenum der Grundsatzkommission wirkten auf Beteiligte langwierig und oft ergebnislos. Immer wieder wurde im Parteivorstand infrage gestellt, ob ein neues Programm überhaupt sinnvoll sei.

Mit mehr Elan aber auch mit mehr Unterstützung ging die Organisationsreform vonstatten. Die Entmachtung des hauptamtlichen Büros zugunsten des Parteivorstands war im Interesse vieler politischer Köpfe im Parteivorstand und wurde mit Nachdruck verfolgt. Erste Ergebnisse der Arbeitsgruppe unter der Leitung von Max Kukil wurden dabei aufgegriffen.

Durch die Neuorganisation der Partei nach dem Zweiten Weltkrieg durch Kurt Schumacher hatten die hauptamtlichen Mitglieder des Parteivorstandes die inhaltliche und organisatorische Verantwortung in der SPD-Führung. Mit dem Personalwechsel von Schumacher zu Ollenhauer und dem Ortswechsel von Hannover nach Bonn 1952 hatte sich nichts an der Führungsstruktur und -praxis geändert und die besoldeten Parteivorstandsmitglieder hielten die zentralen Parteigeschäfte in der Hand.[117] Mit dem Umzug der SPD nach Bonn trat jedoch auch ein neuer Akteur in der SPD-Führung auf. Gemeint ist die neue Bundestagsfraktion, die in Bonn anders als die Fraktion des Frankfurter Wirtschaftsrates begann, eine dominantere Rolle zu spielen, vor allem gegenüber dem besoldeten Vorstand. Allerdings bestand zunächst mit Schumacher und Ollenhauer bei Partei- und Fraktionsvorsitz Personalunion.

Vor allem die Reformer wollten das Büro entmachten: Der hauptamtliche Apparat sollte lediglich Verwaltungsaufgaben übernehmen und es den gewählten Parteivorstandsmitgliedern überlassen, politische Leitlinien zu formulieren und umzusetzen. Ausdruck dieses neuen Anspruchs war die Installation des Präsidiums, das die politische Willensbildung des Parteivorstands vorbereitete und fokussierte. Diese bis zur Parteivorstandswahl im Dezember 2011 wirksame Strukturreform wurde auf dem Stuttgarter Parteitag im Mai 1958 beschlossen. Die Reformer konnten sich allerdings auch personell durchsetzen, sowohl im Parteivorstand als auch in der Bundestagsfraktion: Zu Stellvertretern Ollenhauers wurden ebenfalls auf dem Stuttgarter Parteitag im Mai 1958 Herbert Wehner und Waldemar von Knoeringen gewählt. Zuvor hatten im Oktober 1957 bei der Neuwahl des Vorstands der SPD-Bundestagsfraktion Herbert Wehner, Fritz Erler und Carlo Schmid die Traditionalisten Erwin Schoettle

---

116 Viktor Agartz musste im Jahr zuvor bereits die Leitung des Wirtschaftswissenschaftlichen Instituts (WWI) des DGB abgeben, nachdem es innerhalb des Gewerkschaftsbundes zu Diskussionen über Agartz Position zur »Expansiven Lohnpolitik« gekommen war. Agartz sprach sich dafür aus, die Tarifverhandlungen aktiver im Sinne der Verteilungsgerechtigkeit einzusetzen und dementsprechend sehr hohe Lohnforderungen gegenüber den Arbeitgebern zu stellen.
117 Vgl. hier u. i. F. Kurt Klotzbach: Der Weg zur Staatspartei, S. 274 ff.

2 Der Weg zum neuen Grundsatzprogramm – Wahlniederlagen und Neuorientierung 1953–1957

und Wilhelm Mellies als stellvertretende Fraktionsvorsitzende abgelöst. Mit diesem Wechsel im Fraktionsvorstand zog die Bundestagsfraktion Konsequenzen aus der katastrophalen Niederlage bei der Bundestagswahl 1957.

Zwar konnte die SPD mit 31,8 % das vorhergehende Ergebnis verbessern, aber CDU/CSU erreichten die absolute Mehrheit. Adenauers Popularität war auf einem Höchstniveau. Seine Person wurde mit dem Wirtschaftswunder und dem damit verbundenen allgemeinen Wohlstand in Verbindung gebracht. Zwei Jahre vor der Bundestagswahl war es Adenauer 1955 gelungen, die letzten noch lebenden deutschen Soldaten aus der sowjetischen Kriegsgefangenschaft zu befreien. Kurz vor der Wahl wurde das Saarland Teil der Bundesrepublik. Zudem sicherte 1957 die Einführung der dynamischen Rente, die die Rentenhöhe spürbar erhöhte, indem sie an die Bruttolohnentwicklung gekoppelt wurde, viele Stimmen. Die brutale Niederschlagung des Ungarnaufstandes durch die sowjetische Armee im November 1956 setzte der Bundeskanzler gekonnt gegen die SPD ein, indem erneut Parallelen zwischen dem Ostblocksozialismus und dem demokratischen Sozialismus der SPD kolportiert wurden. All diese Faktoren förderten einen Wahlsieg Adenauers sowie der CDU/CSU und bescherten der SPD eine Niederlage.

Die Programmdebatte kam allerdings durch das Ergebnis der Bundestagswahl 1957 richtig ins Rollen. Mehrere Landesverbände und Bezirke forderten eine programmatische Neuausrichtung und klarere Distanzierung vom Kommunismus.[118] Im September wurde unmittelbar nach der Wahl diskutiert, dass es sowohl organisatorisch als auch programmatisch Änderungen geben müsse. Der Vorstand verkündete dann am 20. November in einem Kommuniqué das weitere Vorgehen: Zwei Arbeitsausschüsse sollten sich auf Ollenhauers Vorschlag mit der organisatorischen Neuausrichtung beschäftigen.

> »Der eine Ausschuß soll die Probleme erörtern, die sich im Zusammenhang mit der Diskussion über die Organisation der Parteispitze stellen, während der andere Ausschuß allgemeine Fragen der Aktivierung der Gesamtorganisation und die hierzu gemachten Vorschläge zusammenfassen soll.«[119]

---

118 Berichterstattung in Nachgang der Wahl 1957: Die Welt v. 21.9.1957: »Reform der SPD gefordert von der SPD Niederrhein«; Die Welt v. 28.9.1957: »Vorstoß der bayrischen SPD für Erneuerung der Partei«, in: PV-Bestand im AdsD, Sign. 01700 A.
119 »Zwei Kommissionen prüfen«, in: Vorwärts v. 29.11.1957. Die Arbeitsausschüsse setzten sich wie folgt zusammen:
   1.) Erich Ollenhauer, Wilhelm Mellies, Fritz Erler, Herbert Wehner, Alfred Nau, Waldemar v. Knoeringen, Carlo Schmid;
   2.) Karl Vittinghoff, Willi Birkelbach, Fritz Heine, Luise Albertz, Franz Bögler, Fritz Ohlig, Egon Franke, Max Kukil.

Darüber hinaus beschloss der Parteivorstand im November 1957, den nächsten Parteitag in Stuttgart vom 18. bis um 23. Mai 1958 abzuhalten und dort einen Entwurf zum Grundsatzprogramm vorzustellen. Nachdem dieser Entwurf in der gesamten Breite der Partei diskutiert sei, sollte es auf dem nächsten Parteitag zum Beschluss des neuen Programms kommen.[120]

Die Wahlniederlage setzte die Große Programmkommission unter Druck – nach Augenzeugenberichten kündigte Ollenhauer mit seinem ersten Kommentar nach Bekanntwerden des Wahlergebnisses ein neues Grundsatzprogramm an.[121] Ein Entwurf musste schnell her, und zwar bis zum Stuttgarter Parteitag. Noch in der zweiten Hälfte des Jahres 1957 lag kein zusammenhängender Programmentwurf vor. In einem halben Jahr musste das geschafft werden, was seit März 1955 nicht gelungen war. Vor allem der Wirtschafts- und Sozialpolitische Unterausschuss der Programmkommission musste viel nachholen. Schon ab Oktober 1957 bis März 1958 kam es daher zu einer dichten Folge von Sitzungen dieses Unterausschusses.[122] In dieser Phase wurde deutlich, dass Heinrich Deist als wirtschaftspolitischer Fachmann die Triebfeder des Unterausschusses und damit der Initiator der neuen wirtschafts- und sozialpolitischen Grundsätze war.

Insgesamt wurde die Arbeitsweise der Programmkommission geändert und von oben gestrafft: Eichler beauftragte bestimmte Mitglieder, ohne Umschweife mit der Ausarbeitung der verschiedenen Programmteile zu beginnen – er selbst formulierte die ersten allgemeinen und grundsätzlichen Kapitel des Entwurfs. Eichler fasste die Ergebnisse aus den Unterkommissionen zu einem ersten Gesamtentwurf zusammen, der am 1. April im Plenum der Grundsatzkommission besprochen und Ende April dem Parteivorstand vorgelegt wurde. Auf Vorschlag Eichlers wurde dieser Entwurf allerdings nicht als Vorschlag oder Antrag des Parteivorstands eingebracht, sondern als Vorschlag der Programmkommission.[123] Dass der Entwurf nicht als Vorschlag des Vorstands eingebracht wurde, nahm ihm politische Bedeutung. Allerdings war von vornherein angedacht – und darüber waren sich auf Initiative Eichlers sowohl Parteivorstand als auch Parteitag einig – in Stuttgart lediglich eine Diskussionsgrundlage einzubringen und quasi als Auftakt einer Debatte in der gesamten Breite der Partei. Eichler »würde die Verabschiedung im nächsten Jahr auf einem Sonderparteitag für zweckmäßig halten.«[124] Über den Zeitpunkt der Verabschiedung des neuen Grund-

---

120 Ebd.
121 Kurt Klotzbach: Der Weg zur Staatspartei, S. 436.
122 Vgl. Einladungen an die Mitglieder des Unterausschusses Wirtschafts- und Sozialpolitik zum 26./27.10., 16.11., 23.11., 28.11., 12.12.1957 sowie zum 16.1., 30.1., 4.2., 6.2., 10.2., 10.3., 14.3., 21.3., 27.3.1958, in: PV-Bestand im AdsD, Sign. 01697 A.
123 Protokoll des Parteivorstands vom 25.4.1958, S. 2, in: PV-Protokoll im AdsD.
124 Protokoll zu Willi Eichlers Einführung zum Grundsatzprogramm im Parteivorstand am 25.4.1958, S. 2. Vgl. auch Interview mit Willi Eichler, veröffentlicht in: Sozialdemokratischer Pressedienst v. 4.9.1958. Eichler spricht sich für einen Sonderparteitag aus, ohne allerdings im

satzprogramms ließ Ollenhauer im Vorfeld des Stuttgarter Parteitages nichts weiter entscheiden – dem Vorschlag Eichlers, den Entwurf als Vorschlag der Kommission einzubringen, stimmte der Parteivorstand allerdings zu.

Auf dem Parteitag in Stuttgart wurde dementsprechend der Entwurf von Willi Eichler am 22. Mai 1958 vorgestellt.[125] Am Vortag war die organisatorische Neuausrichtung zugunsten des ehrenamtlichen Vorstands und zulasten des hauptamtlichen Apparats bereits beschlossen worden. Welch geringen Stellenwert der Entwurf zum Grundsatzprogramm hatte, zeigte der Zeitpunkt in der Parteitagsregie, an dem der Entwurf eingebracht wurde: Erst am vierten und vorletzten Tag des Parteitages wurde der Entwurf eingebracht und dass nicht der Parteivorsitzende, sondern »lediglich« der Vorsitzende der Programmkommission den Entwurf vorstellte, dokumentiert die schwache Gewichtung des Entwurfs durch den Parteivorstand. Eichler betonte daher in seiner Rede schon zu Beginn noch mal den Entwurfscharakter der Vorlage: Die SPD müsse in eine Diskussion eintreten, an der sich nach Möglichkeit alle Mitglieder der Partei beteiligen sollten. Die Partei brauche »eine dauernde Selbstverständigung in ihren eigenen Reihen und auch eine Grundlage für die Auseinandersetzung mit Außenstehenden. […] Dann wird nicht nur für alle, sondern durch alle ein Programm entstehen […].«[126]

Der Stuttgarter Entwurf von 1958 war aus Eichlers Perspektive nicht mehr als eine Diskussionsgrundlage und ein Zwischenergebnis der bis dahin stattgefundenen Grundsatzdebatte. Der Entwurf hatte 64 Seiten und war damit länger als jedes andere programmatische Dokument der deutschen Sozialdemokratie bis zu diesem Zeitpunkt – dies stieß auf allgemeine Kritik. Es folgte eine ganze Reihe von Änderungsanträgen, mit der Forderung, den Entwurf zu kürzen, von der Form her an der Erklärung der Sozialistischen Internationale auszurichten und weitere Forderungen in einem Kommentar aufzugreifen. Die Erstellung eines Kommentars entsprach auch den Überlegungen Eichlers. Vielen Delegierten erschien der Entwurf auch zu theoretisch und sprachlich unverständlich und viele wünschten sich ein Regierungsprogramm für das Wahljahr 1961 anstelle eines neuen Grundsatzprogramms.[127]

Besonders viel Kritik erfuhr der erste Abschnitt mit der Zeitanalyse unter der Überschrift: »Das Bild unserer Zeit«. Dieses Kapitel wurde später bei der redaktionellen Überarbeitung im Vorfeld des Godesberger Parteitages bei der Erstellung des letzten Programmentwurfes ersatzlos gestrichen. Ganz anders wurde das zweite Kapitel

---

September diesen ankündigen zu können. Die Frage, ob es einen Sonderparteitag geben würde, war also im September 1958 noch nicht geklärt.
125 Vgl. Eichlers Einleitung im Entwurf zu einem Grundsatzprogramm zum Stuttgarter Parteitag, Bonn, Juni 1958. Protokoll Parteitag der SPD Stuttgart 1958, S. 359 ff.
126 Willi Eichler auf dem Stuttgarter Parteitag am 22.5.1958, siehe Protokoll des SPD-Parteitages 1958, S. 359-360.
127 Vgl. Zusammenfassung der Empfehlungen zum Grundsatzprogramm zum ersten Stuttgarter Entwurf, in: Bestand Willi Eichler im AdsD, Sign. 168.

aufgenommen: Grundwerte des demokratischen Sozialismus. Darin wurden bereits 1958 zentrale Aussagen festgehalten, die von da an in der Programmatik der SPD eine zentrale Rolle spielen sollten: »Freiheit und Gerechtigkeit bedingen einander. Ohne Gerechtigkeit wird aus Freiheit Willkür, ohne Freiheit für alle ist Gerechtigkeit nicht möglich.«[128] Im Stuttgarter Entwurf wurden noch vier Grundwerte – Freiheit, Gerechtigkeit, Solidarität und Frieden – in den Mittelpunkt gestellt, als Ergebnis der vorherigen Diskussionen der Programmkommission nicht nur zu Beginn, sondern auch am Ende des Entwurfs. Später wurde zum Godesberger Entwurf »Frieden« als Grundwert weggelassen. An den diesen Grundwerten, als ethische Basis der Sozialdemokratie, lässt sich der Einfluss Eichlers und der Nelson'schen Philosophie auf den Stuttgarter Entwurf erkennen. Zum Abschluss erfolgte ein weiteres Kapitel mit allgemeinem Inhalt: »Der einzige Weg.« Neben einem historischen Abriss über die Entwicklung des Sozialismus erfolgte an dieser Stelle auch die klare Abgrenzung zum Kommunismus des Ostblocks durch die Herausstellung der Bedeutung der Demokratie für die Freiheit des Menschen. Darüber hinaus werden hier zum ersten Mal die vier Grundwerte im Zusammenhang erwähnt:

> »Der demokratische Sozialismus eröffnet den einzigen Weg, der zu wirklicher Freiheit und zum Frieden führt. Es bedarf der Anstrengung, des Opfermuts und der Solidarität aller Freiheitsliebenden, den Kampf um den Frieden und die Gerechtigkeit zu gewinnen.«[129]

In vier weiteren Kapiteln werden thematische Schwerpunkte aufgeführt: »Rechts- und Staatspolitik«, »Wirtschaft und Gesellschaft«, »Arbeitswelt und Wohlfahrt«, »Das kulturelle Leben« sowie »Die Sicherung friedlicher Zusammenarbeit der Völker«.

Zentrale Aussagen des späteren Godesberger Programms fanden sich hier schon wieder und bildeten somit die inhaltliche Klammer zu den anderen Vorarbeiten. Dazu gehörten insbesondere die Themen wie der Wegfall der Vergesellschaftung der Produktionsmittel, die Überwindung des Grabens zu den Kirchen auch in Bezug auf ihren Einfluss auf die Bildungspolitik sowie die Betonung des Begründungspluralismus.

Eichler wollte die Debatte mit dem Stuttgarter Parteitag weiter in die gesamte Breite der Partei tragen.

> »Die Grundsatzkommission ist der Auffassung, daß ihr Entwurf eine Grundlage für die Diskussion sein sollte, und zwar einer Diskussion, an der möglichst jedes Mitglied der Partei teilnehmen sollte und jeder andere, der sich außerhalb ihrer an dieser Diskussion zu beteiligen wünscht. Nur wenn ein lebendiger Widerhall ge-

---

128 Vgl. hier u. i. F. Vorstand der SPD: Entwurf zu einem Grundsatzprogramm, April 1958.
129 Ebd., S. 46.

weckt wird, wenn Gründe und Gegengründe in Sachlichkeit beigetragen werden, dann wird nicht nur für alle, sondern durch alle Mitglieder der SPD ein Programm entstehen, das die freie Überzeugung jedes Sozialdemokraten ausdrückt, das jeder Sozialdemokrat kennt und vertreten kann, und das dann dazu beitragen wird, bei uns jede Geschlossenheit und Entschlossenheit zu schaffen, die eine Vorbedingung unseres Erfolges ist.«[130]

Es gelang Eichler mit dem Entwurf auf dem Stuttgarter Parteitag die Grundlage einer breit angelegten Diskussion zu schaffen, die sich über die gesamte Parteibasis erstreckte. Willi Eichler und Heinrich Deist diskutierten den Entwurf auf Hunderten Parteiveranstaltungen mit den Mitgliedern. Die Diskussion wurde, wie Eichler es sich vorgestellt hatte, von der gesamten Breite der Parteibasis geführt und nicht nur von einem kleinen Kreis von Funktionären und Intellektuellen. Allerdings kam dem Entwurf auf den Diskussionsveranstaltungen vor Ort in den Gliederungen der Partei neben vieler Kritik immer wieder der Vorwurf entgegen, zu lang zu sein.

Auch wurde auf Eichlers Wunsch hin auf dem Stuttgarter Parteitag beschlossen, dass der Entwurf des Grundsatzprogramms spätestens bis 1960 verabschiedet werden solle. Parteivorstand und Parteirat wurden beauftragt, Anfang 1959 zu entscheiden, »ob ein Außerordentlicher Parteitag im Jahre 1959 zur Verabschiedung des Grundsatzprogramms einzuberufen sei.«[131]

Trotz der vielen Kritik und obwohl die Arbeit in der Großen Programmkommission nur zäh angelaufen war, kann man doch von einem erfolgreichen ersten Aufschlag sprechen. Denn insgesamt ist Eichler mit diesem Entwurf ein Vorläufer des Godesberger Programms gelungen, der wesentliche Programmpunkte der späteren Beschlusslage vorwegnahm. Bereits der Stuttgarter Entwurf war in der Lage, den Graben zwischen Theorie und Praxis zu überwinden, ethische Grundwerte des demokratischen Sozialismus zu benennen, den demokratischen Sozialismus als dauernde Aufgabe zu definieren, zentrale inhaltliche Weiterentwicklungen der SPD-Programmatik nach dem Zweiten Weltkrieg zusammenzufassen und vor allem eine breite Debatte zu eröffnen, die ein hohes Maß an Identifikation in der gesamten SPD-Mitgliedschaft ermöglichte.

---

130 Willi Eichler, aus dem Vorwort zum Entwurf des Grundsatzprogramms, Juni 1958, S. 5.
131 Ebd.

3 Entstehung und Verabschiedung des Godesberger Programms 1959

Bis zum Beschluss des Grundsatzprogramms waren noch viele Aufgaben zu erledigen, für die es beim Godesberger Programm unterschiedliche Zuständigkeiten gab. Für die breite Debatte im Vorfeld 1958 und 1959 sind vor allem Willi Eichler und Heinrich Deist zu nennen. Als Motor der Entwicklung des neuen Grundsatzprogramms fungierte dann vor allem der Vorsitzende Erich Ollenhauer. Im Folgenden werden die letzten beiden Entstehungsschritte des Godesberger Programms durchleuchtet: die Entstehung des letzten Entwurfs zum Godesberger Parteitag und die Beschlussfassung auf dem Parteitag.

Bei den redaktionellen Vorbereitungen wirkte vor allem Fritz Sänger mit. Für den letzten Entwurf, der auf dem Godesberger Parteitag zur Debatte stand, war eine Redaktionskommission eingerichtet worden, für die er Vorarbeiten leistete. Erich Ollenhauer gab den Auftrag, einen sprachlich und inhaltlich schlankeren Entwurf herauszuarbeiten. Sängers Entwurf wurde dann, bevor er vom Parteivorstand als Beschlussvorlage für den Parteitag zugelassen wurde, noch mal abschließend überarbeitet von Willi Eichler, Erich Ollenhauer, Herbert Wehner, Sänger selbst und Benedikt Kautsky, Sohn von Karl Kautsky und mitverantwortlich für das Grundsatzprogramm der österreichischen Sozialdemokratie. Ollenhauers Rolle ist in dem gesamten Prozess nicht deutlich genug hervorzuheben. Er war der Initiator für ein neues Programm, der auch zwischendurch Druck machte und der den Beschluss auf dem Godesberger Parteitag forcierte.

Hier soll besonders die Rolle Eichlers als Theoretiker und als programmatischer Handwerker im Mittelpunkt stehen. Nicht nur viele inhaltliche Vorarbeiten, auch die breite Debatte im Vorfeld des Godesberger Parteitages waren vor allem sein Verdienst.

3.1 Entstehen des Programmentwurfs für Bad Godesberg 1959

Auf Beschluss des Stuttgarter Parteitages vom Mai 1958 ging die Diskussion um ein neues Grundsatzprogramm vom Parteitag in die Breite der Gliederungen der SPD im gesamten Bundesgebiet. Dies entsprach genau Eichlers Vorstellungen – er forderte explizit und mehrmals die Bezirke und Arbeitsgemeinschaften auf, den Stuttgarter Entwurf zu diskutieren.[132]

Im Januar 1959 stellte Eichler den Bezirken in einem Schreiben den Fahrplan für die weitere Programmdebatte vor[133]: Die Parteigliederungen sollten im neuen Jahr

---

132 Vgl. Briefe Eichlers an die Bezirke und Arbeitsgemeinschaften von August 1958 bis Januar 1959, in: PV-Bestand im AdsD, Sign. 01696 A.
133 Vgl. Schreiben Eichlers an die Bezirke vom 15.1.1959, in: PV-Bestand im AdsD, Sign. 01696 A.

noch mal die Diskussion um das neue Grundsatzprogramm ankurbeln und Veranstaltungen durchführen. Bis Ende April sollten die Gliederungen Änderungen einschicken, damit man sich »dann in mehreren Unterausschuss- und Plenarsitzungen mit den Vorschlägen und Anträgen befassen und vielleicht in acht bis zehn Wochen einen überarbeiteten Entwurf vorlegen«[134] könne. Es sollte sich bald zeigen, dass dieser Zeitplan zu optimistisch war. Darüber hinaus bot Eichler den Gliederungen an, als Gastredner zu erscheinen und mit den Mitgliedern vor Ort zu diskutieren. Nach eigenen Angaben nahm Eichler zwischen dem Frühjahr 1958 und dem Herbst 1959 an circa 350 Veranstaltungen zum Grundsatzprogramm in Bezirken, Unterbezirken und Ortsvereinen teil. Heinrich Deist sei auf einer ähnlichen Anzahl von Veranstaltungen gewesen.[135]

Im Parteivorstand führte diese breite Debatte in der Mitgliedschaft zu einem Stimmungsumschwung im Frühjahr 1959: Es wurde nicht mehr diskutiert, ob man ein neues Grundsatzprogramm wolle, sondern nur noch wann und in welcher Form.[136] Im Februar 1959 beschloss der Parteivorstand, vom 13. bis zum 15. November 1959 einen außerordentlichen Parteitag in Bad Godesberg, heute ein Stadtteil Bonns, damals noch eine eigenständige Gemeinde südlich der Bundeshauptstadt Bonn, durchzuführen. Einziger Tagesordnungspunkt war die Diskussion und der Beschluss des neuen Grundsatzprogramms.[137] Die Mitglieder wurden aufgefordert, bis Ende Juni 1959 Änderungsanträge zu schicken, die von der Programmkommission berücksichtigt werden sollten. Und es kamen viele Änderungsanträge: Bis zum 30. Juni 1959 waren im Parteivorstand in Bonn 9.763 Blätter mit Änderungsvorschlägen angekommen.[138] Obwohl Willi Eichler darum gebeten hatte, dass die Gliederungen konkrete Änderungen zu bestimmten Teilen des Entwurfes einbringen sollten, bestanden die meisten Eingaben aus allgemeinen Kommentierungen. Auch wurde von den Antragsstellern nicht differenziert zwischen Grundsatzprogramm, Wahlprogramm und Aktionsprogramm.[139] Dies machte eine Bearbeitung der Vorschläge sehr schwierig, denn zum Teil wurden Änderungen eingefordert, die in einem Grundsatzprogramm keinen Platz hatten, da sie sich auf zukünftige Wahlprogramme bezogen.

---

134 Willi Eichler: ebd.
135 Vgl. Hans-Joachim Mann: Das Godesberger Programm als Ergebnis innerparteilicher Willensbildung, S. 234 f.
136 Ebd., S. 236.
137 Vgl. Schreiben Willi Eichlers an die Bezirke und Unterbezirke vom 19.2.1959, in: PV-Bestand im AdsD, Sign. 01696 A.
138 Vgl. handschriftliche Notiz Sängers am Rande seiner Vorbemerkungen zum ersten Entwurf, den er Ollenhauer am 21.6.1959 präsentierte, in: Sänger-Bestand im AdsD, Sign. 54. Zum Vergleich: Im Vorfeld des Beschlusses des Hamburger Programms von 2007 gingen beim Parteivorstand etwa 1.000 Änderungsanträge aus der wiedervereinten Bundesrepublik ein.
139 Vgl. Hans-Joachim Mann: Das Godesberger Programm als Ergebnis innerparteilicher Willensbildung, S. 234 f.

Angesichts der vielen Änderungsanträge informierte Eichler im Juli 1959 die Mitglieder der Grundsatzkommission darüber, dass der Parteivorstand beschlossen hatte, »auf Grund der vielen Anregungen und Änderungsvorschläge aus der Partei zum Entwurf [...] einen kleinen Redaktionsausschuss zur Überarbeitung des Entwurfs einzusetzen.«[140] Diese Redaktion bestand aus Erich Ollenhauer als Parteivorsitzendem, Willi Eichler als Leiter der Programmkommission, Fritz Sänger als erfahrener Journalist, Heinrich Braune als Chefredakteur der Hamburger Morgenpost, Heinrich Deist als dem Autor des wirtschafts- und sozialpolitischen Teils und aus Bernhard Kautsky, dem Sohn von Karl Kautsky, der mitverantwortlich war für das Grundsatzprogramm der österreichischen Sozialdemokratie. Im Mai 1959 beschloss das Präsidium die Einsetzung dieses Redaktionsausschusses und darüber hinaus auch die Entwicklung eines zweiten Entwurfes, der straffer und kürzer sein sollte und der vor allem die umstrittene Zeitanalyse weglassen sollte.

Ollenhauer hatte im Vorfeld Fritz Sänger besondere Vollmachten und Aufträge erteilt, wie mit dem bisherigen Entwurf und den Änderungsvorschlägen umgegangen werden sollte. Ende April wurde Sänger von Ollenhauer gebeten, bei der Ausarbeitung eines neuen Grundsatzprogramms zu helfen.[141] Ollenhauers Auftrag an Sänger war, alleine einen neuen Entwurf aus einem Guss zu formulieren, »ganz nüchtern und realistisch.«[142] Sänger solle nicht mit Theoretikern – die hätten ihre Arbeit getan – sondern mit Praktikern reden; er solle sich nicht von Spezialisten ablenken lassen und sich nichts diktieren lassen. »Die ewige philosophische Diskussion müsse jetzt beendet sein. Keine intellektualistischen und farbenreichen Formulierungen, moderne Sprache.« Damit folgte Ollenhauer den Forderungen vieler Genossen auf dem Stuttgarter Parteitag nach einem sprachlich einfacheren und überschaubaren Grundsatzprogramm. Auch befürchtete Ollenhauer womöglich aufgrund der vielen Änderungsvorschläge aus den Gliederungen eine Zerfaserung der Debatte und vor allem, dass der Zeitplan bis zum Novemberparteitag nicht eingehalten werden könne oder noch schlimmer, dass man auf dem Parteitag selbst nicht zur Beschlussfassung kommen würde. Aufgrund der langen und schwierigen Debatten in den verschiedenen Gremien der Programmkommission der vorangegangenen Jahre war diese Furcht nicht unbegründet. Sänger nahm den Auftrag Ollenhauers in Absprache mit Eichler an. Nach Sängers eigenen Angaben sei Eichler sehr froh über Sängers Einbindung gewesen.[143]

---

140 Willi Eichler im Schreiben an die Mitglieder der Programmkommission, vom 6.7.1959, in: PV-Bestand im AdsD, Sign. 01696 A.
141 Vgl. persönliche Notizen Fritz Sängers vom 29.4. u. 8.5.1959, in: Sänger-Bestand im AdsD, Sign. 53.
142 Hier u. i. F. Fritz Sänger: Persönliche Notizen vom 8.5.1959, in: Sänger-Bestand im AdsD, Sign. 53.
143 Vgl. Gesprächsnotiz Sängers vom 29.4.1959, in: Sänger-Bestand im AdsD, Sign. 53.

3 Entstehung und Verabschiedung des Godesberger Programms 1959

Es könnte hier der Eindruck entstehen, Ollenhauer habe Eichler die Federführung über die Erstellung des Programmentwurfs genommen, quasi degradiert und Fritz Sänger an seine Stelle gesetzt.[144] Allerdings ist zu berücksichtigen, dass Sänger auf den inhaltlichen Vorarbeiten Eichlers aufbaute und lediglich damit beauftragt wurde, einen in sich geschlossenen Text zu formulieren. Sängers redaktionelle Arbeit wäre ohne die intellektuelle Vorarbeit anderer nicht möglich gewesen. Und es war Eichler als geistiger Vater und Theoretiker des Godesberger Programms, der die Inhalte und die Ausrichtung des Programmentwurfs lieferte. Eichler selbst äußerte sich in Bezug auf die redaktionelle Neugestaltung des Programmentwurfes wie folgt:

> »Es war unvermeidlich, dass bei der endgültigen Fassung des Programms manche guten Gedanken und Begründungen des ersten [Stuttgarter; Anm. d. Verf.] Entwurfs der Straffung zum Opfer fielen. Dennoch bin ich der Meinung, dass die Mitarbeiter am ersten Entwurf erkennen werden, welch tragfähiges Fundament sie gesetzt haben, auch wenn einige Steine daraus verworfen wurden. Die Ecksteine sind jedenfalls erhalten geblieben.«[145]

Dennoch hieß es nach Beschluss des Parteitages, Sänger sei der »Vater des Godesberger Programms«, wovon er sich allerdings selbst distanzierte. Sänger fand für diese Auslegung klare Worte in einem persönlichen Brief an Willi Eichler:

> »Welch ein unausrottbarer Unsinn! Ich habe Deine geistige Arbeit zunächst als einzige Grundlage gehabt und danach die einzelnen Punkte formuliert. So entstand der erste Entwurf. [...] Die Grundlage, das Konzept, der Wurf oder wie man das nennen kann, stammen von Dir und niemand sonst.«[146]

Es ist zwar nicht belegbar, ob Eichler wirklich froh über die Entwicklung war, die Sänger als redaktionellen Entwickler des letzten Entwurfs installierte, oder ob er sich über die Entlastung freute. Allerdings behielt Eichler weiterhin Einfluss. Er wirkte als Vorsitzender der Programmkommission nach wie vor federführend im Redaktionsausschuss mit und war an den letzten Arbeiten und Formulierungen des Entwurfs für den Godesberger Parteitag zwischen Ende Juni und Anfang September 1959 beteiligt.

---

144 Vgl. Kurt Klotzbach: Der Weg zur Staatspartei. S. 443.
145 Willi Eichler in einem Dankschreiben an die Mitglieder der Programmkommission vom 17.11.1959, in: PV-Bestand im AdsD, Sign. 01696 A.
146 Fritz Sänger im Schreiben an Willi Eichler vom 23.12.1966, in: Sänger-Bestand im AdsD, Sign. 59. In dem Artikel wird Sänger als Vater des Godesberger Programms bezeichnet, er hätte das Programm erdacht: »Wir hatten bis dahin nichts, das wir als Grundlage für eine Diskussion benutzen konnten, die uns in eine neue Richtung führen sollte. Die Grundlage habe ich im Obergeschoss meines Hauses erdacht.« Fritz Sänger in: Pinneberger Tageblatt v. 23.12.1966, in: Eichler-Bestand im AdsD, Sign. 1/WEAA000172.

Insbesondere sind ihm das Kapitel zu den Grundwerten und der kulturpolitische Teil zu verdanken.

Es ist wahrscheinlich, dass Ollenhauer mit der Einsetzung Sängers zwei Ziele verfolgte: *Erstens* wollte er eine redaktionell gestraffte Version, und zwar schnell. Dies implizierte, dass langwierige intellektuelle Debatten in der Programmkommission vermieden werden mussten. Dahinter stand nicht die Geringschätzung der inhaltlichen Arbeit Eichlers, als vielmehr der pragmatische Wille, binnen weniger Monate einen fertigen Entwurfstext auf dem Parteitag präsentieren zu können. *Zweitens* holte Ollenhauer Fritz Sänger dazu, weil dieser wegen seiner journalistischen Fähigkeiten, herausragend formulieren zu können, sehr geschätzt war.[147] Auch dies spricht eher für eine Unterstützung der Vorarbeiten Eichlers. Es ging Ollenhauer darum, dem neuen Grundsatzprogramm ein besseres Image und mehr Gewicht zu geben. Oft kritisiertes Manko des Stuttgarter Entwurfes und der Programmkommission, die ihn formulierte, war das hohe intellektuelle Niveau, die schwierige Sprache und die Länge des ersten Entwurfs. Sänger verschaffte dem neuen zweiten Entwurf nun die sozialdemokratische Bodenständigkeit, nach der viele verlangten. Die Leistung von Sänger lag darin, dass er das neue Grundsatzprogramm als Publizist anging und nicht als Theoretiker wie Eichler – für Sänger standen Formulierungen und nicht Inhalte im Mittelpunkt. Ollenhauer selbst identifizierte sich mit dem neuen Entwurf wesentlich stärker als mit dem Stuttgarter Entwurf und gab damit als Vorsitzender dem zweiten Godesberger Entwurf wesentlich mehr Bedeutung. Ollenhauer, der von Anfang an ein neues Programm wollte, stellte sich an die Spitze der Bewegung für ein neues Grundsatzprogramm, die in der Partei vor allem durch Eichlers ersten Stuttgarter Entwurf entfesselt worden war.

Ende Juni traf sich Sänger mit Bernhard Kautsky, um von dessen Erfahrungen bei der Formulierung des österreichischen Grundsatzprogramms zu lernen. Auch mit Eichler gab es einen Austausch – eine Auswahl der wichtigsten Ergebnisse der Programmkommission wurden Sänger zur Verfügung gestellt.[148] Am 21. Juni 1959 überreichte Sänger einen Entwurf an Ollenhauer unter vier Augen.[149] Nach Angaben Sängers sei Ollenhauer sehr zufrieden mit dem Entwurf gewesen, der entstanden sei, nachdem er (Sänger) bewusst nicht einmal in den Stuttgarter Entwurf geschaut habe, um sich bei der Formulierung nicht ablenken zu lassen. Erst nachdem er den Entwurf frei in einen Guss formuliert habe, hätte er die Unterlagen der Programmkommission herangezogen und zahlreiche Formulierungen eins zu eins übernommen. Demnach gab es viele redaktionelle Unterschiede zum Stuttgarter Entwurf. Inhaltlich hat Sän-

---

147 Vgl. Kurt Klotzbach: Der Weg zur Staatspartei. S. 443.
148 Vgl. Anschreiben von Susanne Miller an Fritz Sänger vom 29.5.1959, in: Sänger-Bestand im AdsD, Sign. 53.
149 Vgl. hier u. i. F. Persönliche Notiz Fritz Sängers vom 21.6.1959, in: Sänger-Bestand im AdsD, Sign. 53.

ger nichts hinzugefügt und seine eigene politische Meinung hinter die Positionierungen der Programmkommission gestellt.[150] »So hatte ich mir das gedacht. Über Einzelheiten müssen wir nun sprechen, vielleicht über viele«, zitiert Sänger seinen Vorsitzenden Erich Ollenhauer in seinen persönlichen Notizen.[151] Faktisch ist Sänger eine sprachliche Vereinfachung und eine Verkürzung gelungen. Die Verkürzung beruhte vor allem darauf, dass er die umstrittene Zeitanalyse strich und sich bei den Inhalten auf Thesen konzentrierte und Begründungen für diese Thesen fast durchgehend wegließ. Inhaltlich entsprach sein Entwurf voll und ganz den Vorarbeiten Eichlers und der Kommission. Bis auf die Einleitung beinhaltete der Entwurf nicht viel Neues.

Nachdem Ollenhauer zugestimmt hatte, wurden die anderen Mitglieder des Redaktionsausschusses eingebunden. Der Titel »Ausschuss« ist hier allerdings irreführend, suggeriert er doch, dass sich Ollenhauer, Eichler, Deist, Sänger, Braune und Kautsky in einer Sitzung zusammenfanden. Dies war jedoch nach Aktenlage nicht der Fall. Sänger, der die redaktionelle Überarbeitung in den Händen hielt, traf sich in kleinen Gruppen, in der Regel mit nicht mehr als drei Teilnehmern.[152] Nach dem Gespräch mit Ollenhauer traf er sich Anfang Juli zunächst mit Eichler und Wehner. Zu dritt ging man noch mal den Stuttgarter Entwurf durch und bearbeitete dann den Entwurf von Sänger. Später wurden einzeln Deist und weiterhin Kautsky eingebunden. Dann ging Sänger noch mal mit dem aktuellen Entwurf zu Ollenhauer, bevor sich am 21. Juni der Parteivorstand damit befasste, der nur kleine Änderungen einbrachte. Erst dann, als der Entwurf den Segen des Vorstands hatte, kam der Entwurf am 28. Juni in die Grundsatzkommission – ein Verfahren, das gewollt oder ungewollt kaum Spielraum für breite Debatten und grundlegende Änderungen am Entwurf zuließ. Sowohl Parteivorstand als auch Grundsatzkommission setzten ihre Beratungen allerdings im Laufe des August 1959 fort. Bis zum Beschluss des Entwurfs Anfang September durch den Parteivorstand erfuhren Sängers Formulierungen lediglich redaktionelle Änderungen. Inhaltliche Änderungen wurden kaum vorgenommen bis auf einige Korrekturen vor allem auf Initiative Eichlers. Dies betraf insbesondere die Kapitel am Anfang zu den Grundwerten und Grundforderungen, die maßgeblich von Eichler geändert und vor allem geprägt wurden. Ebenso beruhte das wirtschafts- und sozialpolitische Kapitel im Sänger-Entwurf nach wie vor auf den Vorarbeiten von Deist. Und auch das Kapitel zur Sozialordnung war geprägt durch die Vorarbeiten in der Kommission unter der Federführung von Ludwig Preller.[153] Adolf Arndt nahm

---

150 Vgl. Fritz Sänger in seinen Vorbemerkungen zu seinem ersten Entwurf für Ollenhauer, in: Sänger-Bestand im AdsD, Sign. 54.
151 Vgl. hier u. i. F. Persönliche Notiz Fritz Sängers vom 21.6.1959, in: Sänger-Bestand im AdsD, Sign. 53.
152 Vgl. hier u. i. F. Sänger-Bestand im AdsD, Sign. 54: Sammlung kurzer Gesprächsnotizen und Programmentwürfe mit Korrekturen in der Handschrift Fritz Sängers.
153 Vgl. hier auch die Ausführungen von Hans-Joachim Mann, in: Das Godesberger Programm als Ergebnis innerparteilicher Willensbildung, S. 235.

erheblichen Einfluss auf das Kapitel zur staatlichen Ordnung. Auf Erlers Drängen wurde in diesem Kapitel auch der Abschnitt zur Landesverteidigung eingeführt.[154] In dieser Phase schaltete sich auch Willy Brandt ein mit den Forderungen, eine stärkere Abgrenzung zum Ostblocksozialismus einzubringen. Bedeutender als der inhaltliche Beitrag ist an dieser Stelle allerdings, dass sich Brandt überhaupt einbrachte.[155] Dass auch Brandt sich aktiv an der Programmgestaltung und -debatte einmischte, macht den Stimmungswechsel im Parteivorstand deutlich, das neue Programm nun zu unterstützen und zu einem Beschluss heranzuführen.

Der Entwurf zum Godesberger Programm wurde am 3. September 1959 vom Parteivorstand nach mehrstündiger Debatte einstimmig beschlossen und darauf im Vorwärts veröffentlicht.[156] Der Entwurf zum Godesberger Parteitag sah im Vergleich zum Stuttgarter Entwurf einen stark vereinfachten Aufbau vor[157]: Für den Anfang hatten Braune und Sänger eine kurze »Präambel« formuliert, die unter den Begriffen »Widerspruch« und »Hoffnung« die zum Teil kontroversen Lebenslagen und Strukturen der Gegenwart beschrieb und die mit dem Anliegen des demokratischen Sozialismus endete, die Gesellschaft durch eine bessere Ordnung in mehr Freiheit zu führen. Es folgten die Einführung der »Grundwerte des Sozialismus« und die damit verbundenen »Grundanforderungen für eine menschenwürdige Gesellschaft«; danach kamen weitere Kapitel, die die Grundanforderungen konkretisierten: »Die staatliche Ordnung«, »Die Wirtschaft«, »Die Sozialordnung«, »Das kulturelle Leben« sowie »Internationale Gemeinschaft«. Der Entwurf wurde von dem Kapitel »Unser Weg« abgeschlossen, das weniger »absolutistisch« war, als im Stuttgarter Entwurf, in dem es noch »Der einzige Weg« hieß.[158] Hier wurde ein Rückblick über Errungenschaften und Motive der Sozialdemokratie im Laufe ihrer Geschichte dargestellt. Ebenso wie der Stuttgarter Entwurf distanzierte man sich am Ende vom Kommunismus und Ostblocksozialismus – diesmal verbal etwas verstärkt.

Für das Weglassen der Zeitanalyse sind keine konkreten Gründe in der vorliegenden Aktenlage zu finden. Berücksichtigt man den Auftrag Ollenhauers an Sänger, so wollte Ollenhauer wahrscheinlich nicht nur eine redaktionelle Straffung bewirken, sondern auch langwierige philosophische Debatten über dieses Kapitel und die diesbezüglichen Änderungsanträge vermeiden und vor allem die damit verbundene zeitliche Verzögerung durch ersatzloses Streichen verhindern.

Dass der Entwurf zum Godesberger Parteitag erst so spät in die Gliederungen kam und anders als beim Stuttgarter Entwurf lediglich vier Wochen Zeit zur Debatte bestand, war kein Hindernis für das Verfassen von Änderungsanträgen. Der Entwurf

---

154 Vgl. hier Kurt Klotzbach: Auf dem Weg zur Staatspartei, S. 444.
155 Ebd., S. 445.
156 Pressemitteilung des Parteivorstands vom 4.9.1959, in: PV-Bestand im AdsD, Sign. 01696 A.
157 Vgl. i. F. den Entwurf zum Godesberger Programm, in: Sänger-Bestand im AdsD, Sign. 56.
158 Vgl. hier Kurt Klotzbach: Auf dem Weg zur Staatspartei, S. 446.

löste eine weitere heftige Diskussion in den SPD-Gliederungen aus. Über 200 Änderungsanträge – auch Gegenentwürfe zum Beispiel von Abendroth – wurden zum Godesberger Parteitag gestellt. Die Delegierten hatten sich inhaltlich mit der Materie seit über einem Jahr befasst und der neue Entwurf beinhaltete weitestgehend keine neuen Inhalte. Nun ging es nur noch darum, die eigenen Positionen mit der neuen Formulierung in Einklang zu bringen.

3.2 Der Bundesparteitag vom 13. bis zum 15. November 1959 in Bad Godesberg

Der außerordentliche Parteitag tagte in der Stadthalle von Bad Godesberg vom 13. bis 15. November 1959. Der Parteitag genoss von Anfang an eine breite Aufmerksamkeit. Neben den etwa 390 Delegierten war eine Vielzahl an Gästen und Journalisten auf dem Parteitag. Einziger Tagesordnungspunkt war die Diskussion und die Verabschiedung des Entwurfs zum neuen Grundsatzprogramm. Direkt nach Eröffnung des Parteitages musste allerdings darüber abgestimmt werden, ob der Parteitag nicht sofort wieder beendet werden sollte. Die Delegierten aus Bremen stellten einen Geschäftsordnungsantrag zur Vertagung der Beratungen des Grundsatzprogramms auf den ordentlichen Parteitag 1960 und begründeten dies mit der geringen Zeitspanne, die für die Diskussion des vorliegenden Entwurfes zur Verfügung gestanden habe. Der Antrag wurde mit breiter Mehrheit abgelehnt – Ollenhauer argumentierte mit Erfolg dagegen, es hätte seit Mai 1958 eine angeregte Debatte gegeben, und dass es genügend Zeit gegeben hätte, würden die vielen Änderungsanträge belegen. Auch stellte Ollenhauer fest, dass der neue Entwurf »gegenüber dem ersten nichts grundsätzlich Neues enthält.«[159]

Ollenhauer stellte den Entwurf selbst vor – alternativ hätte der Vorsitzende der Programmkommission Willi Eichler den Entwurf vorstellen können, wie es noch ein Jahr zuvor auf dem Stuttgarter Parteitag der Fall war. Doch diesmal sollte nicht nur eine Diskussionsgrundlage eingebracht werden – diesmal sollte auf dem Parteitag auch über das neue Grundsatzprogramm abgestimmt werden. Auch nachdem der Parteivorstand den Entwurf als eigenen Antrag auf dem Parteitag einbrachte, war klar, dass der Vorsitzende selbst die entsprechende Begründungsrede halten würde. Damit gewann der Entwurf an politischem Gewicht. In einer ausführlichen Rede führte Ollenhauer die Kernaussagen des Entwurfs ein. Deutlich unterschied er zwischen den Aufgaben eines Grundsatzprogramms, »als über die Tagespolitik hinauswirkende

---

159 Erich Ollenhauer: Referat: Das Grundsatzprogramm der SPD, in: Protokoll Parteitag der SPD 1959, S. 48.

Grundlage«[160] und einem Wahl- und Regierungsprogramm, das eben diese Grundlagen in »praktische Politik der nächsten Jahre übersetzen« muss.[161]

Ollenhauer schilderte die Ursprünge und den Verlauf der Entstehung des neuen Grundsatzprogramms und stellte dabei fest, dass es keine wissenschaftlichen Ansprüche habe, sondern als politisches Parteiprogramm zu verstehen sei.[162] Er ging darüber hinaus auf die programmatischen Wurzeln der SPD ein. Interessant ist, dass er in diesem Zusammenhang auch das Kommunistische Manifest von 1848 als historische Wurzel erwähnte, das »immer das hervorragendste und das bewegendste historische Dokument des Freiheitskampfes der Arbeiterbewegung bleiben wird.«[163] Im selben Atemzug machte Ollenhauer deutlich, dass die Autoren, Marx und Engels für ihre Zeit geschrieben hatten und daher der Inhalt des Manifests nicht auf die 1950er-Jahre eins zu eins anzuwenden sei. Dies bedeutete eine Verortung der SPD in der Gegenwart als Volkspartei, die in der Vergangenheit eine Klassenpartei war. Damit implizierte Ollenhauer auch einen Appell an die eigenen Mitglieder, zur Geschichte der eigenen Partei zu stehen, aber dabei auch die Weiterentwicklung der Partei zu akzeptieren. Damit nahm Ollenhauer bereits in seiner Begründung und Vorstellung des neuen Entwurfs eine Debatte vorweg, von der man schon vor dem Parteitagsbeginn ausgehen konnte, dass sie eine große Rolle spielen würde, nämlich um die Bedeutung des Marxismus für das Grundsatzprogramm der SPD. Ollenhauer machte deutlich: Würde man der Forderung einiger Marxisten innerhalb der SPD nachgeben und

> »das politische Programm von Karl Marx und Friedrich Engels zum Inhalt eines sozialdemokratischen Grundsatzprogramms vom Jahre 1959 machen«, dann würden »wir in absehbarer Zeit als Sekte politisch einflußlos werden im politischen Kampf unserer Zeit.«[164]

Ollenhauer schloss den Gedankengang mit einem Zitat von Kurt Schumacher: »Der Marxismus ist eine Methode der soziologischen und politischen Erkenntnis und kein Gebäude von dogmatischen Lehrsätzen.«[165] Ollenhauer unterstützte die Aufforderung, die historischen Wurzeln im Marxismus in Erinnerung zu behalten und die gesellschaftskritische Analyse Marx' auf die Gegenwart anzuwenden. Ollenhauer stellte sogar fest, dass der vorliegende Entwurf das Ergebnis der Anwendung dieser Methode gewesen sei. Aber dem Marxismus als dogmatische Grundlage der SPD-Programmatik erteilte Ollenhauer eine klare Absage.[166] Anstelle des Dogmatismus

---

160 Erich Ollenhauer: ebd., S. 51.
161 Ebd.
162 Vgl. hier u. i. F. Erich Ollenhauer: ebd., S. 48-68.
163 Erich Ollenhauer: ebd., S. 52.
164 Ebd., S. 55.
165 Ebd.
166 Ebd., S. 56.

brachte Ollenhauer in einem weiteren Punkt eine Position Kurt Schumachers ein: den Begründungspluralismus mit Christentum, humanistischer Ethik und Marxismus als Wurzeln der sozialdemokratischen Werte. Mit dem Applaus, den Ollenhauer für seine Ausführungen erhielt, wurde deutlich, dass der Marxismus in der Grundsatzprogrammatik der SPD nicht mehr als ausschließliche inhaltliche Grundlage dienen würde. Dennoch war dies der große Streitpunkt im Verlauf des Parteitages, die vor allem in der Generaldebatte und in der Debatte über das Unterkapitel »Eigentum und Macht« entbrannte.

Wolfgang Abendroth, der die Marxismusdebatte bereits als Mitglied der Programmkommission engagiert geführt hatte, hatte sogar einen Gegenentwurf zum Godesberger Entwurf verfasst.[167] Abendroth ging von der marxistischen Annahme aus, das Kapital würde sich weitergehend monopolisieren und konzentrieren. Das Kapital habe

> »die große Mehrheit der erwerbstätigen Bevölkerung vom Eigentum an den Produktionsmitteln getrennt und sie in Arbeitnehmer verwandelt. […] So verfüge eine verhältnismäßig kleine Schicht – in alleinigem Besitz der wirtschaftlichen Kommandostellen – über die Arbeit der großen Mehrheit des Volkes.«[168]

Zur Verteidigung und Verbesserung ihrer Lebenslage müsse es zum Kampf der Arbeitnehmer, zur Mobilisierung der Arbeiterklasse kommen. Die Einführung der sozialistischen Produktionsweise müsse ergänzt werden um den »politischen Kampf um die Staatsmacht«.[169] Allerdings spielte dieser Gegenentwurf Abendroths auf dem Parteitag kaum eine Rolle – er selbst war nicht einmal Delegierter. Für ihn brachte der Kreis Marburg-Stadt seinen Entwurf in leicht geänderter Form ein. Abendroths Programmversion wurde allerdings nicht weiter behandelt – die Delegierten lehnten den Gegenentwurf ab und akzeptierten den Entwurf des Parteivorstands als Diskussionsgrundlage. Es gab einen weiteren Gegenentwurf von Peter von Oertzen, der ebenfalls marxistisch geprägt war und noch weniger Einfluss auf den Parteitag hatte, als der Entwurf von Abendroth. Von Oertzen hatte seinen Entwurf schlicht zu spät eingebracht. Auf dem Parteitag hielt er noch eine kritische Rede in der Generaldebatte gegen den wirtschaftspolitischen Teil des Godesberger Entwurfs.[170] Wesentlich mehr Einfluss auf die Marxismusdebatte als Abendroth und von Oertzen hatte der Beitrag Herbert Wehners, fast unmittelbar nach der Rede von Oertzens im Rahmen der Generaldebatte. Wehner griff den Gedanken Ollenhauers auf, den Marxismus als

---

167 Vgl. Abendroths Gegenentwurf in: Eichler-Bestand im AdsD, Sign. 1/WEAA000169.
168 Entwurf für ein Grundsatzprogramm, Antrag 11, Kreisverband Marburg-Stadt, Protokoll Parteitag der SPD 1959, S. 383 f.
169 Vgl. Abendroths Gegenentwurf, S. 3, in: Eichler-Bestand im AdsD, Sign. 1/WEAA000169.
170 Vgl. Protokoll Parteitag der SPD 1959, S. 93 ff.

historische Wurzel zu begreifen und nicht mehr als programmatische Basis. Wehner gelang es, den Delegierten sehr emotional und überzeugend aus der Perspektive eines ehemaligen Kommunisten seine Position nahe zu bringen:

> »Ich gehöre zu den Gebrannten. Ich weiß um die bittere Erfahrung aus der Zeit der Weimarer Republik – ich habe unter den Schlägen der Diktatur vieles gelernt, habe dafür heute vieles nachzuzahlen und tue das für diese Partei –, gerade weil ich zu den Gebrannten gehöre, die einmal aus falsch verstandenem Radikalismus […] durch die Umstände blutige Erfahrungen machen mussten. […] Ich bin der Überzeugung, daß marxistisches Denken […] und marxistische Methode für unsere Sozialdemokratische Partei unentbehrlich sind als ein Bestandteil aus einer ganzen Reihe notwendiger Bestandteile. Ich wende mich aber gegen den Ausschließlichkeitsanspruch, und zwar wende ich mich dagegen aus bitterer Erfahrung, weil ich der Meinung bin, daß der Marxismus als eine Doktrin weder parteibildend noch im Sinne dessen, was wir als soziale Demokratie und als demokratischen Sozialismus wollen müssen, fördernd sein kann, wenn er als Doktrin, als Lehrgebäude, einer Partei als allein gültig aufgedrängt werden sollte. Das liegt in der Natur der Sache. Glaubt einem Gebrannten.«[171]

Dieser Appell machte es schwer bis unmöglich, in der laufenden Debatte weiterhin für die Beibehaltung des Marxismus als einzige Grundlage der Sozialdemokratie zu argumentieren, wie es in den Vorgängerprogrammen der Fall war. Dennoch gab es eine ausgiebige Debatte und eine Vielzahl an Änderungsanträgen zum Unterkapitel »Eigentum und Macht«. In diesem Abschnitt akzeptierte die Sozialdemokratie den ökonomischen Wettbewerb und verabschiedete sich von der Forderung nach der allgemeinen Vergesellschaftung der Produktionsmittel: »Das private Eigentum an Produktionsmitteln hat Anspruch auf Schutz und Förderung, soweit es nicht den Aufbau einer gerechten Sozialordnung hindert.«[172]

Vom Verfahren her wurden die einzelnen Abschnitte des Entwurfes gemeinsam mit den dazugehörigen Änderungsanträgen für sich diskutiert und nach der Antragsdebatte in Einzelabstimmungen beschlossen, bevor es zur Schlussabstimmung kam. Bei den Einzelabstimmungen kam es beim Unterkapitel »Eigentum und Macht« mit 42 Gegenstimmen zu einer der kontroversesten Abstimmungen – die Zahl von insgesamt 340 stimmberechtigten Delegierten macht aber deutlich, dass es auch für diesen Abschnitt, der mit einigen redaktionellen Änderungen angenommen wurde, eine eindeutige Mehrheit gab. Betonenswert ist, dass der historischen Bedeutung des Marxismus für die Sozialdemokratie in den Reden auf dem Godesberger Parteitag noch Rechnung getragen wurde, diese aber im Godesberger Programmtext keine

---

171 Herbert Wehner, in: Protokoll Parteitag der SPD 1959, S. 99-100.
172 Godesberger Programm, S. 14-15.

Erwähnung mehr fand. Bei aller Notwendigkeit, sich vom Ostblocksozialismus abzugrenzen und die SPD von der Klassenpartei zur Volkspartei weiterzuentwickeln, wurde hier das Kind mit dem Bade ausgeschüttet. Obwohl in den Reden immer wieder Kurt Schumacher mit seinem Begründungspluralismus zitiert worden war, der sich auf das Kommunistische Manifest und die Bergpredigt bezogen hatte, wurden im Godesberger Programm lediglich christliche Ethik, Humanismus und klassische Philosophie im Rahmen des Begründungspluralismus aufgeführt.[173] Der Marxismus wurde in seiner historischen Bedeutung als eine Wurzel und als ein Teil der Begründung der Sozialdemokratie außen vor gelassen – eine Tatsache, die erst im Berliner Programm von 1989 korrigiert wurde, in dem der Marxismus als eine von mehreren geistigen Wurzeln der SPD erwähnt wurde.

Ähnlich kontrovers wie das Unterkapitel »Eigentum und Macht« wurde der Abschnitt zur Landesverteidigung im Kapitel zur staatlichen Ordnung gesehen. In dem Abschnitt sprach sich die Sozialdemokratie nicht nur für die Verteidigung der freiheitlich-demokratischen Ordnung aus. »Sie bejaht die Landesverteidigung« innerhalb der gegebenen Grenzen Deutschlands.[174] Die Bejahung der Landesverteidigung sei als Bejahung der Bundeswehr einzuordnen, die im Mai 1955 gegründet worden war, begleitet von großen Kontroversen. Auf der einen Seite wurde die Gründung der Bundeswehr als falsches Signal bemängelt – gerade Deutschland hätte die moralische Verpflichtung, einen Beitrag zu leisten bei den internationalen Entspannungsbemühungen, um den Ausbruch eines Krieges mit Massenvernichtungswaffen zu verhindern.[175] Klarere Bekenntnisse gegen Massenvernichtungswaffen, für Abrüstung und für eine entmilitarisierte Zone im Zentrum Europas wurden gefordert. Auf der anderen Seite wurde die Bundeswehr als etablierter Bestandteil der Bundesrepublik gesehen; und wenn es schon eine Bundeswehr gäbe, dann müsse man dafür sorgen, dass sie in der Demokratie eingebunden sei – das Stichwort lautete: Staatsbürger in Uniform.[176] Allerdings gab man an ein paar Stellen nach und ergänzte den ursprünglichen Programmentwurf. Die Delegierten stimmten der Forderung nach einer klareren Absage an Massenvernichtungswaffen zu. Außerdem wurde die

>»Einbeziehung ganz Deutschlands in eine europäische Zone der Entspannung und der kontrollierten Begrenzung der Rüstung, die im Zuge der Wiederherstellung der Einheit Deutschlands in Freiheit von fremden Truppen geräumt wird und in der Atomwaffen und andere Massenvernichtungsmittel weder hergestellt noch gelagert oder verwendet werden dürfen«[177],

---

173 Ebd., S. 7.
174 Ebd., S. 11-12.
175 Vgl. Protokoll Parteitag der SPD 1959, S. 137 ff.
176 Ebd., S. 142.
177 Vgl. Godesberger Programm, S. 12.

beschlossen. Auch war den Delegierten wichtig, dass sich die SPD »schützend vor jeden Bürger, der aus Gewissensgründen den Dienst mit der Waffe oder an Massenvernichtungsmitteln verweigert«[178], stelle. Der Abschnitt erhielt auf dem Parteitag bei 23 Gegenstimmen eine sehr große Mehrheit.[179]

Die weiteren Teile des Wirtschaftsteils und des Kapitels zur staatlichen Ordnung waren weitestgehend unumstritten. Ebenso wurden Präambel, Grundwerte und Grundforderungen mit wenigen redaktionellen Änderungen in großer Breite einstimmig bzw. mit nur zwei Gegenstimmen beschlossen.[180] Auch das Kapitel »Kultur«, das Eichler neben den Teilen zu den Grundwerten und Forderungen verfasst hatte, wurde weitestgehend einstimmig mit wenigen redaktionellen Änderungen beschlossen. Nur beim Unterkapitel zum Verhältnis zu den Kirchen gab es eine weitere kontroverse Debatte, insb. über den Antrag, die Zusammenarbeit mit den Kirchen »im Sinne einer freien Partnerschaft«[181] zu streichen.[182] Eine Partnerschaft mit den Kirchen ging einigen Delegierten zu weit. Gerade unter den Funktionären gab es SPD-Mitglieder mit einem gespannten Verhältnis zu den Kirchen und deren Repräsentanten. Darüber hinaus waren einige Sozialdemokraten in Freidenkervereinigungen organisiert. Der Antrag auf Streichung der »Partnerschaft mit den Kirchen« fand allerdings keine Mehrheit, nicht zuletzt aufgrund einer erfolgreichen Intervention Ollenhauers, der eine spontane Rede dazu hielt. Ebenfalls mit wenigen Gegenstimmen und einigen redaktionellen Änderungen wurden die Abschnitte »Internationale Gemeinschaft« und »Unser Weg« beschlossen.[183]

Auch wenn die Programmbereiche bis auf das Kirchenkapitel, für die Eichler darüber hinaus Verantwortung hatte, kaum umstritten waren, spielte er auf dem Parteitag, keine zurückhaltende Rolle. Mit diversen Reden als Berichterstatter für den Vorstand zu weiten Teilen des Programmentwurfes trat er hervor; er unterstützte Fritz Sänger bei der Arbeit in der Antragskommission, um die Änderungsanträge und die letzten Umformulierungen an der Beschlussvorlage vorzunehmen.

Am Sonntag, dem 15. November, war es dann soweit und es kam zur Schlussabstimmung über das Godesberger Programm: Es wurde gegen 16 Neinstimmen mit großer Mehrheit beschlossen.[184] Erich Ollenhauer und der Parteivorstand hatten sich

---

178 Ebd.
179 Vgl. Protokoll Parteitag der SPD 1959, S. 322.
180 Ebd., S. 321.
181 Godesberger Programm, S. 21.
182 Vgl. Protokoll Parteitag der SPD 1959, S. 323 ff.
183 Ebd., S. 325.
184 Die genaue Zahl an Jastimmen wurde auf dem Parteitag nicht festgestellt und kann nicht mit Sicherheit angegeben werden. Zwar ist bekannt, dass 340 Delegierte auf dem Parteitag waren aber es nicht bekannt, wie viele an der Abstimmung wirklich teilgenommen haben. Auch gab es mindestens einen Delegierten, der sein Mandat abgegeben hatte und daher nicht an der Abstimmung hatte teilnehmen können (vgl. Protokoll Parteitag der SPD 1959, S. 324). Für die Bewertung der Abstimmung spielt das keine Rolle: es gab eine überwältigende Mehrheit für den

mit ihrem Programmentwurf und auch im Laufe der Debatten und Abstimmungen weitestgehend durchgesetzt. Eine überragende Mehrheit für das neue Programm war angesichts der kontroversen Debatten, die über sechs Jahre geführt wurden, auch etwas überraschend. Dieses Ergebnis, sowohl die breite Mehrheit als auch die inhaltliche Gestalt des neuen Programms, wäre ohne die Vorarbeiten Willi Eichlers undenkbar gewesen. Die entscheidende Rolle Eichlers wurde im Vorwärts vom 12. November 1959 im direkten Vorfeld des Godesberger Parteitags zutreffend auf den Punkt gebracht:

> »Daß das Wagnis mindestens im Ansatz erfolgreich verlief, ist vor allem das Verdienst von Willi Eichler, dem die Verantwortung für die Arbeiten am Programm aufgebürdet wurde. Willi Eichler hat den Entwurf nicht allein geschrieben; er selbst würde dieses Verdienst am wenigsten beanspruchen. Daß jedoch der erste und der zweite Entwurf des neuen Programms zustandekamen, das ist zunächst der Arbeit und Ausdauer Willi Eichlers zu verdanken. Während dieser Arbeit ist er teils wohlwollend, teils abschätzig mit modischen Superlativen wie ›Chefideologe‹ oder ›Cheftheoretiker‹ bedacht worden; den einen galt er als ›Vertreter des linken Flügels‹, den anderen als ›orthodoxer Marxist‹, den dritten als ›Rechter‹ oder als was sonst noch. Seine Arbeit am Programmentwurf konnte aber nur deshalb so gelingen, wie sie gelungen ist, weil er alles das ihm Angehängte und Nachgesagte weder jemals war, noch heute sein möchte. [...] Seine Arbeit ist nur die folgerichtige Fortsetzung des unablässigen Kampfes eines Humanisten um einen menschlicheren Status des Menschen.«[185]

Eichler war innerparteilich in der richtigen Position, um die Programmdebatte in der SPD zu führen. Zum einen war er kein Konkurrent um Mandate oder Führungsämter. Und zum anderen gehörte er keinem der etablierten Flügel an und nahm damit eine unvoreingenommene Stellung im Streit zwischen Reformern und Traditionalisten ein, auch wenn er sich inhaltlich nicht neutral verhielt und durchweg für seine eigenen Positionen warb. Eichler war weder Traditionalist noch Reformer, sondern Ethischer Sozialist in der Tradition des ISK – bewusst nicht einem Flügel angehörend, sondern einen eigenen Weg gehend. Dass Eichler als Ethischer Sozialist, Nelsonianer und als ehemaliger Vorsitzender einer sozialistischen Splittergruppe wie dem ISK keinem der SPD-Flügel zuzuordnen war, prädestinierte ihn zum Moderator einer Programmdiskussion zwischen den beiden Parteiflügeln. Er war in der Lage, das notwendige Ziel zu formulieren und nicht aus den Augen zu verlieren: die überfällige neue Selbstverortung der SPD. Darüber hinaus blieb Eichler vielen Ansätzen aus dem ISK treu, ins-

---

Beschlussvorschlag und das neue Godesberger Programm wurde von einer großen Breite der Parteitagsdelegierten getragen.
185 Der Vorwärts v. 12.11.1959, in: Eichler-Bestand im AdsD, Sign. 1/WEAA000169.

besondere der ständigen Auseinadersetzung mit politischer Theorie und Philosophie, die im ISK zum Pflichtprogramm gehörte. Eichler war damit nicht nur theoretisch sehr erfahren, sondern nach wie vor von seiner Mitgliedschaft im ISK geprägt. Diese Prägung hatte natürlich auch Einfluss auf seine politisch-inhaltliche Positionierung. Und diese inhaltliche ISK-Prägung trug er auch in die Programmdebatte und -kommission zur Vorbereitung des Godesberger Programms sowie in die endgültige Formulierung des SPD-Grundsatzprogramms.

4 Das Godesberger Programm und Willi Eichlers Beitrag: Vom ISK-Programm zum Grundsatzprogramm der Volkspartei SPD – Von der »Gesinnungsethik« zur »Verantwortungsethik«

Die bestehende Literatur analysiert in der Regel das Godesberger Programm und seine Entstehung aus der Perspektive der zentralen Debatte zwischen Traditionalisten und Reformern und berücksichtigt dabei kaum, dass einer der wichtigsten Autoren und Theoretiker der SPD, nämlich Willi Eichler, keinem der beiden Flügel zuzuordnen war. Die Rolle Eichlers ist nur unter Bezug auf seine Biografie angemessen einzuordnen und zu verstehen. Denn auf den ersten Blick erscheint seine Entwicklung vom Führer einer sozialistischen Kleinstorganisation – einer Sekte, wie viele kritisch bemerkten – zum Vorsitzenden der Programmkommission, die das Godesberger Programm vorbereitete, das Programm, das die SPD zur Volkspartei weiterentwickelte, als widersprüchlich. Volkspartei und sozialistische Sekte scheinen nicht zusammenzupassen. Dieser scheinbare Widerspruch lässt sich auflösen, sowohl durch die Umstände und Entwicklungen in Eichlers politischer Vita, als auch durch seine eigenen inhaltlichen politischen Leitsätze, die ihn seit seiner Lehre bei Leonard Nelson und der Zeit beim IJB/ISK begleiten.

Untersucht man Eichlers inhaltliche Positionen der Vor- und Nachkriegszeit, erkennt man schnell, dass zentrale Positionen aufrechterhalten wurden: die über allem stehende Ethik, die hohe Wertschätzung für die Bildungspolitik, die Kritik am historischen Materialismus und Marxismus. Andere inhaltliche Positionen von Eichler, die typisch für den ISK waren, wurden aufgelockert: die Kritik an den Kirchen und der damit verbundene Kulturkampf vor allem gegen den Katholizismus – Kontakte mit Kirchenvertretern und verschiedene geänderte Umstände haben zu einem Umdenken oder zumindest zu einer Relativierung von Eichlers Haltung geführt. Auch weitere Positionen und Kritiken wurden abgeschwächt insbesondere die Demokratiekritik. An diesen Beispielen wird deutlich, dass Eichler und seine inhaltlichen Positionen durch die sozialen und politischen Entwicklungen um ihn herum beeinflusst wurden. Auch die Programmatik der SPD hat sich weiterentwickelt bzw. wurde weiterentwickelt. Zur Veranschaulichung werden im Folgenden frühe und spätere inhaltliche

Überlegungen Eichlers und des ISK mit den programmatischen Entwicklungen der SPD-Grundsatzprogramme hin zum Godesberger Programm verglichen. Dies soll anhand von drei Schwerpunkten geschehen:
1. Ethik als Grundlage des demokratischen Sozialismus,
2. der wirtschaftspolitischen Anerkennung der Sozialen Marktwirtschaft und
3. der Begründungspluralismus anstelle des Kulturkampfes gegen die Kirchen.

Dazu werden Veränderungen und Konstanten in Eichlers Positionierung mit den Grundzügen des Godesberger Programms kontrastiert.

Auf Grundlage dieser direkten Gegenüberstellung der Programme von ISK und SPD lässt sich auch am besten die Entwicklung Eichlers als »Gesinnungsethiker« hin zur »Verantwortungsethik« erkennen. Es wird deutlich, an welchen Stellen Eichler Abstriche an der Gesinnung gemacht hat, um der Verantwortung gerecht zu werden und wo die »Gesinnungsethik« Bestand hielt.

4.1 Ethische Grundwerte als Grundlage des demokratischen Sozialismus: Demokratiekritik und Überwindung des Grabens zwischen Theorie und Praxis

Die Ethik hatte im ISK und insbesondere in Eichlers persönlicher Weltanschauung eine zentrale Bedeutung. Die Schaffung eines Staates, der auf der Herrschaft der Weisen, des ethischen Sozialismus beruht, war explizites Ziel des ISK unter Nelson und seinem Nachfolger Willi Eichler – sie wollten damit einen »dritten Weg« zwischen Demokratie und Diktatur ansteuern. Denn der ISK kritisierte nicht nur die Barbarei der Diktaturen; auch demokratische Entscheidungen wurden als willkürlich und sogar als despotisch bezeichnet.

> »Als despotisch bezeichnen wir die demokratischen Abstimmungen deshalb, weil bei den Abstimmungen nicht, oder höchstens zufällig, ein Ideal des öffentlichen Lebens leitend ist, sondern die subjektive Willkür des Einzelnen und also auch der Mehrheit der Einzelnen.«[186]

Das Ideal des öffentlichen Lebens definierte der ISK nach Nelsons Lehren auf Grundlage von Vernunft, Ethik und von wissenschaftlich festgelegtem Recht. Umsetzen und durchsetzen sollte dies eine Herrschaft der Weisen – perfekte Führer, die immer, zumindest in der Theorie, auf Grundlage von Ethik und Vernunft richtig entscheiden.

Die ISK-Mitglieder unter Eichler glaubten an eine revolutionäre Veränderung des gesellschaftlichen Status quo. Sie waren allerdings davon überzeugt, dass diese Revolution – anders als bei vorherrschenden Interpretationen des historischen Materialismus – nicht automatisch geschehen würde, sondern herbeigeführt werden müs-

---

186 Vgl. hier u. i. F. Die sozialistische Republik – Das Programm des ISK, 1937, S. 14 ff.

se. Auch war der ISK davon überzeugt, dass »während eines revolutionären Überganges« eine »entschiedene Diktatur der Sozialisten für eine rücksichtslose Niederhaltung jedes Versuchs einer Gegenrevolution« sorgen müsse.[187] Je mehr die Gefahr einer Gegenrevolution abnehme, desto mehr solle auch die sozialistische Diktatur abgebaut und die sozialistische Republik aufgebaut werden. Allerdings basierte nach Meinung des ISK diese Republik nicht auf demokratische Grundsätze – im Gegenteil. Die Regierung dieser sozialistischen Republik solle aus einem Regenten bestehen, der selbst seinen Nachfolger bestimmt. »Eine Garantie dafür, dass der Regent seine Macht nicht missbrauchen wird, kann allein in seinem Charakter liegen, das heißt darin, dass er sich entschließt, die ihm anvertraute Macht nur im Sinne seiner rechtlichen Aufgabe zu gebrauchen.«[188] Die Befugnisse dieser rechtlichen Aufgaben entsprächen den Anforderungen des Rechts – also der Vernunft und der Ethik – und würden durch Wissenschaft und Sozialismus begründet und festgehalten. Sowohl die Suche und Ausbildung der Führungspersönlichkeiten als auch die Erarbeitung der wissenschaftlichen Begründungen lägen bei der Politischen Akademie des ISK. Demokratische Kontrollgremien sah der ISK dabei nicht vor. Ohnehin sah der ISK keine demokratisch legitimierten Gremien vor. Man kann feststellen, dass der ISK sein Programm vorlebte – Theorien und Programm wurden in die Praxis umgesetzt, was zum Beispiel an den hohen Anforderungen an die Mitglieder und im Führerschaftsprinzip deutlich wird.

Mit den demokratiefernen bis kritischen Positionen des ISK-Programms sind die Bekenntnisse zu Demokratie und Freiheit der SPD und ihrer Grundsatzprogramme unvereinbar. Gerade im Godesberger Programm sind nach den negativen Erfahrungen mit der nationalsozialistischen Diktatur und der kommunistischen Diktatur im Osten klare Bekenntnisse zur Demokratie festgehalten:

> »Wir widerstehen jeder Diktatur, jeder Art totalitärer und autoritärer Herrschaft; denn diese mißachten die Würde des Menschen, vernichten seine Freiheit und zerstören das Recht. […] Wir streiten für die Demokratie. Sie muß eine allgemeine Staats- und Lebensordnung werden. […] Sozialismus wird nur durch Demokratie verwirklicht, die Demokratie durch den Sozialismus erfüllt.«[189]

Eichler unterstützte dieses grundlegende Bekenntnis zur Demokratie ohne Abstriche. Ist es daher als Kehrtwende anzusehen, dass Eichler nun die Position vertrat, dass das Recht ausschließlich aus Demokratie entstehen könne? Oder hat er nur an der Oberfläche eine demokratische Fassade angenommen und sich dahinter eine demokratieablehnende Haltung bewahrt? Schließlich haben die Nelsonianer schon einmal

---

187 Ebd., S. 17.
188 Ebd.
189 Godesberger Programm, S. 8.

Mitte der 1920er-Jahre, um dem Unvereinbarkeitsbeschluss der SPD zu entgehen, zum Schein das eigene Programm verstoßen. Das ist bezogen auf Eichlers Demokratiekritik allerdings mehr als unwahrscheinlich. Es ist zwar mehrfach belegt, dass sich Eichler in den 1920er- und 1930er-Jahren absolut mit den Lehren des ISK und denen Leonard Nelsons identifizierte, also auch mit der Demokratiekritik. Auf der anderen Seite hat Eichler das Godesberger Programm mit vorbereitet und es sind zahlreiche Bekenntnisse zur demokratischen Staatsform der Bundesrepublik vorhanden. Auch nahm Eichler als Kandidat an Landtags- und Bundestagswahlen teil, was als Anerkennung des bestehenden demokratischen Systems zu verstehen ist. Zwar ist festzustellen, dass er niemals Rechenschaft darüber ablegte, ob er seine theoretischen Ansichten geändert hatte oder nicht. Auch verzichtete er nach der ersten Legislaturperiode auf eine weitere Kandidatur für den Bundestag – für ihn war das Bundestagsmandat nicht von großer Bedeutung. Darüber hinaus vertrat Eichler in mehreren Schriften bis ins hohe Alter hinein absolut glaubhaft die Position, dass das bestehende System der Bundesrepublik gute Dienste leiste. Die Voraussetzung für die Umsetzung der wichtigsten Grundwerte des menschlichen Zusammenlebens sei, »daß das Leben in Staat und Gesellschaft demokratisch geordnet ist.«[190]

Zu erklären ist diese Entwicklung, die Eichler glaubhaft vertrat, durch eine besondere Ausprägung der Demokratie der Bundesrepublik im Grundgesetz. Aus Eichlers Perspektive bestand der Kern der Nelson'schen Demokratiekritik in der Relativierung ethischer Werte – die ethische Wahrheit könne nicht zur Disposition von Mehrheitsabstimmungen stehen. Aber gerade dies ist in der Ewigkeitsklausel des Grundgesetzes ausgeschlossen. In Artikel 79 Absatz 3 GG wird festgehalten, dass Artikel 1 und 20 von Grundgesetzänderungen ausgenommen werden. Die Menschenwürde, die Menschenrechte, die Bindung der staatlichen Gewalt an die Grundrechte, das Sozialstaats-, Bundesstaats- und Demokratieprinzip stehen genau so wenig zur Disposition wie die Volkssouveränität und die Gewaltenteilung. Wesentliche ethische Grundsätze sind damit nicht Gegenstand demokratischer Abstimmungen in der Bundesrepublik. »Und wenn […] das Grundgesetz der Bundesrepublik die Menschenrechte als unabstimmbar den Beschlüssen des Parlaments entzogen hat, so ist der Hauptteil der Nelsonschen Kritik damit entfallen.«[191] Das dürfte dem Nelsonianer Willi Eichler als Beschränkung der Demokratie und Sicherung der Herrschaft von Vernunft und Ethik ausgereicht haben.

> »Das Bonner Grundgesetz unterscheidet sich […] in mancherlei Hinsicht: Es macht die Menschenrechte unmittelbar gesetzlich verbindlich; es übergibt die Entscheidung über die Verfassungswidrigkeit bestimmter Maßnahmen und Or-

---

190 Willi Eichler, in: Individuum und Gesellschaft im Verständnis demokratischer Sozialisten, 1970, S. 83.
191 Willi Eichler, in: Leonard Nelson – 80 Jahre, Sendung des NDR/UKW, 11.7.1962.

ganisationen nur einer Instanz, dem Bundesverfassungsgericht; es verhindert die parlamentarische Wirksamkeit sogenannter negativer Mehrheiten, die zwar eine Regierung stürzen, aber dank ihrer Uneinigkeit keine neue bilden können, es stärkt die Stellung des Kanzlers, der der parlamentarischen Vertretung verantwortlich ist […]. Es erklärt die Bundesrepublik zu einem sozialen Rechtsstaat, der damit die Verpflichtung übernimmt, persönliche Freiheit und soziale Gerechtigkeit mehr und mehr zu verwirklichen. Er bekennt sich zur internationalen Solidarität und übernimmt anerkannte Sätze des Völkerrechts automatisch in die gesetzliche Verpflichtung.«[192]

An dieser Stelle ist wohl ein Abweichen von der ISK-Programmatik festzustellen. Eine ausdrückliche Kehrtwende oder ein Abwenden von Nelsons Lehren lässt sich bei Eichler nach dem Zweiten Weltkrieg allerdings keinesfalls erkennen, eher eine Entwicklung von der Nelson'schen »Demokratieverneinung« hin zu einer kritischen Akzeptanz der Demokratie, zumindest wie sie im Grundgesetz mit zum Teil nicht zur Disposition stehenden Werten verankert ist. An Stelle der »Herrschaft der Weisen« akzeptierte Eichler die »Kontrolle der Weisen« im Bundesverfassungsgericht als Garanten der Unantastbarkeit der Menschenrechte. Sicherlich waren die Erfahrungen in der nationalsozialistischen Diktatur entscheidend für diese Entwicklung, die Demokratie zu akzeptieren, um weitere diktatorische Regime in Zukunft zu verhindern.

Auch wenn die Nelson'sche Demokratiekritik in Eichlers eigenem Wertekanon abgeschwächt wurde, so blieb Eichler doch zeit seines Lebens »der Sachverwalter Nelsonschen Gedankengutes.«[193] Die Ethik als Fundament des demokratischen Sozialismus zu bestätigen, immer wieder zu belegen und zu diskutieren, sollte Lebensaufgabe Eichlers sein. In zahlreichen Reden, Artikeln und sonstigen Publikationen machte er deutlich, was es bedeute, den ethischen Sozialismus nach Nelsons Lehren zu vertreten: »die Befreiung des Menschen aus den Fesseln einer wirtschaftlichen und gesellschaftlich-staatlichen Entwicklung.«[194] Im Godesberger Programm wurde dies konkretisiert:

»Die Sozialisten erstreben eine Gesellschaft, in der jeder Mensch seine Persönlichkeit in Freiheit entfalten und als dienendes Glied der Gemeinschaft verantwortlich am politischen, wirtschaftlichen und kulturellen Leben der Menschheit mitwirken kann.«[195]

---

192 Willi Eichler, in: 100 Jahre Sozialdemokratie, S. 75.
193 Willi Eichler an Lutz Grunebaum, in: Eichler-Bestand im AdsD, Sign. 69.
194 Willi Eichler: Vortrag bei einer Reichskonferenz der Arbeiterwohlfahrt 1953 in Berlin, in: Willi Eichlers Beiträge zum demokratischen Sozialismus, S. 137.
195 Godesberger Programm, S. 7.

Wie bereits dargelegt, verband Eichler im ethischen Sozialismus, theoretische Orientierung mit praktischem Handeln. Eichler machte deutlich, dass er

> »eine Ethik, also eine Wertüberzeugung, die sich auf den Sinn des Lebens und auf seine würdige Gestaltung bezieht, überhaupt nur dann für sinnvoll halte, wenn sie angewandt wird. [...] Eine ethische Haltung wird immer eine Tat-bejahende Haltung sein.«[196]

Eine Forderung müsse theoretisch untermauert sein, müsse aber auch praktisch umgesetzt werden. Der Zusammenhang zwischen Theorie und Praxis war für Eichler zwingende Notwendigkeit beruhend auf den Grundlagen Leonard Nelsons: Jede Wahrheit müsse umgesetzt werden – die Wahrheit zu (er)kennen, reiche nicht aus. Diesen Ansatz wendete Eichler auch bei der Entwicklung des Godesberger Programms an. Das Godesberger Programm war das erste Grundsatzprogramm der SPD, in der es keine Zweiteilung zwischen Theorie und Aktionsprogramm gab. Seit dem Erfurter Programm gab es in der SPD einen tiefen Graben zwischen Theorie und Praxis. Eichler erkannte Widersprüche, die sich durch diesen Graben ergaben. Beispielsweise war bis zum Godesberger Programm die Forderung nach der Vergesellschaftung der Produktionsmittel und der Schlüsselindustrien Bestandteil der theoretischen Forderungen. In der praktischen Politik kam sie jedoch nicht vor, selbst dann nicht, als die SPD in der Weimarer Republik in Regierungsverantwortung stand. Dies war mit Eichlers Prinzipien des demokratischen Sozialismus und seinen hieraus folgenden Anforderungen an Grundsatzprogramme nicht vereinbar. Ein Grundsatzprogramm machte nach Eichlers Maßstäben nur dann Sinn, wenn man es in praktische Politik umsetzte. Dem Godesberger Grundsatzprogramm gelang die mit Eichlers Prinzipien einhergehende Überwindung des Grabens zwischen Theorie und Praxis.

Im neuen Grundsatzprogramm wurde anders als in den Vorgängerprogrammen auf eine Trennung von Theorie- und Praxisteil verzichtet. Zwar gab es am Anfang eine allgemeine Einleitung und ein erstes Kapitel zu den Grundwerten des Sozialismus, in dem erstmals die drei Grundwerte »Freiheit, Gerechtigkeit und Solidarität« dargestellt wurden. Darauf folgten die Kapitel 2 und 3 über die »Grundforderungen für eine menschenwürdige Gesellschaft« und »Aussagen zur staatlichen Grundordnung«, die eine praktische Umsetzung auf nationaler und internationaler Ebene verlangten. Es war eine der größten Leistungen dieses Programms, dass es mit den ersten drei Kapiteln auf knapp fünf Seiten ein neues theoretisches Profil der Sozialdemokratie mit daraus resultierenden Forderungen aufführte – darüber hinaus sprachlich einfach und verständlich formuliert.

---

196 Willi Eichler: Vortrag bei einer Reichskonferenz der Arbeiterwohlfahrt 1953 in Berlin, in: Willi Eichlers Beiträge zum demokratischen Sozialismus, S. 138.

> »Freiheit und Gerechtigkeit bedingen einander. Denn die Würde des Menschen liegt im Anspruch auf Selbstverantwortung ebenso wie in der Anerkennung des Rechtes seiner Mitmenschen, ihre Persönlichkeit zu entwickeln und an der Gestaltung gleichberechtigt mitzuwirken. Freiheit, Gerechtigkeit und Solidarität, die aus der gemeinsamen Verbundenheit folgende gegenseitige Verpflichtung, sind die Grundwerte des sozialistischen Wollens.«[197]

Diese theoretische Definition des demokratischen Sozialismus musste nach Eichlers Vorstellungen von der Verknüpfung von Theorie und Praxis im Anschluss direkt mit praktischen Forderungen verbunden werden. Damit die theoretische Definition des demokratischen Sozialismus zur Anwendung kommen konnte, bettete sie Eichler im Programm in praktische Forderungen ein, die umgesetzt werden sollten[198]: So sollten alle Vorrechte im Zugang zu Bildungseinrichtungen beseitigt werden; »nur Begabung und Leistung sollten jedem den Aufstieg ermöglichen;« der Krieg dürfe kein Mittel der Politik sein; alle Völker müssten sich einer internationalen Rechtsordnung unterwerfen und müssten die gleiche Chance haben, am Wohlstand der Welt teilzunehmen; Entwicklungsländer hätten Anspruch auf die Solidarität der anderen Völker; Freiheit und Gerechtigkeit ließen sich durch Institutionen allein nicht sichern; nur ein vielgestaltiges wirtschaftliches, soziales und kulturelles Leben rege die schöpferischen Kräfte des Einzelnen an, ohne die alles geistige Leben erstarre.

Außerdem enthielt das dritte Kapitel zur staatlichen Grundordnung ein Bekenntnis zum Grundgesetz mit seinen konkreten Ausprägungen, die das Godesberger Programm kurz zusammenfasste.[199] Aus dem Befürworten des Grundgesetzes leitete sich demnach das Eintreten für die nationale Einheit Deutschlands ab sowie zu fundamentalen Teilen des demokratischen Rechtsstaates wie Gewaltenteilung, Pressefreiheit, Schutz von Minderheiten, Schutz der Grundrechte, freie Wahlen und Föderalismus. Interessant ist, dass der Abschnitt mit dem Bekenntnis zur Landesverteidigung direkt daran angegliedert und Bestandteil dieses Kapitels »Die staatliche Ordnung« ist, aber mit einer eigenen Überschrift abgesetzt wurde.[200] Dies zeigt, dass dieses Unterkapitel umstritten war. Unter der Überschrift »Landesverteidigung« wurden auch eine atomwaffenfreie Zone in Europa und Schritte der Abrüstung gefordert. Diese Forderungen wurden im sechsten Kapitel über die »Internationale Gemeinschaft« noch mal ausführlicher dargestellt.

Die direkte Anwendung und Umsetzung eines theoretischen Fundaments in politische Forderungen – das war das Prinzip, das Eichler bereits bei Nelson erlernt und angewandt hatte. Zwar war die Schwäche der bisherigen sozialdemokratischen

---

197 Godesberger Programm, S. 7.
198 Vgl. i. F. ebd., S. 8 u 9.
199 Ebd., S. 10.
200 Ebd., S. 11.

Grundsatzprogramme, zwischen Theorie und Praxis zu differenzieren, auch ohne die Lehren Nelsons offensichtlich. Aber an dieser Stelle kann man eine Weiterentwicklung der sozialdemokratischen Grundsatzprogrammatik feststellen, die unter der Leitung Willi Eichlers entstand und die zu den Lehren Leonard Nelsons passte. Denn für Nelson war klar: Handelnde Menschen geben der sozialistischen Theorie eine größere Sicherheit als ökonomischer Notwendigkeitsglaube.

In Godesberg wurde die Einheit von Theorie und Praxis Bestandteil sozialdemokratischer Programmatik: Sozialismus sei die dauernde Aufgabe, »Freiheit und Gerechtigkeit zu erkämpfen, sie zu bewahren und sich in ihnen zu bewähren«.[201] Das die Partei einigende Band seien die Grundwerte und das gemeinsame Ziel des demokratischen Sozialismus. Auch dies passte zu Eichlers Auffassung, denn aus seiner Perspektive war ein neues Programm nicht notwendig, weil die Ziele des Sozialismus neu definiert werden sollten, sondern lediglich die Wege dorthin.[202] Damit wurde im Godesberger Programm eine neue Form der Identifikation formuliert: Grundwerte statt Marxismus und Grund(an)forderungen statt historischer Geschichtsphilosophie. Nicht mehr der Klassenbegriff stand im Mittelpunkt der Identifikation mit der Sozialdemokratie, sondern die theoretischen und praktischen Ziele des demokratischen Sozialismus. Darin lag die Weiterentwicklung der marxistischen Klassenpartei zur Volkspartei mit den Grundwerten »Freiheit, Gerechtigkeit und Solidarität«.

Besonders betonenswert ist der Ursprung der drei Grundwerte des Godesberger Programms: Sie gingen zurück auf ein Referat von Grete Henry-Hermann im Unterausschuss für Grundsatzfragen der Programmkommission, in dem sie sich für die Grundwerte Freiheit, Gerechtigkeit und Frieden einsetzte.[203] Henry-Hermann war ebenfalls Mitglied des ISK, Sekretärin Nelsons und damit langjährige Vertraute von Eichler, der sie auch eingeladen hatte, sich bei der Programmarbeit einzubringen und ein Referat zu halten.[204] Erwähnenswert an dieser Stelle ist auch, dass Henry-Hermann nicht die Einzige war, die sich Eichler in die Grundsatzkommission zur Unter-

---

201 Ebd., S. 7.
202 Vgl. hier u. i. F. Willi Eichler: Vortrag bei einer Reichskonferenz der Arbeiterwohlfahrt 1953 in Berlin, in: Willi Eichlers Beiträge zum demokratischen Sozialismus, S. 79 ff.
203 Vgl. hier u. i. F. das Protokoll der Sitzung des Unterausschusses Grundsatzfragen am 21.1.1956.
204 Grete Henry (* 1901 † 1984, geb. Hermann), Prof. Dr. phil.; Studium der Mathematik, Physik und Philosophie in Göttingen und Freiburg i. Br., Promotion bei Emmy Noether. 1925–1927 Privatassistentin Leonard Nelsons. Gemeinsame Bearbeitung seiner »Vorlesungen über das System der Philosophischen Ethik und Pädagogik«; Fortsetzung dieser Arbeit mit Minna Specht nach Nelsons Tod. Danach eigene philosophische Arbeiten. Mitglied des ISK. Emigration in Dänemark, Frankreich und England. 1946 Rückkehr nach Deutschland. Mitarbeit am Aufbau der Lehrerausbildung in Bremen. Professur für Philosophie und Physik an der Pädagogischen Hochschule in Bremen. Leiterin der Pädagogischen Hauptstelle der Gewerkschaft Erziehung und Wissenschaft. 1961–1978 Vorsitzende der Philosophisch-Politischen Akademie. Vgl. Website der Philosophisch-Politischen Akademie www.philosophisch-politische-akademie.de unter Mitglieder der PPA.

stützung aus seinem alten ISK-Zusammenhang holte: Auch Eichlers Lebenspartnerin Susanne Miller, die als ISK-Mitglied im Exil gewesen war und in London mit Eichler zusammenkam, arbeitete in der Grundsatzkommission, und zwar als Protokollantin der Kommission – kein unbedeutendes Amt für die laufende Arbeit der Kommission. Auch mit Henry-Herrmann holte sich Eichler schlagkräftige Unterstützung in den Unterausschuss aus den »eigenen Reihen«. Auch wenn sie die Unwiderlegbarkeit und absolute Objektivität allgemeingültiger Wahrheiten und Grundsätze nicht mit der Schärfe vertrat wie ihr Lehrer Leonard Nelson, so gelang es ihr doch als Physikerin und Erkenntnistheoretikerin, Grundwerte zu formulieren und zu begründen, die nachvollziehbar waren.

> »Es sind bis heute diejenigen Ideen, auf die sich, trotz aller faktisch bestehenden Gegensätze und Meinungsverschiedenheiten, fast alle Menschen einigen können. […] Selbst politische Richtungen, die sich den Fragen menschlich-rechtlicher Werte gegenüber ausgesprochen zynisch verhalten, wagen es nicht, ihre politischen Absichten der Öffentlichkeit anders als unter den Schlagworten von Gerechtigkeit, Freiheit und Frieden vorzulegen. Die Möglichkeit solchen Mißbrauchs aber spricht dafür, daß im Menschen Überzeugungen leben, die in dieser Weise mißbraucht werden können.«[205]

Damit führte Henry-Hermann die Grundwerte zurück auf die im Innern des Menschen verankerten Überzeugungen des Richtigen. Oder, wie es bei Nelson hieß: Das Richtige – die Wahrheit und das Recht – sei in jedem Menschen verankert. Eichler ergänzte im Plenum der Grundsatzkommission den Grundwert »Solidarität« als explizites sozialistisches Element.[206] Nach dem Stuttgarter Parteitag wurde im Prozess zum Godesberger Parteitag der Grundsatz Frieden nicht mehr im Dreiklang aufgeführt – im Zuge der redaktionellen Straffung fiel er als eigener Grundsatz weg, spielte aber dennoch eine tragende Rolle im Godesberger Programm.

Für Eichler war in Bezug auf die Grundwerte vor allem deren Umsetzung und nicht allein ihre Darstellung das bedeutende und typisch sozialistische Charakteristikum. Nach Eichlers Auffassung hatte der Sozialismus diese Grundwerte politisch zu realisieren und dabei permanent kritisch zu hinterfragen und zu aktualisieren.

Die ersten Kapitel »Grundwerte«, »Grundforderungen« und »Staatsauffassung« beinhalteten nicht nur eine neue Form der theoretischen Selbstidentifikation und -verortung, aus denen auch erste praktische Forderungen resultierten. Sie ermöglichten auch eine ideologische und philosophische Öffnung der Sozialdemokratie – ein wichtiges Charakteristikum des Godesberger Grundsatzprogramms. Dass der Marxismus

---

205 Grete Henry-Hermann, ebd.
206 Vgl. hier u. i. F. Willi Eichler: Protokoll übe die Sitzung der Programmkommission am 7.6.1956 in Bonn, in: Bestand Willi Eichler im AdsD, Sign. 165.

als Parteiideologie dabei komplett durch Grundwerte und Grundforderungen ersetzt wurde, hat sicherlich auch mit der Weiterentwicklung der SPD in Westdeutschland zu tun. Dass der Marxismus sogar als ideengeschichtliche Wurzel und als eine Begründungsmöglichkeit von mehreren keine Erwähnung mehr fand, ist politisch mit dem Gegensatz zwischen Ost und West und der politisch notwendigen Abgrenzung zum Kommunismus und Sozialismus des Ostblockes zu begründen.

4.2 Mündige Bürgerinnen und Bürger in einer Sozialen Marktwirtschaft statt Vergesellschaftung der Produktionsmittel

Sicherlich ist die auffälligste Weiterentwicklung vom Heidelberger zum Godesberger Programm darin zu sehen, dass die ab dem Erfurter Programm von 1891 übliche marxistische Gesellschaftsanalyse sowie die materialistische Geschichtsauffassung komplett wegfielen und an deren Stelle das Bekenntnis zu den drei Grundwerten Freiheit, Gerechtigkeit und Solidarität sowie deren Umsetzung rückten. Ebenso wurde jedoch die bis dahin übliche marxistische Forderung nach der Vergesellschaftung der Produktionsmittel ersetzt. Dies ist als klare wirtschaftspolitische Abgrenzung zum Sozialismus des Ostblocks zu verstehen, aber auch als Weiterentwicklung alter Forderungen der SPD.

In einer Demokratie müsse jede Macht unter öffentlicher Kontrolle stehen – auch wirtschaftliche Macht.[207] Ansonsten würden durch Gewinn- und Machtstreben, die Demokratie, die soziale Sicherheit und die freie Persönlichkeit gefährdet. »Der demokratische Sozialismus erstrebt darum eine neue Wirtschafts- und Sozialordnung.«[208] Im Godesberger Programm wurde das Bekenntnis zur Sozialen Marktwirtschaft im vierten und längsten Kapitel des Godesberger Programms verankert, das in der bekannten Formel mündete und zugespitzt wurde:

> »Freie Konsumwahl und freie Arbeitsplatzwahl sind entscheidende Grundlagen, freier Wettbewerb und freie Unternehmerinitiative sind wichtige Elemente sozialdemokratischer Wirtschaftspolitik. Die Autonomie der Arbeitnehmer- und Arbeitgeberverbände beim Abschluß von Tarifverträgen ist ein wesentlicher Bestandteil freiheitlicher Ordnung. Totalitäre Zwangswirtschaft zerstört die Freiheit. Deshalb bejaht die Sozialdemokratische Partei den freien Markt, wo immer wirklich Wettbewerb herrscht. Wo aber Märkte unter die Vorherrschaft von einzelnen oder von Gruppen geraten, bedarf es vielfältiger Maßnahmen, um die Freiheit in der Wirtschaft zu erhalten. Wettbewerb soweit wie möglich – Planung soweit wie nötig!«[209]

---

207 Hier u. i. F. Godesberger Programm, S. 8.
208 Ebd.
209 Ebd., S. 13-14.

Allerdings wurde in diesem Kapitel auch deutlich, dass Wirtschaft und Wirtschaftspolitik kein Selbstzweck seien. Dies begann schon in der Überschrift: »Wirtschafts- und Sozialordnung« wurden zusammen gesehen und nicht einzeln für sich betrachtet. Der Grundgedanke wurde im ersten Absatz des Kapitels deutlich gemacht: Wirtschaftspolitik sei ein Instrument, das dabei helfen solle, sozialdemokratische Ziele zu erreichen. Ziel sozialdemokratischer Wirtschaftspolitik sei »stetig wachsender Wohlstand und eine gerechte Beteiligung aller am Ertrag der Volkswirtschaft, ein Leben in Freiheit ohne unwürdige Abhängigkeit und ohne Ausbeutung.«[210]

Sehr bewusst wurden im Rahmen dieses Kapitels soziale Mindestanforderungen definiert, wie eine umfassende Gesundheitssicherung unabhängig von der individuellen wirtschaftlichen Lage, ausreichende Renten zur Sicherung des erreichten Lebensstandards, eine menschenwürdige Wohnung, geschützt vor privatem Gewinnstreben. »Sozialpolitik hat wesentliche Voraussetzungen dafür zu schaffen, daß sich der Einzelne in der Gesellschaft frei entfalten und sein Leben in eigener Verantwortung gestalten kann.«[211]

Auch wenn wesentliche Teile der bisherigen marxistischen Programmatik der SPD, insbesondere die Vergesellschaftung des Produktionsmaterials, gestrichen worden waren, wurden einige Elemente, die auch in Marx' gesellschaftskritischer Analyse vorkommen, aufrechterhalten.

»Ein wesentliches Kennzeichen der modernen Wirtschaft ist der ständig sich verstärkende Konzentrationsprozess. […] Mit ihrer durch Kartelle und Verbände noch gesteigerten Macht gewinnen die führenden Männer der Großwirtschaft einen Einfluß auf Staat und Politik, der mit demokratischen Grundsätzen nicht vereinbar ist. Sie usurpieren Staatsgewalt.«[212]

Einer Wirtschaft, die zu Konzentration und zur Bildung von Großunternehmen und die nicht nur wirtschaftliche, sondern auch politische Macht über ihre Arbeiter und Angestellten ausübe und indirekt eine gesamtgesellschaftliche Macht über die Verbraucher in Händen halte, führe eben nicht automatisch zu einer sozialistischen Revolution, wie es in den alten Programmen noch hieß, sondern brauche klare Regeln und eine aktive Wirtschaftspolitik im Sinne aller:

»Der moderne Staat beeinflußt die Wirtschaft stetig durch seine Entscheidungen über Steuern und Finanzen, über das Geld- und Kreditwesen, seine Zoll-, Han-

---

210 Ebd., S. 13.
211 Ebd., S. 18.
212 Ebd., S. 14.

dels-, Sozial- und Preispolitik, seine öffentlichen Aufträge sowie die Landwirtschafts- und Wohnbaupolitik.«[213]

Diese Instrumente gemeinsam mit einem stetigen Wachstum und einer vorausschauenden Konjunkturpolitik würden zu mehr Wohlstand für alle führen. Aber noch mehr Kontrollinstrumente wie etwa Transparenz und öffentliche Investitionskontrolle, Kartellgesetze und der Wettbewerb von privaten und gemeinwirtschaftlichen Unternehmen mit dem öffentlichen Sektor wurden im Grundsatzprogramm festgehalten für den Fall, dass wirtschaftliche Interessen Einzelner oder von Gruppen über das Allgemeinwohl gestellt würden. Der Wirtschaft, die sich primär an Profit orientiere und damit nicht für eine gerechte Verteilung des Vermögens eintrete, müsse eine gerechte Lohnpolitik entgegengestellt werden. Verlässlicher Partner im Kampf gegen die »Kommandostellen der Unternehmen und ihrer Verbände«[214] seien die Gewerkschaften. Auf die »Autonomie der Arbeitnehmer- und Arbeitgeberverbände beim Abschluss von Tarifverträgen« wurde dabei besonders Wert gelegt als »wesentlicher Bestandteil freiheitlicher Ordnung.«[215]

Auch wenn der Unterausschuss »Wirtschaftspolitik« unter der Federführung von Gerhard Weisser stand und vor allem Heinrich Deist an der Ausformulierung des Kapitels beteiligt war, nahm doch auch Willi Eichler an vielen Sitzungen des Unterausschusses teil und beeinflusste somit die Debatte.

Mit den Ansichten, die der ISK vertrat, sind die wirtschaftspolitischen Standpunkte der Nachkriegs-SPD allerdings nur in wenigen Punkten vereinbar. Denn Godesberger Programm und ISK-Programm gingen von gänzlich unterschiedlichen Voraussetzungen aus: Während der ISK annahm, dass es durch die Übernahme der Staatsmacht durch eine sozialistische Regierung und durch das Ausrufen einer sozialistischen Republik nach ISK-Vorbild zu einer Art »Stunde Null« kommen würde, bei der man alle Dinge des gesellschaftlichen, öffentlichen und wirtschaftlichen Lebens von Grund auf neu regeln könne, basierte das Grundsatzprogramm der SPD auf der Grundlage des Grundgesetzes und der gegebenen gesellschaftlichen und staatlichen Strukturen der Bundesrepublik. Außerdem beruhte die Philosophie des ISK auf der ethischen Annahme, dass allgemein gültige Gerechtigkeit und Wahrheit objektiv feststellbar seien und von einer Herrschaft der Weisen umgesetzt werden könnten. Eine nicht demokratisch legitimierte Herrschaft, sei sie noch so weise, ist mit den demokratischen Grundsätzen, auf denen das Godesberger Programm basierte, nicht vereinbar.

Der ISK hatte auf der Grundlage der »Stunde Null« vor, die Verteilung des Eigentums von Grund auf neu zu regeln: Es solle ein Maximum an individuellem Besitz

---

213 Ebd., S. 13.
214 Ebd., S. 17.
215 Ebd., S. 14.

festgelegt werden und alle, die mehr hätten, sollten zu einer Sondersteuer verpflichtet werden, damit es zu einer fairen Verteilung des Wohlstands in der Gesellschaft käme.[216] Darüber hinaus würde man wirtschaftspolitisch im Rahmen einer sozialistischen Markwirtschaft nur dann mit staatlichen Instrumenten eingreifen, wenn das Interesse der Mehrheit oder die Prinzipien der Gerechtigkeit gestört würden. Vor allem würde man Monopole, die das freie Wirtschaften verhinderten, abschaffen und dafür sorgen, dass sie nicht neu entstehen.

> »Die Regierung der Sozialistischen Republik wird nur da regelnd in die Wirtschaft eingreifen oder selber wirtschaften, wo entweder der Einzelne oder Gruppen systematisch die gerechte Verteilung der äusseren Güter zu ihren Gunsten zu verschieben suchen [...]. Sie [die sozialistische Marktwirtschaft; Anm. d. Verf.] wird durch die Beseitigung der kapitalistischen Monopole den freien Wettbewerb unter Allen herstellen, wo das überhaupt möglich ist, und sie wird ihn aufrechterhalten durch die Verhinderung jeder neuen privaten Monopolbildung.«[217]

Hier zeigt sich, dass die beiden wirtschaftspolitischen Ansichten auf den zweiten Blick doch nicht so unvereinbar sind. Denn dies sind Kontrollinstrumente, die mit der Beschlusslage des Godesberger Programms durchaus vergleichbar sind: öffentliche Investitionskontrolle, Kartellgesetze und der Wettbewerb von privaten und gemeinwirtschaftlichen Unternehmen. Allerdings ging das ISK-Programm wesentlich weiter und kündigte neben der Sondersteuer für höheres Eigentum rigorose Enteignungen von Grundstücken und Bodenschätzen an. »Die Regierung wird die Güter aller Eigentümer von mehr als 100 Hektar Land enteignen.«[218] Die Kumulation von Eigentum und Besitz von Generation zu Generation würde für die Zukunft durch verschärfte Erbschafts- und Schenkungssteuern verhindert werden. Nachdem durch Enteignungen und Sondersteuern die sozialistische Markwirtschaft eingeleitet sei, würde nach den Angaben des ISK-Programms der freie Wettbewerb als sich selbst korrigierendes Wirtschaftsprinzip erkannt und geschützt: Arbeitnehmer stünden nicht mehr einer übermächtigen Unternehmerklasse gegenüber und wären durch den Wettbewerb um Arbeitskraft sowohl vor Missbrauch als auch vor Arbeitslosigkeit geschützt.[219] Unterschiedliche Einkommen gemäß gegebener menschlicher Anlagen würden akzeptiert; dabei würde der Staat jedem je nach Neigung und Begabung freie Berufswahl und Berufsvorbereitung zusichern. Selbstständige Gewerbetreibende und Bauern seien durch den Abbau von Monopolen und den Wettbewerb von Käufern und Lieferanten geschützt vor Ausbeutung und ungerechten Abhängigkeiten.

---

216 Vgl. hier u. i. F. Die sozialistische Republik – Das Programm des ISK, S. 25 ff.
217 ISK-Programm, S. 27.
218 Ebd., S. 29.
219 Vgl. hier u. i. F. ebd., S. 33 ff.

4 Vom ISK-Programm zum Grundsatzprogramm der Volkspartei SPD

Insbesondere die weitgehenden Forderungen nach Enteignungen ohne Entschädigungen im ISK-Programm sind in einem demokratischen Rechtsstaat nicht rechtmäßig umzusetzen bzw. nicht mit den demokratischen Grundsätzen des Grundgesetzes vereinbar. Die Festlegung eines Maximums an Besitz und Eigentum ist ebenfalls problematisch. Wer setzt fest, was angemessen ist? Wer legt fest, was eine gerechte Verteilung von Eigentum darstellt? Die sozialistische Marktwirtschaft des ISK ist mit der Sozialen Marktwirtschaft der Bundesrepublik, zu der sich das Godesberger Programm bekannte, nicht vereinbar.

Vor diesem Hintergrund stellt sich die Frage, wie sich Eichler im Rahmen der Arbeit des Unterausschusses Wirtschafts- und Sozialpolitik der Grundsatzkommission positionierte und welche Rolle die ISK-Ansichten dort spielten. Eichler nahm als Vorsitzender der gesamten Programmkommission an den Sitzungen des Unterausschusses insbesondere nach der Bundestagswahl 1957 verstärkt teil, als in diesem Unterausschuss mit Nachdruck am wirtschafts- und sozialpolitischen Kapitel gearbeitet wurde. Eichler lud zu den Sitzungen in der Regel ein und eröffnete sie, gab allerdings die Sitzungsleitung an den Vorsitzenden des Unterausschusses Gerhard Weisser ab.[220]

Für Eichler stand die Befähigung des individuellen Menschen, das eigene Leben selbst gestalten zu können im Vordergrund.[221] Eichler befürwortete die wesentlichen inhaltlichen Positionen des wirtschafts- und sozialpolitischen Teils des neuen Grundsatzprogramms.[222] Insbesondere legte Eichler dabei auch Wert auf die Kontrolle der Verfügungsgewalt über die Unternehmen der Großwirtschaft. Er setzte dabei auf die Stärkung und Bildung der Arbeitnehmerschaft. Eichler wollte Wirtschaftsuntertanen zu Wirtschaftsbürgern machen.

> »Daraus folge die Idee einer planmäßigen Gestaltung der Geschichte durch den Menschen. Die Idee der Demokratie setze voraus, daß grundsätzlich jeder Staatsbürger diese Gestaltungsfähigkeit einsehen kann. Ohne diese Voraussetzung sei ein Programm überflüssig.«[223]

Besonders betonenswert ist an dieser Stelle, dass Eichler sich hier von alten antidemokratischen Positionen wie den weitgehenden Enteignungsplänen des ISK distanzierte. Entscheidend waren wohl auch hier die Erfahrungen Eichlers mit dem Dritten Reich

---

220 Vgl. Protokolle des Unterausschusses Wirtschafts- und Sozialpolitik der Grundsatzkommission, in: PV-Bestand des AdsD, Sign. 01697 A.
221 Vgl. Protokoll des Unterausschusses Wirtschafts- und Sozialpolitik der Grundsatzkommission vom 26.10.1957, in: PV-Bestand im AdsD, Sign. 01697 A.
222 Vgl. hier u. i. F. Willi Eichler: Zum Grundsatzprogramm der SPD, in: Geist und Tat, Oktober 1959, S. 5.
223 Willi Eichler: Protokoll des Unterausschusses Wirtschafts- und Sozialpolitik der Grundsatzkommission vom 28.11.19957, in: PV-Bestand des AdsD, Sign. 01697 A.

und den kriminellen Machenschaften der Nationalsozialisten, die ebenfalls rigorose Enteignungen vor allem im Rahmen der sogenannten »Arisierung« von Besitztümern jüdischer Bürgerinnen und Bürger durchführten. Für Eichler war es unmöglich, an diesen Positionen noch festzuhalten. Er zog damit Konsequenzen aus den Erfahrungen mit dem Dritten Reich und sprach der Freiheit eine größere Bedeutung zu als noch im ISK. Sicherlich hatten die Erfahrungen in England, wo er Marktwirtschaft und Demokratie in Vereinbarkeit erlebte, auch ihren Einfluss auf Eichlers Wertesystem. Für Eichler stand der mündige Bürger in einer Demokratie und Sozialen Marktwirtschaft im Mittelpunkt. Er hatte sich inhaltlich weiterentwickelt, ohne sich allerdings von den Grundideen Nelsons abzuwenden. Denn der ISK war gegen jede Form von Dogmen, sei es die marxistische oder die kirchlich-religiöse Dogmatisierung. In diesem Sinne fand sich Eichler wieder in dem Abbau des sozialdemokratischen Dogmas, Sozialismus sei im marxistischen Sinne gleichzusetzen mit Sozialisierung, wie es die vorherigen Grundsatzprogramme der SPD noch festschrieben.[224] Doch gerade in der Freiheit müssten die Menschen befähigt werden, sich vor Ungerechtigkeit zu schützen und ein selbstbestimmtes Leben führen zu können.

Eichlers Instrumente zur Befähigung der Menschen, mündige Bürger zu werden, lagen in der Bildungs- und Kulturpolitik – dies waren auch seine inhaltlichen Schwerpunkte in der Programmkommission sowie im Parteivorstand. Eichler prägte maßgebend die kultur- und bildungspolitischen Positionen in der Programmkommission und im Godesberger Programm. Auch wenn das Kulturkapitel im Godesberger Programm wesentlich kürzer war und sich stärker auf konkrete kultur- und bildungspolitische Forderungen konzentrierte als der Stuttgarter Entwurf, in dem es zusätzliche allgemeine Äußerungen in dem Bereich gab, so lässt sich doch eine inhaltliche Linie feststellen. So war zum Beispiel die Forderung, dass alle Menschen unabhängig von ihrer sozialen Herkunft ein gleiches Recht auf Bildung gemäß ihren Fähigkeiten und Interessen erhalten sollten, ein politisches Ziel, das Eichler zeit seines Lebens verfolgte. »Kinder sind in Gefahr nicht nur des körperlichen Verhungerns, sondern auch geistigen und gemütsmässigen Darbens.«[225] Diese Forderung findet ihren Ursprung auch in Eichlers persönlicher Biografie: Auch er litt in seiner Kindheit und Jugend eher unter mangelnder Bildung als unter mangelnder Nahrung. Er war geprägt von einer Abstammung aus einfachen Verhältnissen und einem Wissensdurst, den er autodidaktisch sättigte. Dadurch erklärt sich Eichler Einsatz in den zuständigen Unterausschüssen der Programmkommission für die Rechte der Kinder im wirtschaftlichen aber auch im geistigen Sinne.

---

224 Vgl. Interview mit Willi Eichler im Spiegel, 7.10.1959, in: Eichler-Bestand im AdsD, Sign. 1/WEAA000026.
225 Willi Eichler, zitiert in den Notizen zu der Aussprache im Unterausschuss »Kulturelle Situation und Pädagogik der Programmkommission am 25.1.1957, S. 6, in: Eichler-Bestand im AdsD, Sign. 1/WEAA000166.

4 Vom ISK-Programm zum Grundsatzprogramm der Volkspartei SPD

Gerade in den bildungspolitischen Aussagen des Godesberger Programms waren die Einflüsse Eichlers besonders deutlich erkennbar. Die Forderung nach einem uneingeschränkten Zugang zu Bildung und Kultur lassen sich zwar auch auf ältere SPD-Programme aber ebenfalls auf ISK-Forderungen Eichlers zurückführen. Auch im ISK unter Eichlers Leitung wurde Bildung und Kultur in direktem Zusammenhang mit Wirtschaftspolitik bzw. wirtschaftlichen Nöten gesehen, wie es Eichler auch in der SPD-Grundsatzkommission vertrat:

»Hand in Hand mit der Herstellung einer sozialistischen Marktwirtschaft sichert die sozialistische Republik die Möglichkeit eines gesunden, freien, kulturellen Lebens, in dem Alle den gleichen Zutritt zu den Bildungseinrichtungen der Gesellschaft haben.«[226]

Der ISK vertrat unter Eichlers Leitung die Nelson'sche Position, dass es nicht ausreiche, die kapitalistischen Unterdrücker wirtschaftlich und politisch zu entmachten. Die Unterdrückten müssten durch Bildung und Kultur befähigt werden, zusätzlich zu den wirtschaftlichen Monopolen auch geistige Monopole zu beseitigen. Dies erinnert stark an Eichlers Forderung nach der Entwicklung vom abhängigen Wirtschaftsuntertanen zum mündigen Wirtschaftsbürger. Nach den Vorstellungen beider Programme sollten sich Kinder und Jugendliche zu gleichberechtigten und verantwortungsbewussten Menschen entfalten können.

Parallelen zwischen ISK- und Godesberger Programm gab es auch bei der Forderung nach Gleichberechtigung der Frauen. Schon der Stuttgarter Entwurf forderte die Gleichberechtigung der Frau auf rechtlicher, sozialer und wirtschaftlicher Ebene.[227] Ein weiterer Gedanke, der sich von den Vorarbeiten in den Unterausschüssen bis zum Godesberger Programm durchzog, war der Schutz der Mütter: »Mütter vorschul- und schulpflichtiger Kinder dürfen nicht gezwungen sein, aus wirtschaftlicher Not einem Erwerb nachzugehen.«[228] Im ISK war die Gleichberechtigung der Frau ebenfalls Bestandteil der Programmatik. Alle Menschen wurden unabhängig vom Geschlecht als gleichberechtigt gesehen – nicht zuletzt auch berufsrechtlich. Frauen sollte, nach Vorstellungen des ISK, auch die Vereinbarkeit von Familie und Beruf ermöglich werden:

»Die Frauen treten selbstverständlich auch im Berufsleben gleichberechtigt in die freie Konkurrenz ein. [...] Die staatliche Förderung von Einrichtungen, wodurch Kinderpflege und Haushaltsführung erleichtert werden, wird es den Frauen er-

---

226 ISK-Programm, S. 41.
227 Godesberger Programm, S. 19 sowie Stuttgarter Entwurf, S. 53.
228 Entwurf eines Grundsatzprogramms auf Vorschlag der Arbeitsgruppe »Familie und Jugend« und »Neue Abhängigkeiten«, beraten am 1.3.1957, zum Thema Familie und Recht der Kinder; Stuttgarter Entwurf, S. 53; Godesberger Programm, S. 20.

möglichen, ihren Beruf frei zu wählen und beizubehalten, auch wenn sie Mütter werden.«[229]

Hier war die ISK-Programmatik der SPD der 1950er-Jahre voraus. Die Vereinbarkeit von Familie und Beruf wurde in der SPD erst später gefordert.[230]

Große Unterschiede sind zwischen ISK und Eichlers Forderungen im SPD-Grundsatzprogramm bei den konkreten bildungs- und kulturpolitischen Forderungen und praktischen Umsetzungen zu finden. Sprach sich das ISK-Programm für massive staatliche Eingriffe und für die Heranbildung sozialistischer Bürger in einer sozialistischen Republik aus, so forderte das SPD-Grundsatzprogramm die Vermittlung demokratischer Ideale sowie eine freie Bildung, Wissenschaft und Forschung.

Nicht zuletzt gingen ISK und das neue SPD-Grundsatzprogramm im Bildungs- und Kulturkapitel auch im Bezug auf die Kirchen auseinander. Im ISK-Programm wurde jeder Einfluss der Kirchen auf das Bildungswesen abgelehnt. Im kulturpolitischen Kapitel des Godesberger Programms ging man mit dem Abschnitt zum Verhältnis mit den Kirchen einen entgegengesetzten Weg.

4.3 Vom Kulturkampf zur Öffnung gegenüber den Kirchen und zum Begründungspluralismus der Sozialdemokratie

Neben der wirtschaftlichen Neukonzeption der sozialdemokratischen Grundsatzprogrammatik war die Zuwendung und positive Ansprache der Kirchen die größte Erneuerung des Godesberger Programms. Denn die vorangehenden Grundsatzprogramme der SPD nahmen eine kritische Haltung gegenüber den Kirchen ein. Das Heidelberger Programm von 1925 betonte die Trennung von Staat und Kirche und vor allem die Trennung von Schule und Kirche. »Jede öffentlich-rechtliche Einflußnahme von Kirche, Religions- und Weltanschauungsgemeinschaften auf diese Einrichtungen ist zu bekämpfen.«[231]

Anders das Godesberger Programm:

»Die Sozialdemokratische Partei achtet die Kirchen und die Religionsgemeinschaften, ihren besonderen Auftrag und ihre Eigenständigkeit. Sie bejaht ihren öffentlich-rechtlichen Schutz. Zur Zusammenarbeit im Sinne einer freien Partnerschaft ist sie stets bereit. Sie begrüßt es, daß Menschen aus ihrer religiösen Bindung heraus

---

229 ISK-Programm, S. 38.
230 In das Grundsatzprogramm der SPD kam die Vereinbarkeit von Familie und Beruf erst im Berliner Programm von 1989. Vgl. Berliner Programm, in: Dieter Dowe/Kurt Klotzbach: Programmatische Dokumente, S. 383 u. 391.
231 Vgl. Heidelberger Programm, in: ebd., S. 201.

eine Verpflichtung zum sozialen Handeln und zur Verantwortung in der Gesellschaft bejahen.«[232]

Dass die SPD mit dem Godesberger Programm Religionen akzeptierte, insbesondere die Existenz und die Leistungen der christlichen Kirchen respektierte und sich vor allem bereit erklärte, eine Partnerschaft mit den Kirchen einzugehen, macht besonders deutlich, wie sich die SPD mit ihrem neuen Grundsatzprogramm weiterentwickelte und sich gegenüber Bevölkerungsschichten zu öffnen versuchte, die ihr traditionell abweisend gegenüberstanden. Religiös gebundenen Personen sollte es vereinfacht werden, in die SPD einzutreten und das neu definierte sozialdemokratische Profil anzunehmen.

Aber wie passt das zu Willi Eichler, dem ehemaligen Vorsitzenden des ISK, in dem es zu den Grundanforderungen gehörte, aus der Kirche auszutreten und in dem der Kulturkampf insbesondere gegen die katholische Kirche in der zweiten Hälfte der 1920er-Jahre ein Hauptaktionsfeld war?

Das ISK-Programm von 1936 nimmt eine äußerst kritische bis feindliche Position zu den Kirchen und Religionsgemeinschaften ein:

»Die sozialistische Republik ist ein Staat des freien Denkens. Sie erkennt die grundsätzliche Unerforschlichkeit religiöser Wahrheiten an und lehnt die Ansprüche aller dogmatischen Lehren als Anmaßungen des Aberglaubens ab. Alle Formen der religiösen Verehrung haben nur symbolischen Charakter. [...] Allen dogmatischen Vereinigungen wird das Lehr- und Erziehungsrecht an jungen Menschen abgesprochen.«[233]

Der ISK ging hier weiter als die Programmatik der SPD vor dem Godesberger Programm, in der die Trennung von Staat und Kirche gefordert wurde und der Einfluss der Kirchen auf das Bildungssystem bekämpft werden sollte.[234] Religion wurde vom ISK als dogmatischer Aberglaube kritisiert und den Kirchen jede weitergehende gesellschaftliche Stellung aberkannt. Wichtig waren hier zwei Punkte: Erstens kritisierte der ISK vor allem das Dogmatische an Religion und Kirchen, akzeptierte zweitens in gewisser Hinsicht, die Berechtigung religiöser Wahrheit und die mögliche Existenz von Göttlichkeit, da diese zwar nicht belegbar aber auch nicht widerlegbar sei. Aus ISK-Perspektive kann man an dieser Stelle durchaus von Respekt gegenüber der Göttlichkeit im Christentum sprechen. Dies war ein kleiner Teil des Brückenkopfs, den Eichler auf seinem Weg zur Akzeptanz der Kirchen benötigte. Schließlich ist

---

232 Godesberger Programm, S. 21.
233 ISK-Programm, S. 49-50.
234 Vgl. Heidelberger Programm, in: Dieter Dowe/Kurt Klotzbach: Programmatische Dokumente, S. 201 oder Erfurter Programm, in: ebd., S. 174.

hier eine große Diskrepanz zwischen den ISK-Positionen und dem Godesberger Programm festzustellen. Insbesondere ist hier Eichlers Position zu untersuchen, denn für das Kulturkapitel und die Formulierungen in Bezug auf die Kirchen im Godesberger Programm war er maßgeblich verantwortlich.

Eichler vergaß auch nach dem Zweiten Weltkrieg nicht die Streitigkeiten zwischen Kirchen und Sozialisten, wo es auf der sozialistischen Seite hieß, die Religion sei Opium für das Volk, während »aus katholischem Munde über den gottesleugnerischen atheistischen Sozialismus« der Bann gesprochen wurde.[235] Eichler stellte nach dem Krieg fest, dass dies nicht der Zeitpunkt sei, gegen die eine oder andere Seite Beschuldigungen zu erheben und »in diesem Kampf Recht zu behalten, sondern Recht zu tun.«[236] Der zweite wesentliche Teil des Brückenkopfs von Eichler zu den Kirchen lag in der Erfahrung aus dem Dritten Reich. Es war ihm wichtig, dass die beiden großen gesellschaftlichen Gruppen – die Kirchen und die Sozialdemokratie – näher zusammenrückten, um eine erneute Katastrophe für die Zukunft zu verhindern.[237] Auch war Eichler der Meinung, dass die großen sozialen Probleme und gesellschaftlichen Herausforderungen der Gegenwart nur gemeinsam gelöst werden könnten. Dies deckt sich mit den Beweggründen Eichlers, im Exil enger mit den Sozialdemokraten in der Union zusammenzuarbeiten und nach dem Krieg den ISK in der SPD aufgehen zu lassen. Aus seiner Überzeugung brauchte es starke Organisationen und Bündnisse breiter gesellschaftlicher Gruppen, um Katastrophen, wie die erlebten, in Zukunft zu verhindern und die großen sozialen Probleme zu lösen. Frieden und speziell auch sozialer Frieden in der Gesellschaft waren aus Eichlers Perspektive nur in breiter gesellschaftlicher Kooperation möglich.

Der Brückenbau von Eichler zu den Kirchen wurde aber erst richtig ermöglicht durch die Gesprächsbereitschaft, die sich auch auf katholischer Seite offenbarte. Von besonderem Interesse für die Erläuterung Eichlers Positionierung in dieser Frage ist die Korrespondenz, die er über viele Jahre mit Vertretern der Kirche, aber vor allem mit dem Jesuitenpater und Theologen Oswald von Nell-Breuning austauschte.

> »Der enge und höchst vertrauensvolle Dialog zwischen Eichler und Nell-Breuning war es, der zum Brückenschlag wurde und den hartgesottensten Teil der Vorurteile

---

235 Hier u. i. F. Willi Eichler: Christentum und Sozialismus, Artikel auf Grundlage einer Rede beim SPD-Kreisverband Bergheim/Erft am 2.7.1949, in: Willi Eichlers Beiträge zum demokratischen Sozialismus, S. 261 ff.
236 Ebd., S. 263.
237 Vgl. Benno Haunhorst: Das Gespräch ist die Voraussetzung für Verständnis – Willi Eichlers Beiträge zum Verhältnis zwischen katholischer Kirche und SPD, in: Die neue Gesellschaft, Jg. 27 (September 1980) Nr. 9, S. 778 ff.

und der Entfremdung zwischen katholischer Kirche und der deutschen Sozialdemokratie langsam abbaute.«[238]

Oswald von Nell-Breuning war Professor für Moraltheologie, Kirchenrecht und Gesellschaftsrecht an der Philosophisch-Theologischen Hochschule Sankt Georgen in Frankfurt am Main.[239] Obwohl er aus einem wohlhabenden Elternhaus stammt, stellte er schon früh das Unbehagen fest, als Kind reicher Eltern bedient zu werden, während andere dienen mussten. Von Nell-Breuning wurde im Herbst 1930 mit der Formulierung der Sozialenzyklika »Quadragesimo anno« von Papst Pius XI. beauftragt.[240] Darin kritisierte die katholische Kirche die kapitalistische Klassengesellschaft und forderte die Sozialbindung des Eigentums sowie die Gleichwertigkeit von Lohnarbeit und Kapital. Dem kapitalistischen Gesellschaftsbild wurde in Abgrenzung zum Marx'schen Begriff der klassenlosen Gesellschaft das Ziel der klassenfreien Gesellschaft gegenübergestellt.[241] An der Ausarbeitung der Enzyklika von 1961 »Mater et Magistra« von Papst Johannes XXIII. war Nell-Breuning ebenfalls maßgeblich beteiligt, die den Menschen als Ursprung, Träger und Ziel aller Sozialgebilde und allen sozialen Geschehens definierte. Ihr oberstes Prinzip sei es, die Würde des Menschen in den Mittelpunkt zu stellen – dieses Prinzip müsse aber nicht nur erkannt, sondern auch in die Tat umgesetzt werden.[242] Ein Gedanke, den Eichler voll und ganz teilte: »Die zentrale Stellung des Menschen, seine solidarische Verpflichtung gegenüber seinen Mitmenschen und seine persönliche Würde sind im Godesberger Programm und in der Mater et Magistra die tragenden Grundwerte.«[243]

Mit Willi Eichler und Oswald von Nell-Breuning trafen zwei intellektuelle Männer zusammen, die an sich selbst und anderen gegenüber hohe Ansprüche stellten, die wissenschaftlich-theoretisch vorgingen und in der Lage waren, zuzuhören und sich auf einen Dialog einzulassen. Im Mittelpunkt des Interesses stehen hier besonders die Gemeinsamkeiten und Unterschiede der Ethik des demokratischen Sozialismus Willi Eichlers und der katholischen Soziallehre Oswald von Nell-Breunings. Von Nell-Breuning gehörte zu den wohlwollenden Kommentatoren des Godesberger Programms und stellte öffentlich klar, »daß der sozial- und wirtschaftspolitische Teil

---

[238] Thomas Meyer: Willi Eichler – Politiker, Programmatiker, Publizist, in: Willi Eichler zum 100. Geburtstag, Dokumentation einer Festveranstaltung am 7. Februar 1995 in der Friedrich-Ebert-Stiftung in Bonn, S. 17.
[239] Vgl. hier u. i. F. Alfred Horné: Oswald von Nell-Breuning – die Person und die Sache, Rede anl. des 100. Geburtstags von Oswald von Nell-Breuning, in: Sozial- und Linkskatholizismus, S. 175 ff.
[240] Vgl. hier u. i. F. Michael Klöcker: Zum Katholizismus in Staat und Gesellschaft, in: Archiv für Sozialgeschichte, 1973, S. 653 ff.
[241] Vgl. ebd.
[242] Vgl. Willi Eichler: Mater et Magistra und Godesberger Programm, in: Weltanschauung und Politik, S. 161 ff.
[243] Ebd., S. 162.

des Godesberger Programms sich weitgehend mit der katholischen Soziallehre deckt, sodaß der Katholik nicht gehindert ist, es sich zu eigen zu machen.«[244] Dabei nahm von Nell-Breuning keine Haltung als Sozialist ein – im Gegenteil, er selbst sah sich als Jesuit und als Vertreter der Kirche und wollte sich nicht parteipolitisch vereinnahmen lassen. Dieses Rollenverständnis hat Eichler absolut respektieren können, was wohl auch Basis des sehr vertrauensvollen Austausches war.[245] Gleichzeitig erkannte von Nell-Breuning in Eichler einen Gegen- und Mitspieler, einen Theoretiker, der die Sozialdemokratie aus der marxistischen Programmatik herausführen wollte, die seit dem Erfurter Programm Basis für gegenseitige Ablehnung von Kirchen und Sozialdemokratie war. Eichler erkannte von Nell-Breuning als einen herausragenden Vertreter der katholischen Kirche in der Bundesrepublik, der es sich zum Ziel gemacht hatte, die »starre Kampfstellung zwischen Vertretern der katholischen Soziallehre und Sozialphilosophie und denen des demokratischen Sozialismus aufzulockern,« ohne »über echte Verschiedenheiten der Auffassungen hinwegzugehen«, aber »in dem Bemühen, die andere Meinung zu verstehen, auch wo man sie nicht billigen kann.«[246]

>   »Herauszufinden, wo ihre Bindungen an das allgemein Menschliche liegen und wo also versucht werden muß, daran anknüpfend gemeinsame Anliegen im Gespräch zu erörtern und dabei Trennendes und Gemeinsames zu finden und klar herauszustellen«[247],

darin sah Eichler das große Vorbild Nell-Breunings für andere Vertreter der katholischen Kirche, aber auch für sich und die Vertreter des demokratischen Sozialismus. Eichler kam im Austausch mit Nell-Breuning zu dem Ergebnis, dass in vielen Bereichen Übereinstimmungen vorlagen und Vorurteile abgebaut werden konnten. Er war davon überzeugt, »daß das Trennende nicht die Verantwortung beider Seiten für das Gemeinwohl zu überspielen vermag, in dessen Pflege und Sicherung sie zusammenstehen müssen.«[248]

Eichler erkannte im Verhältnis mit den Kirchen Trennendes, aber auch Gemeinsamkeiten. Kritisch sah Eichler nach wie vor die dogmatische Haltung der katholischen Kirche, so wie der ISK und viele andere Strukturen und Bewegungen es auch taten und tun. Besonders kritisierte Eichler auch nach dem Zweiten Weltkrieg die Rolle der katholischen Kirche im Spanien Francos, die sich mit staatlicher Unterstüt-

---

244 Oswald von Nell-Breuning in einem Schreiben an Willi Eichler vom 21.5.1960, in: Eichler-Bestand des AdsD, Sign. 1/WEAA000317.
245 Vgl. Briefwechsel Eichler – von Nell-Breuning zwischen dem 21.5. u. 3.6.1960, in: Eichler-Bestand des AdsD, Sign. 1/WEAA000317.
246 Schreiben Willi Eichler an Oswald v. Nell-Breuning vom 7.3.1960, in: Eichler-Bestand des AdsD, Sign. 1/WEAA000317.
247 Ebd.
248 Ebd.

zung des Regimes den Alleinstellungsanspruch wie den einer Staatsreligion sicherte, den Eichler als totalitär und undemokratisch geißelte und der seiner Meinung nach zur Verfolgung anderer Glaubensrichtungen und zu Übergriffen gegenüber Protestanten in Spanien geführt habe.[249] Bei aller Notwendigkeit, die Eichler erkannte, den Dialog mit den Kirchen zu suchen, kritisierte er doch aufs Schärfste Entwicklungen, die aus seiner Perspektive dogmatisch gegen den Menschen und gegen die Demokratie gerichtet waren. Auch stellte Eichler klar:

»Aus keinem Lande, wo bisher Sozialisten ganz oder in erheblichem Maße an der politischen Macht beteiligt sind, kamen Klagen über Verfolgung an der Kirche oder der Religion. Aus Ländern, wo die Kirche einen entscheidenden Einfluß hat, hören wir dauernd Beschwerden über religiöse und staatliche Intoleranz.«[250]

Eichler nahm die Position an, dass die Religion für den Missbrauch und die Übergriffe der christlichen Institutionen im Laufe der Geschichte nicht schuld war, sondern die Schwäche des Menschen, die Macht in diesen religiösen Institutionen zu missbrauchen. Damit differenzierte Eichler zwischen der Religion, die er zumindest respektieren konnte und der religiösen Institution, der Kirche, die es zu kritisieren galt, wenn sie Fehler beging.

Ein zentrales trennendes Element zwischen Kirche und SPD sah Eichler darin, dass die Kirchen keine Parteien sind und auch keiner Partei zuzuordnen sind. Auf den ersten Blick war dies eine banale Feststellung. Doch Eichler verstand dies keineswegs als Selbstverständlichkeit angesichts einer konkurrierenden CDU, die sich als christliche Partei bezeichnete. Vielmehr sah Eichler in dieser Feststellung eine Würdigung der christlichen Kirchen und wollte damit auch den Respekt für ihre eigenständigen und unabhängigen Strukturen betonen.[251] Eichler akzeptierte und respektierte die eigenständige Rolle der Kirchen und ihre Bedeutung für die Gesellschaft. Dies erinnert schon stark an die Formulierung des Godesberger Programms zu den Kirchen.

---

249 Vgl. Willi Eichler: Christentum und Sozialismus, in: Willi Eichlers Beiträge zum demokratischen Sozialismus, S. 267. Eichler zitiert zum Beleg den Artikel 6 der spanischen Verfassung: »Das Bekenntnis und die Ausübung der kath. Religion, welche die Religion des spanischen Staates ist, genießt öffentlichen Schutz. Niemand wird in seiner religiösen Überzeugung und der privaten Ausübung seines Kultes gehindert. Äußere Zeremonien und Kundgebungen sind der katholischen Religion vorbehalten.« Darüber hinaus zitiert er den Kommentar zu diesem Artikel und zu den Übergriffen gegenüber Protestanten aus dem spanischen Hirtenbrief: »Man kann nach Ansicht der spanischen Metropoliten nicht die Forderung auf uneingeschränkte Kultfreiheit oder gar auf protestantische Mission aus diesem Artikel herleiten, was aber geschehen ist und zu den bedauerlichen Zwischenfällen geführt hat.«
250 Willi Eichler: Christentum und Sozialismus, in: Willi Eichlers Beiträge zum demokratischen Sozialismus, S. 268 f.
251 Ebd.

Doch die Akzeptanz der Kirchen im Godesberger Programm geht deutlich weiter. Eichler konnte die Kirchen als Institutionen des Christentums vor allem akzeptieren, weil er das Grundprinzip des Christentums erkannte und teilte. Eichler sah das Christentum als Religion der Nächstenliebe und konnte die Grundwerte, die er für die SPD ausformulierte, in den Grundsätzen des Christentums wieder finden. »Alle Menschen sind nach dieser Religion Brüder, da sie Kinder desselben Gottes sind, alle mit derselben Würde und demselben Recht, als freie Wesen anerkannt werden.« Eichler erkennt im Christentum Ansätze von Freiheit, Gleichheit an Würde des Menschen und auch von Gerechtigkeit, denn

> »in der Tat ist es den gläubigen Denkern und den denkenden Gläubigen klar, daß die Idee der Liebe die einzig lösende und erlösende Idee ist, denn sie ist nicht nur eine notwendige Ergänzung der Idee der Gerechtigkeit, sondern bringt auch eine Abkehr vom Geist des Pharisäertums der Selbstgerechtigkeit.«[252]

Diesen Gedanken der Nächstenliebe oder der solidarischen Gerechtigkeit, der Fokussierung auf den Menschen und seiner Würde fand Eichler bei Nell-Breuning wieder, der dieses Prinzip in seinen Leitsätzen der katholischen Soziallehre ausformulierte und sie als Gemeinsamkeit zum demokratischen Sozialismus identifizierte.

> »Diese Gemeinsamkeit liegt in der Anerkennung der Würde des Menschen und der freien Entwicklung seiner Persönlichkeit in einer Gesellschaft, die für diese Entwicklung jedem die gleiche Chance öffnet und die in ihrer solidarischen Gestaltung das mitmenschliche Verhalten des Einzelnen zu erreichen sucht gegenüber der blossen konkurrierenden Tätigkeit des Ausnutzens der Chancen.«[253]

Besonders zu betonen ist die Erkenntnis Eichlers, dass die Anerkennung und Begründung dieser Werte auf verschiedenen Weltanschauungen basieren kann. »Auch wo sie in ihrer Weltanschauung selber nicht übereinstimmen, können sie es im Aufbau der Gesellschaft und ihrer Einrichtungen tun.«[254] Eichler vertrat die Position, dass es möglich sei, mit den Kirchen eine Partnerschaft einzugehen, da man die gleichen Normen und Ziele – nämlich die Überwindung sozialer Ungerechtigkeit – zu erreichen suchte bei unterschiedlicher Begründung und Verwurzelung der Normen: ob aus Nächstenliebe oder aus ethischer oder marxistischer Motivation.

---

252 Beide Zitate Willi Eichler: Christentum und Sozialismus, in: Willi Eichlers Beiträge zum demokratischen Sozialismus, S. 262.
253 Willi Eichler in einem Schreiben an Oswald von Nell-Breuning vom 3.11.1961, in: Eichler-Bestand des AdsD, Sign. 1/WEAA000317.
254 Ebd.

4 Vom ISK-Programm zum Grundsatzprogramm der Volkspartei SPD

In diesem Zusammenhang sind die drei ideengeschichtlichen Wurzeln des demokratischen Sozialismus im Godesberger Programm zu betonen, die Eichler in der Programmkommission einbrachte: die christliche Ethik, der Humanismus und die klassische Philosophie. Der demokratische Sozialismus wolle »keine letzten Wahrheiten verkünden.«[255] Der Hinweis auf die klassische Philosophie passt auch auf die Ursprünge der Nelson'schen Lehren von Plato bis Kant und Fries. Auch für Eichler steckte in dem Begründungspluralismus der Versuch, die verschiedenen Motivationen, sich für die Sozialdemokratie zu engagieren, zusammenzuführen. Die SPD sollte sich zur politischen Heimat aller entwickeln, die sich dem demokratischen Sozialismus bzw. der Freiheit, Gerechtigkeit und Solidarität verpflichtet fühlten, unabhängig davon, ob jemand aus christlicher, ethisch-philosophischer oder aus marxistischer Überzeugung handelte.

Eichler griff den Begründungspluralismus Schumachers auf und brachte ihn in direkten Zusammenhang mit den Grundwerten, womit der Begründungspluralismus eine besondere philosophische Bedeutung erhielt. Eichler entwickelte das Bild des magischen Dreiecks der europäischen Kultur bestehend aus ethischen Werten und Normen, Weltanschauung sowie Politik. Die Grundwerte definierten die Ziele des demokratischen Sozialismus, seien aber selbst undogmatisch und nicht weltanschaulich begründet. Jeder, der diese ethischen Normen als Ziele annehme, könne eigene weltanschauliche Maßstäbe zur Grundlage nehmen, seien sie christlich, klassisch-philosophisch oder humanistisch orientiert, und daraus Schlussfolgerungen für die Politik ziehen. Das Neue an diesem Prinzip

> »war nicht die Aufstellung neuer Normen, sondern die Erkenntnis, daß sich die ethischen Normen der Weltanschauungen nicht so sehr in ihrem Inhalt unterscheiden als vielmehr in ihrer philosophischen und religiösen Begründung: in der Rückführung auf letzte Wahrheiten, wie es im Godesberger Programm heißt.«[256]

Dieses ethische Grundprinzip bezeichnete Eichler als die »Ethische Revolution«.[257] Eichler versuchte mit der ethischen Revolution, der Kombination von Grundwerten und Begründungspluralismus, den demokratischen Sozialismus auf Wahrheiten aufzubauen, die über Weltanschauungen standen. Dies war zurückzuführen auf die Philosophie von Leonard Nelson, die ebenfalls von Wahrheiten und Normen ausging, die über allem stünden, die aber jeder teilen könne, da sie in jedem Menschen verankert seien und herausgebildet werden könnten. Dass Eichler in der Anwendung der angenommenen philosophischen Grundsätze Gemeinsamkeiten mit den Kirchen herbei-

---

255 Godesberger Programm, S. 7.
256 Willi Eichler, in: Kirche, christliche Politik und Sozialdemokratie, S. 45.
257 Vgl. hier Willi Eichler: Sozialdemokratische Programmatik und praktische Politik, in: Die Neue Gesellschaft, Jg. 18 (1971) H. 11, S. 773-778.

führte, ist nicht als Widerspruch zu sehen, auch wenn Nelson von seinen Gefolgsleuten den Kulturkampf und den Austritt aus den Kirchen verlangte. Eichler entwickelte die Philosophie Nelsons weiter und ergänzte die Erfahrungen aus zwei Weltkriegen, Verfolgung, Widerstand und Exil. Um Katastrophen zu verhindern, müssten Gegensätze zu anders denkenden gesellschaftlichen Gruppen überwunden werden, solange sie dieselben Normen und Werte vertraten, auch wenn sie sie anders begründeten. Dass Eichler diese Grundhaltung in die SPD trug und ihr ins Grundsatzprogramm schrieb und damit den Graben zwischen Kirchen und Sozialdemokratie überwand, wurde von Willy Brandt 1971 als Bundeskanzler und Vorsitzender der SPD als eine der bedeutenden Leistungen Eichlers besonders gewürdigt:

> »Wenn viele Gräben zwischen den Kirchen und der Sozialdemokratie eingeebnet sind, wenn der Unterschied klar geworden ist zwischen politischer Verantwortung und letzten Wahrheiten, wenn dabei das sachliche Gespräch leichter geworden ist über die Sorge um den Menschen in der Gesellschaft, dann ist das eine der grossen Leistungen« Willi Eichlers.[258]

5 Das neue Grundsatzprogramm: Kritik und Wirkung nach 1959

Von Anfang an war klar, dass das Godesberger Programm eine programmatische Zäsur in der Geschichte der SPD sein würde. Spätestens mit der ersten großen medialen Aufmerksamkeit, aber auch mit den ersten Wahlerfolgen, die folgten, wurde deutlich, dass es ein bedeutendes Programm sein würde, da es das Bild der SPD in der Öffentlichkeit verändert hatte. Der Erfolg hat viele Väter – das trifft auch auf das Godesberger Programm zu. Viele Frauen und Männer waren am Erfolg beteiligt, haben mitgewirkt, diskutiert und haben auf einzelne Aspekte oder Bereiche Einfluss genommen. In diesem Zusammenhang sind drei Männer hervorzuheben: Erich Ollenhauer als Parteivorsitzender und Motor der Initiative, ein neues Programm zu entwickeln und zu beschließen; Willi Eichler als geistiger Vater und Theoretiker, der mit viel Geduld die intellektuelle Vorarbeit leistete und koordinierte; und Fritz Sänger, der redaktionell die pragmatischen Formulierungen fand, um ein verkürztes sowie verständliches Programm zu schaffen und auf den Weg zu bringen.

Trotz des klaren Abstimmungsergebnisses auf dem Parteitag vollzog die SPD intern die programmatische Entwicklung von der Klassenpartei zur Volkspartei nicht widerspruchslos. Den Debatten im Vorfeld und auf dem Godesberger Parteitag wurde zwar mit der Verabschiedung des Programms ein Ende gesetzt, aber es wurden

---

258 Willy Brandt: Rede auf der Trauerfeier für Willi Eichler am 22. Oktober 1971 in Bonn, in: Eichler-Bestand im AdsD, Sign. 1/WEAA000262.

innerhalb der Partei immer wieder Akzeptanzprobleme formuliert. Eichler stellte fest, dass viele in der Partei die Entideologisierung der Grundwerte und Ziele der Sozialdemokratie als der Beginn einer prinzipienlosen Politik ansahen.[259] Eichlers Anliegen war es, das Programm als Spiegelbild des neuen Selbstverständnisses der SPD als Volkspartei in der Öffentlichkeit zu vermitteln.[260] Daher kam auch sein Wunsch, eine möglichst breite Programmdebatte in der Partei zu fördern und zu ermöglichen. Nachdem man es in mühevoller gemeinsamer Arbeit geschafft hatte, neue Ziele zu formulieren und zu beschließen, gelang es nicht sofort, das Programm ausreichend zu verinnerlichen. Dafür hätte es aus Eichlers Sicht mehr innerparteilicher politischer Bildung bedurft. Es ist typisch für Willi Eichler, dass er die Akzeptanzprobleme nicht bei den Inhalten der Botschaft suchte, sondern bei der Vermittlung der Inhalte sah. Nichtsdestotrotz kam und kommt Kritik am Godesberger Programm insbesondere aus dem linken Lager in und jenseits der SPD.[261] Allerdings machte es sich Eichler zur Lebensaufgabe, das Godesberger Programm zu vermitteln, sowohl parteiintern als auch in der Öffentlichkeit. Nach dem Parteitagsbeschluss war er noch häufig im Zusammenhang mit dem Godesberger Programm aktiv. Die Programmatik und die Grundsätze der Sozialdemokratie blieben sein Hauptanliegen. Eichler versuchte, die Fragen und Lücken zu erläutern und zu klären, die seiner Meinung nach durch ein kurz gefasstes Dokument notgedrungen entstehen mussten.[262] Eichler vertrat dabei die Position, dass es in der Natur eines politischen Programms liege, dass jeder es selbst lesen und für sich interpretieren und auslegen müsse – er sei als Theoretiker und Mitverfasser in der Lage und sehe sich auch in der Pflicht, eine Anleitung zur Auslegung des Programms zu geben. Dies tat er in einer Vielzahl von Reden und Publikationen nicht zuletzt in seiner eigenen Zeitschrift »Geist und Tat«, die nach wie vor vierteljährlich bis zu seinem Tod 1971 herauskam. Auch Jubiläen, Jahrestage des Programms, aber auch etwa die 100-Jahrfeier der SPD 1963 und Eichlers Geburtstage

---

259 Vgl. hier u. i. F. Willi Eichler: Sozialdemokratische Programmatik und praktische Politik, in: Die Neue Gesellschaft, Jg. 18 (1971) H. 11, S. 776.
260 Siehe auch Willi Eichler: Individuum und Gesellschaft im Verständnis demokratischer Sozialisten, S. 14.
261 So z. B. Heinz Brakemeier in seinem Aufsatz von 2006, in dem er an das Gegenprogramm von Wolfgang Abendroth erinnerte und darin die wirtschaftsfreundliche SPD-Führung kritisierte, die anstelle einer fundierten marxistischen Kapitalismuskritik lieber Ethik und abstrakte »Grundwerte« setzte, in: Antagonistische Gesellschaft und politische Demokratie, Hamburg 2006, S. 183. Brakemeier war SDS-Aktivist der ersten Stunde und in den 1950er-Jahren Jusofunktionär in Frankfurt am Main. Er gehörte zu den Unterstützern des Gegenprogramms von Abendroth auf dem Godesberger Parteitag. Er gehörte zeit seines Lebens zu den Kritikern des Godesberger Programms in Bezug auf die Tilgung der marxistischen Kapitalismuskritik und die Entideologisierung der Ziele der Sozialdemokratie.
262 Vgl. hier u. i. F. Eichlers Vorwort in Willi Eichler: Grundwerte und Grundforderungen im Godesberger Grundsatzprogramm der SPD – Beitrag zu einem Kommentar, S. 3.

waren Anlässe, das Godesberger Programm in Erinnerung zu rufen, dessen Bedeutung zu erläutern aber auch immer wieder es zu hinterfragen und weiterzuentwickeln.

Das Godesberger Programm wurde schon als Entwurf, aber erst recht nach dem Beschluss von vielen Seiten kommentiert und vor allem von der politischen Konkurrenz kritisiert. Insbesondere nach der Veröffentlichung des zweiten Entwurfes im September 1959 genoss die SPD-Programmdebatte eine große öffentliche Aufmerksamkeit. Die politische Konkurrenz deckte das Godesberger Programm mit scharfer Kritik ein. Vor allem die CDU warf der SPD vor, sich einige Parolen der CDU anzueignen, um die Menschen zu täuschen – die Sozialdemokratie würde sich nur scheinbar von alten Forderungen, insbesondere von der Sozialisierung, trennen.[263] Die SPD habe sich nicht geändert und es gebe weiterhin in allen Fragen große Streitpunkte und keine Vereinbarkeit zwischen SPD und CDU. Auch die Annäherung an die Kirchen wurde von den Christdemokraten kritisiert. Die Anerkennung der christlichen Werte sei im Grunde als erster Schritt zur Entchristlichung zu sehen, was die CDU am bildungspolitischen Abschnitt des Programms festmachte, in dem angeblich nur Raum für die Gemeinschaftsschule bestünde.[264] Nach der Verabschiedung des Programms wurde der Ton rauer: Die CDU warf der SPD einen Täuschungsversuch vor, nur begrifflich vom Marxismus Abstand genommen zu haben, aber hinter den Kulissen nach wie vor am Alten zu hängen.[265] Das Godesberger Programm wurde von der CDU als »Ermächtigungsprogramm« bezeichnet, mit dem man gerade in der Wirtschaftspolitik die SPD-Führung ermächtigt hätte, weiterhin marxistische Entscheidungen herbeiführen zu können. Es gab aber auch Lob aus den Reihen der CDU: Das Godesberger Programm sei eine gute Grundlage für eine Zusammenarbeit zwischen SPD und CDU. Allerdings wurde diese Meinung von Konrad Adenauer unterdrückt und die scharfe Kritik am Programm stand im Vordergrund.[266]

Kritik kam auch von der FDP, die vor dem Parteitag fast schon anerkennend, aber auch skeptisch feststellte, dass sich die SPD von Sozialisierung und Marxismus trenne und dass man sich eindeutig in der SPD vor allem im Bereich der Landesverteidigung weiterentwickelt habe.[267] Die FDP unterstellte aber auch, das sei nur ein Wahlkampfmanöver gewesen, und wies warnend auf den linken Flügel der SPD hin. Auch nach dem Godesberger Programm blieb die FDP skeptisch und behauptete, es hätte keinen wirklichen Neuanfang in der SPD gegeben und nach wie vor seien in der Wirtschafts-

---

263 Vgl. hier u. i. F. Stuttgarter Zeitung v. 12.9.1959; Ruhr-Nachrichten v. 12./13.9.1959; Bonner Rundschau v. 12.9.1959, in: Sänger-Bestand im AdsD, Sign. 58.
264 Vgl. Stuttgarter Zeitung v. 12.9.1959, in: Sänger-Bestand im AdsD, Sign. 58.
265 Vgl. hier u. i. F. Deutschland Union Dienst (DUD) v. 16.11.1959, in: Eichler-Bestand im AdsD, Sign. 1/WEAA000170.
266 Vgl. zur Wirkung des Godesberger Programm auf CDU u. a. Tobias Hintersatz: Das Godesberger Programm der SPD und die Entwicklung der Partei von 1959 bis 1966, Potsdam 2006, S. 49 ff.
267 Vgl. hier u. i. F. Das freie Wort v. 12.9. u. 20.11.1959, in: Sänger-Bestand im AdsD, Sign. 58.

politik starke Defizite zu sehen. Das Programm hätte nur einen Rechtsruck der Partei dokumentiert, der in der parlamentarischen Arbeit längst vollzogen worden sei.

Was den einen zu wenig war, war den anderen schon zu viel: Die Moskauer Parteizeitung »Prawda« kommentierte negativ, die SPD habe mit dem Godesberger Programm ihre marxistischen Wurzeln verraten und sei von der konservativ-bürgerlichen CDU nicht mehr zu unterscheiden.[268] Dass die SPD mit ihrem neuen Grundsatzprogramm nahtlos an die Regierung Adenauers hätte anschließen können, wurde auch im Westen gesehen, allerdings auf einer anderen Argumentationsgrundlage. So kommentierte der Bayerische Rundfunk, dass sich die SPD mit ihrem Zugeständnis an die Bundesrepublik und an die Soziale Marktwirtschaft bei der nächsten Bundestagswahl 1961 problemlos an die Wirtschaftspolitik Ludwig Erhards anschließen könnte.[269]

Insgesamt wurde in der Presse die Entwicklung der SPD eher positiv bewertet.[270] Die SPD hätte den Marxismus überwunden, würde einen neuen Kurs fahren und sich damit neuen Wählerschichten öffnen, und zwar insbesondere, aber nicht nur Christen, die nun keinen Grund mehr hätten, der SPD fernzubleiben. Dass mit dem neuen Programm versucht wurde, den Graben zu den Kirchen zuzuschütten, wurde allgemein respektiert, auch und gerade in kirchlichen Medien, für die der Versuch allerdings nicht weit genug ging und bei denen die Skepsis in der Berichterstattung deutlich spürbar war.[271]

> »Man darf es den Christen nicht verargen, wenn sie, durch die praktischen Erfahrungen von Marx bis in die Gegenwart zur Vorsicht gemahnt, die neuen Grundsatzerklärungen sehr kritisch untersuchen und wenn sie nicht leichtgläubig eine wirkliche Bekehrung der SPD annehmen.«[272]

Vor allem wurde die wirtschaftspolitische Weiterentwicklung der SPD in den öffentlichen Medien gelobt. Die SPD hätte die Realität der Sozialen Marktwirtschaft erkannt und würde die richtigen Schlüsse daraus ziehen. Der SPD war damit in der öffentlichen Wahrnehmung der Schritt von der Klassenpartei zur Volkspartei gelungen. Auch wurde der SPD zugestanden, mit dem Godesberger Programm glaubhafter die Inter-

---

268 Prawda: SPD hat Marxismus begraben, in: Die Welt v. 30.11.1959, in: Eichler-Bestand im AdsD, Sign. 1/WEAA000170.
269 Die Presse zum SPD-Programm v. 19.11.1959, darin u. a.: »SPD könnte Marktwirtschaft freier führen«, Bayerischer Rundfunk v. 16.11.1959, in: Sänger-Bestand im AdsD, Sign. 58.
270 Vgl. i. F. Die Presse zum SPD-Programm v. 19.11.1959, in: Sänger-Bestand im AdsD, Sign. 58.
271 Vgl. »Christ und Welt« oder »Münchner Katholische Zeitung« in einer Zitatsammlung in den Unterlagen zum Programmparteitag von Willi Eichler, in: Eichler-Bestand im AdsD, Sign. 1/WEAA000170.
272 Franz Munter, in: »Der katholische Christ und die SPD, eine kritische Untersuchung des Grundsatzprogramms der SPD«, 1960, in: Eichler-Bestand im AdsD, Sign. 1/WEAA000170, S. 5. Munter erkennt die Weiterentwicklung von Marx bis zum Godesberger Programm an, betont aber dennoch seine Skepsis.

essen der Bundesrepublik und der Bundesbürger zu vertreten – sie wurde als ernst zu nehmender Konkurrent zur CDU gesehen. Dies ist auch ein Grund für die aggressive Reaktion der CDU auf das Godesberger Programm. Insbesondere Konrad Adenauer schien diese Befürchtung zu haben:

> »Wenn es der SPD gelingen sollte, die Wähler zu täuschen und nach den nächsten Wahlen Einfluß auf die Führung der Regierungsgeschäfte zu gewinnen, gestattet dieses Programm der SPD, dieses Grundsatzprogramm zur Anwendung zu bringen, die in den drei hinter uns liegenden Bundestagswahlen die große Mehrheit der Wähler verworfen hat.«[273]

Dem Vorwurf der politischen Konkurrenz allerdings, das Godesberger Programm sei nur aus Wahlkalkül entstanden, widersprach Willi Eichler. Für ihn war es unvorstellbar, etwas nur zu formulieren, um Wahlen zu gewinnen, ohne inhaltlich davon überzeugt zu sein. Allerdings war es für Eichler unproblematisch, deutlich zu machen, dass das Godesberger Programm auch darauf abzielte, Wahlen zu gewinnen. Die Auseinandersetzung der politischen Konkurrenz mit dem Programm sah Eichler sehr kritisch: Es hätte kaum eine inhaltliche Auseinandersetzung gegeben – man hätte das Programm als »Wahlmasche« verketzert.[274] Darüber hinaus nutzte aus Eichlers Perspektive das Setzen von Zielen nichts, wenn man nicht alles versuchte, diese Ziele auch zu erreichen. Und in einer Demokratie erreicht man politische Ziele nur, indem man Wahlen gewinnt. Aber es war Eichler auch wichtig, zu betonen, dass die SPD sich nie abhängig machte von den Interessen einzelner Gruppen. Lakonisch stellte er fest: »Dieses Programm ist nicht mit Rücksicht auf die Wähler abgefasst, aber selbstverständlich haben wir uns auch nicht bemüht, möglichst vielen Leuten vor den Kopf zu stoßen.«[275]

Tatsächlich legte die Sozialdemokratie bei den Bundestagswahlen zu: 1961 gewann die SPD fast 5 Prozentpunkte hinzu und kam auf 36,2 %. CDU und CSU rutschten vom hohen Gipfel ab, befanden sich aber nach wie vor in weiter Entfernung: von 50,2 auf 45,3 %. Die SPD gewann bei den nächsten drei Bundestagswahlen kontinuierlich Stimmen hinzu, bis sie 1972 an CDU/CSU vorbeizog mit 45,8 % für die SPD und 44,9 % für CDU/CSU. 1966 kam die SPD in der großen Koalition zum ersten Mal in

---

273 Konrad Adenauer in einer Zitatsammlung in den Unterlagen zum Programmparteitag von Willi Eichler, in: Eichler-Bestand im AdsD, Sign. 1/WEAA000170.
274 Willi Eichler: Sozialdemokratische Programmatik und praktische Politik, in: Die Neue Gesellschaft, Jg. 18 (1971) H. 11, S. 776.
275 Willi Eichler in »Sozialdemokrat« v. Oktober 1959, in: Eichler-Bestand im AdsD, Sign. 1/WEAA000170.

die Bundesregierung.[276] 1969 stellte sie in der sozialliberalen Koalition erstmals mit Willy Brandt den Bundeskanzler.

Sicherlich ist dafür ein allgemeiner gesellschaftlicher Wandel in der westdeutschen Bevölkerung verantwortlich, aber eben auch der des Selbstverständnisses der SPD, der spätestens mit dem Godesberger Programm in der Öffentlichkeit sichtbarer und erkennbarer wurde.[277] Aber ausschlaggebend in Bezug auf die anstehenden Wahlerfolge war wohl auch der »Gemeinsamkeitskurs« der SPD, der in den späten 1950er-Jahren begann und in den 1960er-Jahren fortgesetzt wurde.

Unter dem Leitmotiv »Gemeinsamkeit« vollzog die SPD einen Kurswechsel in ihrer parlamentarischen Oppositionsarbeit im Bundestag, eben nicht per se gegen Regierungsvorlagen zu stimmen, sondern zuzustimmen. Dies war verbunden mit dem Ziel, zumindest in die Regierungsbeteiligung zu gelangen, wenn nicht sogar die Regierung zu übernehmen.[278] Der Gemeinsamkeitskurs zeigte sich zunächst vor allem in außen-, sicherheits- und deutschlandpolitischen Fragen wie zum Beispiel in dem einstimmigen Beschluss vom 2. Juli 1958 zur Einsetzung des Viermächtegremiums, das gemeinsame Vorschläge zur Lösung der Deutschlandfrage erarbeiten sollte. Gemeinsamkeiten wurden auch in Bezug auf die Berlinpolitik der Bundesregierung von Ollenhauer und Brandt als Regierendem Bürgermeister in Berlin Anfang 1960 gesehen.[279] Auch innenpolitische Themen wurden im Gemeinsamkeitskurs aufgegriffen, zum Beispiel in der Bildungs- und Schulpolitik.[280] Im Juli 1964 veröffentlichte der Parteivorstand bildungspolitische Ergänzungen zum Godesberger Grundsatzprogramm. Den Auftrag, diese »Bildungspolitischen Leitsätze« zu formulieren, erhielt Willi Eichler. Er unterstützte den Gemeinsamkeitskurs der SPD, nutzte die Gelegenheit, um weitergehende Schlussfolgerungen aus dem Grundsatzprogramm zu ziehen und verfasste für den Parteivorstand Grundsätze, die unter anderem beinhalteten, dass die SPD die Gemeinschaftsschule aus pädagogischen und staatspolitischen Gründen unterstütze, aber gleichberechtigt neben die Gemeinschaftsschule die konfessionellen Schulen stellte. Ferner respektiere die SPD »die Entscheidung der Eltern, die einer durch ihren Glauben oder durch ihre Weltanschauung besonders bestimmten Erziehung der Vorrang geben.[281] Dies führte bei traditionellen SPD-Bezirken zu heftigen Reaktionen, so zum Beispiel in Hessen, wo die Gemeinschaftsschule in der

---

276 Dazu Klaus Schönhoven: Wendejahre. Die Sozialdemokratie in der Zeit der Großen Koalition 1966–1969, S. 35 ff.
277 Vgl. hier Tobias Hintersatz: Das Godesberger Programm der SPD und die Entwicklung der Partei von 1959 bis 1966, Potsdam 2006. Hintersatz analysiert die Wirkung des Godesberger Programms auf die Entwicklung der SPD zur Regierungspartei 1966 ff.
278 Vgl. Beatrix Bouvier: Zwischen Godesberg und Großer Koalition – Der Weg der SPD in die Regierungsverantwortung, Bonn 1990, S. 11 ff.
279 Vgl. Kurt Klotzbach: Der Weg zur Staatspartei, S. 495 ff.
280 Vgl. Beatrix Bouvier: Zwischen Godesberg und Großer Koalition – Der Weg der SPD in die Regierungsverantwortung, Bonn 1990, S. 172 ff.
281 Vgl. Bildungspolitische Leitsätze der SPD, Bonn 1964.

Landesverfassung vorgeschrieben war.[282] Die Differenzen innerhalb der SPD führten zu einem Schulstreit. Für Eichler waren diese Leitsätze die logische Konsequenz aus dem Godesberger Programm. Die konfessionellen Schulen zu respektieren und damit auf die Kirchen zuzugehen, war ein weiterer Schritt, ein breites Bündnis mit den Kirchen zu stabilisieren, um gemeinsam die sozialen Probleme der Zeit zu lösen. Auch verband Eichler damit die Möglichkeit, nicht nur konfessionelle, sondern auch anderweitig weltanschaulich geprägte Schulen gleichzustellen. Damit wären Schulformen nach Nelsons pädagogischen Maßstäben ebenfalls eingebunden gewesen.

Neben dem gesellschaftlichen Wandel und dem Godesberger Programm ist der Gemeinsamkeitskurs der SPD als weiterer Faktor zu nennen, der zum politischen Wandel, zum positiven Imagewandel der SPD in der Öffentlichkeit und damit auch zur Regierungsbeteiligung und schließlich zur ersten SPD-geführten Bundesregierung unter Willy Brandt führte.

---

282 Vgl. Beatrix Bouvier: Zwischen Godesberg und Großer Koalition – Der Weg der SPD in die Regierungsverantwortung, Bonn 1990, S. 172.

IV   Willi Eichlers Erbe – Die ethische Revolution des Godesberger Programms

Bis zu seinem Tod galt Willi Eichler als der Cheftheoretiker der SPD und beriet den Parteivorstand. Den Vorstand verließ er allerdings 1968 im Alter von 72 Jahren, »um dann Jüngeren Platz zu machen.«[1] Danach ging Eichler als hauptamtliches Vorstandsmitglied in die Friedrich-Ebert-Stiftung in Bonn. Kurz vor seinem Tod im Oktober 1971 erhielt Eichler am 30. September vom Parteivorstand den Auftrag, die Leitung eines Arbeitskreises »Grundsatzfragen« zu übernehmen und die Grundsatzprogrammatik der SPD erneut zu überprüfen, auf die aktuelle Lage abzustimmen und vor allem die notwendige Wechselwirkung von praktischer Politik und Programmatik zu erhellen. Eichler konnte diesen Auftrag, um dessen Erfüllung ihn Willy Brandt persönlich gebeten hatte, nicht mehr umsetzen – er starb am 17. Oktober 1971.[2] Aber eine erste Einführung und inhaltliche Vorbereitung konnte er in einem Artikel »Sozialdemokratische Programmatik und praktische Politik« zusammenfassen.[3] Dieser Beitrag erhält nicht nur durch Eichlers direkt darauf folgenden Tod den Charakter eines politischen Vermächtnisses. In dem Artikel fasste Eichler aus seiner Sicht die zentralen Errungenschaften des Godesberger Programms zusammen und definierte auf dieser Grundlage Konsequenzen und Forderungen für die praktische Politik. Als wichtigsten Erfolg des Godesberger Programms bewertete Eichler, dass es die Grundwerte Freiheit, Gerechtigkeit und Solidarität zur Grundlage und als verbindliche Ziele der SPD festschrieb, auch wenn die Grundwerte traditionell eine große Bedeutung in der Sozialdemokratie hatten. Die Grundwerte seien Ziel und Motivation der Sozialdemokratie zugleich. Den Grundwert der Gerechtigkeit brachte Eichler häufig in Zusammenhang mit der Gleichheit an Chancen oder der Gleichheit an Menschenwürde.[4] Und um diese inhaltlichen Ziele umzusetzen, müsse die SPD das taktisch überragende Ziel erreichen, »die politische Führung in der Bundesrepublik zu behaupten.«[5] Und um dieses taktische Ziel zu erreichen, müsse die SPD ihre Er-

---

1   Willy Brandt: Rede auf der Trauerfeier für Willi Eichler am 22. Oktober 1971 in Bonn, in: Eichler-Bestand im AdsD, Sign. 1/WEAA000262.
2   Ebd.
3   Willi Eichler: Sozialdemokratische Programmatik und praktische Politik, in: Die Neue Gesellschaft, Jg. 18 (1971) H. 11, S. 773-778.
4   Vgl. Willi Eichler: Individuum und Gesellschaft im Verständnis demokratischer Sozialisten, 1970, S. 81 und Willi Eichler: Grundwerte und Grundforderungen im Godesberger Grundsatzprogramm der SPD – Beitrag zu einem Kommentar, 1962, S. 10.
5   Willi Eichler: Sozialdemokratische Programmatik und praktische Politik, in: Die Neue Gesellschaft, Jg. 18 (1971) H. 11, S. 774.

fahrungen in der Vergangenheit in Erinnerung rufen und auswerten und, für Eichler besonders wichtig, daraus auch Konsequenzen für die praktische Politik der Zukunft ziehen. Anhand von drei Punkten machte er wichtige Erfahrungen der SPD in der Nachkriegszeit deutlich – an diesen drei Punkten lassen sich auch die wichtigsten Beiträge Eichlers zum Godesberger Programm und zentrale Schlüsse aus seiner eigenen politischen Vergangenheit darstellen:

1. Die Gegner der Sozialdemokratie hätten es geschafft, die SPD als antifreiheitlich, antireligiös und »näher der kommunistischen als der demokratischen Welt« erscheinen zu lassen, als »die großen Verlierer des Experimentes von Weimar.«[6] Auch sei es den Gegnern der SPD gelungen, die aktuelle Lage in Deutschland besser für sich zu nutzen: »Deutschland wurde wieder umworben; erhielt Kredite und hatte dank seiner Zerstörung einen unendlichen Bedarf«. Dies schaffte eine Atmosphäre, in der es viele Nutznießer gab und es leicht war, nicht nur die Soziale Marktwirtschaft zu akzeptieren, sondern auch, die Risiken, die auch in dieser Marktordnung steckten, zu übersehen, und diejenigen, die vor den Risiken warnten, wie die Sozialdemokratie, »als die utopischen Verkünder einer gefährlichen neuen [Ordnung; Anm. d. Verf.] zu verketzern.« Die katholische Kirche wiederum sah sich politisch am besten von der Partei repräsentiert, die sich offen zur Kirche bekannte, und scheute sich nicht, ihre Gläubigen entsprechend zu beeinflussen. »Denn die Namenswahl der Partei mit dem C schien zu besagen und sollte wohl auch andeuten, daß andere Parteien weniger christlich oder sogar antichristlich seien.«[7] Aus Eichlers Perspektive war es daher ein wichtiger und logischer Schritt, die Programmatik der SPD weiterzuentwickeln auch in Bezug auf die Kirchen: von der Kirchenkritik, die noch im Heidelberger Programm insbesondere in Bezug auf die Rolle der Kirchen im Bildungssystem verankert war, zur Akzeptanz der Kirchen als gesellschaftliche Partner. Damit wird auch ein Beitrag Eichlers zu einem der zentralen Neuerungen des Godesberger Programms deutlich, nämlich die Überwindung des Grabens zwischen Sozialdemokratie und Kirchen. Für Eichler selbst war dies keine Selbstverständlichkeit, war doch der Kulturkampf insbesondere gegen die katholische Kirche ein fester Bestandteil der ISK-Aktivitäten vor 1933. Der Kirchenaustritt war sogar eine der Mindestanforderungen sowohl im IJB als auch im ISK. Leonard Nelson kritisierte Religionen als dogmatischen Aberglauben und erkannte den Kirchen jede weitergehende gesellschaftliche Stellung ab. Allerdings steckte auch in der Kirchenkritik des ISK immer ein gewisser Respekt gegenüber Religionen, da das Göttliche oder Transzendente weder widerlegbar noch belegbar sei. Eichler kam zu der Erkenntnis, dass die Kirchen ein enger Kooperationspartner in der Bekämpfung sozialer Probleme in der Gesellschaft für die Sozialdemokratie sein konnten oder viel mehr werden mussten. Eichler erkannte, im regen Austausch mit Oswald von Nell-Breuning, dass die christlichen Kirchen ebenfalls

---

6 Vgl. hier u. i. F. ebd.
7 Willi Eichler, in: Kirche, christliche Politik und Sozialdemokratie, S. 44.

ethische Ansätze pflegen, die soziale Komponenten beinhalten wie in der Nächstenliebe, die letztendlich durchaus vergleichbar war mit den Ansätzen des ethischen Sozialismus, wie Eichler ihn vertrat. Dies erklärt die Weiterentwicklung Eichlers in Bezug auf seine Position und Kritik gegenüber den Kirchen.

2. Darüber hinaus sah Eichler rückblickend weitere Fehler der Sozialdemokratie, die nach dem Zweiten Weltkrieg ihren Aufstieg zu einer führenden Rolle verhindert hätten. Insbesondere in ihrer Programmatik habe die SPD viel Angriffsfläche geboten. Vor allem nahm Eichler die »beiden Kardinalmängel der theoretischen Grundlage des Sozialismus: Geschichtsfatalismus und dogmatisch fixiertes revolutionäres Endziel«[8] in die Kritik. Im Erfurter und im Heidelberger Programm sei festgeschrieben, es würde naturnotwendig und mit »scheinbar wissenschaftlich fundierter Überzeugung«[9] zum Sozialismus kommen. Und Karl Marx hätte die Sozialisten aufgefordert, Geburtshelfer der Revolution zu sein. Für Eichler und eine kleine Gruppe von weiteren Kulturpolitikern hätte sich die Aufgabe gestellt, diesen programmatischen Irrweg »intellektuell redlich und, zusätzlich, werbewirksam«, also nach außen hin klar erkennbar, zu korrigieren. »Die Geschichte wurde als Rahmen der gesellschaftlichen Aktivität nicht ignoriert; aber als Bundesgenosse wurde sie entthront.[10]

Als Ersatz für eine dogmatische Weltanschauung wurden die drei Grundwerte eingesetzt: »Freiheit, Gerechtigkeit und Solidarität«. Dies sei nicht zuletzt aus der Erfahrung geschehen, die man mit Diktaturen gemacht habe, die weltanschaulich argumentierten: »biologisch auf die Rasse (Hitler), fortschrittsgläubig auf die Geschichte (Stalin), ja pseudoreligiös auch auf die Kirche (Franco).«[11] Als jemand, der selbst Widerstand geleistet hatte, wusste Eichler,

> »daß im harten Widerstandskampf um die Freiheit Anhänger vieler Schichten sich solidarisch bewährt hatten, denen allen die Werte der Freiheit und Gerechtigkeit als unveräußerliche moralische Grundlage der Mitmenschlichkeit galten – wovon die Sozialisten praktisch immer überzeugt gewesen waren.«[12]

Diese Erfahrungen, aber auch Erkenntnisse der klassischen Philosophie und des Humanismus hätten zur Formulierung der Grundwerte der Sozialdemokratie geführt. Das Godesberger Programm hätte aber nicht nur die Grundwerte eingeführt und

---

8   Willi Eichler: Sozialdemokratische Programmatik und praktische Politik, in: Die Neue Gesellschaft, Jg. 18 (1971) H. 11, S. 775.
9   Ebd.
10 Ebd. – Zur Kritik Eichlers am Marxismus und an den marxistisch orientierten Grundsatzprogrammen siehe auch Willi Eichler: Grundwerte und Grundforderungen im Godesberger Grundsatzprogramm der SPD – Beitrag zu einem Kommentar, 1962, S. 13 ff.
11 Willi Eichler: Sozialdemokratische Programmatik und praktische Politik, in: Die Neue Gesellschaft, Jg. 18 (1971) H. 11, S. 775.
12 Ebd.

begründet, sondern die Sozialdemokratie auch von den inneren Widersprüchen und Spannungen befreit, ein revolutionäres Programm zu haben, aber praktisch reformistisch zu agieren. Auch lang umstrittene Probleme wie die Sozialisierung der Produktionsmittel, das Eigentum und der wirtschaftliche Wettbewerb wurden neu bewertet. Auch hier wird der Beitrag Eichlers an zentralen Neuerungen des Programms deutlich: die Überwindung des Grabens zwischen Theorie und Praxis sowie die Etablierung von entideologisierten Grundwerten, die einerseits ein ethisch fest verankertes und wissenschaftlich fundiertes Ziel der Sozialdemokratie formulierten und andererseits nach den Vorgaben, die Kurt Schumacher schon mit seinem Begründungspluralismus geprägt hatte, es christlich, humanistisch oder eben marxistisch Motivierten ermöglichten, in der Sozialdemokratie eine politische Heimat zu finden. Für Eichler war dies die Möglichkeit, sowohl die Marxismuskritik, als auch die ethisch-humanistischen Sozialismusvorstellungen, die er beide aus dem ISK her vertrat, mit dem sozialdemokratischen Grundsatzprogramm fest zu verweben. Wichtig war es Eichler, bei diesem Vorgang, die Parteimitglieder zu überzeugen und nicht von oben eine Meinung vorzugeben. Die Voraussetzung für die Umsetzung neu festgesetzter Ziele in der Breite der Mitgliedschaft sei die Akzeptanz der Zielsetzungen durch die Mitglieder. Daher war er auf Hunderten von Versammlungen, um die zentrale Botschaft des Godesberger Programms und seiner Entwürfe systematisch zu verbreiten und zu erläutern: »Die Grundwerte als Kriterium der praktischen Politik und als Anleitung zur Verwirklichung notwendiger Einzelaufgaben.« Mit der Einführung der Grundwerte hätte sich die Sozialdemokratie ideologisch freigeschwommen, wäre aber nicht geistig heimatlos geworden. Lückenlos seien historischer Materialismus und Revolutionsfatalismus ersetzt worden durch die Grundwerte, die als Grundlage für die Tagespolitik dienten.

> »Das Godesberger Programm mit seiner theoretischen und programmatischen Einführung der Grundwerte als Ziel des Sozialismus hat die SPD im neuen Selbstverständnis innerlich gekräftigt und ihr die Arbeit und ihren Weg außerordentlich erleichtert, weil sie nun widerspruchsfrei agieren konnte.«[13]

Allerdings hat sich auch Eichler von programmatischem Ballast befreit. Die Kapitalismuskritik des ISK war mit der Akzeptanz der Sozialen Marktwirtschaft in der Formel im Godesberger Programm »Wettbewerb soweit wie möglich – Planung soweit wie nötig« nicht vereinbar. Nach dem Zweiten Weltkrieg wechselte Eichlers wirtschaftspolitisches Programm von der »Sozialistischen Marktwirtschaft« zur »Sozialen Marktwirtschaft«, bei dem er allerdings sehr wohl und häufig auf die Risiken dieser Ordnung aufmerksam machte. Verantwortlich für diesen partiellen Umschwung war, dass Eichler die weitgehenden Enteignungen, die das ISK-Programm im Rahmen der

---

13 Ebd.

Sozialisierung vorsah, nach den Erfahrungen des nationalsozialistischen Regimes und der stattgefundenen Enteignungen, nicht weiter mittragen konnte und wollte. Eichler distanzierte sich hier von der antidemokratischen ISK-Forderung nach weitgehenden Enteignungen. Darüber hinaus forderte der ISK wirtschaftliche Steuerungsinstrumente ein, die durchaus vergleichbar waren mit denen der SPD: öffentliche Investitionskontrolle, Kartellgesetze und Wettbewerb von privaten und gemeinwirtschaftlichen Unternehmen. Auch verlangte der ISK eine zusätzliche Steuer für hohe Einkommen – durchaus vergleichbar mit der heutigen Forderung nach einer Vermögenssteuer. Der große Unterschied zwischen SPD- und ISK-Wirtschaftsprogrammatik bestand in der Grundannahme der Nelsonianer, dass es durch die Übernahme der Staatsmacht durch eine sozialistische Regierung und dem Ausrufen einer sozialistischen Republik nach ISK-Vorbild zu einer Art »Stunde Null« kommen würde, bei der man alle Dinge des gesellschaftlichen, öffentlichen und vor allem auch des wirtschaftlichen Lebens von Grund auf neu regeln könne: Reichtum und Besitz würden neu geordnet und umverteilt werden können, ohne auf bestehende Besitzverhältnisse achten zu müssen. Auf dieser Grundlage stand bei Eichlers politischer Forderung nach Umverteilung, die Befähigung des individuellen Menschen, das eigene Leben selbst gestalten zu können, im Vordergrund.[14] Das Ziel, allen Menschen ein selbstbestimmtes Leben zu ermöglichen, konnte Eichler problemlos auf die Bundesrepublik und als kritische Position gegenüber der Sozialen Marktwirtschaft übertragen. Auch das Godesberger Programm bildete dazu keinen Widerspruch. Eichler befürwortete die wesentlichen inhaltlichen Positionen des wirtschafts- und sozialpolitischen Teils des neuen Grundsatzprogramms.[15] Insbesondere legte Eichler dabei auch Wert auf die Kontrolle der Verfügungsgewalt über die Unternehmen der Großwirtschaft. Er setzte dabei auf die Stärkung und Bildung der Arbeitnehmerschaft. Eichler wollte Wirtschaftsuntertanen zu Wirtschaftsbürgern machen.

> »Daraus folge die Idee einer planmäßigen Gestaltung der Geschichte durch den Menschen. Die Idee der Demokratie setze voraus, daß grundsätzlich jeder Staatsbürger diese Gestaltungsfähigkeit einsehen kann. Ohne diese Voraussetzung sei ein Programm überflüssig.«[16]

Neben der Kapitalismus- und Kirchenkritik wurde ein weiterer programmatischer Punkt des ISK von Eichler nach dem Zweiten Weltkrieg zumindest relativiert: die Demokratiekritik, die beim ISK bis zur Demokratieablehnung ging. Die Formulie-

---

14 Vgl. Protokoll des Unterausschusses Wirtschafts- und Sozialpolitik der Grundsatzkommission vom 26.10.1957, in: PV-Bestand im AdsD, Sign. 01697 A.
15 Vgl. hier u. i. F. Willi Eichler, in: Zum Grundsatzprogramm der SPD, in: Geist und Tat, Oktober 1959, S. 5.
16 Willi Eichler: Protokoll des Unterausschusses Wirtschafts- und Sozialpolitik der Grundsatzkommission vom 28.11.19957, in: PV-Bestand des AdsD, Sign. 01697 A.

rungen der Nelsonianer waren eindeutig: Demokratie und Rechtsstaat schlössen sich gegenseitig aus, denn die Forderung, eine Entscheidung solle zugleich mehrheitsfähig und recht sein, verlangte für sie Unvereinbares. Eine Abstimmung über die Wahrheit sei unmöglich.

Mit den demokratiefernen Positionen des ISK-Programms sind die Bekenntnisse zu Demokratie und Freiheit der SPD und ihrer Grundsatzprogramme unvereinbar. Gerade im Godesberger Programm sind nach den negativen Erfahrungen mit der nationalsozialistischen Diktatur in Deutschland und der kommunistischen Diktatur im Osten klare Bekenntnisse zur Demokratie festgehalten. Eichler unterstützte die grundlegenden Bekenntnisse zur Demokratie ohne Abstriche. Zu erklären ist diese Entwicklung durch eine besondere Ausprägung der Demokratie der Bundesrepublik im Grundgesetz. Aus Eichlers Perspektive bestand der Kern der Nelson'schen Demokratiekritik in der Relativierung ethischer Werte – die ethische Wahrheit könne und dürfe nicht zur Disposition von Mehrheitsabstimmungen stehen. Aber gerade dies ist in der Ewigkeitsklausel des Grundgesetzes ausgeschlossen. In Artikel 79 Absatz 3 GG wird festgehalten, dass Artikel 1 und 20 von Grundgesetzänderungen ausgenommen werden. Die Menschenwürde, die Menschenrechte, die Bindung der staatlichen Gewalt an die Grundrechte, das Sozialstaats-, Bundesstaats- und Demokratieprinzip stehen genau so wenig zur Disposition wie die Volkssouveränität und die Gewaltenteilung. Wesentliche ethische Grundsätze des Rechtsstaates können damit nicht Gegenstand demokratischer Abstimmungen in der Bundesrepublik werden. Das reichte dem Nelsonianer Willi Eichler als Beschränkung der Demokratie und als Sicherung der Herrschaft von Vernunft und Ethik aus.

> »Das Bonner Grundgesetz unterscheidet sich [...] in mancherlei Hinsicht: Es macht die Menschenrechte unmittelbar gesetzlich verbindlich; es übergibt die Entscheidung über die Verfassungswidrigkeit bestimmter Maßnahmen und Organisationen nur einer Instanz, dem Bundesverfassungsgericht.«[17]

An dieser Stelle ist wohl ein Abweichen von der ISK-Programmatik festzustellen. Eine ausdrückliche Kehrtwende oder ein Abwenden von Nelsons Lehren lässt sich bei Eichler nach dem Zweiten Weltkrieg allerdings keinesfalls erkennen, eher eine Entwicklung von der Nelson'schen »Demokratieverneinung« hin zu einer kritischen Akzeptanz der Demokratie, zumindest wie sie im Grundgesetz mit zum Teil nicht zur Disposition stehenden Werten verankert ist. An Stelle der »Herrschaft der Weisen« akzeptierte Eichler die »Kontrolle der Weisen« im Bundesverfassungsgericht als Garanten der Unantastbarkeit der Grundmenschenrechte. Sicherlich waren die Erfahrungen in der nationalsozialistischen Diktatur entscheidend für diese Entwicklung, die Demokratie zu akzeptieren, um weitere diktatorische Regime in Zukunft zu ver-

---

17 Willi Eichler, in: 100 Jahre Sozialdemokratie, S. 75.

hindern. Auch waren die Erfahrungen im Londoner Exil von Bedeutung, wo man in der britischen Demokratie durchaus in der Lage war, die Nelson'sche Philosophie zu pflegen und zu propagieren.[18] Es stellt sich hier die Frage, wann genau Eichler seine Meinung bezüglich der Demokratiekritik änderte. Es ist in der vorliegenden Arbeit dargestellt worden, dass der ISK in der »Union« im Londoner Exil versuchte, seine Demokratiekritik ohne Erfolg durchzusetzen. Also waren demokratieablehnende Positionen im ISK noch in den 1940er-Jahren lebendig. Auch bemühte sich der ISK ab Sommer 1943 zunächst, eigenständige Strukturen im zerstörten Nachkriegsdeutschland aufzubauen. Die massiven Rückschläge, die die Wehrmacht zu diesem Zeitpunkt im Kriegsverlauf erlitt, gaben dem ISK Grund zur Hoffnung, dass in Deutschland eine stärkere Stimmung gegen Hitler aufkommen würde. Dies wollte der ISK unterstützen und sich damit als eigenständige Partei frühzeitig in Deutschland etablieren. Vor allem im Laufe des Jahres 1945 unternahm der ISK verstärkt Bemühungen, in Deutschland die alten Strukturen wieder auf- und auszubauen. Der ISK wollte sich als linke Alternative zu SPD und KPD anbieten und gleichzeitig als enger Kooperationspartner der Alliierten beim Wiederaufbau Deutschlands zur Verfügung stehen, um möglichst viele politische Vorstellungen des ISK zum Staatsaufbau Deutschlands einfließen zu lassen. Die Bemühungen wurden nicht belohnt. Willi Eichler und seine ISK-Mitglieder erhielten von den Alliierten nicht die Unterstützung, die notwendig gewesen wäre, um die benannten Ziele zu erreichen.

In Bezug auf Eichler waren es wahrscheinlich zwei Reisen, die ihn aus dem Londoner Exil zum Kontinent führten und die seine Position zur Selbstständigkeit des ISK und seine politischen Ansätze grundsätzlich beeinflussten: vom November bis zum Dezember 1944 besuchte Eichler zunächst die befreiten Gebiete in Frankreich und die Schweiz; vom August bis Oktober 1945 gelangte er auch in das besetzte und zerstörte Deutschland. Er machte sich vor Ort einen eigenen Eindruck und suchte den Kontakt mit in Deutschland verbliebenen ISK-Leuten. Dies ermöglichte Eichler eine realistische Einschätzung der Kriegsschäden und der schwierigen sozialen Zustände einerseits sowie der Schwäche der eigenen Organisation andererseits. Faktisch war der ISK 1945 nicht in der Lage, an die Strukturen wieder anzuknüpfen, die er vor dem Krieg aufgebaut hatte und die damals schon nicht in die Breite gegangen waren. Zum

---

18 Vgl. zum Wertewandel deutscher Sozialdemokraten im Exil insbesondere in Großbritannien während der Zeit des Nationalsozialismus Julia Angster: Konsenskapitalismus und Sozialdemokratie. Die Westernisierung von SPD und DGB, S. 304 ff. oder auch Julia Angster: Eine transnationale Geschichte des Godesberger Programms, in: Werner Kremp/Michael Schneider (Hg.): »Am Sternenbanner das Geschick der Arbeiterklasse«. 150 Jahre Beziehungen zwischen deutscher Sozialdemokratie und den USA, Trier 2013 (i. Ersch.). Angster stellt den Zusammenhang zwischen angelsächsischen Gewerkschaften und Parteien und deren Einfluss auf die Neugründungen der SPD und der Gewerkschaften in Deutschland nach dem Zweiten Weltkrieg dar. Der Einfluss lief, so Angster, über die deutsche Remigranten, die in Großbritannien und USA im Exil waren und dann nach Deutschland zurückkehrten.

Ende des Zweiten Weltkrieges war der Bund weltweit zerstreut. Die Erfahrungen wie die Zerschlagung des innerdeutschen ISK-Widerstands und der Verlust mehrerer Mitglieder und Freunde machten die begrenzten Möglichkeiten des ISK auf schmerzliche Weise deutlich. Eichler kam zur Einsicht, dass der ISK allein auch im Nachkriegsdeutschland nicht in der Lage sein würde, weitere Katastrophen in der Zukunft zu verhindern oder auch nur die Herausforderungen des Wiederaufbaus zu bewältigen. Der ISK allein war schlicht zu klein, um den Herausforderungen allein gewachsen zu sein. Es brauchte eine stärkere Parteiorganisation, um effektiver politisch zu agieren. Der ISK stand vor der Entscheidung, entweder den Kontakt mit der Sozialdemokratie zu intensivieren und in ihr aufzugehen oder in der Bedeutungslosigkeit zu versinken. Es ist als sicher anzusehen, dass Eichler dies schon erkannt hatte, als er sich im August 1945 mit Kurt Schumacher in Hannover traf. Im Vordergrund stand für Eichler vor allem der Wunsch, die erlebten Katastrophen vom Ersten Weltkrieg über die nationalsozialistische Diktatur und den Zweiten Weltkrieg für die Zukunft zu verhindern, in der Gewissheit, dass es möglich sei, die Gesellschaft zu verbessern, wenn man eine Organisation hatte, die stark genug sei. Aber sicherlich spielten auch die Möglichkeiten zur politischen Einflussnahme, die die SPD bot, eine Rolle für Eichler. So wie ihn der Hunger nach mehr Bildung und Wissen zum IJB geführt hatte, so war denn auch die SPD mit ihren breiten Strukturen attraktiv für Eichler, für sich mehr Möglichkeiten zu erhalten aber auch Bildung bzw. eigene Vorstellungen und die ISK-Gesinnung in eine breite Parteiorganisation und in die praktische Politik der SPD zu vermitteln. Für Kurt Schumacher wird der Wunsch ausschlaggebend gewesen sein, möglichst viele Splitterorganisationen, die vor 1933 außen vor gelassen wurden, nun nach dem Krieg unter dem Dach der Sozialdemokratie zu vereinen und somit eine erneute Zersplitterung der Arbeiterbewegung weitestgehend zu vermeiden.

Nach Zeugenaussagen und nach einem Bericht Eichlers, der in der vorliegenden Arbeit zum ersten Mal ausgewertet wurde, hat Schumacher in dem vertraulichen Gespräch mit Eichler, das nicht protokolliert worden war, weitgehende Zugeständnisse gemacht, die angesichts der geringen Anzahl an Mitgliedern, die Eichler in die Sozialdemokratie führte, überraschen müssen. Auch diese Zugeständnisse waren ausschlaggebend für Eichler, den ISK in die SPD zu führen. Zwar sollte sich der ISK offiziell auflösen, doch durften Eichler und seine ISK-Genossinnen und -Genossen sich innerhalb der SPD eine eigene Gruppenstruktur erhalten, die mit besonderen Rechten und Instrumenten ausgestattet war. Wenn das nicht schon genug war, durfte der ISK-Kader Schulungsmöglichkeiten aufrechterhalten, um Mitglieder nach eigenen Vorstellungen auszubilden (inklusive der Demokratiekritik) und eigene pädagogische Konzepte ausprobieren zu können; auch wurden eigene von der SPD unabhängige Publikationsmittel aufgebaut, mit denen man die Nelson'sche Philosophie weiter verbreiten konnte. Die publizistische Arbeit des ISK setzte Willi Eichler von 1946 bis 1971 mit der Zeitschrift »Geist und Tat – Monatsschrift für Recht, Freiheit und Kultur« fort. Auch wurde nach dem Zweiten Weltkrieg wieder ein eigener Verlag gegründet. Den Preis, den Eichler zahlen musste, war die Aufgabe der parteiorganisatorischen Unabhängigkeit also die Auflösung des ISK als eigenständige Partei.

In seiner Entwicklung als Gesinnungsethiker ist Eichlers Wiedereintritt in die SPD als ein Schritt in Richtung der Verantwortungsethik zu bezeichnen. Von da an begann Eichlers SPD-Karriere und sein Einwirken auf die Sozialdemokratie. Dabei ließ er allerdings seine Gesinnung nicht in Gänze fallen – im Gegenteil exportierten Eichler und die anderen ISK-Mitglieder, die in die SPD übertraten, zentrale Teile der Nelson'schen Philosophie in die Sozialdemokratie.

3. Als letzte Lehre, die die SPD aus der Nachkriegsgeschichte zu ziehen habe, nahm Eichler die Wirkung des Godesberger Programms auf die Partei und auf die Öffentlichkeit unter die Lupe. Für Eichler war die Bedeutung des Programms als Beitrag zur innerparteilichen Selbstverständigung von Interesse. Aber auch sein Einfluss auf die freiheitlich-demokratische Entwicklung der Bundesrepublik an sich war ihm wichtig.[19] Wahlen lieferten den Beleg, dass die SPD im Aufwind war und 1971 konnte man feststellen, dass die SPD mit Willy Brandt auch den Bundeskanzler stellen konnte. Eichler resümierte, viele hätten »die Wandlung der SPD wirklich begriffen.«[20] Besonders die Einführung der Grundwerte und deren undogmatische pluralistische Begründung, »die keiner Weltanschauung und keinem Gewissen im Verhältnis zu ethischen Werten Entscheidungen vorwegnahm oder aufzunötigen suchte, erregte die größte Aufmerksamkeit.«[21] Menschen mit traditionell geprägten weltanschaulichen Bindungen wären so nicht abgeschreckt worden – im Gegenteil sei es ihnen möglich gewesen, Ziele des demokratischen Sozialismus einer menschenwürdigen Gesellschaft mit den eigenen ethischen Werten zu untermauern. »Diese ethische Revolution: die Konzentration auf die Verwirklichung verbindlicher Normen für die Politik, fand weitgehend Zustimmung.«[22]

Trotz der Erfolge kam Eichler zu dem Fazit: »[Die] Grundwerte müssen deutlicher interpretiert und härter in die Auseinandersetzung gebracht werden, damit wir sie als Maßstab für die Bewertung unserer politischen Einzelentscheidungen kenntlich machen können.«[23] Danach hätte auch das Regierungshandeln der SPD ausgerichtet werden müssen. Dabei sah es Eichler als Theoretiker nicht als seine Pflicht, praktische Gesetzesinitiativen vorzustellen oder Vorschläge zu machen, wie man Kampagnen und Regierungshandeln verbesserte. Vielmehr sah er es als seine Aufgabe, als Theoretiker darauf aufmerksam zu machen, dass die Arbeit der SPD mit

---

19 Vgl. Willi Eichler, in: Die politische Rolle des Godesberger Programms – Zum zehnten Jahrestag seiner Annahme – 1969, in: Willi Eichlers Beiträge zum demokratischen Sozialismus, S. 158 ff.
20 Willi Eichler: Sozialdemokratische Programmatik und praktische Politik, in: Die Neue Gesellschaft, Jg. 18 (1971) H. 11, S. 776.
21 Ebd.
22 Ebd.
23 Ebd.

der ethischen Revolution der Grundwerte des Godesberger Programms begründet und transportiert werden kann. Eichler wollte dabei helfen, den demokratischen Sozialismus zu begründen, und zwar ohne ihn an eine Weltanschauung zu binden. Zur Begründung definierte Eichler die ethische Revolution und damit die Leistung des Godesberger Programms:

> »Der demokratische Sozialismus ist keine Weltanschauung, Weltanschauungen trennen die Menschen; der demokratische Sozialismus will und kann den Menschen nicht das Heil der letzten Wahrheiten bringen, sondern will die menschliche Gesellschaft nach einsehbaren verpflichtenden Grundwerten menschenwürdig ordnen. Es sind die Grundwerte der Freiheit, der Gerechtigkeit (als Gleichheit der Chancen verstanden) und der Solidarität. Die letzte Begründung dieser Werte liegt im Gewissen des Einzelnen, dessen Bindung an letzte Wahrheiten, an religiöse Überzeugungen seiner Entscheidung überlassen bleibt. Darin zeigt sich nicht Indifferenz, sondern Respekt vor der Freiheit des Gewissens. [...] Diese Ethische Revolution ist der Hauptschlüssel zum Verständnis unseres Programms.«[24]

Hier erkennt man zentrale Aussagen der Philosophie Nelsons, die das Fundament seiner Bünde IJB und ISK bildeten: ethische Grundwerte, die im Gewissen jedes Einzelnen begründet werden, oder anders ausgedrückt: Wahrheiten, die in jedem Menschen verankert sind als Grundlage praktischer Politik. Die ethische Revolution, die Eichler der SPD mit dem Godesberger Programm vorgab, sorgte für eine Kompatibilität und Verbindung zwischen sozialdemokratischer Programmatik und Nelsons Philosophie.

Auch stellte Eichler in einem Appell fest, dass die Partei aus den Grundwerten heraus immer wieder nicht die Ziele, aber deren Umsetzung auf die aktuelle Lage neu beziehen und gegebenenfalls neue Wege finden müsse. Besonders wichtig war für Eichler, die Grundwerte nicht einzeln für sich zu betrachten, wie es Liberale mit dem Freiheitsbegriff und Kommunisten mit dem Gerechtigkeits- bzw. Gleichheitsbegriff taten. Vielmehr müsse man immer wieder deutlich machen, dass die Grundwerte gemeinsam zu betrachten seien und vor allem einander bedingen.[25] Eichler wollte darauf aufmerksam machen, dass die innere Verflechtung der Grundwerte und ihre Auslegung auf die Politik angewandt werden müssten. Bei der innerparteilichen Willensbildung sollten sie behilflich sein, um die richtigen politischen Forderungen aufzustellen und den richtigen politischen Beschluss zu fassen.

Diese Vorgaben der Grundwerte – das war Eichlers Überzeugung – seien zeitlos und auch in späteren aktuellen politischen Fragen und Situationen anwendbar, insbesondere wenn der Politik Orientierungslosigkeit und Wertefreiheit vorgeworfen

---

24 Ebd., S. 777.
25 Vgl. auch Willi Eichler: Individuum und Gesellschaft im Verständnis demokratischer Sozialisten, S. 80.

würden. Freiheit, Gerechtigkeit und Solidarität könnten immer als Ziele und Motivation der Sozialdemokratie festgehalten und in die Öffentlichkeit transportiert werden. Eichler formulierte mit dem Godesberger Programm und den drei Grundwerten die Überwindung sozialer Ungerechtigkeit als ewiges Ziel und Motivation des demokratischen Sozialismus und der SPD. Damit wird deutlich, dass Eichler eine seiner eigenen wichtigsten Motivationen, die ihn seit seiner Politisierung in der Jugend begleitete, in der SPD und ihrer Programmatik verankerte: Von Jugend an war es Eichlers Anliegen, soziale Ungerechtigkeit in der Gesellschaft zu bekämpfen. Vor allem die mit sozialer Abhängigkeit oft verbundene geistige Abhängigkeit wollte er überwinden. Die Abhängigkeit, die sein Vater als Angestellter erlebte, insbesondere die geistige Abhängigkeit, nicht zu jeder Zeit das sagen zu können, was man dachte, wollte Willi Eichler für sein eigenes Leben vermeiden. Eichler hatte Geschwister verloren, insbesondere eine Schwester, die in einer Heilanstalt verstorben war. Eichler war davon überzeugt, dass sie an Verwahrlosung und Hunger gestorben war, und machte dafür direkt die soziale Einstellung des Krankenhauses, aber auch indirekt die soziale Stellung seiner Familie dafür mitverantwortlich. Eichler wollte materielle Unabhängigkeit, um sich und seine Familie abzusichern aber vor allem um sich eine geistige Unabhängigkeit zu bewahren und zu ermöglichen. Dann brach die Katastrophe des Ersten Weltkrieges über ihn herein. Die mit dem Ersten Weltkrieg verbundenen drastischen Erfahrungen in seiner Jugend haben ihn stark geprägt: Hunger und Kälte, der Verlust von Freunden, Verletzungen und die alltäglichen Schrecken des Krieges. Eichler war davon überzeugt, dass sich eine solche Katastrophe nicht wiederholen dürfe. Er wollte seinen Beitrag dazu leisten und sah ein, dass es nicht reichte, die eigene Person oder Familie zu sichern. Eine wichtige Voraussetzung für seine Politisierung war auch die Erkenntnis, dass gesellschaftliche Prozesse beeinflussbar und korrigierbar sind. Veränderung ist möglich und Staat und Gesellschaft sind gestaltbar. Dies lernte er, als er die Revolution 1918/19 hautnah in Berlin miterlebte. Eichler erlangte die Erkenntnis, dass die Gesellschaft verändert werden musste – Staat und Gesellschaft mussten gerechter gestaltet werden. Schließlich verspürte Eichler einen Hunger nach mehr Bildung, der durch Volksschule und Ausbildung bei Weitem nicht gestillt war. Zu diesem Zeitpunkt stieß Eichler auf den Internationalen Jugendbund. Der IJB bot für Eichler einen breiten Zugang und Umgang mit Philosophie und Politik sowie eine attraktive politische Zielvorstellung: eine sozialistische ausbeutungsfreie Gesellschaft. Dieses Ziel beeindruckte und inspirierte Eichler. Im Gegensatz zu Nelson hatte Eichler direkter die Grauen des Krieges erlebt, beide einte der Wunsch danach, die Katastrophe für die Zukunft zu verhindern. Nelson wiederum hatte das, was Eichler fehlte: breite wissenschaftliche Kenntnisse der Philosophie und darauf aufbauend ein rechtsphilosophisches ethisches Konstrukt eines politischen Wertesystems. Dies war die Situation und die Basis für Eichlers Politisierung und seinen Eintritt in den Internationalen Jugendbund. Es muss auf den jungen Eichler nach dem Chaos des Weltkrieges und des politischen Umbruchs zu Beginn der Weimarer

Republik eine große Beruhigung und Faszination ausgelöst haben, einen über allem stehenden Rechtsbegriff, wie Nelson ihn beschrieb, anzunehmen, der unabhängig von äußeren Einflüssen Grundlage für eine stets richtige und vernünftige Politik wäre. Diese auf Ethik und Recht basierende Politik bildete die Grundlage, aber auch die Motivation für sein intensives politisches Engagement bis zum Ende seines Lebens und spiegelt sich auch in den drei ethischen Grundwerten der Sozialdemokratie wider.

Allerdings ist die ethische Revolution der Grundwerte nicht allein auf Eichlers Motivation, soziale Ungerechtigkeit zu bekämpfen, zurückzuführen. Die drei Grundwerte und ihre entideologisierende Wirkung auf die Ziele der Sozialdemokratie basieren auch auf dem Begründungspluralismus von Kurt Schumacher, den er nach dem Zweiten Weltkrieg formulierte, um die neu gegründete Sozialdemokratie möglichst breit in der deutschen Gesellschaft der Nachkriegszeit zu verankern und sowohl Marxisten als auch Christen an die SPD zu binden. Selbstverständlich stammen nicht alle Forderungen und Neuerungen im Godesberger Programm von Eichler. Viele haben einen Beitrag geleistet. Sicherlich hatten die Gegner der marxistisch geprägten Programmatik innerhalb der SPD eine eigene Motivation, entideologisierte Grundwerte als Ziele der Sozialdemokratie zu definieren. Auch war die Abgrenzung zum Ostblocksozialismus ein wichtiges Anliegen in der Grundsatzdebatte der 1950er-Jahre. Das Nichtgelingen dieser Abgrenzung im Rahmen der Bundestagswahlkämpfe wurde als Ursache für die Niederlagen insbesondere der Bundestagswahlen von 1953 und 1957 gesehen. Diese Niederlagen wiederum entfachten in der SPD den Wunsch nach und die Debatte um ein neues Grundsatzprogramm. Und Willi Eichler nutzte diese Gelegenheit, um eigene inhaltliche Grundsätze in die Grundsatzprogrammatik der Sozialdemokratie zu integrieren. Dabei ist die Etablierung der Grundwerte durchaus als Ergebnis des Einflusses Eichlers zu sehen. Schließlich kam der erste Entwurf der Grundwerte aus dem ISK-Zusammenhang, nämlich von Grete Henry-Hermann, die Eichler in die Grundwertekommission geholt hatte. Sie war übrigens auch langjährige Vorsitzende der »Philosophisch-Politischen Akademie«, die im Gegensatz zum ISK nie aufgelöst wurde. Nach ISK-Vorstellungen war die Akademie die eigentliche Quelle und Kontinuitätswahrerin der Philosophie und der Forderungen Leonard Nelsons, was vor dem Hintergrund der offiziellen Auflösung des ISK und dem Eintritt der meisten Mitglieder in die SPD leicht übersehen werden kann. Diese Rolle als Kontinuitätswahrerin zeigte sich nicht nur in der Verbreitung und Aufarbeitung Nelsons Lehre bis heute. Die »Philosophisch-Politische Akademie« bildete auch einen organisatorischen Rahmen, der die ehemaligen ISK-Mitglieder innerhalb der SPD zusammenhielt. Man blieb in Kontakt, tauschte sich regelmäßig aus, beriet sich in privaten, wie in beruflichen oder politischen Belangen. Dies spielte auch bei der Erstellung des Godesberger Programms letztendlich eine Rolle, wie die primäre Einführung der Grundwerte durch Grete Henry-Hermann, aber auch die Schriftführerin der Programmkommission Susanne Miller aus dem ISK-Zusammenhang belegen.

Auch andere ISK-Mitglieder machten in der SPD Karriere. Eine Auswahl ohne Anspruch auf Vollständigkeit[26]: Alfred Kubel nahm mehrere Ministerämter in der niedersächsischen Landesregierung wahr und war von 1970 bis 1976 Ministerpräsident; Heinz Kühn war ein weiterer Ministerpräsident, der engen Kontakt zum ISK gehabt hatte; das Hamburger ISK-Mitglied Hellmut Kalbitzer war Mitglied der Hamburger Bürgerschaft, des Bundestags sowie des Europaparlaments, dessen Vizepräsident er von 1958 bis 1962 war; Hellmut von Rauschenplat wurde als Fritz Eberhard Mitglied des Parlamentarischen Rates und setzte sich dort für die Verankerung des Rechts auf Kriegsdienstverweigerung im Grundgesetz ein; Otto Bennemann war 1948–1952 und 1954–1959 Oberbürgermeister von Braunschweig und 1959–1967 niedersächsischer Minister des Inneren; Ludwig Gehm war stellvertretender Vorsitzender der Arbeitsgemeinschaft ehemals verfolgter Sozialdemokraten und Stadtverordneter in Frankfurt am Main; Anna Beyer, die ebenfalls in Frankfurt am Main aktiv war, war an der Neugründung der SPD nach dem Krieg beteiligt und Stadtverordnete, war später in der Wiesbadener Staatskanzlei, wurde Regierungsrätin und vertrat Hessen im Bundesrat. Auch im DGB gab es Mitglieder des ISK und der Philosophisch-Politischen Akademie: Bestes Beispiel bietet Werner Hansen, alias Wilhelm Heidorn, der den ISK in Köln zurzeit des Widerstands bis 1937 leitete; insbesondere war er dort verantwortlich für die Aktionen, die gemeinsam mit der ITF durchgeführt wurden. Er musste dann nach Frankreich und England flüchten, um der Verhaftung zu entgehen. Er gelang mithilfe des britischen Militärs bereits im März 1945 nach Köln zurück und half an der Seite von Hans Böckler, die Gewerkschaften wieder aufzubauen. Er war DGB-Vorsitzender in NRW und Mitglied des geschäftsführenden DGB-Vorstands.[27] Es ist bemerkenswert, welchen Einfluss die ehemaligen ISK-Mitglieder in der SPD hatten angesichts ihrer geringen Anzahl.

Die »Philosophisch-Politische Akademie« macht es sich bis heute zur Aufgabe, das Andenken an die Philosophie Nelsons aber auch an seine pädagogischen Methoden zu erinnern, wobei das sokratische Gespräch im Mittelpunkt steht.[28] Politische Bildung und die Vermittlung Leonard Nelsons Philosophie sind nach wie vor zentrale Anliegen. Aber die Akademie trat nie offensiv in der SPD auf. Sie blieb eher im Hintergrund ebenso wie ihre langjährige Vorsitzende Minna Specht. Die Pädagogin hielt sich aus der aktiven Politik heraus. Nach Kriegsende kehrte auch sie nach Deutschland zurück und wurde von 1946 bis 1951 Leiterin des Landerziehungsheimes Oden-

---

26 Alle folgenden biografischen Angaben stammen von der Website http://www.philosophisch-politische-akademie.de, Stand Oktober 2012.
27 Vgl. zu Werner Hansen auch den Beitrag von Klaus Mertsching über Werner Hansen, in: »Bewahren, Archivieren, Aufklären«, Bonn 2009, S. 104-107.
28 Die Philosophisch-Politische Akademie unterhält eine Website, auf der neben aktuellen Angeboten, eine vollständige Übersicht über prominente Mitglieder aufgeführt ist. Auch die Anliegen bez. Nelsons Philosophie und des Sokratischen Gesprächs sind dargestellt, http://www.philosophisch-politische-akademie.de, Oktober 2012.

waldschule. Ab 1952 arbeitete sie im UNESCO-Institut für Pädagogik in Hamburg und im Exekutivausschuss der deutschen UNESCO-Kommission. Von 1949 bis 1961 war sie Vorsitzende der »Philosophisch-Politischen Akademie.«

Betrachtet man das politische Wirken Willi Eichlers in der SPD insgesamt, so fällt auf, dass er in seiner politischen Laufbahn kaum auf Mandate aus war. Er war zwar 1946 bis 1948 Mitglied des Landtages in NRW und kandidierte danach für den ersten Bundestag in Bonn. Die Arbeit als Parlamentarier konnte ihn jedoch nicht halten. 1953 kandidierte Eichler nicht mehr für den Bundestag. Später sagte er seiner Partnerin Susanne Miller, das Einzige, was ihm am Mandat gefehlt habe, sei das regelmäßige Einkommen gewesen. Sein Gehalt verdiente Eichler nach dem Krieg zunächst als hauptamtlicher Journalist in Köln und von 1951 bis 1968 als besoldetes Mitglied des SPD-Parteivorstandes. Zuletzt war Eichler von 1968 bis 1971 hauptamtliches Vorstandsmitglied der Friedrich-Ebert-Stiftung.

Sicherlich war diese politische Zurückhaltung Eichlers förderlich bei der programmatischen Arbeit in der SPD und bei der Vorbereitung des Godesberger Parteitages, die geprägt war von Streitigkeiten zwischen Reformern und Traditionalisten in der SPD. Eichler wollte weder dem einen noch dem anderen Flügel politischen Einfluss nehmen oder einem von ihnen angehören – er war kein Konkurrent im Ringen um die Macht innerhalb der SPD. Auch stand er als Ethischer Sozialist zwischen den Flügeln. Dies wird ihm ebenfalls die Arbeit erleichtert haben, da er Ansichten beider Lager vertrat, aber auch erschwert haben, da er mit beiden Lagern inhaltliche Differenzen hatte. So unterstützte Eichler zum Beispiel die Traditionalisten bei der Symboldebatte, war also dagegen, dass die traditionellen Symbole der Arbeiterbewegung – wie die rote Fahne, das Duzen und die Anrede »Genosse« – abgeschafft werden sollten. Andererseits unterstützte er die Reformer bei der Relativierung bzw. Absetzung des Marxismus als einzige Grundlage des sozialdemokratischen Grundsatzprogramms. Größtes Problem für Eichler war, dass er ohne Verankerung in den Flügeln und als Vertreter einer Minderheitenströmung keine eigenen Mehrheiten hatte, was ihn eher zum Spielball als zum Lenker von Parteitagsdebatten machte. Das erschwerte ihm das Durchsetzen von eigenen Positionen auf Parteitagen, insbesondere bei den Programmparteitagen 1958 in Stuttgart und 1959 in Bad Godesberg. Auf dem Godesberger Parteitag hielten daher Erich Ollenhauer und Herbert Wehner die entscheidenden Reden und setzten den Programmentwurf durch, nachdem der Parteivorstand den Entwurf abgesegnet hatte. Es war Eichler jedoch ausgesprochen wichtig, Einfluss auf die Inhalte der SPD zu nehmen und eigene Vorstellungen bzw. ISK-Positionen in die SPD-Grundsatzprogrammatik einfließen zu lassen.[29]

---

29 Vgl. Thomas Meyer: Willi Eichler – Vater des Godesberger Programms. Eine Erinnerung zum 20. Todestag, in: Die Neue Gesellschaft. Frankfurter Hefte, November 1991, S. 1048.

Willi Eichler starb am 17. Oktober 1971 in Bonn im Alter von 75 Jahren. Er wurde am 22. Oktober auf dem Südfriedhof in Bonn beigesetzt. Willy Brandt betonte auf der Trauerfeier am selben Tag, Eichlers Vermächtnis sei die Verflechtung der Grundwerte: die Gewissheit, dass die Freiheit des Einzelnen gebunden sei an oder bedingt sei durch die Freiheit aller. Für die Wahrung der Freiheit hätten alle das Recht auf die gerechte also gleiche Chance, sich zu einer selbstständigen Persönlichkeit zu entwickeln und die eigene Identität zu finden.[30] Die Leistungsgesellschaft sei zwar gerecht, weil sie Anstrengungen nach dem Ergebnis würdige – aber sie sei brutal und lieblos, weil sie nicht berücksichtige, und nicht berücksichtigen könne, dass die gleichen Ergebnisse der Leistung nicht notwendig gleiche Anstrengungen bedeuteten. Eichler selbst habe immer neben der Freiheit und Gerechtigkeit den dritten Grundwert stark betont: die Solidarität, die auf der Verbundenheit der Menschen und der gegenseitigen Verpflichtung beruht. »Die besinnungslose Maximierung des Sozialprodukts sei als Leistung weniger wert als die Maximierung der menschlichen Rücksichten und gegenseitigen Hilfen.«[31]

In der vorliegenden Arbeit wird deutlich, dass scheinbare Widersprüche in Willi Eichlers Entwicklung vom »Ethiker der Gesinnung« in Reinform, den er bis zum Ende des Zweiten Weltkrieges als Vorsitzender des ISK verkörperte, hin zur »Ethik der Verantwortung« in der SPD aufgelöst werden können. Seine Entwicklung war eine Konsequenz seiner Erlebnisse insbesondere als Frontsoldat im Ersten Weltkrieg, als Widerstandskämpfer gegen die nationalsozialistische Diktatur und Exilant während des Zweiten Weltkriegs. Eichler hat sich inhaltlich weiterentwickelt: Eine Demokratie ablehnende Haltung entwickelte er in eine kritische Befürwortung der Demokratie; wirtschaftspolitisch entwickelte er sich vom Anhänger einer sozialistischen Marktwirtschaft zum kritischen Begleiter der Sozialen Marktwirtschaft. Seine größte Entwicklung zeigte sich in seinem Umgang mit den Kirchen: Vom antiklerikalen Kulturkämpfer im ISK wurde Eichler zum Kooperations- und Bündnispartner der Kirchen, wenn es um den gemeinsamen Kampf gegen soziale Ungerechtigkeit ging – er blieb Kritiker, wenn Religion dazu missbraucht wurde, um politische Kontrolle über oder Einfluss auf das Volk auszuüben oder »Andersgläubige« zu verfolgen, wie es staatlich begleitet während der Franco-Diktatur in Spanien geschah. Bei der Entwicklung zur »Ethik der Verantwortung« hat sich Willi Eichler zentrale Forderungen seiner Nelson'schen Gesinnung erhalten insbesondere die wissenschaftlich begründete Ethik. Willi Eichlers Einfluss auf die SPD, ohne längere Zeit Mandatsträger gewesen zu sein, war bemerkenswert. Eichler war für seine eigene Person nie auf politische Mandate und erst recht nicht auf Regierungsverantwortung aus. Sicherlich hätte er in

---

30 Hier u. i. F. Willy Brandt: Rede auf der Trauerfeier für Willi Eichler am 22. Oktober 1971 in Bonn, in: Eichler-Bestand im AdsD, Sign. 1/WEAA000262.
31 Ebd.

einem entsprechenden Regierungsamt mehr Abstriche von seiner Gesinnung machen müssen als als »Cheftheoretiker« des SPD-Parteivorstands.

Auch in der SPD lässt sich, insbesondere in ihren Grundsatzprogrammen, eine Entwicklung von der Gesinnungs- zur Verantwortungsethik feststellen. Die vorliegende Arbeit hat gezeigt, dass die Betrachtung einschneidender Ereignisse aus der Perspektive des Lebenslaufs zentraler Akteure wichtige und neue Erkenntnisse liefert, die zu einem besseren Gesamtverständnis führen. Die Weiterentwicklung der sozialdemokratischen Programmatik aus der Perspektive des Theoretikers Willi Eichler macht deutlich, dass die Entideologisierung der Grundwerte der Sozialdemokratie nicht nur (aber auch) ein Ergebnis der parteiinternen Auseinandersetzungen zwischen »Traditionalisten« und »Reformern« war. Die ethische Verankerung der Sozialdemokratie – die ethische Revolution – sowie die Einheit zwischen Theorie und Praxis und die Überwindung des Grabens zu den Kirchen waren zentrale Anliegen Willi Eichlers und sind als sein Beitrag zur Grundsatzprogrammatik der SPD zu sehen.

»Das Godesberger Programm zeigt in wichtigen Teilen seine Handschrift«[32], kommentierte Willy Brandt am 22. Oktober 1971 am Grab Willi Eichlers. Eichler selbst hätte es wohl nicht anders ausdrücken wollen.

---

32 Ebd.

Anhang

Abkürzungsverzeichnis

ADAV	Allgemeiner Deutscher Arbeiterverein
ADGB	Allgemeiner Deutscher Gewerkschaftsbund
AdsD	Archiv der sozialen Demokratie
AWO	Arbeiterwohlfahrt
CDU	Christlich Demokratische Union
CSU	Christlich-Soziale Union
DAAB	Deutscher Arbeiter-Abstinenten-Bund
DDR	Deutsche Demokratische Republik
ENI	Editions Nouvelles Internationales
FDP	Freie Demokratische Partei
FES	Friedrich-Ebert-Stiftung
IGB	Internationaler Gewerkschaftsbund
IJB	Internationaler Jugendbund
i. F.	im Folgenden
ISF	International Solidarity Fund
ISK	Internationaler Sozialistischer Kampf-Bund
ITF	Internationale Transportarbeiter-Föderation
Jusos	Jungsozialistinnen und Jungsozialisten
KPD	Kommunistische Partei Deutschlands
KPO	Kommunistische Partei Opposition
LKB	Lehrerkampfbund
MA	Monatsantworten
MSPD	Mehrheitssozialdemokratische Partei Deutschlands
NS	Nationalsozialismus
NSDAP	Nationalsozialistische Deutsche Arbeiterpartei
PV	Parteivorstand (der SPD)
RSÖ	Revolutionäre Sozialisten Österreichs
SAG	Sozialistische Arbeitsgemeinschaft
SAP	Sozialistische Arbeiterpartei
SAPD	Sozialistische Arbeiterpartei Deutschlands
SBZ	Sowjetische Besatzungszone
SED	Sozialistische Einheitspartei Deutschlands
SDS	Sozialistischer Deutscher Studentenbund
SI	Sozialistische Internationale
Sopade	Sozialdemokratische Partei Deutschlands im Exil
SPD	Sozialdemokratische Partei Deutschlands
SVG	Socialist Vanguard Group
SS	Schutzstaffel (der NSDAP)
UdSSR	Union der Sozialistischen Sowjetrepubliken
u. i. F.	und im Folgenden
USG	Unabhängige Sozialistische Gewerkschaft
USPD	Unabhängige Sozialdemokratische Partei Deutschlands
WPA	Wirtschaftspolitischer Ausschuss
WWI	Wirtschaftswissenschaftliches Institut (des DGB)

Interview mit Susanne Miller am 13. April 2006

Interviewer: Ernesto Harder (I)
Interviewpartner: Susanne Miller (B)

Anmerkungen des Verfassers zur Interviewabschrift: Dieses Interview wurde am 13. April 2006 geführt, wurde allerdings bei zahlreichen vorangegangenen Treffen vorbereitet. Susanne Miller war zu diesem Zeitpunkt beinahe 92 Jahre alt und nahezu blind aber in hervorragendem geistigem Zustand. Insbesondere ihr Langzeitgedächtnis war gut. Die Interviewabschrift wurde thematisch in Bausteine (Kindheit und Jugend Eichlers; Erster Weltkrieg; Novemberrevolution/Anfänge im IJB; Religion und Kirche; Im Widerstand) unterteilt, soweit sie für die vorliegende Arbeit von Bedeutung sind:

Kindheit und Jugend Willi Eichlers

I: Hatte Willi Eichler eine glückliche Kindheit?
B: Er hatte eine Kindheit, die nichts Besonderes war. Aber ich hatte nicht den Eindruck, dass er von seinen Eltern geprügelt und misshandelt wurde. Und er hatte ein sehr gutes Verhältnis zu seiner jüngsten Schwester. Ich übrigens auch nachher, mit der stand er sehr gut. Aber erst mal hatten seine Eltern keine glückliche Ehe, keine harmonische Ehe. Das kann man nicht sagen. Nein, ich glaube nicht, dass er eine glückliche Kindheit hatte. Er hatte auch keine unglückliche! Also er ist nicht verprügelt worden zu Hause, was nicht alle Kinder dieser Zeit von sich behaupten können und er hatte auch, glaube ich, nie gehungert. Aber immerhin er hatte Verwandte in Thüringen, da war er oft in Urlaub und die haben gesagt: »Da müssen wir den Berliner Jungen erst mal aufpäppeln.«

I: Litt er unter Armut? Musste Eichler nicht als Kind arbeiten, um Geld hinzuzuverdienen?
B: Ja. Aber das war üblich, dass sie z. B. Zeitungen ausgetragen haben und dafür ein bisschen Geld bekommen haben. Aber es ist nicht so, dass er gehungert hat zu Hause. Weißt du, also das will ich dir sagen, als Armut kann man das nicht bezeichnen. Als Menschen, die in Armut aufgewachsen sind, bezeichne ich die, die in ihrer Kindheit auch schon mal gehungert haben. Und das kann ich bei Willi Eichler nicht sagen. Gehungert haben Soldaten im Krieg vor allem im Ersten Weltkrieg.

I: Er hatte ja auch Geschwister durch Krankheiten verloren.
B: Doch. Seine jüngste Schwester war geistig behindert, wahrscheinlich von Geburt an. Das war ein wichtiges Element in seinem Leben. Dass er oft seine jüngste Schwester behüten musste oder auch aufpassen musste auf sie. Und dass er da also auch ein Verständnis für die Schwäche von Menschen entwickelte, ein gewisses Mitgefühl

dafür. Ich betone das, weil ich glaube, dass z. B. Nelson selber das nie hatte. Und ich glaube, er hatte auch ein sehr positives Verhältnis zu seiner Mutter gehabt. Weißt du, über solche persönlichen Dinge hat er auch mit mir ganz selten gesprochen. Aber ich merkte das. Aber ich merkte auch, was für ein geistig armes Leben das war in der Familie.

I: Willi Eichler musste in seiner Kindheit und Jugend nicht Hunger leiden aber litt er unter geistiger Armut?
B: Also, wenn du mich heute fragst, er hat sicherlich auch darunter gelitten, dass er merkte, dass die Ehe seiner Eltern nicht gut war. Also nicht sensationell schlecht, aber also nicht viel bedeutete für beide.

I: Kommen wir zur Schule und Ausbildung von Willi Eichler. Er hat die einfache Schule besucht …
B: Wichtig in seiner Schulzeit war die Begegnung mit seinem Lehrer Fritz Schmidt. Und der hatte eine Rolle gespielt, weil der den Nelson kannte. Das war damals die Verbindung zu Nelson. Fritz Schmidt war beim Lehrerkampfbund [der freidenkerischen Lehrervereinigung, die von Nelson gegründet worden war; Anm. d. Verf.]. Die waren Anhänger von Nelsons Theorien und der Fritz Schmidt war einer von denen. Und Fritz Schmidt hat ihn auf Nelson und seine Theorien gebracht. Weißt du was, es waren andere Lehrertypen. Die haben wirklich aus Überzeugung diesen Beruf gelebt und haben glaube ich auch ihren Schülern viel vermittelt. Weißt du, auch gehörte es früher zur Arbeiterbildung, dass sie Kurse besuchten, über Geschichte was lernten. Zusätzlich zur Schule haben wir damals Kurse besucht. Also du wärst erstaunt – auch heute noch – wie viel Wissen wir auf diese Weise ansammelten. Einfach durch Kurse, dann haben wir auch viel gelesen und das war offenbar bei Willis ältester und auch bei seiner jüngsten Schwester ebenso. Dann hat er eine Lehre gemacht in der Buchhaltung, und zwar in einer großen Berliner Firma.

I: War Eichler denn ein besonders neugieriger Mensch?
B: Ja, absolut. Er war neugierig, also wissbegierig. Er war ein sehr wissbegieriger Mensch. Ich habe ihn immer bewundert und ihn auch beneidet. Er hat auch, als er schon sehr viel gearbeitet hat, nachts immer ein, zwei Stunden schwere Bücher gelesen, die ich nicht mehr lesen konnte, die mir zu schwer waren, vom Inhalt her. Doch, er war ein sehr wissbegieriger Mensch.

I: Er nahm eine Lehrstelle an?
B: Er wurde in einem Tuchgeschäft Lehrling. Und daher verstand er auch noch im Alter etwas von Stoffen. Er konnte die Qualität von Stoffen durch seine Berührung erkennen.

Interview mit Susanne Miller am 13. April 2006 (von Ernesto Harder)

Erster Weltkrieg

I: Der Erste Weltkrieg bricht aus. Viele freuen sich über den Kriegsausbruch. Auch in Berlin wird gejubelt, zumindest in bestimmten Kreisen. Wie war das bei Eichler? Diese Kriegseuphorie, wo sich Hunderttausende freiwillig gemeldet haben?
B: Überhaupt nicht. Das ist wirklich ein sehr wichtiger Zug bei Eichler gewesen. Ich habe das Tagebuch von Eduard David redigiert, der sich von einem Sieg Deutschlands eine bessere Welt verspricht. All solche Ideen waren Eichler total fremd. Und ich glaube auch, wie er es mir erzählt hat, dieses Gefühl war der gesamten eingezogenen Berliner Arbeiterjugend total fremd. Eichler sagte, all diese Berliner Jungs, die seit 1916 oder so eingezogen worden waren, die hatten nichts von dieser Art von Patriotismus. Ich will überhaupt sagen, den Ausdruck Patriotismus hätte ich bei Eichler niemals anwenden können. Erst mal neigten, glaube ich, die Berliner nicht sehr dazu. Dazu waren die zu nüchtern. Und von Willi selbst würde ich sagen, dass er im Krieg zu viel gehungert hatte. Was auf mich von Eichlers Erzählungen aus dem Ersten Weltkrieg den größten Eindruck machte, war, dass die gehungert haben.

I: Du hattest mir mal erzählt zu den Erlebnissen im Ersten Weltkrieg, dass der Hunger so weit ging, dass die sogar auf Raben geschossen haben?
B: Ja und dann sehr enttäuscht waren, dass die Raben nicht weich wurden beim Kochen.

I: Was hat er an persönlichen Erlebnissen berichtet?
B: Er war mit einem seiner Kameraden sehr befreundet und der ist neben ihm gegangen und ist erschossen worden. Also ihn hatte eine Kugel getroffen und er war tot.

I: Das hat Eichler beeindruckt?
B: Beeindruckt? Ja. Das hat seine Abneigung gegen den Krieg nur noch verstärkt. Was sich viele von einem Sieg Deutschlands alles versprochen hatten, welche Fortschritte für die ganze Menschheit. Das lag Eichler total fremd.

I: Hatte er Verletzungen im Ersten Weltkrieg erlitten?
B: Ja, er war irgendwo mal ins Eis eingebrochen. Aber er hatte auch immer eine starke Natur. Er sagte immer, er hat noch nicht einmal einen Schnupfen gehabt. Aber er hatte keine bleibenden Verletzungen. Nein.

I: Kann man sagen, dass ihn der Erste Weltkrieg politisiert hat?
B: Ja. Ganz bestimmt. Aber er hat darüber nicht viel gesprochen.

Novemberrevolution/Anfänge beim IJB

I: Der Krieg ist zu Ende. Willi Eichler kommt zurück und gesundheitlich geht's ihm gut.
B: Verhältnismäßig. Nach Jahren des Hungers kommt er nach dem Krieg nach Berlin zurück.

I: Berlin befindet sich gerade in einem chaotischen Zustand.
B: Ja.

I: Hat er das mal beschrieben?
B: Nein, aber er war zunächst arbeitslos. Ich glaube, das war das Entscheidende für ihn: die Arbeitslosigkeit.

I: Und was in Berlin gerade vor sich ging, die Revolution? Hat es ihn beeindruckt, was um ihn herum passierte?
B: Da hat er schon sehr wenig erzählt. Ich glaube nicht, dass er davon beeindruckt war. Was ist denn eigentlich passiert in der Revolution? Ich glaube, da war nichts, was ihn besonders beeindruckt hat.

I: Nun, das Kaiserreich ist abgeschafft worden und stattdessen kam die Republik.
B: Ja. Aber auch das war für ihn nicht so beeindruckend, denn sein Lehrer Fritz Schmidt, der war ja schon antimonarchistisch. Wenn der Kaiser in Berlin irgendwo war, dann war das schon von Weitem zu hören. Und dann sagte der Fritz Schmidt »Lass uns eine andere Straße gehen«.
Willi war von der Revolution nicht beeindruckt. Er hat sich auch nicht bemüht, in einem dieser Räte vertreten zu sein. Ich hatte nicht den Eindruck, dass das auf ihn großen Eindruck machte. Also ich glaube, dass es erst mal die Hungerzeit im Krieg war und dann nach Hause zu kommen und dann keine Arbeit zu haben, eine Misere für ihn war. Aber die Revolution? Dann hätte er versucht, irgendwo, also in der Rätebewegung seinen Platz zu finden. Das hat er ja gar nicht gemacht.

I: Er ging also erst mal auf Arbeitssuche?
B: Ja.

I: Wie kam dann der Kontakt zum IJB?
B: Durch Fritz Schmidt und durch Maria Hodann. Ja, ich glaube, die war damals die Vorsitzende in Berlin.

Interview mit Susanne Miller am 13. April 2006 (von Ernesto Harder)

Religion und Kirche

I: Willi Eichler sagtest du, war Protestant, aber die Familie selbst war nicht sehr religiös?
B: Nein, waren überhaupt nicht religiös.

I: Welchen Einfluss hatte Religion im Leben Willi Eichlers insbesondere in seiner Familie und Kindheit?
B: Gar keinen Einfluss. Er war von Hause aus natürlich evangelisch, wie das in Berlin so ist. Aber ich glaube nicht, dass er das Bedürfnis hatte, der Gemeinde anzugehören. Er hatte eine sehr gute Beziehung zu verschiedenen Theologen oder Gläubigen auch Freunde. Aber ich hatte nicht den Eindruck, dass Willi jemals das Bedürfnis hatte, der evangelischen Gemeinschaft anzugehören. Auch später nicht. Überhaupt nicht. Ich sag dir auch, warum: Weil die Kirchen oder die Religionsgemeinschaften die Einzigen waren, die in der Nazizeit die Möglichkeit hatten, zu einem größeren Kreis von Menschen offen zu reden – nicht mit Vorsicht und manche Themen mussten sehr vorsichtig behandelt werden – aber immerhin, wo konnten überhaupt Menschen zu anderen reden, zu einer Gruppe von 50, 100, 300 Menschen. Und ich finde, diese Möglichkeit haben wir in den Kirchen und Religionsgemeinschaften überhaupt nicht genutzt. Erst später, glaube ich, hatte er auch viel Verständnis für Religion und Kirche im Laufe der Zeit, besonders hier im Rheinland.

I: Also Eichler war evangelisch, wie die Berliner sind, schon getauft, aber nicht aktiv?
B: Nein. Nachher verlangte Nelson von ihnen den Austritt aus der Kirche. Aber das ist Willi Eichler überhaupt nicht schwergefallen.

I: Ist er jemals wieder eingetreten?
B: Nein.

Im Widerstand

I: Es gab einen Streit in der Londoner Zeit zwischen Willi Eichler und Fritz Eberhard oder Hellmut Rauschenplat? Da ging es um die Bedeutung oder um ein eventuelles Attentat auf Adolf Hitler.
B: Ja. Aber ich sag dir was, ich war mit Rauschenplat so gut befreundet und er hat mir sehr viel auch von seinem Kummer und von seinen Sorgen erzählt. Und wenn ich in Berlin war, haben wir uns immer getroffen – das habe ich natürlich auch Willi erzählt »hab wieder Rauschenplat getroffen«, aber das war auch alles.

I: Der Streit zwischen Eichler und Rauschenplat: Haben sich die beiden nie wieder vertragen?
B: Vertragen – weißt du, das ist eine ganz schwierige Frage, die du mir jetzt stellst. Denn die haben sich nie so entzweit, dass sie nichts miteinander zu tun haben wollten. Aber das will ich dir offen sagen, ich war wirklich befreundet mit Rauschenplat. Und ich hatte viel Verständnis für ihn. Und er hat mir auch oft von seinen Sorgen, seinem Kummer und all das erzählt. Ich hatte den Eindruck, wir haben verkannt, wie mitgenommen Rauschenberg durch seine Arbeit war. Wie er immer am Rande seiner Kräfte stand. Aber wir hatten im Allgemeinen, meine ich, immer zu wenig Verständnis für Rauschenplat.

I: Ihr konntet aus dem Exil nicht so gut nachempfinden, was er im Deutschen Reich im innerdeutschen Widerstand erlebt hat?
B: Nein. Ich glaube, das war das Hauptproblem. Wir sahen, dass er eigentlich am Rande seiner Kräfte war, die ganze Zeit. Und eigentlich immer am Rande eines Nervenzusammenbruchs. Aber ich muss sagen, dass Eichler das unterschätzt hat, was für eine Belastung das für Rauschenplat bedeutete, die Verantwortung für diese Arbeit zu übernehmen.

I: Nun war jetzt der akute Anlass für den Streit zwischen Willi Eichler und Rauschenplat die Bedeutung oder der Sinn eines Attentats auf Adolf Hitler?
B: Ja. Und weißt du was, was wir auch nicht verstanden haben – das sehe ich heute und das habe ich auch später gesehen – wir konnten uns nicht vorstellen, dass ein so miserabler Typ wie der Hitler solch eine Popularität und solch ein Ansehen und solch eine Achtung genießt in Deutschland.

I: Was waren Eure Überlegungen?
B: Wir haben viel zu sehr, wie soll ich sagen, pseudowissenschaftlich gedacht, dass dieser ganze Nazispuk von den wirtschaftlichen einflussreichen Kräften getragen wird. Dass Hitler eine eigene Kraft hatte, das haben wir uns nicht vorstellen können.

I: Ihr habt das System analysiert und habt das System als Ursache angesehen und nicht die einzelnen Personen so in das Zentrum gestellt. Warum war Eichler gegen ein Attentat auf Hitler?
B: Weil er die Bedeutung von Hitler unterschätzte. Er sagte, dass Hitler sozusagen getragen wird von diesen wirtschaftlichen Kräften und dass ein Attentat auf Hitler nicht viel ändern würde. Und natürlich auch, was man voraussehen konnte, dass da furchtbar viele Leute dafür leiden müssen. Was ja auch sicherlich der Fall gewesen wäre.

Interview mit Susanne Miller am 13. April 2006 (von Ernesto Harder)

I: Wir wissen ja, was nach dem Attentat vom 20. Juli 1944 passiert ist.
B: Eben. Es widerstrebte auch Eichlers Natur, ein solches Attentat ausüben zu lassen. Aber heute bin ich anderer Meinung. Ich finde, wir haben die Bedeutung von Hitler und was er auch verhältnismäßig redlichen Leuten bedeutete, das haben wir alles unterschätzt. Wir konnten uns nicht vorstellen, dass so eine miserable Type wie der Hitler solche Achtung genießt bei Deutschen. Dass ein so minderwertiges Individuum wie der Hitler, dass der ein solches Ansehen und solchen Einfluss auch auf gebildete Leute im deutschen Volk genießt. Es ist doch bis heute kaum zu verstehen. Da habe ich die widersprüchlichsten Dinge erlebt:
Wir hatten eine sehr tüchtige Sekretärin bei uns im Kölner Sekretariat – und sie sagte mir: »Meinem Vater hat die Nazizeit das Herz gebrochen.« Fast im gleichen Atemzug sagte sie: »Mein Vater war 70 Jahre und arbeitete als Drahtzieher am Fließband, was ein ganz anstrengender Beruf ist. Und wir Kinder sagten dem Vater: ›Lass dich doch pensionieren!‹, und die Antwort vom Vater war: ›Wenn ich nicht hier bin, klappt der Laden nicht.‹« Nur dass der Laden für Hitlers Krieg arbeitete. Das ist ein Mangel an absoluter Logik, dass der Laden laufen muss und sie wussten, dass der Laden für den Krieg arbeitete, Hitlers Krieg. Und solche Geschichten gibt es viele aus Deutschland. Mir haben z. B. auch Frauen erzählt – überzeugte Sozialdemokratinnen – die das Bombardement von Köln erlebt haben, die überzeugt waren, treue Sozialdemokratinnen gewesen zu sein und nach diesen furchtbaren Bombardements in Köln sagten: »Also nach solchen Erlebnissen müssen wir doch den Krieg gewinnen.« Was das bedeutete, den Krieg gewinnen, darüber haben sie sich überhaupt keine Gedanken gemacht. Das will ich dir nur erzählen, dass die Menschen eben nicht logisch denken. Ja, so ist der Mensch. Für uns ist es leichter gewesen, wir waren ja im Ausland, wir konnten das viel besser betrachten.

I: Und ihr habt Euch in England zum Kriegsausgang klar positioniert?
B: Natürlich wollten wir, als wir in England waren, dass Deutschland den Krieg verliert. Das ist doch ganz klar. Aber das ist eben der Unterschied, wenn man draußen ist, da sieht man die Dinge ganz anders, als wenn man drinnen ist.

Anfänge nach dem Zweiten Weltkrieg in Deutschland

I: Nach dem Zweiten Weltkrieg ist Willi Eichler sehr früh nach Deutschland zurückgekehrt?
B: Ja, weil sie ihn gerufen haben. Er sollte kommen und damals die Leitung von der Rheinischen Zeitung übernehmen. Er lebte dort erst mal in Köln in sehr schwierigen Verhältnissen. Köln war ja zum Teil sehr zerstört. In der ersten Wohnung hatten die Fenster noch kein Glas. Das spielte für ihn keine Rolle. Er kam nach Deutschland, weil er hier Aufgaben hatte. Aber er ist nicht zurückgekommen, weil er Deutschland so liebte. Er fand zum Beispiel Paris wunderschön und Berlin ziemlich hässlich.

Ich hatte nicht den Eindruck, dass er besonders an Berlin hing.

I: Und in Köln und dann auch hier in Bonn?
B: Er hat auch nicht viel drüber nachgedacht, wo er wohnt. Er hat seine Arbeit gemacht.

Quellen- und Literaturverzeichnis

Nachlässe und Deposita

Personenbestände

Bestand Leonard Nelson im Archiv der sozialen Demokratie.
Bestand Willi Eichler im Archiv der sozialen Demokratie.
Bestand Erich Ollenhauer im Archiv der sozialen Demokratie.
Bestand Fritz Sänger im Archiv der sozialen Demokratie.
Bestand Heinz Kühn im Stadtarchiv Köln.

Organisationsbestände

Bestand Internationaler Jugendbund (IJB) und Internationaler Sozialistischer Kampf-Bund (ISK) im Archiv der sozialen Demokratie.
Bestand Parteivorstand der Sozialdemokratischen Partei Deutschlands im Archiv der sozialen Demokratie.
Bestand Sitzungsprotokolle des Parteivorstands der Sozialdemokratischen Partei Deutschlands im Archiv der sozialen Demokratie.
Bestand Protokolle der Grundsatzkommission des Parteivorstands der Sozialdemokratischen Partei Deutschlands im Archiv der sozialen Demokratie.
Bestand SPD-Bezirk Mittelrhein im Stadtarchiv Köln.

Gedruckte Quellen

SPD-Parteitagsprotokolle

Protokoll der Verhandlungen des Parteitages der SPD vom 9. bis 11. Mai 1946 in Hannover, Vorstand der SPD (Hg.), Bonn 1946.
Protokoll der Verhandlungen des Parteitages der SPD vom 24. bis 28. September 1952 in Dortmund, Vorstand der SPD (Hg.), Bonn 1952.
Protokoll der Verhandlungen des Parteitages der SPD vom 20. bis 24. Juli 1954 in Berlin, Vorstand der SPD (Hg.), Bonn 1954.
Protokoll der Verhandlungen des Parteitages der SPD vom 8. bis 23. Mai 1958 in Stuttgart, Vorstand der SPD (Hg.), Bonn 1958.
Protokoll der Verhandlungen des Außerordentlichen Parteitages der SPD vom 13. bis 15. November 1959 in Bad Godesberg, Vorstand der SPD (Hg.), Bonn 1959.

SPD-Jahrbücher – SPD-Parteivorstand (Hg.)

Jahrbuch der SPD 1926.
Jahrbuch der SPD 1946.
Jahrbuch der SPD 1948.
Jahrbuch der SPD 1954/55.

Programmtexte

Sozialdemokratische Partei Deutschlands (SPD)

Programm der Sozialdemokratischen Partei Deutschlands, beschlossen auf dem Parteitag in Erfurt 1891. In: Programmatische Dokumente der Deutschen Sozialdemokratie. Dieter Dowe/Kurt Klotzbach (Hg.), Bonn 2004, S. 171.
Programm der Sozialdemokratischen Partei Deutschlands, beschlossen auf dem Parteitag in Görlitz 1921. In: Programmatische Dokumente der Deutschen Sozialdemokratie. Dieter Dowe/Kurt Klotzbach (Hg.), Bonn 2004, S. 187.
Programm der Sozialdemokratischen Partei Deutschlands, beschlossen auf dem Parteitag in Heidelberg 1925. In: Programmatische Dokumente der Deutschen Sozialdemokratie. Dieter Dowe/Kurt Klotzbach (Hg.), Bonn 2004, S. 194.
Politische Richtlinien für die SPD in ihrem Verhältnis zu den anderen politischen Faktoren, 1945, Kurt Schumacher. In: Programmatische Dokumente der Deutschen Sozialdemokratie. Dieter Dowe/Kurt Klotzbach (Hg.), Bonn 2004, S. 232.
Prinzipienerklärung der Sozialistischen Internationale, beschlossen auf dem 1. Kongress der Sozialistischen Internationale in Frankfurt a. M. 1951: Ziele und Aufgaben des Demokratischen Sozialismus. In: Programmatische Dokumente der Deutschen Sozialdemokratie. Dieter Dowe/Kurt Klotzbach (Hg.), Bonn 2004, S. 266.
Aktionsprogramm der Sozialdemokratischen Partei Deutschlands, beschlossen auf dem Parteitag in Dortmund am 28. September 1952. Vorstand der Sozialdemokratischen Partei Deutschlands (Hg.), Bonn 1952.
Aktionsprogramm der Sozialdemokratischen Partei Deutschlands, beschlossen auf dem Parteitag in Berlin 1954. In: Programmatische Dokumente der Deutschen Sozialdemokratie. Dieter Dowe/Kurt Klotzbach (Hg.), Bonn 2004, S. 276
Entwurf zu einem Grundsatzprogramm – Sozialdemokratische Partei Deutschlands, Vorstand der SPD, Bonn ohne Jahr (mit einem Vorwort von Willi Eichler vom Juni 1958). [Bei dem Entwurf handelt es sich um den Stuttgarter Entwurf von 1958.]
Grundsatzprogramm der Sozialdemokratischen Partei Deutschlands. Beschlossen auf dem Außerordentlichen Parteitag der Sozialdemokratischen Partei Deutschlands in Bad Godesberg vom 13. bis 15. November 1959. Vorstand der Sozialdemokratischen Partei Deutschlands (Hg.), Bonn 1959.
Grundsatzprogramm der Sozialdemokratischen Partei Deutschlands. Beschlossen auf dem Programmparteitag der Sozialdemokratischen Partei Deutschlands in Berlin am 20. Dezember 1989. Vorstand der Sozialdemokratischen Partei Deutschlands (Hg.), Bonn 1989.

Internationaler Sozialistischer Kampf-Bund (ISK)

Die sozialistische Republik – Das Programm des Internationalen Sozialistischen Kampf-Bundes, hg. v. ISK, London 1937.
Sozialistische Wiedergeburt – Gedanken und Vorschläge zur Erneuerung der sozialistischen Arbeit, hg. v. ISK, London 1934.

Weitere gedruckte Quellen

Die Beamtenbesoldung in Preußen. Die Bestimmungen der Besoldungsordnung vom Jahre 1909 und der einschlägigen Steuergesetze, Mönchengladbach 1909.
Wahlordnung der Sozialdemokratischen Partei Deutschlands, Vorstand der SPD (Hg.), Stand 2009.

Quelleneditionen

Albrecht, Willy (Hg.): Kurt Schumacher. Reden – Schriften – Korrespondenzen 1945–1952, Bonn 1985.
Eichler, Willi/Hart, Martin (Hg.): Leonard Nelson – Ein Bild seines Lebens und Wirkens, Editions Nouvelles Internationales, Paris 1938.
Eichler, Willi: Weltanschauung und Politik. Reden und Aufsätze, hg. v. Gerhard Weisser, Frankfurt a. M. 1967.
Eichler, Willi/Becker, Hellmut/Heckmann, Gustav: Erziehung und Politik – Minna Specht zum 80. Geburtstag, Frankfurt a. M. 1960.
Stamm, Christoph (Hg.): Die SPD-Fraktion im Frankfurter Wirtschaftsrat 1947–1949. Protokolle, Aufzeichnungen, Rundschreiben. Archiv für Sozialgeschichte, Bonn 1993.
Institut für Zeitgeschichte (Hg.): Deutschland im ersten Nachkriegsjahr. Berichte von Mitgliedern des Internationalen Sozialistischen Kampfbundes (ISK) aus dem besetzten Deutschland 1945/46, München 1998.

Zeitungen und Zeitschriften

ISK

isk – Mitteilungsblatt des Internationalen Sozialistischen Kampf-Bundes
Der Funke: Tageszeitung für Recht, Freiheit und Kultur; 1. Januar 1932–17. Februar 1933.
Sozialistische Warte (Nachfolgeblatt aus dem Exil von »isk – Mitteilungsblatt des Internationalen Sozialistischen Kampf-Bundes«); Mai 1934–Mai 1940.
Socialist Commentary: monatliche Zeitschrift der Socialist Vanguard Group; 1941 bis Oktober 1947.
Germany Speaks: April–Juni 1940, Januar–Februar 1942.
Renaissance – for right, freedom and progress; Juli–Oktober 1941
Europe Speaks: März 1942–März 1947 (brit. Ausg.; es gab daneben noch eine amerik. Ausg., die von 1942–1943 von den ISK-Mitgliedern in den USA herausgegeben wurde).
Geist und Tat – Monatsschrift für Recht, Freiheit und Kultur (Nachfolgeprojekt der ehemaligen ISK-Mitglieder nach dem Zweiten Weltkrieg unter der Leitung von Willi Eichler); 1946–1971.

SPD und Umfeld

Die Neue Gesellschaft – Frankfurter Hefte; November 1991.
Sozialistische Mitteilungen – News for German Socialists in England, Newsletter, hg. v. Exilvorstand der Sozialdemokratischen Partei Deutschlands (SOPADE); August 1939–Oktober 1948.
Sozialdemokratischer Pressedienst: 4. September 1958
Vorwärts: 29.11.1957, 4.9.1959, 12.11.1959.

Andere Zeitschriften und Zeitungen

Archiv für Sozialgeschichte: 1973, 1993.
Aus Politik und Zeitgeschichte. Beilage zur Wochenzeitung und das Parlament. 14/74, 1974.
Bonner Rundschau v. 12.9.1959.
Christ und Welt, November 1959.
Das freie Wort: 12.9.1959, 20.11.1959

Die Welt v. 30.11.1959
Deutschland Union Dienst (DUD) v. 16.11.1959
Internationale wissenschaftliche Korrespondenz zur Geschichte der deutschen Arbeiterbewegung (IWK), September 1997, H. 3.
Münchner Katholische Zeitung, November 1959
Ruhr-Nachrichten v. 12./13.9.1959
Stuttgarter Zeitung v. 12.9.1959

Websites

www.bundeswahlleiter.de (letzter Zugriff: 13.11.2012, 21:10 Uhr).
www.Landtag.NRW.de (letzter Zugriff: 13.11.2012, 21:11 Uhr).
www.philosophisch-politische-akademie.de (letzter Zugriff: 13.11.2012, 21:13 Uhr).
www.spd.de (letzter Zugriff: 13.11.2012, 21:23 Uhr).
www.fes.de (letzter Zugriff: 13.11.2012, 21:35 Uhr).

Literatur

Albers, Detlef: Zur Kritik des Sozialismusverständnisses im Godesberger Programm. In: Braucht die SPD ein neues Grundsatzprogramm? 25 Jahre nach Godesberg. Hg. v. Sven Papcke/Karl Theodor Schuon, Berlin 1984, S. 85.
Anders, Tim: Die Stellung der deutschen Sozialdemokratie zu Religion und Kirche, untersucht an älteren Programmschriften bis zum Godesberger Programm 1959. Wissenschaftliche Hausarbeit, Nordelbisch evangelische-lutherische Kirche, Theologisches Prüfungsamt, Kiel 1997.
Angster, Julia: Konsenskapitalismus und Sozialdemokratie. Die Westernisierung von SPD und DGB. München 2003.
Angster, Julia: Eine transnationale Geschichte des Godesberger Programms, in: Werner Kremp/Michael Schneider (Hg.): »Am Sternenbanner das Geschick der Arbeiterklasse«. 150 Jahre Beziehungen zwischen deutscher Sozialdemokratie und den USA. Trier 2013 (i. Ersch.).
Baudis, Dieter/Nussbaum, Helga: Wirtschaft und Staat in Deutschland vom Ende des 19. Jahrhunderts bis 1918/19. Vaduz/Liechtenstein 1978.
Behring, Rainer: Demokratische Außenpolitik für Deutschland. Die außenpolitischen Vorstellungen deutscher Sozialdemokraten im Exil 1933–1945. Düsseldorf 1999.
Berner, Rudolf: Die unsichtbare Front. Bericht über die illegale Arbeit in Deutschland (1937). Hg., annot. u. erg. durch eine Studie zu Widerstand und Exil deutscher Anarchisten und Anarchosyndikalisten von Andreas Graf und Dieter Neller. Berlin/Köln 1997 (Stefanie Schüler-Springorum). In: Internationale wissenschaftliche Korrespondenz zur Geschichte der deutschen Arbeiterbewegung (IWK), Jg. 33 (September 1997) H. 3, S. 452.
Benz, Wolfgang: Geschichte des Dritten Reiches. München 2000.
Bitzegeio, Ursula: Über Partei- und Landesgrenzen hinaus. Hans Gottfurcht (1896–1982) und die gewerkschaftliche Organisation der Angestellten. Bonn 2009.
Böll, Heinrich; Grass, Günter; Kosta, Tomas; Stern, Carola; Strasser, Johanno; Vormweg, Heinrich (Hg.): Demokratie und Sozialismus. Politische und literarische Beiträge. Die Zukunft des demokratischen Sozialismus. L' 80, H. 26. Köln 1983.
Bouvier, Beatrix: Zwischen Godesberg und Großer Koalition. Der Weg der SPD in die Regierungsverantwortung. Außen-, sicherheits- und deutschlandpolitische Umorientierung und gesellschaftliche Öffnung der SPD 1960–1966. Bonn 1990.
Brakemeier, Heinz: Abendroths Gegenprogramm. Wie es zum Godesberger Programm und der SDS-Fördergesellschaft kam. In: Antagonistische Gesellschaft und politische Demokratie. Zur Aktualität von Wolfgang Abendroth. Hg. v. Hans-Jürgen Urban/Michael Buckmiller/Frank Deppe. Hamburg 2006, S. 175.
Brandt, Willy: Sozialdemokratische Identität. In: Die Neue Gesellschaft, Jg. 28 (Dezember 1981) H. 12, S. 1065.
Brunn, Gerhard (Hg.): Nordrhein-Westfalen und seine Anfänge nach 1945/46. Essen 1986.
Brunn, Gerhard (Hg.): Sozialdemokratie in Köln. Ein Beitrag zur Stadt- und Parteiengeschichte. Köln 1986 [Darin insbes. Portrait von »Robert Görlinger – Der erste sozialdemokratische Oberbürgermeister«].
Buschak, Willy: Edo Fimmen. Der schöne Traum von Europa und die Globalisierung. Eine Biografie. Essen 2002.

Dann, Otto: Die Kölner Sozialdemokraten im Dritten Reich. In: Sozialdemokratie in Köln. Ein Beitrag zur Stadt- und Parteiengeschichte. Hg. v. Gerhard Brunn. Köln 1986.

DGB-Archiv im Archiv der sozialen Demokratie der Friedrich-Ebert-Stiftung (Hg.): Erschlagen – Hingerichtet – In den Tod getrieben. Gewerkschafter als Opfer des Nationalsozialismus. Bonn 1995.

Dertinger, Antje: Der treue Partisan – Ein deutscher Lebenslauf: Ludwig Gehm. Bonn 1989, S. 255-272.

Dowe, Dieter: Sozialdemokratische Parteiprogramme von den Anfängen bis zur Weimarer Republik. In: Die programmatische Entwicklung der deutschen Sozialdemokratie. Hg. v. Historische Kommission beim Parteivorstand der SPD. Bonn 1994, S. 6.

Eberhard, Fritz: Illegal in Deutschland – Erinnerungen an den Widerstand gegen das Dritte Reich. In: Die Reihen fast geschlossen – Beiträge zur Geschichte des Alltags unterm Nationalsozialismus. Hg. v. Detlev Peubert/ Jürgen Deulecke. Wuppertal 1981, S. 315-333.

Eberhard, Fritz: Erfahrungsbericht (1980). In: Ethik des Widerstands – Der Kampf des Internationalen Sozialistischen Kampfbundes (ISK) gegen den Nationalsozialismus – Quellen und Texte zum Widerstand aus der Arbeiterbewegung 1933–1945. Hg. v. Sabine Lemke-Müller. Bonn 1997, S. 68-79.

Eichler, Willi: Zur Einführung in den demokratischen Sozialismus. Bonn/Bad Godesberg 1972.

Eichler, Willi: Sozialdemokratische Programmatik und praktische Politik. Die Neue Gesellschaft [Sonderdruck], Jg. 18 (1971), S. 773.

Eichler, Willi: Individuum und Gesellschaft im Verständnis demokratischer Sozialisten. Schriftenreihe der Niedersächsischen Landeszentrale für Politische Bildung. Individuum und Gemeinschaft, H. 6. Hg. v. Niedersächsische Landeszentrale für Politische Bildung. Hannover 1970.

Eichler, Willi: Grundwerte und Grundanforderungen im Godesberger Grundsatzprogramm der SPD – Beitrag zu einem Kommentar. Hg. v. Vorstand der SPD. Bonn (o. J.) (Vorwort von Willi Eichler datiert auf den 20. Januar 1962).

Eichler, Willi: Kirche, christliche Politik und Sozialdemokratie. Wien/Freiburg/Basel (o. J.).

Eichler, Willi: 100 Jahre Sozialdemokratie. Hg. v. Vorstand der SPD. Bonn (o. J.) (Vorwort von Willi Eichler datiert auf den 15. Mai 1962).

Eichler, Willi: Sozialisten – Biographische Aufsätze über Karl Marx, Leonard Nelson, Friedrich Ebert, Edo Fimmen, Minna Specht, Kurt Schumacher, Erich Ollenhauer. Aus der Reihe Theorie und Praxis der Deutschen Sozialdemokratie. Bonn 1972.

Fabian, Ruth/Coulmas, Corinna: Die deutsche Emigration in Frankreich nach 1933. New York/London/Paris 1978.

Faulenbach, Bernd (Hg.): Susanne Miller – Sozialdemokratie als Lebenssinn – Aufsätze zur Geschichte und Gegenwart der SPD. Zum 80. Geburtstag. Bonn 1995.

Fiedler, Gudrun: Jugend im Krieg. Bürgerliche Jugendbewegung, Erster Weltkrieg und sozialer Wandel 1914–1923. Köln 1989.

Fischer, Ilse: Der Bestand Leonard Nelson im Archiv der sozialen Demokratie. Beiträge aus dem Archiv der sozialen Demokratie. Bonn 1999.

Foitzik, Jan: Zwischen den Fronten – Zur Politik. Organisation und Funktion linker politischer Kleingruppen im Widerstand 1933 bis 1939/40. Forschungsinstitut der Friedrich-Ebert-Stiftung, Reihe: Politik- und Gesellschaftsgeschichte, Bd. 16: Hg. v. Kurt Klotzbach. Bonn 1986.

Franke, Holger: Leonard Nelson – Ein biographischer Beitrag unter besonderer Berücksichtigung seiner rechts- und staatsphilosophischen Arbeiten. Wissenschaftliche Beiträge aus Europäischen Hochschulen, Reihe 02, Rechtswissenschaften, Bd. 17. Ammersbeck b. Hamburg 1991.

Friedrich-Ebert-Stiftung (Hg.): Archiv für Sozialgeschichte, XIII. Bd., 1973. Bonn 1973.

Friedrich Ebert Stiftung (Hg.): Willi Eichler – Zum 100. Geburtstag. Politische Programme in der Kommunikationsgesellschaft – Aussichten für die Sozialdemokratie. Dokumentation einer Festveranstaltung am 7. Februar 1995 in der Friedrich-Ebert-Stiftung. Bonn.

Gehm, Ludwig: »Wir wollten zeigen: Es gibt noch andere« – Vier Jahre unentdeckt im Widerstandskampf (1989). In: Ethik des Widerstands – Der Kampf des Internationalen Sozialistischen Kampfbundes (ISK) gegen den Nationalsozialismus – Quellen und Texte zum Widerstand aus der Arbeiterbewegung 1933–1945. Hg. v. Sabine Lemke-Müller. Bonn 1997

Giesselmann, Rudolf: Die Walkemühle in Nordhessen – Erkundungen der deutschen Zeitgeschichte, zentriert in einem regionalen Brennpunkt. Wissenschaftliche Hausarbeit zur Ersten Staatsprüfung. Kassel 1976.

Grebing, Helga (Hg.): Entscheidung für die SPD – Briefe und Aufzeichnungen linker Sozialisten 1944–1948. München 1984.

Quellen- und Literaturverzeichnis

Grossmann, Kurt R.: Emigration – Geschichte der Hitler-Flüchtlinge 1933–1945. Frankfurt a. M. 1969.
Haunhorst, Benno: Das Gespräch ist die Voraussetzung für Verständnis – Willi Eichlers Beiträge zum Verhältnis zwischen Katholischer Kirche und SPD. In: Die Neue Gesellschaft, Jg. 27 (September 1980) H. 9, S. 778.
Henry-Hermann, Grete: Die Überwindung des Zufalls – Kritische Betrachtungen zu Leonard Nelsons Begründung der Ethik als Wissenschaft. Hamburg 1985.
Hintersatz, Tobias: Das Godesberger Programm der SPD und die Entwicklung der Partei von 1959–1966. Welche Bedeutung hatte das Godesberger Programm für die Entwicklung der SPD zur Regierungspartei 1966? Magisterarbeit an der Universität Potsdam. Januar 2006.
Horné, Alfred: Oswald von Nell-Breuning – die Person und die Sache. In: Sozial- und Linkssozialismus. Erinnerung – Orientierung – Befreiung. Hg. v. Heiner Ludwig/Wolfgang Schroeder. Frankfurt a. M. 1990, S. 175.
Hüttenberger, Peter: Nordrhein-Westfalen und die Entstehung seiner parlamentarischen Demokratie. Siegburg 1973.
Jahn, Gerhard (Hg.): Herbert Wehner. Beiträge zu einer Biographie. Köln 1976.
Kautsky, Karl: Der Weg zur Macht. Politische Betrachtungen über das Hinweinwachsen in die Revolution. Berlin 1909.
Klär, Karl-Heinz: Zwei Nelson-Bünde: Internationaler Jugendbund (IJB) und Internationaler Sozialistischer Kampfbund (ISK) im Licht neuer Quellen. In: Internationale wissenschaftliche Korrespondenz zur Geschichte der deutschen Arbeiterbewegung (IWK). Jg. 18 (September 1982), Berlin, S. 310.
Klöcker, Michael: Zum Katholizismus in Staat und Gesellschaft. In: Archiv für Sozialgeschichte, 1973.
Klotzbach, Kurt: Der Weg zur Staatspartei. Programmatik, praktische Politik und Organisation der deutschen Sozialdemokratie 1945 bis 1965. Bonn 1982.
Knappe, Silvia/Krohn, Dieter/Walter, Nora: Vernunftbegriff und Menschenbild bei Leonard Nelson – Sokratisches Philosophieren. Schriftenreihe der Philosophisch-Politischen Akademie. Frankfurt a. M. 1996.
Koch-Baumgarten, Sigrid: Spionage für Mitbestimmung. Die Kooperation der Internationalen Transportarbeiter-Föderation mit alliierten Geheimdiensten im Zweiten Weltkrieg als korporatistisches Tauscharrangement. In: Internationale wissenschaftliche Korrespondenz zur Geschichte der deutschen Arbeiterbewegung (IWK). Jg. 33 (September 1997) H. 3, S. 361.
Köser, Helmut: Die Kontrolle wirtschaftlicher Macht. Heinrich Deist und das Godesberger Programm. In: Aus Politik und Zeitgeschichte. Beilage zur Wochenzeitung und das Parlament. B 14/74, 1974, S. 3.
Koszyk, Kurt: Hellmut Rauschenplats Mitarbeit im ISK. In: Fritz Eberhard – Rückblick auf Biographie und Werk. Hg. v. Bernd Sösemann. Stuttgart 2001.
Kring, Uwe: Die politiktheoretischen Auffassungen Willi Eichlers und deren Einfluß auf die programmatische Neubestimmung der SPD von 1945 bis 1959. Promotion zur Dissertation an der Universität Leipzig. 10.11.1985.
Kühn, Heinz: Zum zehnten Todestag von Willi Eichler. In: Die Neue Gesellschaft, Jg. 28 (Dezember 1981) H. 12, S. 1062.
Langkau-Alex, Ursula: Volksfront für Deutschland? – Bd. 1: Vorgeschichte und Gründung des »Ausschusses zur Vorbereitung einer deutschen Volksfront« 1933–1936. Frankfurt a. M. 1977.
Lemke, Sabine: Die Rolle der Marxismus-Diskussion im Entstehungsprozeß des Godesberger Programms. In: Braucht die SPD ein neues Grundsatzprogramm? 25 Jahre nach Godesberg. Hg. v. Sven Papcke/Karl Theodor Schuon. Berlin 1984, S. 37.
Lemke-Müller, Sabine: Ethischer Sozialismus und Soziale Demokratie – Der politische Weg Willi Eichlers vom ISK zur SPD. Forschungsinstitut der Friedrich-Ebert-Stiftung, Reihe: Politik- und Gesellschaftsgeschichte, Bd. 19. Hg. v. Kurt Klotzbach. Bonn 1988.
Lemke-Müller, Sabine (Hg.): Ethik des Widerstands – Der Kampf des Internationalen Sozialistischen Kampfbundes (ISK) gegen den Nationalsozialismus – Quellen und Texte zum Widerstand aus der Arbeiterbewegung 1933–1945. Bonn 1997.
Lindner, Heiner: Um etwas zu erreichen, muss man sich etwas vornehmen, von dem man glaubt, dass es unmöglich sei. Der Internationale Sozialistische Kampf-Bund (ISK) und seine Publikationen. Gesprächskreis Geschichte, H. 64. Historisches Forschungszentrum der Friedrich-Ebert-Stiftung. Bonn 2006.
Lindner, Heiner: Erkämpft Eure Freiheit! Stürzt Hitler! Die »Sozialistischen Mitteilungen« 1939–1948. Gesprächskreis Geschichte, H. 52. Historisches Forschungszentrum der Friedrich-Ebert-Stiftung. Bonn 2003.
Link, Werner: Die Geschichte des Internationalen Jugendbundes (IJB) und des Internationalen Sozialistischen Kampfbundes (ISK) – Ein Beitrag zur Geschichte der Arbeiterbewegung in der Weimarer Republik und im Dritten Reich. Meisenheim a. Glan 1964.

Link, Werner: Führungseliten im Internationalen Sozialistischen Kampfbund (ISK). In: Herkunft und Mandat – Beiträge zur Führungsproblematik in der Arbeiterbewegung. Schriftenreihe der Otto-Brenner-Stiftung. Frankfurt a. M. 1976, S. 110-119.

Lompe, Klaus; Neumann, Lothar F. (Hg.): Willi Eichlers Beiträge zum demokratischen Sozialismus – Eine Auswahl aus dem Werk. Bonn 1979.

Löwenthal, Richard; Mühlen, Patrick von zur: Widerstand und Verweigerung in Deutschland 1933 bis 1945. Bonn 1982.

Ludwig, Heiner; Schroeder, Wolfgang (Hg.): Sozial- und Linkssozialismus. Erinnerung – Orientierung – Befreiung. Frankfurt a. M. 1990.

Mann, Hans-Joachim: Das Godesberger Grundsatzprogramm als Ergebnis innerparteilicher Willensbildung. In: Geist und Tat, Jg. 24 (1969) H. 4, S. 231.

Merseburger, Peter: Der schwierige Deutsche Kurt Schumacher – Eine Biographie. Stuttgart 1995.

Meyer, Thomas: Die Zeit ist reif für eine Erneuerung des Godesberger Programms. In: Demokratie und Sozialismus. Politische und literarische Beiträge. Die Zukunft des demokratischen Sozialismus. L' 80, H. 26. Hg. v. Heinrich Böll, Günter Grass, Tomas Kosta, Carola Stern, Johanno Strasser, Heinrich Vormweg. Köln 1983, S. 5.

Meyer, Thomas: Das Berliner Grundsatzprogramm der SPD. In: Die programmatische Entwicklung der deutschen Sozialdemokratie. Hg. v. Historische Kommission beim Parteivorstand der SPD. Bonn 1994, S. 33.

Meyer, Thomas: Grundwerte und neue politische Fragen. In: Braucht die SPD ein neues Grundsatzprogramm? 25 Jahre nach Godesberg. Hg. v. Sven Papcke/Karl Theodor Schuon. Berlin 1984, S. 94.

Meyer, Thomas: Willi Eichler – Vater des Godesberger Programms. Eine Erinnerung zum 20. Todestag. In: Die Neue Gesellschaft. Frankfurter Hefte, H. 11. November 1991. S. 1048.

Meyer, Thomas: Zur Aktualität Leonard Nelsons. Zum 100. Geburtstag. In: Die Neue Gesellschaft, Jg. 29 (1982) H. 1, S. 585.

Meyer, Thomas: Grundwerte und Wissenschaft im Demokratischen Sozialismus, Berlin 1978.

Miller, Susanne: So würde ich noch mal leben. Erinnerungen von Susanne Miller. Bonn 2005.

Miller, Susanne: Das Vaterland der »vaterlandlosen Gesellen«. In: Demokratie und Sozialismus. Politische und literarische Beiträge. Die Zukunft des demokratischen Sozialismus. L' 80, H. 26. Hg. v. Heinrich Böll, Günter Grass, Tomas Kosta, Carola Stern, Johanno Strasser, Heinrich Vormweg. Köln 1983, S. 34.

Miller, Susanne: Der Weg zum Godesberger Programm. In: Die programmatische Entwicklung der deutschen Sozialdemokratie. Hg. v. Historische Kommission beim Parteivorstand der SPD. Bonn 1994, S. 19.

Miller, Susanne: Deutsche Arbeiterführer in der Emigration. In: Herkunft und Mandat – Beiträge zur Führungsproblematik in der Arbeiterbewegung. Schriftenreihe der Otto Brenner Stiftung. Frankfurt a. M. 1976, S. 165-170.

Miller, Susanne: Kritische Philosophie als Herausforderung zum Widerstand gegen den Nationalsozialismus. In: Dialektik – Beiträge zu Philosophie und Wissenschaft – Antifaschismus oder Niederlagen beweisen nichts, als daß wir wenige sind. Studien zur Dialektik. Hg. v. Hans Heinz Holz/Hans Jörg Sandkühler. Köln 1983, S. 53-66.

Miller, Susanne/Potthoff, Heinrich: Kleine Geschichte der SPD – Darstellung und Dokumentation 1848–1983. 5. überarb. u. erw. Aufl., Bonn 1983.

Miller, Susanne: Die SPD vor und nach Godesberg – Kleine Geschichte der SPD, Bd. 2. Bonn 1974.

Miller, Susanne: Das Problem der Freiheit im Sozialismus – Freiheit, Staat und Revolution in der Programmatik der Sozialdemokratie von Lassalle bis zum Revisionismus-Streit. Frankfurt a. M. 1964.

Miller, Susanne: Ich wollte ein anständiger Mensch bleiben – Frauen des Internationalen Sozialistischen Kampfbundes (ISK) im Widerstand (1945). In: Ethik des Widerstands – Der Kampf des Internationalen Sozialistischen Kampfbundes (ISK) gegen den Nationalsozialismus – Quellen und Texte zum Widerstand aus der Arbeiterbewegung 1933–1945. Hg. v. Sabine Lemke-Müller. Bonn 1997, S. 143-158.

Miller, Susanne: Leonard Nelson und die sozialistische Arbeiterbewegung. In: Juden in der Weimarer Republik – Studien zur Geistesgeschichte, Bd. 6. Hg. v. Walter Grab/Julius H. Schoeps. Stuttgart/Bonn 1986, S. 263-275.

Miller, Susanne: Leonard Nelson – ein revolutionärer Revisionist. In: Die Neue Gesellschaft, Jg. 29 (1982) H. 6. Bonn 1982, S. 582-584.

Miller, Susanne: Widerstand und Exil – Bedeutung und Stellung des Arbeiterwiderstands nach 1945. In: Der 20. Juli 1944 – Bewertung und Rezeption des deutschen Widerstandes gegen das NS-Regime. Hg. v. Gerd R. Ueberschär. Köln 1994.

Mühlen, Patrick von zur: Die internationale Arbeit der Friedrich-Ebert-Stiftung. Von den Anfängen bis zum Ende des Ost-West-Konflikts. Bonn 2007.

Munter, Franz: Der katholische Christ und die SPD. Eine kritische Untersuchung des Grundsatzprogramms der SPD. Augsburg 1960.
Nelson, Leonard: Die Reformation der Gesinnung durch Erziehung zum Selbstvertrauen. Leipzig 1917.
Nelson, Leonard: Die bessere Sicherheit. Ketzereien eines revolutionären Revisionisten. Erscheinung der Broschüre 1927. 2. unveränd. Aufl., Berlin 1932.
Nelson, Leonard: System der philosophischen Rechtslehre und Politik. Vorlesungen über die Grundlagen der Ethik. Dritter Band. Leipzig 1924.
Nelson, Leonard: Ausgewählte Schriften – Studienausgabe. Hg. v. Heinz-J. Heydorn. Frankfurt a. M./Köln 1974.
Nelson, Leonard: Die sokratische Methode, entnommen aus Leonard Nelson: Gesammelte Schriften, Bd. 1, 2. Aufl., Kassel 1996.
Neumann, Lothar F.: Verteilungspolitik im Lichte der Sozialpolitik Leonard Nelsons. In: Idee und Pragmatik in der politischen Entscheidung – Alfred Kubel zum 75. Geburtstag. Bonn 1984.
Oberpriller, Martin: Jungsozialisten – Parteijugend zwischen Anpassung und Opposition. Bonn 2004.
Osterroth, Franz; Schuster, Dieter: Chronik der deutschen Sozialdemokratie, Bd. I bis III. Berlin 1975–1980.
Papcke, Sven; Schuon, Karl Theodor (Hg.): Braucht die SPD ein neues Grundsatzprogramm? 25 Jahre nach Godesberg. Berlin 1984.
Rapp, Heinz: Katholische Soziallehre und Godesberger Programm. In: Die Neue Gesellschaft, Jg. 24 (1977) H. 7, S. 1057.
Rauschenplat, Hellmut von; Monte, Hilda: How to conquer Hitler – A Plan of economic and moral warfare on the nazi home front. London 1940.
Röder, Werner: Die deutschen sozialistischen Exilgruppen in Großbritannien 1940–1945 – Ein Beitrag zur Geschichte des Widerstandes gegen den Nationalsozialismus. Schriftenreihe des Forschungsinstituts der Friedrich-Ebert-Stiftung. Hannover 1969.
Rudzio, Wolfgang: Das politische System der Bundesrepublik Deutschland. 4. Aufl., Paderborn 1996.
Sänger, Fritz: Herbert Wehners Beitrag zum Godesberger Programm. In: Herbert Wehner. Beiträge zu einer Biographie. Hg. v. Gerhard Jahn. Köln 1976, S. 232.
Saran, Mary: Gib niemals auf – Erinnerungen von Mary Saran. Deutsche Übersetzung von Susanne Miller. Bonn 1979.
Stuiber, Irene: Fritz Eberhard vormals Hellmut von Rauschenplat – Eine biographische Skizze. [Signatur in der Bibliothek der Friedrich-Ebert-Stiftung C 97-03153].
Schneider, Michael: Gewerkschaftlicher Widerstand. In: Widerstand gegen die nationalsozialistische Diktatur 1933–1945. Schriftenreihe Bd. 438. Hg. v. Peter Steinbach/Johannes Tuchel. Bundeszentrale für Politische Bildung. Bonn 2004, S. 79-89.
Schneider, Michael: Unterm Hakenkreuz – Arbeiter und Arbeiterbewegung 1933 bis 1939. Bonn 1999.
Schneider, Michael: Gewerkschaftlicher Widerstand. In: Widerstand gegen die nationalsozialistische Diktatur 1933–1945. Hg. v. Peter Steinbach. Berlin 2004.
Schneider, Michael; Benser, Günter (Hg.): Bewahren, Archivieren, Aufklären. Archivare, Bibliothekare und Sammler der Quellen der deutschsprachigen Arbeiterbewegung. Bonn 2009.
Seebacher-Brandt, Brigitte: Ollenhauer. Biedermann und Patriot. Darmstadt 1984.
Soell, Hartmut: Fritz Erler – Eine politische Biographie, Bd. I u. II. Bonn 1976.
Sozialistisch-Dissidentischer Lehrer-Kampf-Bund (Hg.): Schriftenreihe »Politik und Erziehung«. Göttingen 1925–1928.
Tapken, Bernd-Anton: Die Auseinandersetzung des ISK mit der Politik der KPD und der KPdSU in der Zeit des Exils (1933–1945). Schriftliche Hausarbeit im Rahmen der ersten staatlichen Prüfung für das Lehramt. 1984.
Ueberschär, Gerd R. (Hg.): Der 20. Juli 1944 – Bewertung und Rezeption des deutschen Widerstandes gegen das NS-Regime. Köln 1994.
Urban, Hans-Jürgen; Buckmiller, Michael; Deppe, Frank (Hg.): Antagonistische Gesellschaft und politische Demokratie. Zur Aktualität von Wolfgang Abendroth. Hamburg 2006.
Vogt, Hannah: Die »Nelsonianer« – Der Internationale Sozialistische Kampf-Bund (ISK). In: 1873–2003 – 130 Jahre Sozialdemokratie in Göttingen. Hg. v. Klaus Wettig. Göttingen 2003.
Vorholt, Udo: Die politische Theorie Leonard Nelsons – Eine Fallstudie zum Verhältnis von philosophisch-politischer Theorie und konkret-politischer Praxis. Baden-Baden 1998.
Walter, Franz: Jungsozialisten in der Weimarer Republik – Zwischen sozialistischer Lebensform und revolutionärer Kaderpolitik. Kassel 1983.

Weber, Max: Politik als Beruf. Geistige Arbeit als Beruf. Zweiter von vier Vorträgen vor dem Freistudentischen Bund. München/Leipzig 1919.

Wippermann, Wolfgang: Antifaschismus und Antitotalitarismus – Die SPD zwischen Prager Manifest und Godesberger Programm. In: Der lange Abschied vom Sozialismus – Eine Jahrhundertbilanz der SPD. Hg. v. Arno Klönne, Eckart Spoo, Rainer Butenschön. Hamburg 1999.

Wippermann, Wolfgang: Fritz Eberhard und der Internationale Sozialistische Kampfbund (ISK). In: Fritz Eberhard. Hg. v. Bernd Sösemann – Beiträge zur Kommunikationsgeschichte. Stuttgart 2001, S. 107-121.

Danksagung

Eine Arbeit wie die vorliegende ist niemals nur das Produkt eines Einzelnen. Von der ersten Idee bis zur Drucklegung haben mich viele Menschen begleitet, denen ich auf diesem Wege herzlich danken möchte.

Am Anfang stehen zwei, bei denen ich dies nicht mehr persönlich tun kann, die gleichwohl zu den wichtigsten Personen für diese Arbeit gehören: Prof. Dr. Susanne Miller, die mir als Historikerin und als Willi Eichlers Lebenspartnerin nicht nur wissenschaftlich stets zur Hilfe war. Sie war diejenige, die den ersten Impuls setzte, mich mit Eichlers Vita als Theoretiker näher zu beschäftigen. Genauso dankbar bin ich meinem Vater Hans Harder, ohne den ich nie ein Geschichtsstudium angefangen hätte. Beide konnten leider den Abschluss dieser Arbeit nicht mehr miterleben.

Mindestens genauso wichtig ist mein Doktorvater und Erstgutachter Prof. Dr. Michael Schneider – seine Geduld, seine hohen wissenschaftlichen Ansprüche und seine hervorragenden Ratschläge haben dazu beigetragen, dass ich die Arbeit nicht nur begonnen, sondern auch zu Ende geführt habe. Auch danke ich Prof. Dr. Tilmann Mayer als meinem Zweitgutachter sowie Prof. Dr. Volker Kronenberg als Leiter sowie Prof. Dr. Wolfram Hilz als weiteres Mitglied der Prüfungskommission der Rheinischen Friedrich-Wilhelms-Universität Bonn.

Die Friedrich-Ebert-Stiftung war in dieser Zeit der zentrale Dreh- und Angelpunkt und mein geistiges Zuhause. Nicht nur wäre mir die Erstellung der Arbeit ohne das Stipendium der Friedrich-Ebert-Stiftung nicht möglich gewesen, sondern auch die vielen Kolleginnen und Kollegen, die mich auf diesem nicht immer leichten Weg unterstützt haben, tragen Anteil am hier vorliegenden Werk. Ich kann sie nicht alle namentlich nennen, stellvertretend will ich die für mich wichtigsten Abteilungen nennen: Ich danke von ganzem Herzen allen Kolleginnen und Kollegen des Archivs der sozialen Demokratie sowie der Bibliothek der Friedrich-Ebert-Stiftung – viel Hilfe bei den Recherchen und so manches spannende Gespräch über die Programmatik und die Geschichte der Sozialdemokratie waren Inspiration und praktische Hilfe zugleich. Besonders danke ich den Kolleginnen und Kollegen der Studienförderung, deren freundschaftliche Begleitung eine große Stütze war.

Ich danke den Herausgebern der Reihe »Politik- und Gesellschaftsgeschichte« sowie den Kolleginnen und Kollegen des Verlages J. H. W. Dietz, deren Freundlichkeit und Professionalität mir das Loslassen am Ende leicht gemacht haben.

Ganz persönlich möchte ich zudem Dr. Sonja Profittlich und Dr. Ursula Bitzegeio danken, die mit mir gemeinsam als Doktorandinnen das glückliche Los geteilt haben, eine Dissertation bei Michael Schneider zu schreiben. In unserem Kolloquium gab es viele gute Ratschläge und viel Verständnis für die Probleme der jeweils anderen.

Last, but not least danke ich meiner Familie, die mir jederzeit den Rücken gestärkt und oftmals auch frei gehalten hat. Ganz besonders danke ich meiner Frau und meinem Sohn. Nicht nur für die praktische Hilfe bei der Durchsicht meiner Entwürfe, sondern auch für die notwendige Ablenkung und Aufmunterung. Auch muss ich beiden dafür dankbar sein, dass sie es stets ohne Klage ertrugen, wenn ich Eichler und die SPD-Programmatik mit nach Hause brachte.

Bonn, im Mai 2013 *Ernesto Harder*

Über den Autor

Ernesto Harder, geb. 1977, hat in Bonn Geschichte und Politikwissenschaft studiert und wurde 2013 mit der hier vorliegenden Arbeit über Willi Eichler und die SPD-Programmatik promoviert.

Deutsche Sozialdemokratie in Bewegung

Vom Barrikadenkampf während der Revolution 1848 über die Gründung des Allgemeinen Deutschen Arbeitervereins durch Ferdinand Lassalle im Jahr 1863 bis zu der Ostpolitik Willy Brandts und dem Atomausstieg der heutigen SPD: Die deutsche Sozialdemokratie hat stets politische Akzente gesetzt. Zunächst soziale Bewegung, dann auch Partei, erkämpfte sie die Demokratie und trieb den Ausbau des Sozialstaats voran. Dabei blieb sie ihren Grundwerten trotz zahlreicher Krisen, Niederlagen und Kompromisse im Wandel treu.

Das hochwertig ausgestattete Buch erscheint gleichzeitig mit der Wanderausstellung zum 150-jährigen Bestehen der Sozialdemokratie als organisierte Partei, die von der Friedrich-Ebert-Stiftung bundesweit gezeigt wird. Statt eines klassischen Ausstellungskatalogs werden pointierte Essays, Bildikonen und historische Quellen mit aktueller Bedeutung präsentiert. Dadurch ergibt sich ein frischer, abwechslungsreicher Überblick mit neuen Perspektiven, nicht nur auf Karl Marx oder die Widerstands- und Verfolgungserfahrungen von SPD und Gewerkschaften. Auch die »Internationale« als Hymne der Arbeiterbewegung, das Godesberger Programm und die sozialdemokratische Facebook-Gemeinde werden beleuchtet.

Anja Kruke / Meik Woyke (Hg.)
Deutsche Sozialdemokratie in Bewegung
1848 – 1863 – 2013

304 Seiten, Halbleinen
29,90 Euro
erschienen im November 2012
ISBN 978-3-8012-0431-0

www.dietz-verlag.de

Verlag J.H.W. Dietz Nachf. – Dreizehnmorgenweg 24 – 53175 Bonn
Tel. 0228/184877-0 – Fax 0228/234104 – info@dietz-verlag.de

Agenda 2010 – ein Überraschungscoup?

Die Agenda 2010 gilt als Überraschungscoup. Doch der Band zeigt, dass sich die Programmdebatten der SPD seit den 1990er-Jahren in vielen kleinen Schritten dem marktliberalen Zeitgeist annäherten.

Wie kam es zur Agenda 2010? Der Verfasser untersucht die wirtschafts- und sozialpolitischen Debatten der SPD seit 1982 und die sukzessive Vorbereitung der Agenda über fast drei Jahrzehnte: Globalisierung und internationale Standortdebatte, Wiedervereinigung und Privatisierungen, demographischer Wandel und Fiskalisierung der Sozialstaatsdiskussion, ein Dritter Weg der europäischen Sozialdemokratie. Die eisern marktliberale Grundstimmung bei Ökonomen, Journalisten und in der Politik fand schließlich auch in den wirtschaftspolitischen Programmaussagen der SPD ihren Niederschlag.

Sebastian Nawrat
AGENDA 2010 – EIN ÜBERRASCHUNGSCOUP?
Kontinuität und Wandel in den wirtschafts- und sozialpolitischen Programmdebatten der SPD seit 1982

Reihe Politik- und Gesellschaftsgeschichte, Bd. 91

320 Seiten, Hardcover
32,00 Euro
ISBN 978-3-8012-4207-7

www.dietz-verlag.de

Verlag J. H. W. Dietz Nachf. – Dreizehnmorgenweg 24 – 53175 Bonn
Tel. 0228/18 48 77-0 – Fax 0228/23 41 04 – info@dietz-verlag.de